刑事案例集

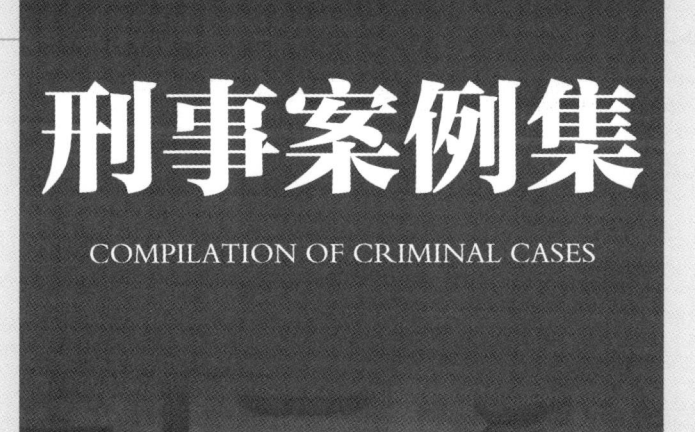

COMPILATION OF CRIMINAL CASES

行 江 ◎著

中国政法大学出版社
2024·北京

声　明　1. 版权所有，侵权必究。

　　　　2. 如有缺页、倒装问题，由出版社负责退换。

图书在版编目（ＣＩＰ）数据

刑事案例集 / 行江著. -- 北京：中国政法大学出版社, 2024. 12. -- ISBN 978-7-5764-1911-5

Ⅰ. D924.05

中国国家版本馆 CIP 数据核字第 20258HK216 号

出　版　者	中国政法大学出版社
地　　　址	北京市海淀区西土城路 25 号
邮寄地址	北京 100088 信箱 8034 分箱　邮编 100088
网　　　址	http://www.cuplpress.com（网络实名：中国政法大学出版社）
电　　　话	010-58908586（编辑部）58908334（邮购部）
编辑邮箱	zhengfadch@126.com
承　　印	固安华明印业有限公司
开　　本	720mm×960mm　1/16
印　　张	23.5
字　　数	380 千字
版　　次	2024 年 12 月第 1 版
印　　次	2024 年 12 月第 1 次印刷
定　　价	99.00 元

追求心中的正义

无罪案、撤诉案、不起诉案、罪轻案、被害人案……不同类型的刑事案件
单位、公务员、公司负责人、大学生、农民、打工者、商人……不同类型的行为人

自 序
在每个案件中追求最高的正义

法律的本质在于追求正义。正义是什么？正如拉德布鲁赫所言："正义与真、善、美一样是一个绝对的价值，它的根据在于自身而不需要从更高的价值中推导出来。"正义即绝对价值。如果可以将正义分为行政正义、民事正义和刑事正义的话，因为刑事法关涉人的自由，甚至生命，所以刑事正义可以说是最高的正义。

1. 十年法学教育：追寻理想的正义

1977年阴历正月（阳历3月），我出生在西北关中地区靠近黄河的一个小村庄。当时粉碎"四人帮"还没多久，距离恢复全国高考还有6个月。在家族世代都没有学习法学、当官的背景下，20年后的我却误打误撞地在高考结束后报考了法学专业。也许是因为我小时候武侠小说、警匪电影看多了，总有着行侠仗义的想法。

大学在读期间，刑事法学最让我关注。记得当时1997年《刑法》[1]刚颁布没多久，市面上的教材少之又少，我们用的似乎还是赵秉志教授编写的教材。彼时，我对转化型抢劫罪中的转化条件颇有兴趣，这方面争议较大，因此就准备写写相关论文。但是，当时既没有电脑，也没有网络，更没有期刊网，资料很少。于是，自己就常跑到武大正门口广八路一家法律书店来找资料写论文。经过努力，自己写的小论文成功发表在学院内部期刊上。这一小论文极大地鼓舞了我学习刑事法的兴趣，并从此坚定了学习刑事法的信心。

本科毕业后，为了逃避找工作的劳累，我就读了硕士研究生。硕士期间阅读了大量的刑法学书籍，使我对刑法学的基本原理、解释学以及共犯基础

---

[1]《刑法》，即《中华人民共和国刑法》，为论述方便，本书涉及我国法律直接使用简称，省去"中华人民共和国"字样，全书统一，后不赘述。

理论、罪数形态、刑罚产生了浓厚的兴趣。对于刑法的正义，有着比本科期间更深入的理解。硕士毕业后，我在老师的鼓励下选择继续读博进行深造。博士期间，在了解中国刑法理论之外，我也慢慢开始接触外国的刑法理论。对外国刑法抽象的、宏观的理论有所了解，在写论文的时候似乎也总要借鉴外国的理论。此时，我对刑法正义的理解，更多的是从抽象、宏观、理论体系的角度进行。换而言之，我追求的是理想的正义。

2. 十年兼职律师：追求个案的正义

如果说上学、教书关注的正义是理想的正义，那么做兼职律师后我更加关注的就是个案的正义。对于个案的关注，或者说对案例研究的重视，也只是近十年我国理论界才出现的现象。在我读本科、硕士研究生的时候，国内正式出版的案例研究书籍很少，即使有案例研究的书籍，也更多的是精简的、像预设了答案一样的案例。

中国的法学教育，包括刑事法教育，长期存在理论与实践严重脱节的问题。此种现象，个人认为有多种原因。一方面，我们的法学研究、教育起步比较晚。我们在学习西方国家的经验时，往往只考虑其先进的理论，而未结合我国的实际国情。任何良好的法律制度，都需要良好的运行背景。在借鉴宏观的理论与制定详细的规则之间，对于理论研究者而言，有时前者更加容易。另一方面，我们的社科研究缺乏科学的研究方法，尤其是刑事法的研究。刑事立法作为刑事法重要的组成部分，极其倚重犯罪学的研究。而由于各种各样的原因，犯罪学的研究在我们国家并未得到长足发展。同时，我们的刑事研究只注重抽象研究，缺少实证研究。

最近十年，我国理论界开始重视对案例的研究。我们的理论研究更重视对中国问题的研究，纯粹介绍、研究外国理论的研究在学术界已经很少见。理论研究也开始重视实证研究，对案例的研究是其中的重要方面。而且，科技网络的发展，大量裁判文书的网上公布，也为研究个案提供了条件。

从2014年我开始做兼职律师，时至今日已十年之久。十年的兼职律师，我的观念已经从原来重视抽象的正义转为了个案正义。个案是检验整体正义、理想正义的"试金石"。再精美的理论、体系，如果没有在个案中实现，那也是"镜中花、水之月"。十年的兼职律师使得我对待每个案件都非常谨慎，因为每个案件都关涉着自由、生命，都有着诸多利益涉及者。我希望我们的执法者，能够心怀悲悯之心，不忘初心，既有精湛的法律素养，也有战胜怯弱的勇敢之心。

3. 三十多个案件：呈现极限的正义

十年的兼职律师，每年办理的案件也不多，一共大约有七八十件。因为办理的案件不多，所以我希望把每件案件都做到极致，也就是说最大化地维护当事人的合法权利，做到极限正义。

本书都是从作者亲办的案件中挑选出的自己认为取得一定效果并且有代表性的案件。本书的刑事案件按照判决结果分为无罪、控方撤诉、不起诉、罪轻四种类型的辩护案件，再加上被害人案件，共五大部分。罪轻案件又分为危险驾驶、故意杀人、恶势力、黑社会性质组织、职务犯罪五种类型。本书五大部分共九章，涉及刑法分则六章，即第二章"危害公共安全罪"中的危险驾驶罪、交通肇事罪，第三章"破坏社会主义市场经济秩序罪"中的串通投标罪、非法转让、倒卖土地使用权罪；第四章"侵犯公民人身权利、民主权利罪"中的故意杀人罪、过失致人死亡罪、强奸罪、强制猥亵罪；第五章"侵犯财产罪"中的敲诈勒索罪、诈骗罪、职务侵占罪、拒不支付劳动报酬罪；第六章"妨害社会管理秩序罪"中的妨害公务罪、组织、领导、参加黑社会性质组织罪，虚假诉讼罪；第八章"贪污受贿罪"中的受贿罪、挪用公款罪等多种罪名。上述罪名都是常见、多发的犯罪类型，希望通过上述判例，起到准确认定犯罪、成功预防犯罪的效果。

习近平总书记讲道，努力让人民群众在每一个司法案件中感受到公平正义。希望我们的律师也能在每个案件中最大化地维护当事人的合法权益，追求最高的正义。

是为序！

目 录

第一章　法院宣判无罪案 ·· 001
第一节　马某某挪用公款案 ·· 001
第二节　王某某强奸案 ·· 014
第三节　汪某敲诈勒索案 ··· 033

第二章　控方撤案 ·· 045
第一节　非法倒卖土地使用权罪撤案 ··· 045
第二节　尹某某诈骗罪撤案 ·· 052
第三节　刑事撤案问题研究 ·· 057

第三章　不起诉案 ·· 065
第一节　张某某拒不支付劳动报酬相对不起诉案 ·································· 065
第二节　曹某某强制猥亵相对不起诉案 ·· 069
第三节　段某某妨碍公务相对不起诉案 ·· 077
第四节　颜某某串通投标相对不起诉案 ·· 085
第五节　相对不起诉的适用 ·· 088
第六节　洪某某职务侵占罪存疑不起诉案 ··· 097

第四章　罪轻之危险驾驶案 ·· 114
第一节　危险驾驶罪免除案 ·· 114
第二节　朱某某危险驾驶案 ·· 116
第三节　理论延伸 ··· 124

第五章　罪轻之故意杀人案 ………………………………………… 131

第一节　情节较轻型故意杀人——汪某某杀婴案 …………… 131
第二节　普通型故意杀人之因感情、婚恋引起的杀人案 …… 137
第三节　普通型故意杀人之邻里纠纷引起的故意杀人案 …… 160

第六章　罪轻之黑社会性质组织案 ……………………………… 169

第一节　龚某某涉黑改判案 …………………………………… 169
第二节　葛某某涉黑案 ………………………………………… 183
第三节　理论延伸——黑社会性质犯罪 ……………………… 193

第七章　罪轻之恶势力案 ………………………………………… 211

第一节　匡某某恶势力案 ……………………………………… 211
第二节　郑某某涉恶案 ………………………………………… 215
第三节　理论延伸——恶势力的认定 ………………………… 220
第四节　恶势力中的软暴力 …………………………………… 237

第八章　罪轻之职务犯罪案 ……………………………………… 247

第一节　李某某受贿案 ………………………………………… 247
第二节　龚某某挪用公款案 …………………………………… 260
第三节　梁某受贿案 …………………………………………… 282
第四节　张某某数罪并罚缓刑案 ……………………………… 286
第五节　赵某受贿案 …………………………………………… 306
第六节　余某某受贿案 ………………………………………… 321

第九章　被害人代理案 …………………………………………… 327

第一节　罗某交通肇事案被害人代理 ………………………… 327
第二节　虚假诉讼案被害人代理 ……………………………… 340
第三节　龚某过失致人死亡案被害人代理 …………………… 351

后记　十年回想 …………………………………………………… 361

> 对社会来说，保护无罪者要比惩罚犯罪更为重要。
>
> ——【英国】约翰·亚当斯

第一章
法院宣判无罪案

众所周知，我国的法院判决无罪率很低。根据最高人民法院报告统计：2019年、2018年和2017年我国无罪人数和无罪率分别是1388人、8.4%；819人、5.7%；4874人、8.0%。人民法院处于刑事诉讼的关键环节，也是防范冤假错案最重要的关口。人民法院宣告无罪难有各种各样的原因，一个无罪案件，不仅需要法官坚持正义、坚守公平的努力，还需要检察官、律师等法律共同体的努力，更需要当事人及其家属的坚持。其中，最为关键的还是要依靠法官的坚守。只有法官严格、公正司法，尊重和保障人权，坚持审判独立，敢于司法担当，才能破解人民法院宣告无罪难的问题。

第一节　马某某挪用公款案

一、案情简介

马某某，男，1957年12月1日出生于某某省某某县，汉族，大学文化，原任某某县人民医院党委书记、副院长。安徽华某医药集团有限公司（以下简称"华某公司"）总经理王某、副总经理杨某1与被告人马某某因某某县人民医院（以下简称"县医院"）采购事项常有业务往来。2017年2月初的一天，华某公司总经理王某打电话给马某某，希望县医院可以用预付款的形式将1000万元打给公司，以解决公司资金周转短缺问题，还说县医院欠华某公司几百万元药品器械款，且华某公司还源源不断向县医院供货，借给1000

万元不会出现问题。马某某没有同意。王某又提出借款 1000 万元，说用一二十天后就归还。马某某向药剂科陈某、财务科朱某和刘某了解后，得知华某公司之前在过年前后因周转资金从县医院借过款，数额都在 200 万元左右并且都能及时以抵扣货款的方式填平借款，当时县医院尚欠华某公司 400 多万元货款，该公司信誉比较好，王某人不错，马某某认为借给华某公司 1000 万元应该不会有什么风险，所以就同意将 1000 万元借给华某公司，并要求支付利息。马某某于 2017 年 2 月 9 日安排财务人员通过银行转账的方式将县医院的 1000 万元公款转入华某公司在徽商银行的账户，华某公司随即将该 1000 万元用于归还银行贷款。2017 年，华某公司归还给县医院 1000 万元及 8 万元利息。

二、控方指控

控方指控马某某构成挪用公款罪，理由如下：

（1）马某某系个人决定以单位名义将公款借给华某公司使用。县医院出借 1000 万元没有经过单位领导的集体研究，没有召开院长办公会、党委会议等进行研究，而是由马某某主导的少数领导违反决策程序决定将公款供其他单位使用，属于"个人决定"。

（2）马某某出借 1000 万元谋取了个人利益。根据《全国人民代表大会常务委员会关于〈中华人民共和国刑法〉第三百八十四条第一款的解释》，马某某符合"个人决定以单位名义将公款供其他单位使用"，但如果构成挪用公款罪，还必须符合"谋取个人利益"。一审判决认定，上诉人谋取了个人利益，包括两部分：一是 2013 年中秋节至 2015 年春节期间收受杨某 1 所送的 1.6 万元；二是 2016 年中秋节和 2017 年春节两次收受郭某 1 受王某安排所送的五粮液白酒共 6 瓶。马某某的行为符合"虽未事先约定但实际已获取了个人利益"，故马某某的行为构成挪用公款罪。

二审开庭时，某某市人民检察院指派检察官王某某、检察官助理张某某出庭履行职务。二审检察官认为，某某县人民法院一审判决认定事实清楚、定性准确，马某某的上诉理由不能成立，建议二审法院驳回上诉，维持原判。

三、辩护律师观点

安徽省某某县人民法院［2018］皖××××刑初字×××号判决书对于挪用公

款事实认定不清,证据不足,适用法律错误,上诉人马某某依法不构成挪用公款罪:

(一)上诉人马某某的行为不仅没有侵害公共财产的占有使用收益权,反而使得国家财产获益,根本就不符合挪用公款罪侵害的客体

县医院与华某公司存在二十几年的合作关系,并且两者合作关系非常好。同时,县医院每个月都欠华某公司几百万元,直至目前,县医院仍然欠华某公司的钱。我们不能认为,国家政府、国有事业单位欠其他单位的钱是天经地义,更不能认为国家政府、国有事业单位归还,或者提前支付预付款给其他单位的就是挪用公款。这么多年来,县医院一直拖欠华某公司几百万元,华某公司也没有要求县医院支付利息。此次,县医院出借给华某公司1000万元,华某公司支付了利息,怎么就是挪用公款?一审认定上诉人马某某犯挪用公款罪,是没有逻辑性的。

就本案而言,上诉人马某某确实将本单位的资金出借给了华某公司,但他毕竟在同一时刻交换回利息,没有给国家、企业带来任何损失。如果仅仅因为没有经过正常审批程序就认定其行挪用公款犯罪,则根本没有违反财经纪律等行政违法存在的余地。

庭审中,上诉人马某某陈述,在其全面负责工作之前,某某县人民政府曾多次通过县医院向华某公司借款。也就是说,华某公司曾经帮助过某某县人民政府、县医院,而在华某公司处于困难之时,县医院给予其帮助也是正常的,是两单位的相互"救急"行为,并不能认定为挪用公款罪。同时,华某公司按照不低于银行同期利率的标准支付了8万元的利息。

(二)上诉人马某某没有挪用公款罪的故意

我们知道,任何的犯罪故意,都需要认识因素和意志因素。对于挪用公款罪而言,行为人犯罪故意的认识因素,包括对挪用公款行为本身的认识,即明知自己实施的挪用公款行为是将公款挪出而使公款脱离本单位占有、使用状态的行为。行为人的意志因素是对挪用公款行为会侵害公款使用权的希望或放任的心理态度。

在本起案件中,上诉人马某某之所以不构成挪用公款罪,是其没有挪用公款罪的犯罪故意。上诉人没有明知自己实施的挪用公款行为是将公款挪出而使公款脱离本单位占有、使用状态的行为。上诉人马某某在将借款出借之前,做了多方的调查、核实,做了充分的准备,做到了借出的款项万无一失,

不存在使得公款脱离、无法控制的状态。在此次出借行为之前，县医院的前两任院长都非常支持、信任华某公司。在周某任院长时，县医院也经常以预付款的形式将款项出借给华某公司。案发时，县医院仍然欠华某公司400多万，同时华某某公司正源源不断地向县医院供货，出借不至于使得公款处于失控状态。上诉人马某某询问了药剂科的陈某某、财务科的刘某和朱某某，他们都说可以出借。上诉人马某某认为借给华某公司1000万元应该不会有什么风险。而现实也确实如此。而且，药剂科负责人陈某某、财务科负责人刘某和财务人员朱某某、分管院长郭某都在申请书上签下了"同意借款"。这些都说明上诉人马某某充分认识到出借是没有任何风险的，也说明上诉人没有挪用公款罪故意的认识因素。

其次，上诉人马某某没有对挪用公款行为会侵害公款使用权持希望或放任的心理态度。上诉人一贯做事谨慎，对待工作兢兢业业，对于向华某公司借款一事，也是在充分调查、核实后才作出的决定，因此也不存在放任的主观心理态度。另外，华某某公司和县医院是多年的合作伙伴，长期相互信任、理解和支持，其中任何一方的良好发展，对另外一方都是有利的，也就是共赢的。因此，不存在上诉人有侵害公款使用权的希望，也即直接故意。

（三）上诉人马某某的行为不是真正的"个人决定"

我们说挪用公款罪是职务犯罪，是因为工作人员利用职务上的便利，于此罪中体现为"个人决定"。所谓个人决定，就是利用职权，没有经过其他人的同意，私自决定。在本案中，县医院将钱借给华某公司，在同意书上有财务股股长的签字，说明没有逃避单位财务的监管。有财务科主管会计朱某某的签字，朱某某表示，"华某公司有过几次在年底向县医院借过一二百万元的情况"。药剂科主任陈某某负责药品采购和供应，其表示，"我说华某公司都是给县医院正常供应药品和耗材，几个月的贷款也就差不多够1000万了，应该不会有风险。刘某和朱某某当时好像也表示不会有什么风险"。副院长郭某也在上面签字。这些都说明了上诉人没有逃避监管，也没有私自决定、个人决定将公款挪作他用。

庭审中，上诉人马某某陈述，当时之所以没有询问其他几位副院长，是因为他们几位是分管业务的院长，郭某副院长是分管行政的副院长，郭某副院长同意了，其他几位副院长肯定会同意的。目前，从几位没有签字的副院长的证言证人中，我们只能看到他们不知道借钱给华某公司一事，并没有表示反对借钱。这也可以反证如果他们知道，也会同意借钱给华某公司。借钱给华某公司，对于两家单位都有好处。

（四）上诉人马某某"没有谋取个人利益"，收受贿赂与挪用公款没有任何的因果关系

上诉人马某某在出借给华某公司时，并没有谋取个人利益，之前即使有接受财物的行为，也只可能是构成受贿罪，与挪用公款罪的谋取个人利益没有任何因果关系。

我们知道，构成挪用公款罪的行为既侵害了公共财产占有使用收益的权益，也侵害了国家工作人员的廉洁性。行为人之所以帮他人挪用公款，是因为有直接的对价、好处，也即是能谋取个人利益。换而言之，国家工作人员为他人挪用公款，在挪用之前就会商议其会谋取到什么样的个人利益。如此这般，才会侵害到国家工作人员的廉洁性。如果国家工作人员在挪用之前没有和借用人商议，挪用后，借用人也没有因为挪用直接给国家工作人员谋取个人利益，不存在挪用与谋取利益的因果关系，则不能认定为挪用公款罪。

上诉人马某某在出借给华某公司钱时，并没有与华某公司商议其要谋取个人利益，也就是其并没有谋取个人利益的主观目的。其之所以向华某公司出借款项，是因为合作单位之间的救急，也不损害本单位的任何利益。即便认为华某公司之前给上诉人马某某送礼，上诉人马某某构成的也是受贿罪，但是此时，华某公司只是一般的感情投资，并没有提出任何要求，也没有提出挪用公款的请托。辩护人认为，此时送礼与挪用公款的谋取个人利益没有任何因果关系。

四、法院判决

马某某因涉嫌犯挪用公款罪、受贿罪于2018年4月11日被某某县监察委员会留置，同年6月8日被某某县人民检察院批准逮捕，当日由某某县公安局执行逮捕。安徽省某某县人民法院审理了某某县人民检察院指控的马某某犯挪用公款罪、受贿罪一案，于2018年10月8日作出［2018］皖××××刑初×××号刑事判决。马某某不服，提出上诉。某某市中级人民法院于2019年1月17日公开开庭审理了本案。某某市人民检察院指派检察官王某某、检察官助理张某某出庭履行职务，上诉人马某某及其辩护人到庭参加诉讼。二审某某市中级人民法院依法改判马某某挪用公款无罪。

五、理论延伸

(一) 相关案例及大数据检索情况

1. 典型案例

(1)《刑事审判参考》指导案例第502号——张威同挪用公款案。[1]

改判无罪的理由：张威同借款给三正世纪学校，是在三正世纪学校贷款没有办下来的情况下，单位之间相互救急的行为，不应认定将公款借给私立学校进行筹建工作就是进行营利活动……挪用公款的本质是公款私用、谋取私利，而本案中张威同借款给三正世纪学校，主要是为了给公款的所有权单位，即新村村委会谋取利益，解决村委会4年没有提留资金的问题，没有任何证据证明张威同主观上是为了谋取个人私利而借出公款，也没有任何证据证明张威同谋取了个人私利，这与公款私用、以公款谋取个人私利的挪用公款行为存在本质上的区别，因此其行为亦不属于挪用公款进行营利活动。

裁判理由：个人决定以单位名义将公款借给其他单位使用，没有谋取个人利益的不构成挪用公款罪。

(2)《刑事审判参考》指导性案例第805号——姚太文贪污、受贿案。[2]

被告人的辩护意见要求认定无罪，主要理由是：根据借款协议和还款凭证等书证，其以吉林省慈善总会名义将人民币（以下币种同）440万元借给国有单位吉林省大力实业公司，还款亦是以单位名义进行。根据相关规定，慈善基金可以用于拆借，其作为慈善总会负责人有权决定将慈善基金拆借给他人，且没有证据表明其在出借此笔款项时谋取了个人利益，其行为不构成挪用公款罪。

裁判理由：个人决定以单位名义将公款借给其他单位使用，虽然事后收受对方财物，但难以证实借款当时具有谋取个人利益的目的。

本案中，姚太文的供述、证人王步前的证言及借款协议均证实，姚太文决定以吉林省慈善总会名义借款给吉林省大力实业公司的时间是1999年，吉

---

[1] 最高人民法院刑事审判第一、二、三、四、五庭主办：《刑事审判参考》（总第63集），法律出版社2008年版，第54~59页；刘德权主编：《最高人民法院司法观点集成》（第2版）（刑事卷③），人民法院出版社2014年版，第1520~1521页。

[2] 刘德权主编：《最高人民法院司法观点集成》（第2版）（刑事卷③）人民法院出版社2014年版，第1532~1533页。

林省大力实业公司还款的时间是 2000 年 6 月至 2001 年 8 月。姚太文因上述借款事宜收受王步前贿赂的 10 万元的时间是 2003 年春节期间。由于姚太文的行为属于个人决定以单位的名义将公款借给其他单位使用的情形，要认定构成挪用公款罪，必须是姚太文主观上有谋取个人利益的目的。然后，姚太文借款当时谋取个人利益的意图并不明显，在案证据也难以证实姚太文与王步前具有事后收受贿赂的合意或者默契，故姚太文以个人名义借款给吉林省大力实业公司的行为，不构成挪用公款罪。[1]

2. "挪用公款罪" 无罪案例数据检索

通过 "把手案例网" 的检索，1999 年至 2022 年 3 月 31 日的挪用公款案件判决书共有 15 137 份，判决无罪的判决书共有 104 份。经筛选有效无罪判决书共有 93 份。无罪判决案件仅占挪用公款案件的 0.614%。通过数据分析，可以发现挪用公款罪在实践中无罪裁判率较低。以往无罪裁判的要旨主要为以下三个方面：①行为人挪用公款不能排除是为了单位利益的，不构成挪用公款罪；②他人提取公款并挪用，行为人与他人并无共谋、指使或参与策划行为，不构成挪用公款罪的共犯；③行为人为了单位利益，以单位名义将公款借贷给他人使用而使单位获利，属于单位与他人之间的借贷行为，不属于挪用公款罪。

挪用公款罪在实践适用中存在较多问题，例如认定 "归个人使用"，应该以行为人主观认定还是依据客观认定存在争议。在 "个人利益" 问题上，也存在着主观认定还是客观认定的问题，同时还存在着对个人及利益的认定问题。

(二) 挪用公款罪的司法认定

1. 主体要件

挪用公款罪是特定人员利用职务上的某些便利，挪用公共款物用于个人使用或者牟利的行为。挪用公款罪的主体为特殊主体，是国家的工作人员。这里指的国家工作人员包括国有公司、事业单位、人民团体中的工作人员等。但在特殊情况下，不是国家工作人员也可以成为挪用公款罪的主体，即在共同犯罪中的情况。在挪用公款罪主体的认定中，下列人员的认定具有特殊性：

---

[1] 刘德权主编：《最高人民法院司法观点集成》（第 2 版）（刑事卷③），人民法院出版社 2014 年版，第 1532~1533 页。

(1)村委会成员个人借用村集体资金或者将村集体资金借给他人使用的,构成挪用资金罪而不是挪用公款罪。村民委员会成员只有在协助人民政府执行公务的过程中,利用职务上的便利实施犯罪行为,才可以适用刑法关于国家工作人员的规定,涉嫌挪用公款罪。村委会成员个人借用村集体资金或者将村集体资金借给他人使用的可能构成挪用资金罪。《刑事审判参考》2005年第1集〔第333号〕案例裁判要旨:①村民委员会成员不是刑法意义上的国家工作人员。②村民委员会成员只有在协助人民政府执行公务的过程中利用职务上的便利实施犯罪行为,才可以适用刑法关于国家工作人员的规定。③村民委员会属于《刑法》第272条第1款规定的"其他单位",村民委员会成员利用职务上的便利,挪用本单位资金归个人使用或者借贷给他人,构成犯罪的,应当以挪用资金罪追究刑事责任。

(2)国有公司工作人员要符合挪用公款罪主体要件应当同时具备两个特征:一是行为人系国有公司的工作人员;二是从事公务。"受国有公司委托管理、经营国有财产的人员"是贪污罪的主体,却不符合挪用公款的主体要求。承包、租赁、聘用是"受委托"的主要方式,"聘用"需要限制为"临时聘用"。国家机关工作人员依法履行职责,国有公司的董事、经理、监事、会计、出纳人员等管理、监督国有财产等活动,属于"从事公务"。《刑事审判参考》2006年第4集〔第406号〕案例裁判要旨:国有公司长期聘用的管理人员属于在国有公司中从事公务的人员,其利用职务便利挪用本单位资金归个人使用,构成犯罪的,应当以挪用公款罪定罪处罚。

(3)国家出资企业中的一般合同制工作人员不属于"国家工作人员"。在国有控股、参股公司国家工作人员身份的认定中,除了需要审查行为人的任命程序,还需要审查其是否"代表负有管理、监督国有资产职责的组织",从事"组织、领导、监督、经营、管理工作"。

挪用公款罪的共犯问题。挪用公款犯罪属于复行为犯,其犯罪行为由挪用行为与使用行为构成。在实际的挪用公款案件中,挪用行为人与使用行为人可能不是同一主体,并且,挪用行为人和使用行为人也可能出现多个行为主体的情况。以上几种不同的挪用公款情形,都可能构成共同犯罪。成立挪用公款罪的共犯,必须具备挪用公款的共同故意和共同行为。公款使用人与挪用人共谋,指使或者参与策划取得挪用款的,构成挪用公款罪的共犯。公款挪用人和使用人之外的第三人,在双方之间积极撮合,介绍并参与挪用公款的，也应以挪用公款罪的共犯论处。

如果行为人之间对于挪用公款没有共同故意和共同行为，则不构成挪用公款罪的共犯。在"陈学平挪用公款案"中，一审法院湖北省枣阳市人民法院认定被告人陈学平在挪用公款 40 万元的范围内与被告人施逢洪构成挪用公款罪的共犯；后者主动提出挪用光武公司公款给被告人陈学平使用，系主犯；前者起次要作用，系从犯。陈学平上诉，湖北省襄阳市中级人民法院裁定驳回上诉，维持原判。陈学平申诉后，湖北省高级人民法院再审认为，本案中现有证据只能证明陈学平知道施逢洪出借的 40 万元系公款，至于出借公款是否系施逢洪擅自决定而未经单位集体研究，并无相应证据证明陈学平对此明知，且出借光武公司公款系施逢洪主动提出，并无证据证明陈学平具有指使或者参与策划挪用公款的行为。因此，原判决、裁定认定陈学平构成挪用公款罪共犯的证据不足。对于陈学平及其辩护人认为陈学平的行为不构成挪用公款罪共犯的申诉理由及辩护意见，本院予以采纳。经本院审判委员会讨论决定，判决申诉人陈学平无罪。[1]

序号	案号	裁判要旨
1	罗某挪用公款案［2013］牟刑初字第 557 号	他人提取公款并挪用，行为人与他人并无共谋、指使或参与策划行为，不构成挪用公款罪的共犯
2	高某甲挪用公款案［2015］文刑初字第 164 号	他人提取公款并挪用，行为人与他人并无共谋、指使或参与策划行为，不构成挪用公款罪的共犯
3	吴某某挪用公款案［2014］峨眉刑初字第 168 号	在公款整个挪用过程中，行为人并不明知张某挪用公款给他人使用，对挪用的结果没有持追求的态度，只是受张某的安排实施了办理银行业务行为，与张某和使用人没有形成合意，故不构成挪用公款罪的共犯

（不构成挪用公款罪共犯案例）

2. 主观方面

根据刑法条文规定，挪用公款罪的主观方面是故意，故意的内容仅仅是

---

[1] 胡云腾主编，最高人民法院研究室编：《宣告无罪实务指南与案例精析》，法律出版社 2014 年版，第 470~475 页。

暂时非法占有公款、日后仍准备归还。挪用与贪污区分的关键也在于主观要件，前者准备归还，后者彻底占有。目前《全国法院审理经济犯罪案件工作座谈会纪要》对挪用转化为贪污从四个方面列举了行为表现：一是携带挪用公款潜逃的；二是挪用公款后用虚假发票平账、销毁账目且没有归还的；三是截取单位收入不入账，非法占有，在单位账目难以反映且无归还行为的；四是有证据证明行为人有能力归还而拒不归还，隐瞒公款去向的。

序号	案号	裁判要旨
1	李某某挪用公款案［2013］庆中刑终字第55号	行为人主观上没有侵吞公款利息的故意，因客观上财务混乱导致存在利息差额的，不构成挪用公款罪
2	吕某、王某某挪用公款案［2014］兰铁刑再初字第1号	吕某某自始至终并未就挪用此笔公款为郝某某出谋划策，也不具有帮助郝某某完成挪用公款的故意和行为
3	张某某、杨某某挪用公款案［2014］鄂随州中刑终字第00066号	上诉人杨某某作为执法大队招聘的人员兼任执法大队的报账员，在管理执法大队公款时，听从其单位负责人即上诉人张某某的安排，将公款存入上诉人张某某个人银行卡中，并交给上诉人张某某保管，其不知上诉人张某某将公款用于购买股票，上诉人杨某某没有与上诉人张某某一同挪用公款的主观故意

（没有挪用故意案例）

3. 客观方面

（1）"利用职务上的便利"的认定。"利用职务上的便利"作为挪用公款罪客观要件的重要组成部分，对于认定挪用公款罪具有重要作用，而且自挪用公款罪独立成罪以来，对此并没有相关的司法解释。所以，实务界对"利用职务上的便利"的认定也一直存在各种不同的看法。目前，刑法学界对于"利用职务上的便利"的理解各有不同，可以总结为以下几种：第一种观点是，将其总结为一种便利条件，即行为人通过自身职务的便利条件而对公款可以更加便利地调动、使用或者是支配，这种便利条件形成的前提是行为人管理公款或者经手公款；第二种观点是，行为人具备一定的职权，并且在此职权下可以使公款从国家占有变为其他的状态，或者是行为人具有其他挪用公款的可能性，这些情况以不论行为人是否从事公务活动为基础；[1]第三种观点是，在行为人本身所具有的地位以及权力的影响下，其可以接触公款并且自由支配公款，从而出现滥用职权或者超越职权的行为，这也属于利用职务上的便利的情形。[2]以上这些对于"利用职务上的便利"的理解都多多少少有些共同之处和不同之处。

区分"利用职务上的便利"与"利用工作上的便利"，对于司法工作人员而言是一个很有必要且一直饱受困扰的问题。工作和职务本身就是不同的两个词，如果将工作纳入职务的理解范围的话，那就有可能使利用职务变得更加简单化。但是，一旦将利用工作便利也囊括进利用职务便利，无疑会给司法实务在认定挪用公款罪的时候增添不必要的工作内容，而且利用工作便利在实务中的范围更大、更广以至于更难进行界定，把不应认定为挪用公款罪的认定为挪用公款罪，这绝对会降低立法、司法打击挪用公款罪的力度。另外，最高人民法院、最高人民检察院在1989年的相关司法解释中明确提到，利用职务便利不应被理解为利用工作上的便利，尽管此次解释是专门针对受贿罪作出的，但笔者认为，这也适用于同是职务犯罪的挪用公款罪。所以，"利用职务上的便利"不应包括"利用工作上的便利"。相似的案件也支持笔者的观点，即张某某、李某某挪用公款案（[2008]修刑重字第91号）的裁判要旨：公诉机关所提供的证据不能证明被告人张某某将150万元公款借给李某某用于嘉苑公司注册验资是利用职务上的便利归个人使用进行营利活动。

（2）挪用公款罪中"归个人使用"的认定。我国《刑法》第384条第1款规定："国家工作人员利用职务上的便利，挪用公款归个人使用，进行非法活动的，或者挪用公款数额较大、进行营利活动的，或者挪用公款数额较大、超过三个月未还的，是挪用公款罪，……"1998年和2001年最高人民法院、最高人民检察院先后作出司法解释。全国人民代表大会常务委员会在2002年4月28日公布了专门性的立法解释《全国人民代表大会常务委员会关于〈中华人民共和国刑法〉第三百八十四条第一款的解释》，即"有下列情形之一

---

[1] 王超：《论挪用公款罪的"利用职务上的便利"——以权力结构体系的视角》，载《中国刑事法杂志》2013年第10期。

[2] 于鹏：《挪用公款罪中的"利用职务便利"》，大连海事大学2014年硕士学位论文，第16页。

的，属于挪用公款'归个人使用'：（一）将公款供本人、亲友或者其他自然人使用的；（二）以个人名义将公款供其他单位使用的；（三）个人决定以单位名义将公款供其他单位使用，谋取个人利益的"。2003年11月13日《全国法院审理经济犯罪案件工作座谈会纪要》规定："在司法实践中，对于将公款供其他单位使用的，认定是否属于'以个人名义'，不能只看形式，要从实质上把握。对于行为人逃避财务监管，或者与使用人约定以个人名义进行，或者借款、还款都以个人名义进行，将公款给其他单位使用的，应认定为'以个人名义'。'个人决定'既包括行为人在职权范围内决定，也包括超越职权范围决定。'谋取个人利益'，既包括行为人与使用人事先约定谋取个人利益实际尚未获取的情况，也包括虽未事先约定但实际已获取了个人利益的情况。其中的'个人利益'，既包括不正当利益，也包括正当利益；既包括财产性利益，也包括非财产性利益，但这种非财产性利益应当是具体的实际利益，如升学、就业等。"

对于挪用公款罪"归个人使用"中的第3种形式，即"个人决定以单位名义将公款供其他单位使用，谋取个人利益的"，司法实践中存在不同的裁定。在"曾某某挪用公款案"中，广西壮族自治区钦州市中级人民法院经审理认为，被告人曾某某的行为是以单位名义挪用公款供建行服务公司、润财公司使用，关于被告人曾某某与钟某某约定将贷款做个人生意和约定按贷款150万元的17%计利润分成给被告人曾某某等个人问题，证实该事实的证据仅有被告人口供和证人证词，由于被告人翻供、证人翻证，再也没有其他相应的证据证实被告人曾某某是以个人名义与他人将贷款另作其他生意和约定谋取私利的事实凭证。因此，认定被告人曾某某挪用公款谋取私利，缺乏依据。由于本案是发生在1997年《刑法》修订以前的1993年，依据当时法律，即《全国人民代表大会常务委员会关于惩治贪污罪贿赂罪的补充规定》（已失效）和1989年11月6日《最高人民法院、最高人民检察院印发〈关于执行《关于惩治贪污罪贿赂罪的补充规定》若干问题的解答〉的通知》（已失效），被告人曾某某不构成挪用公款罪。依照《刑事诉讼法》的规定，判决：被告人曾某某无罪。宣判后，广西壮族自治区钦州市人民检察院提出抗诉，认为原判将曾某某以个人名义挪用公款认定为以单位名义挪用公款供建行服务公司、润财公司使用与事实不符，应依照《刑法》第272条第2款、第384条的规定定罪量刑。广西壮族自治区高级人民法院经审理，驳回抗诉，维持原判。[1]

"归个人使用"的类型包括以下三种：①进行非法活动。关于非法活动，司法解释并没有提到"犯罪活动"，即没有把非法活动限定为犯罪活动，因此非法活动应当包含一般的违法活动，这和法条的规定是相吻合的。②进行营利活动。1998年的司法解释对营利活动进行了解释，规定挪用公款存入银行、用于集资、购买股票等，是营利活动型的挪用公款罪。司法解释并没有明确营利活动的范围，关于范围的问题，学界众说纷纭。③超过3个月未归还。针对超期未还的挪用公款犯罪，学界主要存在两种不同的理解。部分学者认为，3月未归还指的是从挪出公款之日起算，超过3个月未归还。另一部分学者认为，3月未归还指的是直至案发前，行为人都未归还公款，且此时距离挪出的时间已经超过3个月。[2]

序号	案号	裁判要旨
1	张文中诈骗、单位行贿、挪用资金再审案［2018］最高法刑再3号	1. 在案书证显示，涉案资金均系在单位之间流转，反映的是单位之间的资金往来，无充分证据证实归个人使用； 2. 无充分证据证实挪用资金为个人谋利
2	郭某某挪用公款案［2014］焦刑一终字第00001号	将公款用于公务用途而没有私用的，不构成挪用公款罪
3	汪某某挪用公款案［2001］荆刑初字第047号	被告人为了单位利益，以单位名义将公款借贷给他人使用而使单位获利，属于单位与他人之间的借贷行为，不属于挪用公款犯罪
4	陈某某挪用公款案［2014］榕刑终字第308号	行为人挪用公款既有公利动机，也有私利动机，如果没有以减少单位利益为代价而获得个人利益，或者单位实际获益较显著，则不构成挪用公款罪
5	郑某某挪用公款案［2013］浙杭刑再字第2号	行为人使用自己及同行在业务时间自行书写的稿费，不构成挪用公款罪

---

[1] 胡云腾主编，最高人民法院研究室编：《宣告无罪实务指南与案例精析》，法律出版社2014年版，第465~469页。
[2] 陈世炎、黄任泉：《如何理解挪用公款"超过三个月未还"》，载《人民检察》2007年第2S期。

刑事案例集

> 刑法的进步意味着刑罚逐步做到非感情用事、做到冷静和理性化。
> ——【德】 古斯塔夫·拉德布鲁赫

第二节 王某某强奸案

一、案情简介

被告人王某某，男，1976年8月8日出生，汉族，中专文化，农民，住某某省某某县。2000年10月12日下午，王某某在某某省某某县九妹美容美发店理发、洗面后，经店老板樊某同意，将服务员田某和田某某约出到街上吃饭。三人在县城南街吃饭后，王某某表示想和田某单独说会话，让田某某先回店里并告知店老板樊某。王某某与田某到县城十字街再次吃饭后，要田某当晚不回店里，并安排一名三轮车夫到九妹美容美发店将此情况告知店老板樊某。之后，王某某将田某带到商业浴池，买了一张单间票后两人共同洗浴。洗浴后，王某某将田某领到县城某某宾馆住宿。10月13日早上，王某某将田某送回九妹美容美发店后即离开，田某向樊某哭诉其被王某某强奸的经过后，二人早上即来到商业浴池，找到头天晚上的售票员贺某，将田某与王某某在单间浴室的毛巾被取回。下午，当王某某再次来到九妹美容美发店时，田某打电话向某某县公安局刑警队报案，王某某作为犯罪嫌疑人被刑事拘留。11月6日，某某县人民检察院未予批捕并建议补侦。11月15日，犯罪嫌疑人王某某被取保候审。在没有任何新证据的情况下，12月28日，王某某被逮捕。

又经过大半年的时间，7月20日，某某县人民检察院决定不起诉；7月24日，犯罪嫌疑人王某某被释放。8月6日，王某某向某某县人民检察院提出赔偿申请。某某县人民检察院作出鄂检确字［2001］第×号刑事确认书，对王某某的请求不予确认。王某某不服，向某某县人民检察院的上级单位某某市人民检察院提出申诉。某某市人民检察院作出许检确复字［2002］×号刑事确认复查决定书，维持某某县人民检察院不予确认决定。2003年12月4日某某市中级人民法院作出［2003］许法委赔字第×号赔偿委员会决定书，以某某县人民检察院因证据不足作出的不起诉决定，应视为对王某某作出无罪认定为由，决定由赔偿义务机关某某县人民检察院赔偿王某某被无罪羁押208天的赔偿金10 291.84元。6月10日经某某县人民检察院决定王某某被逮捕；6月23日，某某县人民检察院作出撤销不起诉决定，同时作出鄢检刑诉［2004］××号起诉书，以王某某涉嫌强奸罪提起公诉。

二、控方指控

控方指控：2000年10月12日晚9时许，被告人王某某在某某县城南关九妹美容美发店理发、洗面后，将服务员田某约出到街上吃饭，二人在十字街吃完饭，被告人王某某将田某领到商业浴池拉入一单间浴室内，不顾田某推着反抗，将其衣服脱光，对其进行了奸淫。之后，被告人王某某将田某领到县城某某宾馆住宿，第二天早上将田某送回九妹美容美发店。下午，当被告人王某某再次来到九妹美容美发店时，田某打电话向公安机关报案，被告人王某某被抓获。

上述事实，有下列证据予以证实：①被害人田某陈述了被王某某强行拉至一单间浴室内强奸的时间、地点、王某某所使用的手段以及报案的经过。②证人樊某证明被害人田某向其哭诉被强奸的经过以及向公安机关报案的事实，并与被害人的陈述相印证。③提取笔录、法医学物证检验鉴定书证明从被害人处提取的商业浴池的毛巾被上的人血血型与被害人的血型相同，均为O型。④证人贺某证言证明王某某和被害人洗澡时，女的不愿洗单间，说"俺还没结婚呀"以及男的捞住女的进了单间的事实。

三、辩护律师观点

（一）原一审案件的程序存在重大违法，应当予以纠正

本案发生于2000年10月12日，2000年10月13日被害人报案，原审被告人被刑事拘留，后被提请逮捕。2000年11月6日，某某县人民检察院决定不批准逮捕、建议补充侦查，原审被告人被取保候审。2000年12月28日原审被告人被再次提请逮捕，但2001年7月20日某某县人民检察院作出不起诉决定。随后原审被告人因被羁押208天提出国家赔偿请求，在县、市人民检察院均不予确认的情况下，2003年12月4日某某市中级人民法院依据当事人申请依法作出赔偿决定书。2004年6月10日，原审被告人被再次逮捕，随后被某某县人民法院以强奸罪判处有期徒刑3年。纵观本案全过程，2001年7

月 20 日，某某县人民检察院以"证据不足，不符合起诉条件"为由作出不起诉决定是审慎的。2003 年 12 月 4 日，某某市中级人民法院依据事实和法律依法作出的赔偿决定书是合法有效的。从现有卷宗材料来看，2004 年 6 月 23 日某某县人民检察院撤销不起诉决定，在没有补充侦查到更加可靠、扎实的新证据的情况下，对原审被告人再次批捕并提起诉讼，从司法程序正义的角度看，缺乏正当性、合理性和严肃性，存在挟私报复的嫌疑。

(二) 原审认定行为人构成强奸罪，只有言辞证据，事实不清，证据不足，依法应当改判无罪

《刑法》第 236 条第 1 款规定："以暴力、胁迫或者其他手段强奸妇女的，处三年以上十年以下有期徒刑。"构成强奸罪，需要行为人有暴行，也就是暴力、胁迫或者其他手段；其次需要行为人有奸淫被害人的行为。本案中，原审被告人王某某既没有暴行，也没有奸淫行为。辩护人通过对行为人和被害人到浴室之前、浴室门口、浴室中、事后宾馆和事后第二天这五个时间段的被害人询问笔录、被告人供述、辩解和证人证言进行分析，可以论证以上观点。

(三) 本案除了言词证据外，没有其他的证据可以佐证，没有形成证据链，认定构成犯罪，证据不足，事实不清

一般的强奸案件，除了言辞证据外，还需要有精斑、衣服、伤痕等物证。从而对言辞证据进行佐证。而本案中并没有。从田某的裤头并没有集采出被告人的精液。商业浴池毛巾上的血，并不能证明是被害人与被告人发生性行为后留下的血迹，也可能是被害人当时处于月经时留下的。

(四) 田某、樊某等人具有敲诈勒索的违法或者犯罪嫌疑

樊某等人在当天晚上已经为敲诈勒索作了准备。案发第二天上午樊某和被害人找借口去收集所谓的证据，目的在于敲诈勒索。

综上所述，原审判决认定被告人构成强奸罪，事实不清、证据不足，不足以认定。

四、法院判决

某某省某某县人民检察院指控原审被告人王某某犯强奸罪一案，某某省某某县人民法院于 2004 年 7 月 28 日作出 [2004] 鄢刑初字第××号刑事判决，认定被告人王某某犯强奸罪，判处有期徒刑 3 年。

宣判后，王某某不服，提出上诉。某某省某某市中级人民法院于 2004 年

10月13日作出［2004］许中刑一终字第×××号刑事裁定，驳回上诉，维持原判。该裁判发生法律效力后，王某某不服，提出申诉。

2005年5月16日，某某省某某市中级人民法院作出［2005］许立通字第××号驳回申诉通知，驳回其申诉。

2007年3月29日，某某省高级人民法院作出［2007］豫法立刑字第×号刑事决定，指令某某省某某市中级人民法院再审。某某省某某市中级人民法院于2007年10月29日作出［2007］许刑再终字第×号刑事判决，维持该院［2004］许中刑一终字第×××号刑事裁定和某某县人民法院［2004］鄢刑初字第××号刑事判决。王某某不服，提出申诉。

2008年6月26日，某某省高级人民法院作出［2008］豫法刑三再字第×××号再审决定，指令某某省某某市中级人民法院再审。某某省某某市中级人民法院于2008年11月14日作出［2008］许刑再终字第×号刑事裁定，维持该院［2007］许刑再终字第×号刑事判决。该再审裁定发生法律效力后，王某某不服，再次提出申诉。

某某省高级人民法院于2009年5月3日作出［2009］某法刑再申字第×××号驳回申诉通知，驳回其申诉。王某某之父王某江以原审认定事实不清、证据不足、程序违法等为由，向最高人民法院提出申诉。2017年11月6日，最高人民法院作出［2017］最高法刑申×××号再审决定书，指令某某省高级人民法院对本案进行再审。

某某省高级人民法院于2018年5月16日不公开开庭审理了本案。某某省人民检察院指派检察员陈某、徐某出庭履行职务。原审被告人王某某及其辩护律师到庭参加诉讼。某某省高级人民法院作出［2017］皖刑再×号判决书认为，本案中王某某从未作过有罪供述，除被害人田某的陈述之外，无其他证据证实王某某实施了强奸行为，在案证据存在疑点且不能合理排除。一是物证的取得不规范。本案中，唯一的物证商业浴池毛巾被不是由办案人员直接从案发现场提取，而是由被害人田某和证人樊某案发第二天上午自行前往案发现场提取，提取后没有立即移交给办案人员，而是在下午报案后才将商业浴池毛巾被移交给办案人员，不能排除该物证检材存在被作假或污染的可能。二是法医学物证检验鉴定书的证明力不强。该鉴定所依据的检材是田某血液、田某的裤头、商业浴池毛巾被，检验结果为田某的裤头和商业浴池毛巾被上未检出精斑，商业浴池毛巾被上的人血血型与被害人田某的血型均为O型。

由于商业浴池系公共场所，在没有通过DNA鉴定方式将毛巾被上血迹与被害人田某相应检材作同一认定的情况下，不能仅因两者血型相同就得出毛巾被上血迹系被害人田某所留的唯一结论，更不能证明系王某某强奸行为所致。三是证人贺某的证言虽可证明王某某与被害人田某一道去浴室洗澡时，田某曾表达对男女洗单间不情愿的意思，但不能证明王某某有使用暴力手段强制田某进单间浴室的行为。四是证人樊某的证言虽证明听被害人田某说其被王某某强奸，但该证言属于传来证据，其中关于强奸行为发生的内容都是被害人田某事后向其转述的，樊某当时并不在案发现场，所证明的内容并非本人直接感知，故该证言不能证明被害人田某被强奸的过程。综上，原裁判据以定案的证据没有形成完整的有机联系且相互印证的证据锁链，没有达到证据确实、充分的法定证明标准，不能排除合理怀疑得出王某某实施强奸行为的唯一结论。

五、理论延伸

（一）强奸罪的事实认定问题

1. "强奸罪"无罪案例数据检索

和"王某某强奸案"相似的是"黄某福强奸案"。深圳市福田区人民法院审理认为，公诉机关指控的证据足以认定黄某福构成强奸罪。理由：①被害人肖某云对黄某福趁其酒醉无力之机不顾其反抗与其发生性关系的过程有明确陈述，且其陈述可与证人证言、监控录像相印证。②被害人肖某云不存在与黄某福自愿发生性关系的感情基础，也没有其他自愿发生性关系的动机。③被害人肖某云的陈述、证人韩某琼的证言、监控录像均证实，肖某云在唱歌结束后曾向韩某琼表示想回去，而黄某福则采取拖拉、脱鞋子等手段将肖某云留下，在案发宾馆大厅及电梯门口肖某云也数次起身向外走，都被黄某福拉回，证明肖某云并非自愿与黄某福开房及独处。④被害人肖某云的陈述和证人袁某林的证言均证实肖某云曾向黄某福索要自己的手机而黄某福不给，证人林某贤的证言亦证实肖某云被扶至案发房间后躺在床上哭，这些细节均可印证被害人非自愿与黄某福发生性关系。⑤黄某福归案后对在唱歌期间是否与被害人发生过性关系、在宾馆内发生几次性关系、发生性关系前被害人是否曾向其要钱等细节的供述存在明显反复，且其关于肖某云在房内打电话、发短信的供述也不能与通话记录清单相印证，故黄某福的辩解不可信。⑥被害人案发时不满16周岁，在大量饮酒后被黄某福强奸，对其反抗、求救的方式和剧烈程度以及事后的报警时间，不应有过于严苛的要求。原审法院依据上述事实和证据判决被告人黄某福犯强奸罪，判处有期徒刑3年。原审被告人黄某福不服一审判决提出上诉。

深圳市中级人民法院经二审审理认为，本案证据所证明的案件事实不足以得出上诉人黄某福与肖某云发生性关系时违背了肖某云意志的唯一结论。相反，在案证据所证实的内容并不能合理排除被害人肖某云为获取经济回报而自愿与黄某福发生性行为或者基于其他原因在没有明确拒绝的情况下与黄某福发生性行为的可能性，更不能排除上诉人黄某福是基于了解肖某云的心理并加以利用、诱骗，而最终达到与肖某云发生性行为的目的的可能性。因此，原判认定上诉人黄某福犯强奸罪的证据不足，依法应作出证据不足、指控的犯罪不能成立的无罪判决。当然，上诉人黄某福的行为严重违背了社会的公序良俗和伦理道德，应受谴责。依法判决上诉人（原审被告人）黄某福无罪。[1]

（1）无罪案件类案分析。通过"把手案例网"的检索，1999年至2022年3月31日的强奸罪案件判决书共有26 019份，判决无罪的判决书共有42份。无罪判决案件仅占强奸案件的0.161%。以"是否使用暴力、是否为熟人作案、法院判决无罪的理由"为主要要素，笔者选取以下13篇裁判文书进行类案分析。

序号	案号	是否熟人作案	是否使用暴力	裁判理由
1	姜某某强奸案［2004］雨刑初字第6号	恋爱关系	用较特殊方式骑跨在黄的胸部进行了体外性活动	其主观上没有强奸的故意，客观上没有违背妇女的意志强行与之性交的行为，不符合强奸罪的构成要件，不构成强奸罪
2	张某、张某某强奸案［2013］浙刑再字第2号	陌生人	一审、二审指控采用掐颈等暴力手段对王某实施奸淫，并致王某因机械性窒息死亡。再审改判无罪	有新的证据证明，本案不能排除系他人作案的可能。原判据以认定案件事实的主要证据不能被作为定案依据

---

[1] 胡云腾主编，最高人民法院研究室编：《宣告无罪实务指南与案例精析》，法律出版社2014年版，第202~203页。

续表

序号	案号	是否熟人作案	是否使用暴力	裁判理由
3	李某某强奸案 ［2017］粤52 刑终243号	陌生人 通过手机软件"陌陌"与林某1聊天认识	虽被害人不愿意与李某某发生性关系并多次拼命挣扎，但并没有激烈反抗等行为	1. 上诉人李某某没有明显使用暴力、胁迫的手段； 2. 上诉人李某某的行为没有违背被害人林某1的意志
4	周某某强奸案 ［2018］黑0604 刑初310号	周某某与被害人杨某某的男友系朋友关系	周某某使用暴力、胁迫手段与杨某某发生性关系的证据不足	1. 公诉机关指控周某某使用暴力、胁迫手段与杨某某发生性关系的证据不足； 2. 公诉机关指控周某某违背杨某某意志，与其发生性关系的证据不足
5	陈某某奸案 ［2018］川0116 刑初599号	被告人为被害人表姐夫	被告人陈某某在发生性关系的过程中并没有使用任何暴力和胁迫手段	没有充分的证据证明被告人陈某某系违背被害人庞某意志与其发生了性关系，亦没有充分证据证明被告人陈某某客观上实施了暴力、胁迫或其他手段强行与被害人庞某发生性关系，不能认定被告人陈某某的行为构成强奸罪
6	冯某强奸案 ［2017］晋04 刑终28号	陌生人 陌陌聊天认识	没有使用暴力、胁迫手段，也没有采取其他手段使李某某处于不能反抗、不敢反抗、不知反抗状态，也不存在上诉人冯某在李某某不知、无法反抗的状态下乘机实行奸淫的情况	上诉人冯某与李某某发生性关系时不存在使用暴力、胁迫或者其他手段。是否违背李某某意志根据以上证据也无法认定。上诉人冯某的部分上诉理由予以采纳。综上，认定上诉人冯某构成强奸罪的证据不足
7	李某某强奸案 ［2019］闽0725 刑初89号	陌生人 喝喜酒刚认识	被告人李某某与张某某当晚都有喝酒，但没有证据证实张某某有醉酒状态	公诉机关指控被告人李某某犯强奸罪，证据不足，指控的犯罪不能成立

续表

序号	案号	是否熟人作案	是否使用暴力	裁判理由
8	闻某甲强奸案[2015]唐刑终字第129号	陌生人 被告人闻某甲通过微信认识梁某	不足以证明上诉人闻某甲使用暴力、胁迫或者其他手段	现有证据达不到证明上诉人闻某甲对被害人梁某实施强奸行为事实清楚、证据确实充分的证明标准
9	朱某某奸案[2018]冀0322刑初324号	陌生人 网上聊天认识	未使用暴力，是否发生性关系证据不足	公诉机关提供的证据不足，指控被告人朱某某犯罪不能成立。被告人朱某某及其辩护人关于被告人朱某某无罪的辩护意见，本院予以采纳
10	张某甲强奸案[2015]深刑初字第178号	陌生人 网上认识的网友	在被害人同意发生性关系且在发生性关系结尾时才推、咬的张某甲，此情节也不能说明双方发生性关系违背了妇女意志	现只有被害人陈述双方发生性关系违背了妇女意志，没有其他证据予以证明，公诉机关指控被告人张某甲犯强奸罪证据不足，指控罪名不成立
11	黎某某强奸案[2015]汕城法刑初字第58号	陌生人 网友关系	在每次发生性关系时均没有使用暴力、胁迫、诱骗等手段，双方均属自愿	本院认为被告人黎某某与申某发生性关系属双方自愿，且现有证据无法推定被告人黎某某明知申某不满14周岁
12	卢某某强奸案[2016]云刑终262号	陌生人	强奸杀人证据不足	原判认定卢某某故意杀人、强奸的事实不清、证据不足，不能认定卢某某有罪，依法予以改判
13	白某某强奸案[2019]内01刑终88号	陌生人	指控强行发生性关系，但证据不足	原审公诉机关提供的证据不能互相印证，全案证据达不到确实、充分的证明标准，不能得出系白某某作案的唯一结论。原判认定白某某犯强奸罪的事实不清，证据不足，原公诉机关指控的罪名不能成立

（2）检索报告：

第一，以上13份无罪判决案例中，熟人作案有3起，陌生人作案有10起。其中，陌生人作案多为网络聊天之后相约见面，从而发生性关系。

第二，以上13个案例中，对于是否使用暴力的认定，其中有8起显示被害人没有明显的反抗，行为人并未使用过度的暴力手段。另外5起案件中，虽然被害人指控行为人使用暴力、胁迫等手段，但都没有证据进行佐证。

第三，法院判决无罪的理由为以下两类：①不符合强奸罪的犯罪构成，并未违背妇女意志；②事实不清，证据不足，不能排除合理怀疑。

2. "半推半就"是否属于违背妇女意志

我国《刑法》第236条规定的强奸罪是指以暴力、胁迫或者其他手段，违背妇女意志，强行与之发生性关系的行为。所谓暴力手段，是指犯罪分子直接对妇女采用殴打、捆绑、掐脖子、按倒等危害人身安全或者人身自由，使妇女不能反抗的手段，其属于对妇女的人身行使有形力量，是对被害妇女的人身强制。[1]如果行为人使用明显的暴力手段迫使被害人与其发生性关系，那么行为人的行为当然构成强奸罪，但如果行为人没有使用明显的暴力，被害人也没有明显的反抗，在"半推半就"的场合下，行为人的行为应当如何认定呢？

"半推半就"，是就妇女的意志而言的，即女方对男方要求性交的行为，既有不同意的表示"推"，也有同意的表示"就"，这是一种犹豫不决的心理状态；在妇女犹豫不决时，男子实施了奸淫行为。[2]一般来说，如果行为人主观上认为，自己的行为并不违背妇女意志，把妇女"推"的表示视为妇女羞愧的表现，又没有明显使用暴力、胁迫等手段，就不能认定为强奸罪。反之，如果行为人明知自己的行为违背妇女意志，又使用暴力、胁迫等手段强行与妇女性交，则构成强奸罪。

"半推半就"的落脚点应当在"就"上。如果是"真推"，那么妇女是不愿意与行为人发生性关系的，也就不存在自愿的"就"一说。所以"半推半就"里的"推"是"假推"，是女方基于即将发生性行为的羞涩或表示矜持等心理，假装推拒，"假推"是为了之后的"就"。因此"半推半就"可以被

---

[1] 何洋：《强奸罪：解构与应用》，法律出版社2014年版，第217页。
[2] 黎宏：《刑法学》，法律出版社2012年版，第657页。

理解为"假推真就",女方是同意发生性行为的。除非行为人在女方明确表示不同意,即"真推"之后,使用强制手段迫使女性"就范",在这种情形下行为人构成强奸罪。如果女方对行为人明确说"不同意"或者以实际的"推拒"行为表示抵抗,行为人就应当停止性行为,此时不能以"女方推我是因为羞怯"来为自己的强奸行为开脱。

3. 熟人强奸

大多数人提及强奸,脑子里都会浮现像连续剧中的场景,男人使用暴力生拉硬拽或者采用迷奸等方式强行与妇女发生性关系。然而,司法实践中这样的场景越来越少,取而代之的是发生在熟人之间的、暴力不明显的强奸案。[1]国内关于某省的熟人强奸调查(2003年—2010年)也显示熟人强奸案件占强奸案件比例的47.43%。[2]根据前文检索案例,其中熟人作案也有3起。在这类案件中,是否违背妇女意志成了判断罪与非罪的关键,也是审查逮捕阶段检察官判断的焦点。

与陌生人型强奸案相比,熟人型强奸案除了发生在熟人之间,以下几点特征值得关注:一是案发地点以酒店为主,进出酒店大堂、电梯、走廊都有监控设备,这就为此类案件的办理提供了重要的证据;二是手段上无明显暴力或胁迫,且关键证据呈现"一对一"状态,即是否违背妇女意志的事实部分,行为人的供述与被害人的陈述往往截然相反,但又没有第三人直接证明,也缺乏伤痕等客观证据印证,给案件的审查认定带来了极大困难;三是多数案件伴随醉酒因素,特别是"娱乐场所型"熟人强奸案,要么是被害人处于完全醉酒或半醉酒状态,要么是行为人处于醉酒状态,无法供述完整的事实;四是此类案件或多或少存在一定的"被害人过错"因素,[3]如被害人事先同意或默许发生性关系并自愿前往酒店,有的案件中甚至是被害人主动提出或暗示发生性关系。[4]

---

[1] 游春亮:《深圳罗湖法院分析近三年强奸案件发现八成强奸案发生在熟人之间》,载《法制日报》2012年2月25日。

[2] 倪晓峰:《熟人强奸:犯罪类型与人际关系的实证研究》,载《犯罪研究》2012年第2期。

[3] 类似观点参见刘守芬、申柳华:《强奸案件的加害与被害——71个强奸案例的法律实证分析》,载《犯罪研究》2004年第4期;陈童鑫:《关于熟人强奸被害人的被害性研究——基于A省H市五年案件数据的分析》,载《犯罪研究》2015年第4期。

[4] 吴加明、逄政、沈伟:《"熟人型强奸案"中违背妇女意志的审查与判断》,载《中国检察官》2018年第20期。

在认定熟人强奸案件中的违背妇女意志问题时，需要关注以下几方面内容：其一，以社会现实为基础。目前，随着社会的快速发展，人们的思想也更加开放，诸如"约炮"之类的事情也越来越多。在特殊情况下，对违背了妇女意志的认定就要更加慎重。其二，以常识常情常理与经验法则为依据，从事前、事中、事后开展全阶段审查工作。事前即对二者关系进行审查，在性行为发生前，双方是否有一定的交集、是否存在性交易等情况。其三，关注审查客观证据，敢于认定疑罪从无。对于难以排除合理怀疑，且嫌疑人要求无罪辩解的状况，需基于疑罪从无的观点，敢于提出否定结论。

(二) 案件程序问题

1. 王某某强奸案案情梳理

2000年10月13日，被某某县公安局刑事拘留。

2000年11月6日，某某县人民检察院作出不批准逮捕决定书。

2000年11月15日，被取保候审。

2000年12月28日，被逮捕。

2001年7月20日，某某县人民检察院决定不起诉。2001年7月24日释放。

2004年6月10日，经某某县人民检察院决定被逮捕。

2004年10月13日，某某省某某县人民法院作出［2004］鄢刑初字第××号刑事判决被判处有期徒刑3年。

王某某上诉。

2004年10月13日，某某省某某市中级人民法院作出［2004］许中刑一终字第×××号刑事裁定，驳回上诉，维持原判。

王某某不服，提出申诉。

2005年5月16日，某某省某某市中级人民法院作出［2005］许立通字第××号驳回申诉通知。

2007年3月29日，某某省高级人民法院作出［2007］豫法立刑字第×号刑事决定，指令某某省某某市中级人民法院再审。

2007年10月29日，某某省某某市中级人民法院作出［2007］许刑再终字第×号刑事判决，维持该院［2004］许中刑一终字第×××号刑事裁定和某某县人民法院［2004］鄢刑初字第××号刑事判决。

王某某不服，提出申诉。

2008年6月26日，某某省高级人民法院作出［2008］豫法刑三再字第×××号再审决定，指令某某省某某市中级人民法院再审。

某某省某某市中级人民法院于2008年11月14日作出［2008］许刑再终字第×号刑事裁定，维持该院［2007］许刑再终字第×号刑事判决。

王某某不服，再次提出申诉。

某某省高级人民法院于2009年5月3日作出［2009］豫法刑再申字第×××号驳回申诉通知，驳回其申诉。

王某某之父王某江以原审认定事实不清、证据不足、程序违法等为由，向最高人民法院提出申诉。

2017年11月6日，最高人民法院作出［2017］最高法刑申×××号再审决定书，指令某某省高级人民法院对本案进行再审。

2018年5月16日，某某省高级人民法院不公开开庭审理，宣判王某某无罪。

2. 王某某强奸案程序中存在的问题

王某某强奸案原本只是一起很普通的强奸案，但该案从2000年10月12日案发，到王某某获得无罪判决的2018年7月23日，历经了漫长的18年时间。王某某从被拘留、取保候审、逮捕、释放，到再被逮捕、服刑、释放。从一审、二审到三次再审，中间还有数次申诉被驳回，终于迎来了一纸无罪判决。无论是王某某还是其家人都为之付出了巨大的努力。通过前文对案情进行梳理，可以发现本案中存在很多程序上的不合法，从公安机关对王某某的拘留到检察院对王某某的审查逮捕、审查起诉，逮捕与不逮捕、起诉与不起诉都历经反复，并且起诉与不起诉的时间跨度还很大，有近三年的时间跨度。法院审判阶段，历经一审、二审和三次再审。这也是导致王某某为之奔走近二十年的原因之一。

（1）没有新的证据的情况下强行起诉。《刑事诉讼法》第171条规定："人民检察院审查案件的时候，必须查明：（一）犯罪事实、情节是否清楚，证据是否确实、充分，犯罪性质和罪名的认定是否正确；（二）有无遗漏罪行和其他应当追究刑事责任的人；（三）是否属于不应追究刑事责任的；（四）有无附带民事诉讼；（五）侦查活动是否合法。"

王某某于2000年12月28日被逮捕，2001年7月20日某某县人民检察院决定不起诉，2001年7月24日释放。2004年6月10日经某某县人民检察院决定再次被逮捕。从现有卷宗材料看，2004年6月23日某某县人民检察院撤销不起诉决定，在没有补充侦查到更加可靠、扎实的新证据的情况下，对原审被告人再次批捕并提起诉讼，这是不符合法律规定的。

（2）一个中院能否再审两次，合理的情况下应该是指定到其他法院。《刑事诉讼法》第255条规定："上级人民法院指令下级人民法院再审的，应当指令原审人民法院以外的下级人民法院审理；由原审人民法院审理更为适宜的，也可以指令原审人民法院审理。"

某某省某某市中级人民法院作出刑事裁定驳回上诉，维持原判。王某某不服，提出申诉。某某省某某市中级人民法院驳回申诉。2007年3月29日，某某省高级人民法院作出［2007］豫法立刑字第×号刑事决定，指令某某省某某市中级人民法院再审。某某省某某市中级人民法院作出终审判决后，王某某还是不服，提出申诉。某某省高级人民法院作出再审决定，指令某某省某某市中级人民法院再审。某某省某某市中级人民法院作出终审判决。截至此时王某某的案件已经经历两次再审，并且两次再审全都是由某某省某某市中级人民法院作出。本案件在某某市中级人民法院经历了三次审判。虽然法律并未禁止同一法院对同一案件进行多次再审，但是某某市中级人民法院三次审理王某某案件均维持同一判决，是否能够说明王某某的案件由其他法院审理更为合适？

（3）再审指定管辖的案件适用一审程序还是二审程序？《刑事诉讼法》第256条第1款规定："人民法院按照审判监督程序重新审判的案件，由原审人民法院审理的，应当另行组成合议庭进行。如果原来是第一审案件，应当依照第一审程序进行审判，所作的判决、裁定，可以上诉、抗诉；如果原来是第二审案件，或者是上级人民法院提审的案件，应当依照第二审程序进行审判，所作的判决、裁定，是终审的判决、裁定。"

根据《刑事诉讼法》第256条对再审案件的程序规定，原来是一审就按照一审审理、原来是二审就按照二审程序审理。对于"王某某强奸案"，其二审被某某省某某市中级人民法院维持原判，已经进入二审程序，就应该认为其原来是第二审案件，应当按照第二审程序审判，所作的判决、裁定，是终审的判决、裁定。

再审案件被指定管辖，审级会不会有所改变？即上级人民法院依照刑事诉讼法律、法规关于指定管辖的规定，将某一案件指令某一下级人民法院审判后，接受指令的人民法院在审理该案时，应当适用第一审还是第二审程序的问题。有学者认为，指定管辖的再审案件原则上并不导致再审法院对审判程序适用上的改变。这是因为在审判管辖中无论是级别管辖、地区管辖、专门管辖还是指定管辖，其实质都是首先解决案件由哪一区域的哪一级法院中的哪一个人民法院，依照第一审程序审判。所以，案件一旦指定哪一级法院中的哪一个人民法院审判，接受指令的人民法院就应当依照第一审程序进行审判。与普通的一、二审案件相比，唯一不同的就是，再审案件中，当上级人民法院在决定改变管辖指令再审的过程中，一般都要以裁定撤销原一、二审人民法院作出的已经发生法律效力的裁判为前提。那么，接受管辖的人民法院，自然应当依照第一审程序进行再审。倘若接受指定管辖的人民法院，按照指定管辖前原终审法院所适用的第二审程序进行再审，那么必然会产生难以自圆其说的矛盾。[1]

"王某某强奸案"中行为人不服一审、二审裁判，上诉到最高人民法院，最后最高人民法院指定某某省高级人民法院审理。某某省高级人民法院作出了终审裁判。笔者认为，对于再审指定管辖，如果原来经过二审裁定，再审指定管辖审理，虽然是撤销了原一审、二审的裁定，但是已经是经过了二审，如果再允许上诉的话，会浪费司法资源。

（三）案件证据的证明标准

1. 法律规定的证明标准

《刑事诉讼法》第 55 条规定："对一切案件的判处都要重证据，重调查研究，不轻信口供。只有被告人供述，没有其他证据的，不能认定被告人有罪和处以刑罚；没有被告人供述，证据确实、充分的，可以认定被告人有罪和处以刑罚。证据确实、充分，应当符合以下条件：（一）定罪量刑的事实都有证据证明；（二）据以定案的证据均经法定程序查证属实；（三）综合全案证据，对所认定事实已排除合理怀疑。"

根据《刑事诉讼法》的规定，证据是证明案件真实情况的一切事实。刑事案件是已经发生且不可能重现的客观事实，司法工作人员查明案情、证实犯罪的唯一途径就是充分、全面地收集与案情有关的证据，并运用证据，经

---

[1] 张新民：《刑事再审指定管辖与发回重审案件的程序适用及其属性》，载《法律适用》2005 年第 5 期。

过正确的推理和判断,证明案件发生的时间、地点、手段、后果、作案过程及作案人等情节,发现案件的事实真相。

《最高人民检察院关于印发部分罪案〈审查逮捕证据参考标准(试行)〉的通知》第五节"强奸罪案审查逮捕证据参考标准"规定:

强奸罪,是指触犯《刑法》第236条的规定,违背妇女意志,使用暴力、胁迫或者其他手段,强行与妇女性交的行为。其他以强奸罪定罪处罚的有:(1)奸淫不满14周岁幼女的;(2)收买被拐卖的妇女,强行与其发生性关系的;(3)利用职权、从属关系,以胁迫手段奸淫现役军人的妻子的;(4)明知被害人是精神病患者或者痴呆者(程度严重)而与其发生性关系的;(5)组织和利用邪教组织,以迷信邪说引诱、胁迫、欺骗或者其他手段,奸淫妇女、幼女的。

对提请批捕的强奸案件,应当注意从以下几个方面审查证据:
(1)有证据证明发生了强奸犯罪事实。
重点审查:
第一,法医鉴定,被害人报案、控告、陈述,被害人亲友检举,犯罪嫌疑人供述,证人证言等证明发生强奸行为的证据。
第二,被害人伤情鉴定、犯罪工具实物或照片、现场勘查笔录、药物检验报告和发案背景等证明与妇女性交的行为违背其意志的证据,包括使用暴力、胁迫或者其他手段的证据。
第三,证明明知被害人不满14周岁或是精神病患者或者痴呆者(经法医鉴定为程度严重)的证据。
(2)有证据证明强奸犯罪事实系犯罪嫌疑人实施的。
重点审查:
第一,显示犯罪嫌疑人实施强奸犯罪的视听资料。
第二,被害人的指认。
第三,犯罪嫌疑人的供认。
第四,证人证言。
第五,同案犯罪嫌疑人的供述。
第六,对遗留在犯罪工具、犯罪现场和犯罪嫌疑人、被害人身体、衣物上的指纹、足迹、血迹、精斑等所做的能够证明犯罪嫌疑人实施强奸犯罪的鉴定及被害人伤情鉴定。

第七，其他能够证明犯罪嫌疑人实施强奸犯罪的证据。

（3）证明犯罪嫌疑人实施强奸犯罪行为的证据已有查证属实的。

重点审查：

第一，能够排除合理怀疑的视听资料。

第二，其他证据能够印证的被害人的指认。

第三，其他证据能够印证的犯罪嫌疑人的供述。

第四，能够相互印证的证人证言。

第五，能够与其他证据相互印证的证人证言或者同案犯供述。

第六，已有查证属实的证明犯罪嫌疑人实施强奸犯罪的其他证据。

2. 王某某强奸案刑事诉讼证明标准适用不当

我国刑事诉讼证明标准为：事实清楚，证据确实、充分，排除合理怀疑。对于刑事案件定罪的证明标准，此三个条件缺一不可。现在结合以上所列强奸罪定罪的证明标准分析王某某案证明标准适用不当问题。

（1）事实不清楚。某某省某某县人民法院一审查明的事实为：2000年10月12日晚9时许，被告人王某某在某某县城南关九妹美容美发店理发、洗面后，将服务员田某约出到街上吃饭，二人在十字街吃完饭，被告人王某某将田某领到商业浴池拉入一单间浴室内，不顾田某推着反抗，将其衣服脱光，对其进行了奸淫。之后，被告人王某某将田某领到县城某某宾馆住宿，第二天早上将田某送回九妹美容美发店。下午，当被告人王某某再次来到九妹美容美发店时，田某打电话向公安机关报案，被告人王某某被抓获。

一审法院认定，王某某违背妇女意志，采用暴力手段，强行与妇女发生性交的行为，构成强奸罪。但纵观本案认定的所有证据，还有不少重要事实没有查清。第一，王某某和田某之间到底有没有发生性行为。能够证明这一事实的被告人供述和被害人陈述意见相反，无法认定。被害人在询问笔录中多次说明案发时自己还是处女，案发后如果及时对被害人进行处女膜伤痕鉴定，对查明案件事实十分重要，而且技术上完全可行，但办案机关没有组织鉴定，严重影响了案件事实的认定。第二，王某某对田某是否实施了暴力。证人贺某某是现场直接证人，贺某某的证言证明了王某某与田某一道去其浴室洗澡，女方曾表达对男女洗单间不情愿的意思，但无法证明在进入浴室前王某某对田某使用了暴力；进入浴室后，虽然只有王某某和田某在现场，但贺某某仍在案发附近卖票,如果王某某对田某实施了暴力,田某会大声呼救,贺某某应当可以听见并能够提供帮助,但贺某某的证言中没有显示存在暴力情形。根据被告人供述和被害人陈述内容,王某某和田某是一起离开浴室的,如果在浴室内发生过暴力强奸行为,田某出来后完全有能力向其他人寻求帮助,但她不仅没有主动寻求帮助,而且还与王某某一道去了附近某某宾馆过夜,于第二天由王某某护送回九妹美容美发厅,从情理上推断,也无法得出王某某对田某实施了暴力的结论。第三,如果现场发生了强奸事实,应该会留下一些现场物证或痕迹,通过现场勘验和司法鉴定手段,也能固定相关证据。比如,被害人身上是否留有因暴力强奸造成的伤痕,被害人衣物是否有破损,案发现场或被害人体内、身上是否留有被告人的精液、体液、毛发、皮屑,等等。但办案机关均没有提取或鉴定,致使案件事实认定上存在诸多疑问。第四,原审案卷中有田某的《我的陈述》等两份自书材料,陈述内容与案件事实关系重大,该材料是否由田某亲笔所书?可否作为证据使用?一审法院均没有认定,也没有在开庭时通知田某出庭作证,造成案件重大事实没有查清。另外,根据原审被告人的供述,案发第二天其再次来到九妹美容美发厅,美发厅老板樊某(本案证人之一)问原审被告人"是公了还是私了?"并要求原审被告人打了一张5000元的欠条。这一情节是否属实?对案件定性影响比较关键,但一审法院在审理过程中也没有查清。

(2)证据不确实、不充分。

某某省某某县人民法院一审查明的事实依据的证据如下:①被害人田某陈述了被王某某强行拉至一单间浴室内强奸的时间、地点、王某某所使用的手段以及报案的经过。②证人樊某证明被害人田某向其哭诉被强奸的经过以及向公安机关报案的事实,并与被害人的陈述相印证。③提取笔录、法医学物证检验鉴定书证明从被害人处提取的商业浴池的毛巾被上的人血血型与被害人的血型相同,均为O型。④证人贺某证言证明王某某和被害人洗澡时,女的不愿洗单间,说"俺还没结婚呀"以及男的搂住女的进了单间的事实。证据确实、充分是对证据"质"和"量"上的要求。证据确实,是相对于个别证据而言的,它是指证据必须是真实的,客观存在的而且必须与犯罪事实相关联的,任何主观臆造、捏造、歪曲的东西以及虽是真实但与犯罪事件无关的都不能被作为证据。证据充分则是对证据"量"上的要求,是就全案证据而言的,它要求案件的所有证据材料都应当足以证明案件定罪量刑方面的情况，并且要协调一致形成完整的证据链。[1]

认定强奸罪必须要有证据证明两个基本事实：一是发生性行为；二是使用暴力。某某县人民法院［2004］鄢刑初字第××号《刑事判决书》认定王某某犯强奸罪的证据：一是被害人陈述其被侵害的时间、地点、手段及报案经过，证明其受到原审被告人的强奸。该证据属于言词证据类，需要运用印证规则予以采纳。从证据内容上看，被害人田某在公安机关所做的两次询问笔录中对被侵害的细节描述并不一致，其真实性存疑，且原审被告人供述中明确否认两人发生过性行为，当时案发现场浴室内只有王某某和田某两人，两人对案件事实的描述在内容上存在很大出入，没有其他证据可以印证被害人陈述的真实性。在只有被害人陈述可以证明强奸行为发生的情况下，根据"孤证不能定案"规则，不能仅仅依据被害人陈述认定原审被告人构成强奸罪。二是证人樊某的证言，证明原审被告人强奸了被害人。但该证言属于传来证据，关于强奸行为发生的内容都是被害人事后向其转述的，证人樊某当时并不在案发现场，所证明的内容并非本人直接感知，从证据来源上看，应当认定与被害人陈述为同一证据，在没有其他证据佐证的情况下，不能直接作为定案证据使用。三是提取笔录和法医学物证检验鉴定书。物证提取程序不合法，该物证（浴室毛巾被）不是由办案人员直接从案发现场提取，而是由被害人和证人事前前往案发现场提取，提取人不具有提取证据资格，且提取时也没有说明其合法目的，提取后没有立即移交给办案人员，在提交间隔时间较长的情况下，存在被作假或污染的可能，不能作为证据使用。此外，一审法院依据法医学物证鉴定书血型鉴定为O型，与被害人血型相同，就认定该血液为被害人所留，是明显错误的。血型鉴定不具有同一性，只能作排除性证据使用，不能作为认定犯罪的直接证据，如果要认定必须做血样DNA鉴定。同时，辩护人认为，即使能够认定该血液为被害人所留，该证据与待证事实之间也没有关联性。四是贺某某的证言，该证言可以证明王某某曾经与田某一道去其浴室洗澡，女方曾对男女洗单间表达不情愿的意思，但无法证明王某某对田某使用强迫或暴力手段，也无法证明两人之间是否发生过性行为。

（3）不能排除合理怀疑。"排除合理怀疑"的客观前提是全案证据，司

---

[1] 洪星：《定罪基础理论和实践问题研究——以定罪中的非确定性类型为中心》，武汉大学2014年博士学位论文，第66页。

法人员首先要确认"定罪量刑的事实都有证据证明""据以定案的证据均经法定程序查证属实",在此基础上,需要综合全案证据,对所认定的案件事实达到内心确信的程度。[1]

从"王某某强奸案"的全案证据来看,有以下几点怀疑不能排除:一是是否使用强制手段违背妇女意志不能确定;二是到底有没有发生性行为不能确定;三是从经验法则和一般理性人的理解,异性男女能一起在单间洗浴,就算发生了性行为,强制的程度能有多少,何况现有证据还证明不了有性行为发生。所以,综合全案证据,不能排除合理怀疑得出王某某实施强奸行为的唯一结论。

"张某、张某某强奸案"也存在不能排除合理怀疑的情形。根据《刑事诉讼法》的规定,证明案件事实的证据应当确实、充分,即定罪量刑的事实都有证据证明;据以定案的证据均经法定程序查证属实;综合全案证据,对所认定事实已排除合理怀疑。本案由于杭州市公安局2003年6月23日作出的《法医学DNA检验报告》,排除混合DNA谱带由原审被告人张某、张某某与王某混合形成。而再审阶段出现的新证据相关DNA鉴定反映,已被执行死刑的原犯故意杀人罪、盗窃罪的勾某某有重大作案嫌疑,而且勾某某在另案中的作案手段及作案时间、抛尸地点、作案对象的选择等方面均与本案极为相似。因此,本案原判据以认定原审被告人张某、张某某强奸并致死被害人王某的证据所证明的事实不具有唯一性。[2]

---

[1] 杜邈:《"排除合理怀疑"标准的司法适用》,载《法律适用》2019年第7期。

[2] 胡云腾主编,最高人民法院研究室编:《宣告无罪实务指南与案例精析》,法律出版社2014年版,第195~196页。

> 超越法律限度的刑罚就不再是一种正义的刑罚。
>
> ——【意大利】贝卡利亚

第三节 汪某敲诈勒索案

一、案情简介

汪某，男，1986年11月16日生，汉族。2017年7月份，程某、段某某、郑某、王某（在逃）共同出资找了23家公司围标某某市某某区某某镇某某村等8个村"2016年高标准农田建设项目"三个标段项目，程某通过汪某（某某省城建建设集团有限公司在某某办事处的负责人）、朱某某（安徽某圣建筑工程有限公司在某某办事处的负责人）、辛某某（安徽某豪建筑工程有限公司在某某办事处的负责人）找到包括某某某工公司、某某某瑞公司在内的11家公司进行围标，11家公司的保证金由程某支付或者由找来围标的公司支付保证金后由程某支付利息。2017年7月份，犯罪嫌疑人辛某某多次跟陶某某联系，讲某某市某某区某某镇某某村有个水利工程的三个标段要投标（名称为某某市某某区某某镇某某村等8个村"2016年高标准农田建设项目"），让陶某某参与围标。因陶某某公司业绩造假造成程某没有中标，程某就和郑某、段某某、程某某、汪某、辛某某、朱某某等人到陶某某的办公室（某区政府对面商务局自建房）内索要自己找23家公司来投标所产生的费用，共计32万元。2017年7月3日在办公室里交给程某14 500元，程某等人仍要求继续赔偿剩余的30余万元费用。

二、控方指控

2017年7月份的一天，郑某先到陶某某的办公室去，一进门就对陶某某发火，拍桌子、踢板凳并讲不赔钱事情就了不掉，后来程某也来到陶某某的办公室对陶某某发火，让陶某某赔钱。2017年7月24日，程某纠集郑某、程某某、汪某、辛某某、朱某某等人来到陶某某的办公室，程某等人在办公室采取随意走动、随意抽烟、聚众造势、随意占用办公场所等方式给陶某某施加压力逼迫陶某某赔偿程某的损失，并威胁陶某某不赔钱是不可能的，不赔钱就天天来公司找陶某某，让陶某某的公司不能正常经营。程某、郑某、程某某、汪某、辛某某、朱某某等人在陶某某的办公室里滞留了3个小时才离开。汪某、辛某某、朱某某明知程某找陶某某要的是因围标而产生的非法赔偿费用，仍然帮助程某逼迫陶某某。

犯罪嫌疑人程某纠集郑某、汪某、段程乐、辛某某、朱某某，在一起参与工程的串通投标并在串通投标的过程中向他人逼债，卢某某帮助程某串通投标，程某某帮助程某向他人逼债。逐渐形成了以程某为首，郑某、汪某为积极参与者的层级分明、行为恶劣的恶势力犯罪集团。该犯罪集团纠集在一起以非法串通投标的方式扰乱招标投标市场活动秩序，并在非法串通投标的过程中向他人逼债，严重影响了受害人的经济、社会生活秩序。汪某构成串通投标罪和敲诈勒索罪。

三、辩护律师观点

（一）被告人汪某没有非法占有他人财物的主观目的

被告人汪某仅在2017年7月24日到陶某某办公室一次，且系为说明陶某某所在的阜阳某工公司此次投标的具体环节，并非为非法占有他人财物。这一客观事实有本案被告人程某、郑某、汪某、朱某某等人的供述及被害人陶某某的陈述为证。

1. 本案被告人程某的供述

（1）程某第一次讯问笔录。阜阳某工是汪某找的朱某某（朱某某是汪某的业务员），朱某某找的"辛某"（大名我不知道，她是安徽某豪建筑有限公司的负责人），"辛某"找的陶某某。当时去陶某某公司的有我、汪某、朱某某、"辛某"、郑某。我和陶某某在之前朋友的一个饭局上见过，没有什么交情。到开标中标之前，我也不知道陶某某的阜阳某工参与投这个标（保证金我都是打给汪某，他再打给他找的公司），所以我去找陶某某要把汪某、朱某某、"辛某"他们都喊上，才能把话讲清楚。

（2）程某第十二次讯问笔录。因为阜阳某工这个公司是汪某找的朱某某，朱某某找的辛某某，辛某某最后找到了陶某某，所以我把他们几个都叫着一起去，不然证明不了中间的关系，陶某某也不会承认这个事啊。讲白了，叫他们去就是为了把这个关系搞清楚。

2. 本案被告人郑某的供述

郑某第三次讯问笔录。这个事是程某找的汪某帮忙找公司，然后汪某的公司也帮我们参加投标了，但是具体哪个公司不知道，后来汪某又找到他小舅子朱某某，朱某某找到的辛某某，然后辛某某找的陶某某联系到的阜阳某工公司，是这样一个关系。所以，那时候找陶某某要赔偿的时候，汪某、朱某某、辛某某也都跟着一起去的，因为毕竟是通过他们的关系才找到陶某某的。

3. 本案被告人汪某的供述与辩解

汪某第一次讯问笔录。然后程某就讲陶某某弄虚作假造成废标，找陶某某索要废标损失，当时我记着是让陶某某赔偿三十多万。一开始程某去找，陶某某没有理他，2017年7月底，程某就约我和他一起去找陶某某（因为陶某某的阜阳某工公司是我通过"安徽某豪公司"的老板辛某找的），到了陶某某的公司（位于某某区区政府斜对面一个院子里的自建房），"安徽某豪公司"的老板辛某也一同过去的，程某当时还带了四五个男子，我们到了陶某某公司以后，就把整个阜阳某工的投标程序说了一遍。陶某某当时讲自己没有钱赔偿，随后要把自己的金项链、玉手镯、手机、汽车钥匙交给程某抵账，程某好像没有要。我在那里待了有20分钟左右，后来我就接了一个电话有事先走了。

4. 本案被告人朱某某的供述

（1）朱某某第一次讯问笔录。问：程某找陶某某要赔偿，与你有什么关系？答：因为当时我联系公司的时候，我让辛某某帮我联系几家公司，辛某某帮我联系的一家公司就有陶某某所在的阜阳某工公司。所以，后来程某因为废标的事情要追根溯源，就把我喊过去当面对质。

（2）朱某某第二次讯问笔录。第一次是辛某某打电话给我，辛某某跟我说，程某到陶某某的公司要钱去了，让我过去把事情讲清楚。

5. 本案受害人陶某某的陈述

陶某某第一次询问笔录。弃标时间是2017年7月下旬，紧接着程某开始打电话跟我讲就开始因为这次弃标，让我来赔偿他找的24家公司参加投标以来的所有费用33万元，他讲这次是他找了24家公司一起来投标的，我讲当初是辛某某找的我，和你没有关系。

然后，在2017年7月24日下午4点左右，程某、程某的合伙人、一个皮肤特别白的小伙子还有三个小伙子以及汪某、朱某某、辛某某一起到我的公司，程某对我讲，你不是说这个事跟我没有任何关系吗，程某讲当初是他找的汪某，汪某找的朱某某，朱某某找的辛某某，辛某某才找到的你，汪某、朱某某、辛某某也都讲是这样一个环节。

综上所述，本案各被告人供述与被害人的陈述能够相互印证，足以证明本案被告人汪某虽然于 2017 年 7 月 24 日到过陶某某公司，但目的并不是勒索他人财物，而是应程某要求去把整个招标流程说清楚。因此，汪某不具有非法占有他人财物的主观故意。

（二）被告人汪某没有帮助他人实施敲诈勒索的主观故意及客观行为

如上所述，本案被告人汪某之所以会去陶某某办公室，目的是将阜阳某工公司投标的程序讲清楚，在到陶某某办公室前程某并没有与汪某进行共谋实施敲诈勒索的行为。在陶某某办公室，被告人汪某始终没有实施敲诈勒索的行为，根据现场视频显示，汪某在陶某某办公室仅待了 20 分钟左右就离开了。而且在陶某某被敲诈后，程某并没有将赃款分配给汪某，反而对汪某实施了敲诈勒索的行为。

汪某与程某没有共同实施敲诈勒索的故意，也没有共同实施敲诈勒索行为，因此汪某也不构成敲诈勒索罪的共犯。

四、法院认为

某某省某某市某某区人民法院认为，经查，陶某某参与围标不是由程某直接联系，而是程某通过汪某，汪某通过朱某某，朱某某通过辛某某相互联系找到陶某某。因此，程某在向陶某某索赔损失时，为说清整个投标的过程、中间的关系，要求汪某、朱某某、辛某某一同前往。汪某、朱某某、辛某某到陶某某的办公室是应程某的要求，其目的是证明相互间关系，陶某某所在的阜阳某工公司此次投标的具体环节，造成弃标的原因和责任承担，主观上不具有与程某共同敲诈陶某某的犯罪故意。在客观上，虽然汪某去过陶某某办公室一次，朱某某、辛某某去过陶某某办公室二次，但在现场未实施暴力或语言威胁等行为。而且，在程某向陶某某索要赔偿未果后，又向汪某某强行索赔 70 000 元。因此，汪某、朱某某、辛某某的行为不符合敲诈勒索罪的构成要件，不构成敲诈勒索罪的共犯。

五、理论延伸

敲诈勒索罪是指以非法占有为目的，对他人使用威胁或要挟的方法，索取公私财物的行为。构成该罪，被告人不但需要具备非法强索他人财物的目的，还需要采用威胁或者要挟的方法，迫使他人给付财物。我国《刑法》第274条对敲诈勒索罪过于粗泛的规定，使得对有关敲诈勒索行为的司法评价在罪与非罪、此罪与彼罪的根本问题上出现不少争议与分歧。因此，关注敲诈勒索罪，对敲诈勒索罪的疑难争议问题进行研究讨论就显得格外重要。

通过"把手案例网"的检索，1999年至2022年3月31日的敲诈勒索案件判决书共有46 666份，判决无罪的判决书共有79份。经筛选有效无罪判决共有76份。无罪判决案件仅占敲诈勒索案件的0.163%。从理论上来说，辩护人如果能够论证被告人不具有非法占有的目的或者没有采用威胁、要挟的方法，迫使他人给付财物，便能够得出被告人不构成敲诈勒索罪的结论。然而，在司法实务中，被告人涉嫌敲诈勒索罪最终被判决无罪的案例屈指可数。以下将对筛选判决书的裁判要旨进行整理分析，为敲诈勒索罪的辩护提供新的思路。

（一）主观要件

1. 索债行为是否构成敲诈勒索的界分

敲诈勒索罪在主观方面表现为直接故意，且必须具有非法强索他人财物的目的。只有行为人明知财产不属于自己而故意使用法律禁止的方式将该财物占为己有的，才可认定为具有非法占有目的。索债型敲诈勒索行为，即行为人在追索债务的过程中，伴有一定的暴力或者言语威胁，容易展现出敲诈勒索罪的一些特征。如果刑事案件中的被害人（民事行为中的侵害人）侵犯了被告人（民事行为中的受害人）的权利，给被告人造成了损失，被告人完全有合法、正当的理由进行索赔。即便被告人在解决争议过程中使用了威胁、恐吓等敲诈行为，但不是出于非法占有目的，就不能构成犯罪。

敲诈勒索罪中，如果被告人有请求权基础，一般就不应当认定为犯罪。尤其是当被告人索要的钱款在合理范围之内时，就更不应当以敲诈勒索罪来处理。向被害人索要超出合理范围的财物或者额外索要与原债务无关的费用、损失，或者威胁被害人写下超过实际债务数额的欠条，若超出的数额为一般社会观念所认可并且具有合理根据，一般不构成敲诈勒索罪。相反，若索要超出的数额，不能为一般社会观念所认可，并且数额巨大的，构成敲诈勒索罪。关于对数额标准的判断，主要在于行为人索要财物数额，以及债务发生的实际数额之间的差距是否具有合理性，这种差距需要结合社会经验常识以及社会一般人的判断标准进行衡量。在司法实务中,行为人向债务人索要超过债务范围的财物,是否越过法律的边界,定性的关键在于对于超出部分的合理性判断。但是,这种判断,无法合理统一标准,只能个案分析,因案而异,交由法官自由裁量。

序号	案号	裁判要旨
1	[2015]粤高法审监刑再字第13号	被告人有合理理由认为其与受害公司之间存在合法债权债务关系。虽然被告人及其团队成员在索要奖金的过程中实施了一定的威胁、恐吓等违法行为,但在案证据不能排除被告人行为的初衷是索要合法债权,不足以认定被告人主观上具有非法占有的目的,其行为不符合敲诈勒索罪的主观构成要件
2	[2016]冀03刑终102号	上诉人吴某某索赔是基于其山场被毁坏后,所享有的一定的民事权利提出的。虽然上诉人吴某某以不当方式要求两被害人就扩大毁坏林地造成的损失进行补偿,但不能因此认定上诉人吴某某对公诉机关指控的16万元具有"以非法占有为目的"的主观故意
3	[2019]沪0112刑初261号	被告人与被害人间确实存在劳动争议纠纷,被告人在与被害人的商谈中始终提出要求被害人支付解除合同赔偿金、加班费、年假费等劳动争议款项,且在商谈失败后即申请仲裁;被告人也未在劳动争议款项之外另行向被害人索要撤回举报的钱款,故被告人对于被害人不存在非法占有的主观故意

2. 被告人与被害人之间存在纠纷或在谈判、协商时言行过激或者要求过高,不能推定其具有非法占有的目的

我国刑法并未明确规定构成敲诈勒索罪需要行为人具备非法占有目的,对于敲诈勒索罪是否需要行为人主观上具有非法占有目的的问题,我国刑法学界的主流观点认为"敲诈勒索罪的主观方面应为直接故意,具体表现为行为人明知自己的威胁或恐吓行为会产生侵害他人公私财产的后果,并且追求这种结果发生的心理状态,同时主观上具有非法占有他人财物的目的"。[1]虽然理论学界普遍承认构成敲诈勒索罪需要行为人具有非法占有目的,但关于

---

[1] 陈忠林主编:《刑法(分论)》(第3版),中国人民大学出版社2011年版,第189页。

"非法占有目的"的实际内涵及应如何认定,在学界中仍存有诸多争议,此种争议也对司法实践中对敲诈勒索罪的认定构成了颇多障碍。

一般来说,如果被告人是在实施敲诈勒索,那么其必然会将敲诈勒索得来的财物占为己有。如果被告人"敲诈"行为实施完毕后,却没有将"敲诈"所得的财物据为己有,可以推定其不具有非法占有的目的。许多人可能认为,只要被告人从被害人处取得了钱款,不管被告人将钱款用于何处,都已构成敲诈勒索罪。但是,如果被告人自始至终都没有想过要将从被害人处得来的款项占为己有,又如何认定其具有非法占有目的呢?当然,被告人的主观心理很难把握,只能通过他的客观行为来判定其心理状态。实务中也有案例予以支撑。

根据我国民法的相关规定,给他人权利、财产等造成损失的,受害人可以要求侵害人予以赔偿。此时,受害人是在行使自己的民事权利,其在主观上是想索要赔偿。即使受害人在向侵害人维权过程中出现了言行过激或者要求过高的情况,也不应当一律作为刑事犯罪来处理。民事纠纷的双方当事人是完全有权利进行协商处理的,既然是协商,就不能保证没有争吵。我们不可能要求所有的人都具备法律人的理性,都到法院去起诉,应当允许民事领域内的意思自治。

序号	案号	裁判要旨
1	[2009]濮中刑二终字第25号	被害人在部分有争议的土地上开发房产,引起建筑方和村民发生争端,事出有因;且被告人未将协调款15000元据为己有,而是将此款交由该村村民协商处分,故被告人主观方面非法占有的目的并不明显
2	[2010]永中刑二终字第114号	几名被告人以抓获偷村民电瓶的"小偷"和废品店收购"小偷"的电瓶为由,对"小偷"和废品店老板"罚款"总计20000元。在2007年7月案发时,几名被告人将该款存入信用社,一直没有私分,由多名村民分组长共同管理,在2008年5月四川汶川地震灾害时,以集体名义将其中1000元捐给灾区,说明被告人等人个人没有非法占有该款的主观故意
3	[2019]辽1321刑初42号	被告人索要占地费是否合理,2016年占用的土地是否应该再次给付相关费用,双方属民事纠纷,不能据此认定被告人索要的占地费属非法占有他人财物

(二) 犯罪客体

1. 单位不能作为敲诈勒索罪的犯罪对象

敲诈勒索罪要求行为人实施的威胁或者要挟的行为使得对方产生恐惧心理并基于恐惧心理处分财产。故而，一般认为，敲诈勒索罪的犯罪对象是指自然人。单位由于不具备感知能力，不可能产生恐惧心理。而且，相较于自然人而言，单位（尤其是国家机关）处于绝对的强势地位，个人很难使其产生恐惧的心理。司法实务中已有相关判例予以佐证。

序号	案号	裁判要旨
1	［2019］吉0781刑初28号	国家机关不存在因恐惧而交付财产的情形
2	［2015］肇怀法刑重字第1号	政府不能成为被要挟、被勒索财物的对象，因为政府作为一个机构，不会在精神上被强制从而产生恐惧感和压迫感
3	［2017］冀0227刑初94号	被告人以上访相要挟，乡政府提出在正当补偿外额外给其25万元人民币，公诉机关指控事实虽然存在，但乡政府作为国家机关不宜作为敲诈勒索的犯罪对象，故公诉机关指控被告人犯敲诈勒索罪的罪名不能成立

2. 敲诈勒索近亲属的财物，获得谅解的，一般不认为是犯罪

根据《最高人民法院、最高人民检察院关于办理敲诈勒索刑事案件适用法律若干问题的解释》第6条第1款的规定："敲诈勒索近亲属的财物，获得谅解的，一般不认为是犯罪；认定为犯罪的，应当酌情从宽处理。"当然，这里只是说一般不认为是犯罪，实践中即便敲诈勒索的是近亲属的财物，又获得了谅解，一般也会认定为是犯罪。但是，对于辩方而言，这肯定是一个重大辩点，即便没有判决被告人无罪，也会对其从宽处罚。

(三) 犯罪客观方面

1. 被告人没有实施威胁或者要挟的行为

我国刑法对敲诈勒索罪的规定采取了简单罪状的立法例，并未明确本罪的客观行为。对此问题目前存在三种学说：①威胁、要挟说，此观点认为敲诈勒索罪是通过对被害人或其亲属造成精神上的强制，产生心理恐惧；[1] ②威胁

---

[1] 周光权：《刑法各论》（第2版），中国人民大学出版社2011年版，第81页。

说，该学说认为敲诈勒索是指向被害人实施一定暴力或胁迫，迫使其处分财物的行为；[1]③恐吓说，即为了取得他人财物而进行胁迫行为，尚未达到被害人不能反抗的地步。[2]这三种观点在表述上虽然不同，但其本质内涵都是同一链条，即被害人恐惧—交付财物。目前，国内通说是威胁、要挟说。威胁和要挟的目的均是造成被害人产生心理上的恐惧，但二者之间存在细微差异。威胁指行为人可以采取任意侵害他人的方法进行恐吓，而要挟则一般表现为以揭露他人隐私或其他弱点等进行胁迫，如犯罪行为、生活作风腐败问题等。

首先，对自己合法权益进行处分的行为或者说阻止他人侵犯自己权利的行为不属于敲诈勒索罪中的"威胁或者要挟"行为。其次，举报或者向司法机关告发是维护自身合法权益的方法，不应当属于敲诈勒索罪中的"威胁或者要挟"行为。比如，拆迁户扬言举报开发商的违法行为从而获得拆迁补偿款不构成敲诈勒索罪（《刑事审判参考》第509号案例）。

再者，对于上访行为，有的学者认为，诉讼是现代社会中解决矛盾的最主要方式，如果维权者以侵害人不满足其需求就向法院提起诉讼，那么此种行为就不具备精神强制力，也就不构成敲诈勒索罪中的胁迫行为。然而，由于媒体传播信息具有迅捷性、广泛性等特点，一旦商家的不利消息被公之于众，会对商家造成毁灭性打击，因此如果维权者以向媒体曝光作为手段进行维权，则会被认定为胁迫行为。[3]还有学者认为，单纯的向媒体曝光或上访的行为是绝对的合法行为，但如果结合巨额索赔则会使维权行为产生胁迫性。[4]但笔者并不同意这种观点。上访或者信访也不应当被认定为"威胁或者要挟"的行为。信访的存在是为了保护信访人的合法权益、维护社会稳定。基于各种原因，信访人在信访过程中经常会出现一些不当行为。但是，我们不能对信访人在信访过程中的不当行为，轻易地作为犯罪来处理，而应当根据具体情况妥善处理。动辄对信访人予以刑事制裁，并不利于实现社会的稳固。只有那些严重侵犯他人权利的行为，才可以被作为犯罪来处理。

---

[1] [日] 松原芳博：《刑法总论重要问题》，王昭武译，中国政法大学出版社2014年版，第104页。

[2] 张勤勇：《敲诈勒索罪司法认定中的疑难问题研究——以敲诈勒索罪的行为构造为主线》，山东大学2014年硕士学位论文，第16~19页。

[3] 叶良芳：《权利行使与敲诈勒索的界限》，载《犯罪研究》2007年第2期。

[4] 李会彬：《敲诈勒索罪司法认定疑难问题研究》，中国人民公安大学出版社2017年版，第108页。

序号	案号	裁判要旨
1	[2019] 冀刑再 3 号	被告人作为供役地用益物权人有权不同意他人在其承包耕地设立地役权,其阻工行为不属于以恶害威胁、要挟他人
2	[2019] 沪 0112 刑初 261 号	被告人的举报行为(事后证明其举报内容属实)不属于敲诈勒索罪中的"威胁、要挟"手段,而是其争取民事权利的一种方法
3	[2019] 吉 0781 刑初 28 号	信访行为不是威胁或者要挟的手段进行了确认,该判决书认为,三被告人为了满足其非法诉求,进行非正常上访的行为不属于敲诈勒索中的威胁、要挟方法,被告人上访是其应有的权利,相关部门为了维稳给被告人补助不应视为被告人敲诈所得

2. 交付财物系被害人主动为之,被告人并没有迫使他人给付财物

敲诈勒索罪中被害人是在被告人的威胁或者要挟下被迫给付财物的,突出强调被动性。如果被害人是主动将财物交付给被告人,说明其交付财物时的心理状态是自愿,在这种情况下当然不能将被告人的行为认定为犯罪。

序号	案号	裁判要旨
1	[2019] 沪 0112 刑初 261 号	被告人讨要钱款不具有主动性,从商谈金额到出具承诺书到支付 3 万元,每次均系被害人采取主动,尤其是被害人已报案并由公安机关立案后仍主动要求先向被告人支付 3 万元,完全不符合敲诈勒索案中被害人受胁迫、不得不为之的情形
2	[2018] 鲁 0283 刑初 455 号	被告人知悉该村有人非法采砂后不断上访,被害人经过商量后主动送给被告人两万元。法院认为,涉案人民币 2 万元系两被害人商量后主动给被告人,二人是否为被告人要挟被迫给付财物的证据不充分。不难看出,司法实务中也是认为,如果被害人是主动交付财物,就不能将被告人的行为认定为犯罪

3. 被告人虽然实施了威胁、要挟的行为,但被害人并不是基于恐惧而交出财物,不应当认定为犯罪

在敲诈勒索的案件中,虽然被告人实施了威胁、要挟的行为,但是如果这种威胁或者要挟并没有使得被害人因陷入恐惧而不得不交出财物,就不应当认定为犯罪行为。换句话说,被告人虽然实施了威胁、要挟的行为,但是被害人并没有陷入恐惧,被害人最终交付财物是基于同情等其他心理。因此,

即便被告人实施了威胁、要挟的行为,如果被害人并不是基于恐惧而给付财物,就不能认定被告人构成敲诈勒索罪。

序号	案号	裁判要旨
1	[2012]泸刑再终字第1号	被告人的上访行为,尚不足以迫使被害人因恐惧而被迫交出财物
2	[2019]冀刑再3号	大光明集团作为拟制法人,不是基于恐惧不得不交出财物,而是基于商业利益考虑答应了被告人的要求
3	[2019]陕10刑终77号	被害人(地方政府)在信访维稳压力大的情况下,多次与被告人协商息诉罢访一事,被告人要求赔偿其上访花费,并解决其和丈夫二人长期一类低保,否则继续上访,客观上具有要挟的情形,但以上访为要挟,尚不足以使作为国家机关的被害人因恐惧而被迫交出财物
4	[2018]豫1729刑初660号	被害人因没有参与工程移交协商过程,且签订工程移交协议之前,已被告知协商结果,其在向被告人支付10万元劳务费时,不具备"恐惧心理"的紧迫性和确定性,而较为明显的是有其接手工程后获取更大利益的心理表现。因此,被告人以"不给钱的话不准他人承接该工程"的言语表现,不足以迫使被害人作出因恐惧而被迫交出10万元的行为
5	[2016]豫10刑终256号	被告人在伐树当天向禹州市森林公安局进行举报且公安人员已到现场处理,经测算所伐树木数量不够刑事追诉标准,故被害人不应有惧怕心理

4. 被害人存在过错,情节显著轻微、危害不大的,不认为是犯罪

根据《最高人民法院、最高人民检察院关于办理敲诈勒索刑事案件适用法律若干问题的解释》第6条第2款的规定:"被害人对敲诈勒索的发生存在过错的,根据被害人过错程度和案件其他情况,可以对行为人酌情从宽处理;情节显著轻微危害不大的,不认为是犯罪。"

5. 被告人虽然涉嫌敲诈勒索,但是涉案金额属于数额较大,又认罪、悔罪,退赃、退赔,且具有《最高人民法院、最高人民检察院关于办理敲诈勒索刑事案件适用法律若干问题的解释》规定的从宽处罚情节之一,可不以犯罪论处

《最高人民法院、最高人民检察院关于办理敲诈勒索刑事案件适用法律若

干问题的解释》第 5 条规定："敲诈勒索数额较大,行为人认罪、悔罪,退赃、退赔,并具有下列情形之一的,可以认定为犯罪情节轻微,不起诉或者免予刑事处罚,由有关部门依法予以行政处罚:(一)具有法定从宽处罚情节的;(二)没有参与分赃或者获赃较少且不是主犯的;(三)被害人谅解的;(四)其他情节轻微、危害不大的。"

虽然该司法解释并没有规定在上述情形下,被告人就一定会无罪,但哪怕只有一线生机,也要尽力去争取。如果被告人符合上述情形,即便最终没有被判决无罪,也会得到从宽处罚。

我国《刑法》对敲诈勒索罪的规定却采用简单罪状的方式,并且司法解释不明确,使得该罪在司法实践中的认定存在不少困难,一些问题争议颇大,尤其是在对敲诈勒索罪犯罪手段方面的界定上,以及敲诈勒索罪与其他犯罪的界限、敲诈勒索罪与权利行使行为的区分等问题上更是如此。也对过度维权行为是否构成敲诈勒索罪争议颇多。维权过程中的索赔行为,是合法的民事行为,不能认定为犯罪。在犯罪圈扩张的当下,刑法更应当保持其谦抑性,不能任意地扩张,民事行为能解决的事情就不要动用行政处罚,行政处罚能解决的事情就不要动用刑事处罚,这也是刑法谦抑性的体现。

> 刑罚如双刃剑，用之不得其当，则国家和个人两受其害。
>
> ——【德】耶林

第二章
控方撤案

我国《刑事诉讼法》共有 4 条涉及撤案的规定，即第 16 条"不追究刑事责任而撤案"，第 163 条"公安机关侦查中的撤案"，第 168 条"人民检察院侦查终结案件撤案"和第 182 条"认罪认罚的撤案"。虽然有 4 个条文对撤案做了规定，但仍然是三种类型的撤案，属于原则性的规定，在司法实务中争议点仍然比较多。

第一节 非法倒卖土地使用权罪撤案

一、案情简介

（一）案件事实

侯某看中了山南新区 B18 地块，由于甲公司系某某省国有控股公司，须就某某投资项目上报某某国资委审核批准。2009 年 3 月 26 日某某省国土资源厅公开发布对某某市山南新区 B18 地块等土地进行公开拍卖公告，甲公司无法在法定拍卖期间完成审批在某某市成立项目公司的手续，为了能顺利拿下山南新区 B18 地块土地，侯某找到其姐夫杨某提出帮忙解决此事，杨某利用其职务便利，授意相关人员以某某市政府的名义指定丙建设有限公司（以下简称"丙公司"）先期通过拍卖拿下山南新区 B18 土地。等乙公司成立后，再将该地块原价转到乙公司名下。丙公司竞拍共计垫付 2700 万。

2009 年 6 月，郑某、李某、吴某、侯某等人商议，首先由吴某在甲公司所在地某某市注册成立一家公司，然后利用这家公司和甲签订协议共同在某某市注册成立合资公司进行房地产开发。同年7月，甲公司获得某某省国资委批复同意甲公司和某某市A公司合资在某某市成立乙公司进行房地产开发，甲公司和某某市A公司共同出资3000万元，在某某市市工商局注册成立了乙地产公司，某某市A公司持有49%股权，甲公司持有51%股权，法定代表人郑某，总经理李某。因乙城项目系侯某介绍，吴某承诺侯某以某某市A公司名义出资200万元，某某市A公司将其在乙公司持有的49%股权中的40%为侯某持有。为了支付土地出让金，经协商，乙公司从甲借款8000万元人民币约定年息15%。借款到位后，乙公司支付了498.132万土地出让金，加上前期丙公司和山南管委会垫付的2700万元人民币竞拍保证金，乙公司缴纳了40%的土地款。2009年11月，某某省国资委监督处发现该8000万元人民币借款违规，系超比例借款，有风险存在，要求甲进行整改，收回借款。当时，乙城项目周边土地价格涨幅度很大，已达每亩13万元人民币左右，郑某、李某、吴某、侯某等人商议，决定以转让乙公司股权的形式买卖公司名下的国有土地。经侯某介绍，乙城项目最终以转让公司股权的方式全部转给了某某市本地开发商郑某某、杨某某。2010年初，侯某（持20%股权）、郑某某（持40%股权）、杨某某（持40%股权）在某某市成立丁投资有限公司（以下简称"丁公司"），他们以丁公司的名义收购了乙公司全部股权。经协商，乙公司以每亩106万元人民币的价格将乙城项目的所有土地全部转让丁公司。同年2月，丁公司以9979.54万元人民币的价格收购了某某市A公司在乙公司持有的全部股权（49%），并在某某市市工商局办理了股权变更手续。同年3月，丁公司通过南方联合产权交易中心以9517.9989万元人民币的价格收购了甲公司在乙公司持有的全部股权（51%）。收购后，丁公司承担乙公司全部债务，包含剩余未交纳的土地出让金、乙公司从甲公司的8000万借款及利息、某某市山南管委会帮乙公司垫付的1100万土地款、乙城项目税款768.132万元人民币、某某市工商局市场管理处土地出让佣金192万等费用，同时乙公司账面遗留的现金3700万元交给丁公司。

（二）案件进程

2018年2月26日，某某市某某区人民检察院提起公诉。甲公司以谋取利益为目的，违反国家土地管理相关法律法规，非法转让、倒卖国有土地使用权，情节特别严重，其行为触犯了《刑法》第228条、第231条之规定，构成单位犯罪，涉嫌"非法转让、倒卖土地使用权罪"。

某某市某某区人民检察院于 2021 年 3 月 2 日以［2021］××号撤诉 2021 年 3 月 17 日某某市某某区人民法院刑事裁定书［2018］皖××××刑初××号，准许某某市某某区人民检察院撤回起诉。

二、辩护律师观点

甲公司以转股的形式退出投资，属于正常的商事活动，不构成非法倒卖、转让国有土地使用权罪，起诉书指控事情不清，证据不足。主要理由如下：

（一）甲公司以股权转让形式实现自己土地使用权的转让，并没有造成任何危害结果，不符合犯罪的本质属性

1. 以股权转让土地使用权没有损害公共利益

非法转让、倒卖国有土地使用权罪的客体，国家主要为了保证土地计划严格实施，规范土地管理，防止"炒地"扰乱市场秩序，损害社会公共利益。非法转让国有土地使用权只有向相关政府机关申请土地使用权变更登记，才会对土地管理制度造成损害，损害社会公共利益。而以股权转让国有土地使用权不会导致权属发生变更，因此不一定损害社会公共利益。

2. 甲公司转让土地是客观原因引起的，并没有破坏土地管理制度的犯罪故意

甲公司转让自己的土地，一个重要的目的是归还借款。其并没有非法转让、倒卖国有土地使用权罪的犯罪故意，也即没有希望破坏国家土地管理制度的犯罪目的。

（二）甲公司以股权转让形式实现自己部分土地使用权的转让，是商法上合法的行为

1. 民法上以股权转让的形式转让土地使用权不违反法律强制性规定

（1）《公司法》第 84 条第 1 款规定："有限责任公司的股东之间可以相互转让其全部或者部分股权。"

（2）股权转让并不引起目标公司名下土地使用权的转让，因为股权转让不影响土地使用权主体的变更，土地使用权的享有者仍然是目标公司；部分股东转让部分股权之前和之后，享有该土地使用权的合法主体都是该公司。

（3）事实上，房地产企业和非房地产企业大量存在包含土地使用权益的股权转移情况（股市上每天都在进行股权转移，包括房地产企业与非房地产

企业包含土地权益的股权转移，其行为完全合法）。

2. 相关民事判决书认定了以股权转让的形式转让土地使用权行为的合法性

最高人民法院［2004］民一终字第68号判决法院查明："A公司意欲通过转股，实施对B公司全控股，进而获得B公司242.66亩土地的使用权、开发权和公司的其他权益。"在法院明知该股权转让的目的是转让土地使用权的前提下，依然没有认定转让合同无效。

3. 众多的实务专家、理论专家都认可以股权转让的形式转让土地使用权行为的合法性

有学者在《公司诉讼的理论与实务问题研究》中认为，对于名为股权转让实为土地使用权转让的行为，应该对实质法律关系进行审查，包括土地使用权的性质、股权所属公司的类型以及股权转让的比例等。同时，还要对不同法律规范的立法目的进行价值衡量，在实现房地产监管目标的前提下，尽可能保证《公司法》促进商品市场发展功能最大限度地实现。清华大学法学院副院长施天涛教授、崔建远教授也认同以股权转让的形式转让土地使用权行为的合法性。

（三）以股权转让与直接转让国有土地使用权是两种不同的转让方式，对于后者才需要符合相关土地法规定，认为前者方式违反土地法相关规定，是错误的观点

1. 以股权转让与直接转让国有土地使用权法律依据不同

股权转让主要是依据《公司法》的规定，第84条对股东之间以及股东与公司以外的人之间的股权转让作了规定。国有土地使用权转让则主要依据《城市房地产管理法》第38条、第39条、第40条以及《城镇国有土地使用权出让和转让暂行条例》《最高人民法院关于审理涉及国有土地使用权合同纠纷案件适用法律问题的解释》等相关法律法规。

2. 以股权转让与直接转让国有土地使用权的转让条件不同

以股权方式转让国有土地使用权仅需要满足《公司法》关于股权转让的规定，即股东之间相互转让不受限制，股东向公司以外的人转让要经其他股东过半数同意，并且在相同条件下，其他股东具有优先购买权。国有土地使用权转让，则需要满足《城市房地产管理法》《城镇国有土地使用权出让和转让暂行条例》等法律法规规定的条件。对于出让土地使用权和划拨土地使用

权，法律规定了不同的转让条件，从上述可以看出，不符合转让条件的禁止转让。

3. 以股权转让与直接转让国有土地使用权的转让结果不同

股权转让的结果是公司股东的变更，需要到工商管理部门进行股东登记事项的变更，但由于是以股权进行转让，国有土地使用权主体未发生改变，故无须进行土地使用权变更登记。而土地使用权的转让结果是土地使用权主体的变更，需要国土管理部门变更国有土地使用权证的权利主体。

（四）以股权转让国有土地使用权合同没有违反法律的强制性规定，合同是有效的

在司法实践中，未达到开发条件的国有土地使用权转让，主要涉及的是《城市房地产管理法》第38条第1项及第39条第1款第2项。1990年国务院发布的《城镇国有土地使用权出让和转让暂行条例》第19条第2款也规定，未达到投资开发条件的，土地使用权不得转让。

从司法判决来看，主要分为两个阶段：2004年以前，违反《城市房地产管理法》第39条关于开发条件规定的转让合同，大都以违反法律的强制性规定为由，认定无效；2004年以后，法院都认定《城市房地产管理法》第39条关于开发条件的规定不影响合同效力。

（五）甲公司转让股份获得的利润是正常的商业行为，不能因为获得高额利润就视为谋取不正当利益

甲公司在取得土地之前，某某市的土地价钱并不高，存在一定的风险。甲公司之后转让土地，价钱也是符合当时某某市土地价格的，属于正常的商业交易。

三、理论延伸

本案例是典型的民刑交叉问题。在现代房地产企业中，往往会有以转让股权的方式转让土地使用权。我们将此种行为模式归纳为：行为人设立公司通过合法方式（多为竞拍）获得某国有土地使用权→该公司与土地行政管理部门签订《土地出让合同》→行为人将该企业的大部或全部股权转让给第三人→第三人通过公司继续对该土地进行开发、收益。那么，此种行为于民商事是否合法？在刑事上是否构成犯罪？

从民商事层面来看，国家税务总局持不合法观点：1995年、2000年、

2004年和2006年，4次以批复或回函的形式，认定该行为属土地使用权转让，应当征收土地增值税。最高人民法院持合法观点：由于转让股权和转让土地使用权是完全不同的行为，当股权发生转让时，目标公司并未发生国有土地使用权转让的应税行为，目标公司并不需要缴纳营业税和土地增值税（见［2014］民二终字第264号）。

从刑事层面来看，实务界和学界的观点并不一致，学术界大多认为不构罪。陈兴良教授从形式解释论的立场提出："按照形式解释论的立场，必然得出不构成非法转让、倒卖土地使用权罪的结论，理由在于土地使用权主体在法律上并没有变更，而是股权发生了变更。"而在实务中，只有一小部分判决书认为不构成犯罪。众多的判决都认为，通过转让股权的形式转让土地使用权，是"名义上转让的是公司股权，实质上转让的是依股权享有并控制的国有土地使用权……"进而构成本罪。"以……为名，行……之实""借……形式，达到……之目的""名为……实为……"等等。

无罪判决书

时间	案号	理由	结果
2017年	［2016］赣0922刑初64号刑事判决	判决：①被告单位万载县某村民小组无罪；②被告人邱某无罪	江西省万载县人民检察院抗诉
	［2017］赣09刑终187号		维持原判
张某某案	2008年11月25日作出［2008］商刑初字第36号刑事判决	符合构成要件	判处有期徒刑5年，并处罚金700万元
	河南省高级人民法院于2009年1月10日作出［2009］豫法刑四终字第18号刑事裁定	事实清楚	维持原判
	浙江省高级人民法院［2016］浙刑再2号	符合相关民商法的规定	无罪

续表

时间	案号	理由	结果
2016年	[2015]港环刑初字第00002号	被告人仇某自他人处购得国有划拨工业用地后,在未办理土地使用权转移手续,也未补交土地出让金的情况下,将其中部分土地连同地上房屋直接出卖给他人,其余部分建成住宅房屋后出售的行为,不符合非法倒卖土地使用权罪的构成要件	无罪
2017年吴某明、吴某勇案	2016年11月18日作出[2016]鄂0222刑初160号刑事判决	被告人吴某明、吴某勇、胡某华、韩某、于某以牟利为目的,违反土地管理法规,非法转让土地使用权,情节特别严重,其行为均已构成非法转让土地使用权罪	被告人吴某明犯非法转让土地使用权罪,判处有期徒刑4年,并处罚金人民币180万元……
	黄石市中级人民法院刑事判决书[2017]鄂02刑终40号	6号地作为秦某公司资产在股权转让中一并转让亦不违背《公司法》的相关规定,且该转让行为并未改变土地用途、性质,下欠土地出让金在转让后及时补缴,故涉案土地在公司股权转让中一并转让的行为不宜纳入刑法规定的范畴作为犯罪处理	无罪
2017年	[2017]赣0483刑初93号	公司股权转让、公司股东发生变化,并不意味着土地使用权的转让,土地使用权还属于原来的公司。本案的两宗土地使用权是登记在乙公司名下,某公司将乙公司的股权转让给丙公司后,两宗土地的使用权仍属于乙公司,法律意义上并未发生变化	无罪

> 刑罚可以防止一般邪恶的许多后果，但是刑罚不能铲除邪恶本身。
>
> ——【法国】孟德斯鸠

第二节 尹某某诈骗罪撤案

一、案情简介

（一）案件事实

2019年9月16日，偶然间，尹某某在自己的微信朋友圈看到一位网友发了一条兼职信息，作为一名在校大学生的尹某某正好想通过课余时间赚一些零花钱，便抱着试一试的态度给这位网友发了信息，询问兼职的具体情况。通过沟通，该位网友把尹某某推荐给了他的上级客服"莉莉"（微信号），这位上级客服给尹某某介绍了平台的大概情况，在"莉莉"的游说下，尹某某交了599元的保证金（入职费），然后被拉入一些培训群、推广群，主要是在朋友圈中发布上级客服发布的二维码图片。

通过和"莉莉"沟通，升为实习客服有6000元的底薪，前提是必须拉满15个人才能成为实习客服，推荐599元的"皇主"有300元提成，推荐399元的"至尊"有200元的提成。为了能够拿到6000元的底薪，尹某某应上级客服的要求拉满15人，就找了15个自己的朋友，帮自己充人数，之后也发布过一些相关的朋友圈，但是并没有拉到会员。

尹某某找的15个朋友，其中7人是单纯借用别人的微信号，入职的会员费为自己交的（2人599元，5人399元），8人是自己交的会员费，后立马将会员的提成费用退给了6人（1人115元，4人230元，1人380元），1人未退，1人情况不明，实际退还总计4605元（微信交易中有具体的转账退款记录）。令尹某某惊讶的是，在她拉满15人后，并没有收到上级客服所说的6000元底薪。也就是说，从2019年9月入职以来到2020年2月所有兼职的群解散，尹某某没有拉过15个人以外的任何人，也没有收到过任何工资。

2020年2月份，本案被公安部反电诈中心平台反馈到某某市某某区公安分局，尹某某于4月份被公安局采取强制措施，起诉意见书指控，2019年9月以来，发送虚假刷单宣传的方式在网上招募会员，骗取15笔的刷单保证金人民币八千余元。

(二) 案件进程

尹某某实施诈骗罪,违反《刑法》第 266 条,办案检察官与尹某某沟通认罪认罚,希望其签署认罪认罚具结书,移送审查起诉后辩护人第一时间阅卷,总体的案件事实和当事人在侦查阶段说的大体一致。但嫌疑人的供述对其非常不利,基本上承认了诈骗的犯罪事实和金额。通过分析被害人陈述,结合收集的垫付和退款的证据,总体上对尹某某仍然有利,可惜的是侦查阶段提交的证据公安并没有附卷。重新梳理了下辩护思路,在侦查阶段的基础上,重点针对侦查机关的起诉意见,关于退还的部分是否需要扣除,同时将未附卷的证据继续提交。此时,办案检察官开始与尹某某沟通认罪认罚,并且将不认罪认罚的不利后果告知尹某某,同时说明如果不认罪认罚不排除有收监可能,因为该案是电信网络诈骗,某某省也是电信网络犯罪的高发地区,全国在严惩这类犯罪。承办检察官通知要做认罪认罚后,当事人无所适从,一旦签署了认罪认罚具结书便会给该案无罪辩护增加不少难度。后将辩护意见和证据整理好后交给了承办检察官,在侦查阶段的基础上重点分析了退赃与退还的区别,本案不属于退赃,该部分金额应当被扣除。15 人次是一个整体,都是来帮忙、凑数的,尹某某主观上没有以非法占有为目的。通过再次的深入沟通,检察官逐渐采纳了辩护人的观点,但仍然只是将退还的金额扣除,对于辩护人提出的尹某某没有以非法占有为目的的观点存在疑虑。最终,检察院还是通知侦查机关撤销了该案。

二、辩护律师观点

(一) 起诉意见书指控的部分事实不清、证据不足

1. 指控以非法占有为目的,事实不清、证据不足

尹某某拉的人中,大部分都不是看到尹某某发布的刷单信息而转账的,而是尹某某私下主动找他们帮忙,且事先有约定事后返还以及自己垫付的情形,嫌疑人供述、被害人证言和相关转账记录也可以相互印证。既然是垫付和事先约定返还,就说明尹某某在主观上只是想借用微信号凑人数,并不是想骗被害人的钱。另外,侦查机关遗漏了尹某某自己垫付以及返还的部分转账记录等无罪或罪轻的证据。

2. 通过拉拢部分会员变成客服后，又不断在网上发布虚假刷单信息招募会员，骗取刷单保证金，此指控不实

实习客服成为正式客服的条件是拉满"15人次"。尹某某按照平台要求拉满"15人次"后再也没有拉人和支付保证金。尹某某通过自己的近亲属、好友等提供的微信号，通过自己垫付和事先约定返还保证金的方式完成平台的升级任务，成为正式客服后再也没有拉人。从刘某某、严某某、韩某某等11人的证言可知，尹某某的"15人次"保证金都是在其升级为正式客服之前支付的，升级为正式客服后，尹某某并没有再拉人支付保证金。

3. 指控的被害人刘某某等人缴纳刷单保证金8000余元与事实不符

尹某某（姐姐）、单某某、张某某（表弟）、张某某、刘某某、高某某、詹某某等人在侦查阶段的证言与书证（相应的转账记录）均能表明，15笔保证金中，11笔系尹某某自己垫付，另4笔明确约定事后返还。从被害人、犯罪嫌疑人的笔录及平台转账记录可以得出，当时系做活动期间，会员价为529元和399元，而不是起诉意见书中指控的全部为599元，总共8000余元。起诉意见书指控的犯罪金额明显错误。

（二）尹某某没有以非法占有为目的，没有诈骗的故意，其行为不构成诈骗罪

从嫌疑人的讯问笔录、被害人的询问笔录以及对应的转款记录可以得出，12人转款中，8人涉及垫付，共11笔，4人的4笔系事先约定返还之情形，垫付及事先约定退还均不具有欺骗性。

而且事先约定返还说明被害人知情并同意，并没有陷入错误认识，也就没有所谓的被骗，这也说明尹某某在主观上没有非法占有的目的，没有诈骗的故意，至少对承诺返还的部分不具有诈骗的故意，因此此部分金额应当被从起诉意见书中所指控的犯罪金额中扣除。

从尹某某的供述和被害人的证言中可以看出，"15人次"的转账中有近一半都是尹某某自己垫付的，另外的部分也属于事先约定事后返还的情形。综合整个过程来看，不管是垫付还是约定事后返还，均反映出尹某某真实的意图并不是诈骗钱财。

(三) 尹某某垫付或事先约定返还的行为，不具有欺骗性。发布虚假刷单信息的行为与本案 12 名被害人交付保证金之间不具有因果关系，即尹某某拉 "15 人次" 会员不是通过发布刷单信息，而是自己找人凑的人数，不符合诈骗罪的构成要件

诈骗罪的构成要件系虚构事实、隐瞒真相使他人陷入错误认识而自愿处分财产，遭受财产损失。在本案中，尹某某的垫付行为不具有欺骗性，因为自己不可能成为诈骗自己的对象，因此不属于诈骗。事先约定返还，实际上事后也完成返还，说明尹某某事先得到了被害人的同意，并且也履行了返还，被害人并没有陷入错误认识。在被害人的询问笔录中，8 人都明确表示尹某某是找他们凑人数。这不仅有证言，也有相应的转账记录印证。退一步说，即使发布的刷单信息具有欺骗性，发布信息的行为也与拉的 12 人不具有因果关系。他们都是尹某某私下找的人，帮忙凑人数的，被害人事先知情，没有陷入错误认识，因此尹某某的行为不符合诈骗罪的构成要件。

(四) 犯罪数额尚达不到诈骗罪追诉标准，不构成犯罪

从本案的垫付和约定返还情况来看，尹某某显然不具有非法占有的目的，因此涉及本案的所有金额都不应当被计算在诈骗数额中。

从被害人损失的角度看，垫付和事先约定返还的部分不应被计入诈骗数额，被害人损失并没有达到 3000 元。涉及垫付的 11 笔保证金 (6 笔 529 元、5 笔 399 元，共计 5169 元) 不应被计入诈骗数额，因为尹某某不可能成为自己诈骗的对象。4 人的 4 笔保证金系事先约定返还部分 (4 人 529 元，共计 2116 元)，同样不能计入诈骗数额，其中尹某平 1 人的保证金，尹某某只是忘记返还了。退一步讲，即便认为 4 人的 4 笔保证金具有欺骗性，认定数额也应当将返还的部分扣除 (保证金 2116 元–返还 690 元 = 1426 元)，因为被害人并没有被骗。扣除后的金额显然达不到电信网络诈骗犯罪的追诉标准。

从行为人获取利益的角度看，尹某某拉 "15 人次" 只是为了凑人数，并且其中 8 人 11 笔转款涉及垫付 (8 笔全部垫付: 2 次 400 元、1 次 529 元、5 次 399 元。3 笔部分垫付: 1 次 300 元、1 次 330 元、1 次 380 元)，垫付共计 4334 元，剩余 4 人的 4 笔系事先约定事后返还之情形 (1 人 115 元、2 人 230 元、1 人 230 元忘记返还)，返还共计 575 元，以上垫付和返还情况有相关微信转账记录印证。

不管是从被害人损失还是从行为人获利的角度来看，诈骗数额都低于

3000元，没有达到电信网络诈骗罪的立案标准，不符合诈骗罪的构成要件。

（五）尹某某也是被害人之一。在同一案件事实中，同一行为人不可能既是加害人也是被害人

尹某某是偶然间看到朋友圈里别人发布的兼职信息后被拉入群的，交了保证金，后应上级客服的要求完成拉满"15人次"任务。从整个入职的过程及工作的内容来看，尹某某在作为本案嫌疑人的同时，也是受骗者之一。在此情境下，我们不能期待嫌疑人具有诈骗的主观目的，并且在同一案件事实中，被害人不可能同时成为加害人。

通过再次的深入沟通，检察官逐渐采纳了辩护人的观点，但仍然只是将退还的金额扣除，对辩护人提出的尹某某没有非法占有目的的观点存在疑虑。最终，检察院还是通知侦查机关撤销了该案。

本案中，尹某某涉案时20来岁，涉世未深，偶然间看到别人朋友圈发布的兼职信息，并且交纳了入职费，也是被害人之一。一旦被打上犯罪的标签，其接下来的人生发展必然会受到影响。本案的撤销结果对于尹某某而言具有重大意义。

> 一切人都赞成公正的和温和的法律；一切人都反对残酷的法律。犯罪行为所激起的愤恨常被极端严厉的刑罚所引起的同情所抵消。
> ——【法国】罗伯斯庇尔《革命法制和审判》

第三节 刑事撤案问题研究

一、刑事撤案的概念及特征

（一）刑事撤案的概念

关于刑事撤案的本质，目前学界分为两大观点。一部分学者认为，刑事撤案应当是指撤销对犯罪嫌疑人的立案侦查，其本质在于终结对犯罪嫌疑人的侦查活动。[1]另一部分学者认为，刑事撤案的本质在于终结对犯罪嫌疑人的刑事追究。[2]对于以上两种观点，笔者较为认同后者。

所谓的刑事撤案，是指侦查机关在侦查案件事实以后对不符合法定追诉条件的案件，依法不追究刑事责任，撤销已经立案侦查的案件的情形。我国关于刑事撤案程序的规定始于 1979 年颁布的《刑事诉讼法》，刑事撤案保证不符合追诉条件的案件被阻挡在审判程序之外，以保障当事人的人权以及侦查机关活动的公平性。

（二）刑事撤案的特征

1. 撤案主体的特定性

撤案权行使的主体是特定的侦查机关，这是由《刑事诉讼法》明文规定的，非侦查机关无权直接决定案件的撤案。在我国，公安机关是最主要的侦查机关，检察机关、军队保卫部门、监狱以及海关分别在特定类型的案件中履行侦查职能，同时享有侦查权。

---

[1] 郭勤、施昌虬：《对刑事立案和撤案问题的几点思考》，载《浙江公安高等专科学校学报（公安学刊）》2003 年第 6 期。

[2] 王龙天：《刑事诉讼中侦查阶段的撤案制度研究》，载《贵州大学学报（社会科学版）》2004 年第 6 期。

2. 撤案程序的相对性

侦查机关行使撤案权之后当事人不再承担法律责任，相关刑事诉讼程序终止，但是这并不意味着当事人必然不再因为此案件受到法律追究。基于侦查时间、侦查手段以及其他方面的原因，侦查机关在一定时间内对案件事实的侦查不一定全面以及完全真实，对被撤销的案件可能存在错误的判断。该案件依然可能因为存在新的线索和证据而被重新立案侦查，当事人依然可能因为犯罪行为而承担刑罚。因此，刑事撤案并不是实体审判结果，不具有绝对性，侦查机关依然可以在满足条件的情况下重启侦查，追究当事人的刑事责任。

3. 撤案权力行使的阶段性

我国在案件的不同处理阶段分别设置了"撤销案件""不起诉"及"终止审理"这三种终结程序。其中，撤案程序就是侦查环节与审查起诉环节中间的一个分水岭。刑事撤案仅限于侦查阶段，即侦查机关立案侦查后至案件侦查终结前。侦查阶段是指在侦查阶段的整个过程中而非单指侦查终结时，即何时发现不应对犯罪嫌疑人追究刑事责任，就应何时按撤案权的行使规定去做。立案前发现案件不符合追诉条件的，应当作不立案处理；起诉后发现案件不符合追诉条件的，只能依法进入诉讼程序，侦查机关退出对案件的主导，由审判机关依法、依证据裁判。撤案权的行使必须遵循阶段性的要求，防止司法权力的相互干扰，妨碍司法效率与司法正义。

二、刑事撤案的价值意义

刑事撤案程序是处理刑事案件的关键环节，正确运用刑事撤案程序可以使犯罪嫌疑人及时摆脱不必要的刑事追究，最大限度地减少对其利益的损害。这在司法程序中维护人权方面发挥了关键作用，体现了诉讼经济原则。

在司法实践中，刑事侦查必须经过不断认识、不断提高的过程，才能接近案件的真相，在犯罪事实与客观真相不符的情况下，为保证法律的公平性和保障人权，侦查机关认定犯罪嫌疑人没有实施所指控的客观犯罪事实的，应当终止对犯罪嫌疑人的刑事追究，并及时履行刑事案件撤案程序，防止犯罪嫌疑人陷入被起诉的困境，保护其合法权益。作为一名律师，要合理运用法律，最大限度地保护当事人的权益。撤案程序在刑事诉讼中具有重要的价值，有利于实现程序法治、维护实体正义、保障犯罪嫌疑人基本人权，有助于合理利用司法资源和提高司法效率。

（一）保障法治公正、维护法律权威

用法律实现社会的公平正义需要实体正义和程序正义的双轨并行，其中程序正义是实现实体正义的前提，没有实体正义，程序正义就是空中楼阁。一旦案件进入诉讼审判程序，犯罪嫌疑人就将承担巨大的心理压力以及经济负担，影响犯罪嫌疑人的正常生活。刑事撤案将不符合追诉要求的案件阻隔在诉讼程序之前，可以在查清事实真相的第一时间中止对无辜犯罪嫌疑人的追究，推动法治建设。对于公民来说，刑法不仅打击犯罪，更能维护自身权益，提高公民对法律的信任程度。

（二）保障人权

人权是每个公民最基本的权利。在侦查阶段查清事实真相，可以使得犯罪嫌疑人的合法权益在诉讼程序中受到保护。撤案能够有效地截断诉讼程序，以达到"使无辜者不受不应有之追究"的目的，正确和及时运用撤销程序能够避免出现司法实践中诸如错捕、错诉、错判等失误。这样可以最大限度地保障人权，刑法不仅保护受害人，同样也保护犯罪人。

（三）提高司法效率、节约司法资源

刑事撤案程序能够对众多的刑事诉讼案件进行分流，将不符合追诉条件的案件分流出来，以此减轻刑事诉讼的压力。目前，我国法院法官人均年裁判案件数量众多，刑事撤案程序可以减少不必要的工作，提高工作效率、合理分配司法资源，实现有限资源的最大化利用，将更多的资源投入犯罪性质恶劣、社会影响重大的案件。只有犯罪事实清楚、确实需要追究当事人刑事责任的案件才能进入诉讼环节，严格控制审查起诉案件的数量，减少对司法资源的浪费，有助于高效发挥法律的规制和引导作用。

三、刑事撤案实践中存在的问题

实践中存在撤案决定机关权能相对集中，刑事撤案程序法适用不明确，应当撤案而不撤案时任意撤诉，撤案后当事人人身权益、财产权利得不到救济等诸多问题。由于上述现实中存在的问题，刑事撤案程序的功能没有发挥出应有的作用。

（一）不当撤案

司法实践中的不当撤案可以被概括为两种情形，一种是应当撤案而没有撤案，另一种是不应当撤案但是撤案，指案件不符合撤案但是却违反相关规定做撤案处理。所谓应当撤案而没有撤案是指，在侦查过程中，随着案件事实逐渐调查清楚，侦查机关发现案件应当被撤销，但是基于各种原因而没有被撤销，依然推动案件进入刑事诉讼程序的情况。其中阻碍侦查机关主动撤销案件的一个重要原因是，实践中很多侦查人员被"撤案即错案"的错误观念束缚，[1]认为一旦承认撤销案件，就说明之前的侦查活动都是错误的。其实不然，法律案件对真相的寻找必然要经历一个曲折向上的过程，撤案并不是错案，撤案正是在防止错案发生，是及时维护公民权益的重要步骤。不应当撤案但是撤案的情形出现的主要原因是侦查机关为了提高结案率，将案件事实尚未侦查清楚的案件做撤案处理，以此提高结案率。

（二）检察机关建议撤案不符合法定程序的要求

《刑事诉讼法》明确规定，检察院对移送审查起诉案件的最终处理方式只能提起公诉或者不起诉，没有规定其他处理方式。但在司法实践中，存在检察院审查起诉案件之后，建议公安机关做撤案处理的方式。这种做法不仅违反了法定程序，而且剥夺了部分当事人申请国家赔偿的权利。

检察机关建议公安机关撤案的做法源于最高人民检察院1999年1月18日发布的《人民检察院刑事诉讼规则》第262条的规定："对于公安机关移送审查起诉的案件，发现犯罪嫌疑人没有违法犯罪行为的，应当书面说明理由将案卷退回公安机关处理；发现犯罪事实并非犯罪嫌疑人所为的，应当书面说明理由将案卷退回公安机关并建议公安机关重新侦查。如果犯罪嫌疑人已经被逮捕，应当撤销逮捕决定，通知公安机关立即释放。"据此，检察院在审查起诉阶段发现犯罪嫌疑人没有违法犯罪行为或者犯罪事实并非犯罪嫌疑人所为时，可将案卷退回公安机关处理。但是，最高人民检察修订后于2013年1月1日起施行的《人民检察院刑事诉讼规则（试行）》已经删除了上述规定。

根据《刑事诉讼法》第16条、第163条、第168条、第175条、第177条之规定，除自侦案件检察院可以自行决定撤销案件之外，对于非自侦案件，检察院审查只能提起公诉或者不起诉，建议公安机关撤销案件没有法律依据。

检察机关在司法实践中逾矩对侦查机关进行建议撤案超越了法律规定的范围，导致程序倒流，会严重扰乱刑事诉讼程序，于法不合。同时，该行为

---

[1] 孙谦：《刑事立案与法律监督》，载《中国刑事法杂志》2019年第3期。

在无形中侵犯了当事人的权益，在建议撤案后，法律并未规定通知被害人，更谈不上听取被害人的意见。退一步讲，即使被害人知道了检察机关"建议撤案"这一处理决定，法律也没有规定其享有相应的异议权和救济权。在建议撤案的司法实践中，被害人本应享有的诉讼权利被无声剥夺了。[1]

（三）撤案即错案的错误观念

撤案并不等同于错案，撤案是程序行为，错案是实体结果，二者彼此联系，但是并不是相同的法律概念。对于一个案件来说，正当的撤案程序可以防止错案的发生，而不当撤案可能导致错案的发生，撤案的原因是法定事由，撤案后并不一定带来相应的责任追究制度和国家赔偿制度的启动。但是，错案既可能造成使有罪的犯罪嫌疑人逃脱刑事责任的追究，也可能使无罪的人被错误定罪量刑，无论哪种结果都会带来相应的错案责任追究制度，以及国家赔偿制度的启动等后续行为。无论是适用原因还是结果，错案和撤案都不能混为一谈。

立案后侦查机关开展各项侦查活动，查明案件事实。将符合追诉条件的案件移交审判机关。立案只是开始，它并不必然确定当事人有罪，通过侦查有可能发现当事人并不需要承担刑事责任，那么就应当撤案。但是，在实际生活中默认侦查机关一旦立案，后续必将刑事拘留、逮捕、经历公诉甚至是判决。但是，撤案与错案并不相同，因为撤案是基于侦查活动逐步发现案件事实真相的特性，符合认识曲折发展的规律，与司法人员因其他原因徇私枉法导致错误裁判并不相同。但是，撤案不是错案这一观念目前并没有被广泛重视，错误的观念导致侦查机关对撤案十分排斥，撤案制度难以发挥人权保障、提高司法效率的作用。同时，实践中阻碍撤案的原因之一就是，在司法工作中，很多侦查机关将撤案作为日常工作绩效考评中的一项，这无疑将撤案划入了不利地位，基于对自身利益的考虑，侦查机关的工作人员自然不愿意主动撤案。这样会导致司法程序的随意性，放纵犯罪行为，为侦查人员徇私枉法提供操作空间，是对公民权利的亵渎，不利于犯罪治理和维护社会的长治久安。

---

[1] 郝双梅：《刑事撤案若干问题研究》，载《天津法学》2011年第2期。

四、刑事撤案制度的完善路径

(一) 完善刑事撤案监督机制

权力应当被关进制度的牢笼。刑事撤案权影响犯罪嫌疑人的定罪量刑，刑事撤案权是否能恰当行使对能否保障人权、维护司法公正具有决定性的意义。对侦查机关刑事撤案权的监督能够防止随意撤案和不当撤案，在监督制度之下，面对撤案权的不当行使，当事人能够寻求监督机关的帮助，防止权力的滥用，保障法律的公平正义。完善行使撤案监督机制应当从以下几个方面入手：

第一，完善立法，在现有《刑事诉讼法》的基础上，完善有关刑事撤案监督制度方面的内容。明确刑事撤案监督的主体和程序。立法应当建立同级检察机关监督机制。参考 2010 年 12 月内蒙古自治区人民代表大会常务委员会通过的《关于加强人民检察院对诉讼活动法律监督工作的决议》第 7 条的规定："公安机关应当与检察机关建立和完善信息通报和沟通机制，及时通报发案、立案、破案、撤案情况。"首先，侦查机关在规定时间内将已经立案的刑事案件报送同级检察机关侦查监督部门备案。其次，检察机关侦查监督部门对备案的案件进行审核，追踪案件侦查情况，要求侦查机关定期汇报进展；侦查机关经侦查后认为应当撤销案件的，将撤销案件的侦查情况以及撤销事由报送同级检察机关侦查监督部门，经审查决定是否同意撤案，并通知侦查机关。侦查机关根据审查结果依法撤案、继续侦查或者移送起诉。同时，设立复议程序，侦查机关可以对报送审查结果存在异议的案件申请复议及上级检察机关复核。

第二，完善不当撤案倒查机制，和司法审判责任终身制类似，检察机关应当监督侦查机关在撤案过程中是否存在违法违规行为，对发现的不当撤案及时给予责令改正，并督促进入救济程序，同时对相关责任人员依法追究责任。通过不当撤案倒查机制的设立，提高侦查机关工作人员的责任心和谨慎心理，防止因疏忽大意和侥幸心理而带来的不当撤案，以此维护法律的公正严明，提高法律的权威性。

第三，加强侦查机关撤案权的外部监督，包括当事人对撤案权行使的监督以及人民监督员制度的建立。撤案权的行使会直接影响当事人的权益，当事人有法可依，对撤案权进行监督可以在第一时间规制相关行为，救济自身权益。按照党中央的决策部署，最高人民检察院、司法部在前期试点基础上，印发了《人民监督员选任管理办法》和《最高人民检察院关于人民监督员监督工作的规定》，部署在全国，全面深化人民监督员制度改革。人民监督员制度可以防止和纠正检察机关查办职务犯罪工作中执法不公的问题，该制度设计的初衷是监督检察机关办案，特别是职务犯罪。现有的人民监督员监督的案件仅仅是人民检察院办理直接受理立案侦查案件的11种情形，可以考虑在刑事撤案制度中引入人民监督员制度，扩大公民的参与度、提高程序的公开程度、提高司法程序的透明度，以保障公民权利。

（二）细化撤案启动程序和告知程序

在现有的司法程序中，只有侦查机关有启动权，这样的设置具有片面性，侦查机关在侦查和认定过程中难免存在局限性，应当赋予当事人申请撤案的权利。当事人可以依法提交书面申请，说明应当撤案的法定事由，侦查机关在收到申请后的法定时间内予以回复，侦查机关依然拥有决定是否撤案的最终权利。当事人对撤案申请诉求的表达，可以打破撤案程序的封闭性，提高公众参与，也可有效缓解侦查活动中的片面性。

落实到司法实践中，撤案权的有序行使必须公开透明才能实现其保障人权的目的。目前，撤案只能由侦查机关自行决定，在作出撤案决定后再告知当事人，而其中的程序时常发生疏漏，导致当事人接受相关信息滞后，进而影响羁押释放、财产扣留等问题。因此，要重视告知程序，及时解除对当事人所进行的限制性措施。在我国的不起诉制度中，法律除了规定了告知期限、告知对象，还极为详尽地规定了告知的内容。根据相关规定，不起诉决定书上必须记载有案件事实，作出不起诉决定的法定理由与法律依据，以及涉案款物处理等重要内容。参考上述规定，撤销案件决定书的告知内容应当详细包括：案由和案件来源，撤案决定作出的理由和具体的法律依据，解除对人身自由或者财产的强制措施，最重要的是必须告知当事人的救济权利及相关的程序规定。[1]

（三）完善撤案之后的后续保障措施

立案以后当事人往往被采取相关的限制性措施，包括查封、扣押、冻结财产，限制人身自由等。侦查机关作出撤案决定以后要第一时间解除相关限

---

[1] 徐静村主编：《刑事诉讼前沿研究》（第8卷），中国检察出版社2010年版，第174页。

制，严禁出现拖延羁押、限制人身自由的行为。对于侦查机关故意妨碍限制性措施解除的，当事人可以向检察机关提出撤案监督。同时，撤案并不意味着当事人必然无罪，在之后的司法活动中，出现新的事实、证据证明当事人有罪，应当依法追究刑事责任的，可以重新立案侦查。对于重新立案侦查，需要注意两点：一是发现新的事实或证据后，若必须追究刑事责任，应该是重新立案，而不是接着撤案前的程序继续侦查；二是对于这里新发现的事实或证据一定要进行严格审查，达到确实可以追究犯罪嫌疑人刑事责任的程度，否则会造成对犯罪嫌疑人的二次伤害，影响司法的公信力。

> 犯罪行为不是最初的东西、肯定的东西,刑罚是作为否定加于它的,相反地,它是否定的东西,所以刑罚不过是否定的否定。
>
> ——【德国】黑格尔

第三章
不起诉案

不起诉是指人民检察院在对公安机关侦查终结移送起诉的案件和自行侦查终结的案件进行审查后,认为犯罪嫌疑人的行为不符合起诉条件或者没有必要起诉的,依法作出不将犯罪嫌疑人提交人民法院进行审判、追究刑事责任的一种处理决定。不起诉是人民检察院对案件审查后依法作出的处理结果之一,其性质是人民检察院对其认定的不应追究、不需要追究或者无法追究刑事责任的犯罪嫌疑人所作的一种诉讼处分。它的法律效力在于不将案件交付人民法院审判,从而在审查起诉阶段终止刑事诉讼。对于犯罪嫌疑人而言,不起诉决定意味着其行为在法律上是无罪的。不起诉包括三种类型:法定不起诉、相对不起诉和存疑不起诉。

第一节 张某某拒不支付劳动报酬相对不起诉案

一、案情简介

2016年2月份,张某某以某某市中的某建设有限公司名义与某某县望某置业有限公司签订劳务总包合同。乙方张某某负责承建某某县望某不夜城(C4、D3、D4栋楼),劳务总包范围木工、泥工、钢筋工、外架及塔吊。2016年5月19日,某某县望某置业有限公司和劳务负责人张某某又签订了一份劳务承包补充协议。协议约定乙方实施劳务实名制管理以及农民工工资制度的统一管理,实施农民工工资"月清月结",并保证每月 6 号前 100% 发放农民工工资,在建设过程中,劳务负责人张某某没有按照协议要求发工人工资。2018 年 3 月到 2019 年 1 月共拖欠李某泉、杨某军等 111 名农民工工资合计 3 982 278 元。农民工在春节前多次讨要工资,张某某不支付。理由是某某县望某置业有限公司没有给其工程款,自己就没有能力发放工资。而张某某个人在建行、邮政银行的账户余额合计有 140 余万元。某某县人力资源和社会保障局核算并于 2019 年 2 月 3 日向张某某送达《劳动保障监察限期整改指令书》,责令张某某于 2019 年 2 月 3 日 17 时前支付所拖欠的全部工资 3 982 278 元。张某某没有按照指令书要求支付拖欠的工资。在立案并依法对张某某采取强制措施后,某某县望某置业有限公司支付给 360 万元工程款,张某某亲朋积极筹措资金 40 万元,于 2019 年 2 月 3 日、4 日将所拖欠的工人工资 3 982 278 元全部发放到位。

二、辩护律师观点

(一) 本案程序违法,不符合拒不支付劳动报酬罪的法定条件

1. 本案中,某某县人社局程序严重违法,致使《劳动保障监察限期整改指令书》所附义务无法及时履行

2019 年 2 月 3 日,某某县公安局经侦大队工作人员以张某某涉嫌拒不支付劳动报酬罪在某某县人社局将其拘至公安局进行讯问。在讯问过程中,2019 年 2 月 3 日 16 时 40 分左右,某某县人社局相关人员到贵局经侦大队送达了一份《劳动保障监察限期整改指令书》(以下简称"指令书"),要求张某某必须在当日下午 6 点之前将农民工工资支付完毕,并将支付情况以书面形式递交某某县人社局。

对该指令书的内容、送达时间、送达地点进行分析,不难发现存在极为严重的程序违法:

(1) 送达时间——该指令书送达时间为当日 16 时 40 分,而履行完毕时间为当日 18 时之前,其间仅有 1 小时 20 分的时间。需要张某某在这么短的时间内完成 3 623 129 元款项的偿付,实在有强人所难之嫌。

(2) 送达地点——某某县人社局送达该指令书的地点是某某县公安局经侦大队,送达时,张某某已被刑事拘留,张某某也已没有办法履行该指令书。这一点,某某县人社局是清楚的。在已知无法履行的情况下强行将指令书送达张某某已经没有多大意义。难道仅仅是为了办案程序的需要吗?

（3）客观条件——指令书送达后 20 分钟左右，即下午 5 点左右，某某县公安局经侦大队人员即带张某某到医院体检并且办理送看守所的手续，也就是说送达后，张某某根本不具备履行指令书的客观条件。

2. 贵局以拒不支付劳动报酬罪对张某某进行刑事立案，程序严重违法

根据《刑事诉讼法》《刑法》第 276 条之一及《最高人民法院关于审理拒不支付劳动报酬刑事案件适用法律若干问题的解释》（法释〔2013〕3 号）的相关规定，贵局以拒不支付劳动报酬罪立案没有事实和法律依据。

（1）某某县人社局的指令书，张某某不是不想履行而是没有时间和人身自由去履行义务。同时，该罪立案的前置条件为"经政府有关部门责令支付仍不支付的行为"，但有证据证明行为人有正当理由未知悉责令支付或者未及时支付劳动报酬的除外。本案中，张某某被某某县公安局限制人身自由以及某某县人社局提供的支付劳动报酬的时间极度不合理等都是张某某没有及时支付劳动报酬的正当理由。

（2）该案的立案程序明显违反该规定。拒不支付劳动报酬罪的立案程序为：先责令支付仍不支付，人社局把案件相关材料移送公安机关，公安机关认为构成立案标准后，进行立案。本案的程序为：公安机关先行把人拘留讯问，后人社局再将指令书送达要求履行支付，本案的先后顺序明显颠倒。某某县公安局以颠倒后的程序进行刑事立案明显违背了《刑事诉讼法》《刑法》的规定。

（3）某某县公安局迫于信访压力直接对该案进行刑事立案有违司法公正。某某县公安局作为刑事侦查机关应当严守办案规定，应当遵守"以事实为依据，以法律为准绳"的刑事诉讼基本原则。

（二）在主观上，张某某没有拒不支付的直接故意或间接故意

（1）某某县公安局在对张某某进行讯问时，张某某明确表示会想尽办法甚至借高利息钱也要把农民工工资支付完毕，且也已安排合伙人刘某某协调支付事宜，在拘留当日的晚上至 2 月 4 日（大年三十）已支付完毕农民工工资，领取到工资的工人已经出具收条，甚至有冒用他人之名要求支付的"工资"在当时的形势下也进行了支付。

（2）众所周知，基于建筑行业的特殊性，在"大年三十"支付农民工工资非常普遍。

（3）张某某银行卡账户有 120 万元系界首项目的材料款，张某某之前准备发放一部分工资，但工人坚持要求全额支付，因为资金不够，张某某及其

工作人员要求发包单位支付工程款,但发包单位一直未支付,张某某主观上是想要支付工程款的,只是资金不够。

(4)张某某在刑拘讯问时,向合伙人刘某某明确表示:即使发包方某某县望某置业有限公司不给工程钱,卡里还有界首项目 120 万元的材料款,如果不够,借利息钱都要付,赶紧把工人工资支付掉,他们也不容易。

(三)在客观上,张某某没有拒不支付劳动报酬的行为

张某某让其管理人员自 9 月份一直要求班组长进行对账;张某某一直要求发包方某某县望某置业有限公司支付工程款;张某某也一直支付农民工生活费;张某某一直在项目工地,不存在逃避、躲避履行的情况。

三、类案分析

以"拒不支付劳动报酬相对不起诉"为关键词,在 12309 中国检察网上进行检索,截止至 2022 年 3 月 31 日,共有 251 个结果。对这 251 个样本进行分析,发现在检察院对拒不支付劳动报酬罪决定相对不起诉的案件的相对不起诉决定书中,检察院主要以"犯罪情节轻微,主观恶性不深,社会危害性不大"作出相对不起诉决定。理由主要包括以下几个方面:在提起公诉之前已经支付完毕所有拖欠的劳动报酬;认罪认罚;自首、坦白;取得被害人谅解;初犯、偶犯。下面这张表列明了这 251 起拒不支付劳动报酬的相对不起诉案件中以上几个方面的理由被采纳的比例。

已经支付完毕所有拖欠的劳动报酬	251	100%
认罪认罚	210	84%
自首坦白	75	30%
取得被害人谅解	110	44%
初犯、偶犯	40	16%

从表格中的内容可以看出,检察院在对拒不支付劳动报酬作出相对不起诉决定时,首先,也是必要考虑的是被不起诉人是否已经支付完毕所有拖欠的劳动报酬。在已经支付完毕所有拖欠的劳动报酬的前提下,才会考虑其他因素。其次,认罪认罚因素在相对不起诉的认定中也占了很大比例。因此,在处理拒不支付劳动报酬案件时,可以着重考虑这两个方面。

> 人人有责任不让愚昧无知的人去伤害任何人，还要尽他的力量去约束邪恶，尽力改正别人的邪恶。犯罪者的改正也许对他本人有好处，犯罪者的例子对其他人也是一种可怕的教训。
>
> ——【意大利】圣·奥古斯丁

第二节 曹某某强制猥亵相对不起诉案

一、案情简介

2016年10月7日21时50分，犯罪嫌疑人曹某某持××××次旅客列车8号车厢16号上铺车票从某某站乘坐该次列车。被害人朱某某（2000年出生）持××××次旅客列车8号车厢15号下铺车票从某某站乘坐该次列车。犯罪嫌疑人曹某某见朱某某进入包厢便主动与其攀谈，在攀谈中故意用言语挑逗朱某某。8日2时许，曹某某坐在包厢内沙发上见朱某某已经熟睡就用右手拉住朱的左手放在自己的生殖器上进行触摸，朱被惊醒后将手抽回，曹某某又趴在朱某某的身体上，嗣后，曹某某又拥抱朱某某并触摸其胸部对其亲吻。北京站下车后，曹某某又向朱某某索要联系方式被拒绝。朱某某回到学校后向某某市公安局报案，曹某某于2016年10月16日在其住处被抓获。公安机关认为曹某某的行为已经涉嫌强制猥亵妇女罪。

二、辩护律师观点

（一）被告人曹某某实施猥亵的行为方式显著轻微

《刑法》第237条强制猥亵罪要求行为人"以暴力、威胁或者其他方法强制猥亵他人"。其中行为人的行为要求有暴力、胁迫或其他方法。

1. 被告人曹某某不具有普通强制猥亵犯罪的"暴力""胁迫"行为

在本案中，被告人曹某某并没有使用"暴力""胁迫"行为，从被告人的供述以及被害人朱某某的供述都可以得出。曹某某的供述前后几次都很稳定，其在2016年10月16日供述"在整个过程中，只要她不同意，我就停止动作，也没有讲过什么过激的话"。被害人朱某某的供述中也没有显示行为人使用了"暴力""胁迫"行为。

2. 被告人曹某某所谓的"其他方法"显著轻微

强制猥亵罪中的"暴力、威胁或者其他方法"与强奸罪中的"暴力、胁迫或者其他方法"应当作相同的解释。都是使他人不能反抗、不敢反抗、不知反抗的境地。[1] 在本案中，被害人并没有陷入不能反抗、不敢反抗和不知反抗的境地。

（1）行为人曹某某没有使用暴力、胁迫，被害人没有睡着，因此被害人朱某某不是不知反抗。

在本案中，被害人朱某某于2016年10月9日的陈述中讲到其中间是醒着的，也知道行为人的行为，如曹某某"有几次用手拉我的手去摸他的生殖器，我都抽回去了"，"在夜里，有几次想用嘴来亲我，都被我扭头躲过去了，都被我把手抽回去了，用手擦了一下嘴……他的生殖器一直没有勃起过"这些都说明被害人朱某某是知道行为人的行为的。既然被害人知道行为人的行为，其就不处于不知反抗的状态。行为人曹某某在2016年10月18日的供述中讲道："8日1时左右，我当时拉了她的手，她的手轻轻地往回收，但力度不大，我拉了她一会就放开了，她就准备睡觉了。"这也说明，被害人朱某某在开始的时候就没有反抗，对曹某某的行为是放任的。也是从第二天行为人曹某某问朱某某"是不是坏叔叔"的时候，朱某某说"没觉得"。从这也可以看出，其是知道反抗，但是其采取无所谓的态度。

（2）被害人朱某某不是不能反抗，是完全可以反抗的。在案件发生的整个过程中，行为人曹某某并没有使用暴力、威胁，也没有使用如麻醉药、酒精等使被害人陷于意志和行为都不能控制的物品，其自始至终都是意志自由的。被害人朱某某自始至终手机都是拿在身边的。其完全有机会、有条件报警。但是，朱某某没有。

（3）被害人朱某某不是不敢反抗。在整个案件过程中，在行为人曹某某没有使用暴力、胁迫，被害人不是不敢反抗。假如我们说被害人不敢在晚上反抗，那么在白天，在人来人往的火车上，只要被害人主动发微信、打电话，都是可以报警的，都可以制止行为人的行为，但是被害人都没有。

总之，行为人没有采取一般强制猥亵犯罪中的暴力、胁迫方式，只是采取了"其他方式"，即趁她人睡觉之际。但是，行为人并没有趁被害人完全熟

---

[1] 张明楷：《刑法学》（第6版），法律出版社2021年版，第1148页。

睡之际，而是在被害人有一定意志自由的情况下实施的。完全有别于一般强制猥亵犯罪的行为方式，其情节显著轻微。

（二）被告人曹某某的猥亵行为显著轻微

强制猥亵，一般是指对他人实施奸淫以外的能够满足性欲和性刺激的有伤风化的淫秽下流行为。猥亵通常表现为抠摸、舌舔、吸吮、鸡奸、兽奸、手淫，或者在被害人身上射精，将精液涂抹在他人身体等。

和一般的强制猥亵相比，行为人曹某某的行为相对比较轻。行为人曹某某起初在和被害人聊天后，拉了被害人的手，虽然被害人想抽回来，但是也没有完全反抗。曹某某在之后错误地以为在被害人同意的情况下，继续拉着被害人的手摸自己的生殖器。在被害人抽回去之后，行为人就没有了后续行为。行为人曹某某并没有如一般的强制猥亵中那样，触摸被害人的阴部、乳房等隐私部位。也没有将淫秽物留在被害人的身上。其行为本身就很轻微。并且，从被告人曹某某的供述中可以得知，其在早上只是搂抱被害人，无意间碰到被害人的乳房，但是没用手伸到她的衣服去摸。行为人的这一行为并不具有追求性欲的刺激，在一定意义上并不具有强制猥亵性。

（三）被告人曹某某的行为危害不大

违法、犯罪行为都有一定的社会危害性。而犯罪行为则是危害性较大的行为。犯罪的本质就在于危害了国家和人民的利益，危害了社会主义的法治秩序。如果某种行为根本不可能给社会带来危害，法律就没有必要将其规定为犯罪。或者某种行为虽然具有社会危害性，但是情节显著轻微、危害不大，能通过其他途径解决的，也不能认定为犯罪。

被告人在火车上偶遇被害人朱某某，在得知两人是老乡后进行了比较通畅的沟通。被害人朱某某在陈述中也提到在聊天过程中并没有紧张、害怕之类的情绪，这说明曹某某在一开始并没有想要对陌生人进行侵害。并且，虽然行为人的行为发生在火车上，在一定意义上属于公共场所，但是火车的包厢又具有一定的私密性，比在一般的公共场所实施猥亵的社会危害性小。同时，行为人也知道火车票都是实名制，犯罪之后肯定会被发现的。因此，其是在错误以为被害人观念比较开放，被害人"喜欢他人就要主动表达"的错误指引下，有了后续的行为。其行为本身的社会危害不大。

（四）现有证据只有双方的言词证据，没有强有力的其他证据，现有证据也只能证明其行为显著轻微

《刑事诉讼法》第55条第1款规定："对一切案件的判处都要重证据，重调查研究，不轻信口供。只有被告人供述，没有其他证据的，不能认定被告人有罪和处以刑罚；没有被告人供述，证据确实、充分的，可以认定被告人有罪和处以刑罚。"

1. 现有证据只能证明曹某某有轻微的强制猥亵行为

本案中，被害人朱某某陈述行为人曹某某当天晚上及第二天早上对其实施强制猥亵，但是行为人曹某某的供述，只有当天晚上开始在被害人清醒的时候拉过手，后来在被害人半睡半醒的情形下用拉着被害人的手摸自己的生殖器，也没有摸被害人的乳房。第二天早上，被害人朱某某陈述行为人摸了自己的乳房，并且咬了被害人的肩膀。但是，行为人曹某某供述并没有摸害人的乳房，只是碰到了被害人的乳房。

被告人的供述和被害人的陈述之间存在差异。辩护人认为，被害人在当时能够报警而没有报警的情况下，事后进行报警，不排除记忆出现偏差，甚至有意扩大受害程度，因此其供述的真实性值得怀疑。

当被告人的供述和被害人的陈述之间存在差异时，只能认定两者都认同的事实。在本案中，两者都认同的事实是曹某某在被害人朱某某半睡半醒的状态下拉着被害人的手去触摸自己的生殖器。在被害人知道后，行为人曹某某就没有继续实施后续行为。而这一行为情节显著轻微。

2. 现有能证明构成犯罪的所有证据都是言词证据，没有其他证据

我们知道，言词证据有很大的不稳定性，因此在依靠其认定犯罪时需要慎之又慎。否则，很容易造成冤假错案。

本案的案卷中有2016年10月14日的检查笔录。其中，"侦查人员问朱某某肩膀是否有伤，朱某某回答没有伤"。侦查人员在朱某某右肩发现有一红色印迹，约3厘米。这些检查笔录属于间接证据，不能证明此痕迹是由曹某某所留。因为，被告人曹某某并没有供述曾经咬了被害人。现在检查所留下的痕迹，至案件发生到检查之日已经过了有6天之久，并不能保证当时由被告人曹某某留下。

（五）被告人及家人已经补偿被害人，情节显著轻微之下，不宜再追诉犯罪

刑罚作为国家最为严重的制裁措施，刑法作为法律的最后一道防线，应

具有谦抑性。在其他法律或者途径能够解决问题的情况下，就不应该适用刑法。

1. 被告人及家人对于被害人的补偿，是在双方自愿、程序合法的基础上形成的

被告人曹某某在第一次被采取刑事措施时，就对自己的行为表示了悔恨，愿意积极通过金钱的方式补偿被害人及家人。经过被告人妻子宋某某与被害人朱某某父母的多次沟通，经过被害人朱某某同意，双方签署了补偿协议。被告人及妻子尽他们最大的努力，一次性给被害人及家人80万元，愿意补偿造成的侵害。双方都是在自愿的基础上达成了协议，不存在程序和实体违法的可能。

2. 退一步讲被告人认罪，其达成的协议符合刑事和解

《刑事诉讼法》规定的和解协议的适用范围，本案完全符合。

（1）被告人曹某某真诚悔罪，并且积极向被害人及家人赔礼道歉、补偿，也获得了被害人及家人的谅解。

（2）本案件属于民间纠纷，虽然《刑法》规定强制猥亵罪处五年以下有期徒刑或拘役，表面上似乎不符合《刑事诉讼法》判处三年以下刑罚的规定，但是辩护人认为，此处的"三年以下"指的是宣告刑，也即根据具体案件实际情况最终可能判处的刑期，而不是法定刑。根据本案的案情，被告人可能被判处三年以下，是符合《刑事诉讼法》规定的和解前提的。

（3）根据2012年《人民检察院刑事诉讼规则》第514条的规定，双方是可以自行达成和解的。

根据《刑事诉讼法》的规定，对于犯罪情节轻微，不需要判处刑罚的，可以作出不起诉的决定。

综上所述，本案现有的所有证据只能证明被告人强制猥亵情节显著轻微、危害不大，辩护人建议对于被告人不予起诉。

三、类案分析

以"强制猥亵相对不起诉"为关键词在聚法案例网上进行检索，截至2022年3月31日，共有7份检察文书。

序号	案号	案情简介	相对不起诉理由
1	江某某 余检公诉刑不诉 [2019] 9 号	被不起诉人江某某带领四人来到邹某家殴打邹某，强行脱掉邹某的衣服用手机拍摄邹某某的裸照，但未漏出重点部位	犯罪情节轻微，具有坦白情节，且被不起诉人江某某与被害人邹某某达成调解，赔偿邹某某 5 万元，取得了被害人谅解
2	王某某 朔城检刑不诉 [2019] 2 号	2018 年 10 月 7 日 21 时许，被不起诉人王某某和被害人刘某某在朔城区聚源 KTVA409 包房唱歌时，王某某强制将刘某某的裤子脱下，进行猥亵	犯罪情节轻微
3	夏某军 绍某某检刑不诉 [2018] 27 号	2017 年 9 月 6 日 20 时，被不起诉人夏某军因怀疑其前妻梁某芳与其他男子存在不正当关系，在绍兴市上虞区某中介营业房内与梁某某发生争吵，后将梁某某内裤强行脱下，并扯被害人阴部阴毛等方式进行猥亵	犯罪情节轻微。案发后夏某军如实供述自己的犯罪事实，是自首。被害人已对夏某甲军行为表示谅解，夏某军亦已认识到自己的错误
4	赵某某 汉检诉刑不诉 [2019] 11 号	赵某某作为邻居来到黄某某家里，黄某某返回自己卧室擦脸时，赵某某尾随黄某某身后，趁黄某某不注意时，从黄某某身体后方将黄某某抱住并隔着睡衣抚摸黄某某胸部。之后黄某某反抗过程中赵某某后退坐到了黄某某卧室的床上将黄某某抱在自己怀中并隔着黄某某衣服抚摸了黄某某的胸部及内裤处。黄某某反抗过程中赵某某又将黄某某抱在床上并用身体压在黄某某的身上继续对黄某某的胸部、腿部进行抚摸。后黄某某挣脱赵某某后哭着跑到门外报警，赵某某随即逃离黄某某家中	被不起诉人赵某某得知被害人黄某某报警后，主动到黄某某家中等待公安人员，归案后如实供述了上述犯罪事实 2018 年 5 月 30 日，被不起诉人赵某某对被害人公开赔礼道歉，取得了被害人黄某某及其家人的谅解 犯罪情节轻微，具有自首的法定从轻处罚、取得被害人谅解的酌定从轻处罚情节

续表

序号	案号	案情简介	相对不起诉理由
5	阿某 疏勒县检刑不诉 [2021] 17号	被不起诉人阿某为满足自己的性欲望，从某医院后门跳进医院，进入病房里看到一名女患者穿睡衣躺在病床，嫌疑人想偷看患者的身体以满足性欲望，但一去患者身边脱下她的裤子她就翻身了，阿某害怕被发现随即逃跑	被不起诉人如实供述其犯罪事实，取得受害人的谅解，有悔罪表现，且自愿认罪认罚，社会危害性小，犯罪情节轻微
6	王某甲 包检公诉刑不诉 [2019] 174号	被不起诉人王某甲与被害人王某乙曾系男女恋爱、同居关系，于2018年11月20日选择分手。为发泄不满，被不起诉人王某甲强行扒光被害人王某乙衣服，用嘴吸咬被害人王某乙乳房，用手指插入王某乙阴道，骑压在被害人王某乙身上，拽扯被害人王某乙头发，并将生殖器放于被害人王某乙脸部，同时拍摄裸照扬言予以散布，并一度将被害人王某乙赤身裸体拖至屋外走廊并关闭入户门，后二人在屋内继续争吵	2018年11月27日，被害人王某乙对被不起诉人王某甲表示谅解，并在被不起诉人王某甲于2018年12月6日被取保候审后不久又与其和好、同居； 被不起诉人犯罪情节轻微，其本人认罪认罚，被害人王某乙亦表示谅解
7	钱某某 万检刑不诉 [2021] Z78号	钱某某见被害人欧阳某某上楼随即尾随，在三楼楼道趁欧阳某某不备之际，强行用双手抱住欧阳某某，用右手强行抓摸其胸部，欧阳某某欲挣脱但未成功随即呼救，钱某某被呼救声惊醒便放开欧阳某某逃离现场，同时三楼住户熊某某听到有人呼救便开门查看情况，其打开门后看到欧阳某某在案发现场哭泣	鉴于钱某某具有以下情节：一是自首，无违法犯罪记录，自愿认罪认罚；二是案发后积极主动找被害人赔礼道歉，并最终取得其谅解

通过对这7份检察文书的分析可以得出，首先犯罪情节轻微当然是强制猥亵案件构成相对不起诉的必要条件。犯罪情节轻微的认定主要基于被不起诉人的猥亵行为的程度以及给被害人造成的影响。在这7个案例中，除了案例六之外，其余案件的被不起诉人对被害人的猥亵行为都仅限于"抚摸"的程度。除此之外，在以上7个相对不起诉案件中，6个案件的被不起诉人都取得了被害人的谅解。由于强制猥亵主要是对具体确定人造成的伤害，因此强制猥亵的相对不起诉中被害人的态度非常重要，被害人的谅解是大部分强制猥亵案件相对不起诉成立的前提条件。除了被害人的谅解，不起诉决定书中涉及的其他要素跟拒不支付劳动报酬相对不起诉案件一样，包括坦白、自首、认罪认罚。

此外，在第六个案例中，熟人之间的强制猥亵的认定与完全陌生的人之间强制猥亵的认定是不同的。熟人之间尤其是情侣之间，如果在强制猥亵发生之后，双方依然保持交往关系对于不起诉决定的作出是有影响的。

> 犯人在行为的瞬间必然明确地想象到其行为是不法的，要处罚的，必须认定这点，才能使他们负有罪责。
>
> ——【德国】黑格尔

第三节　段某某妨碍公务相对不起诉案

一、案情简介

2018年5月18日2时许，徐某某和段某某驾驶货车途经高速公路某收费站时，与收费站工作人员因收费问题发生争执，遂将所驾驶货车停放在收费站绿色通道上不愿离开，收费站工作人员报警。某某派出所民警陈某某带领辅警王某某、雷某某根据指令赶到现场。在出警过程中，段某某对民警进行辱骂、厮打，并躺在收费站卡点出口处阻碍道路交通。当民警将其带离时，段某某拒不配合，摔打警车车门并与民警撕扯，出警人员将段某某控制在地上。

二、辩护律师观点

（一）起诉意见书指控的事实不清楚，依法不构成犯罪

起诉意见书指控"段某某对出警民警进行辱骂、厮打，并躺在出口阻碍道路交通，在出警人员将其带离时拒不配合，当民警将段某某带到警车旁时，段某某拒不上车，摔打警车车门并与民警进行撕扯，出警人员将段某某控制在地上"，辩护人通过查看本案证据材料和会见被告人，上述指控内容明显不符合客观事实。

（1）案发现场监控视频以及出警执法记录仪显示，段某某因不满出警民警的执法态度与其中一个民警发生争执，段某某并没有一开始就主动辱骂民警；在段某某与其中一民警发生口角时，其并没有厮打民警，恰恰是民警出手拉扯段某某，然后两位民警将段某某拖拽在地。因此，段某某并没有主动辱骂和厮打出警民警。这与起诉意见书指控段某某辱骂厮打民警显然不一致。

（2）"段某某躺在出口阻碍交通"，主要原因是不能接受出警人员的粗暴的执法方式；"带离时拒不配合"也是事出有因。通过监控视频可以看出，出警民警并未首先口头劝离，而是直接将段某某拖拽至警车旁。事实上，如果

在民警劝说的情况下，段某某是会自愿离开的，且在民警拖拽的过程中也有"放我下来，我自己走"的意思表示。因此，起诉意见书指控的"段某某躺在出口，阻碍交通，带离时拒不配合"与事实相违背。

（3）当民警将段某某带到警车旁时，民警并未让段某某上车，也就没有拒不上车之说。摔打警车车门也是因为民警的执法态度过于粗暴，并没有切实地去解决问题，反而让问题愈演愈烈，让作为普通老百姓的段某某感到愤慨。且段某某摔打车门后并未主动与民警进行撕扯，还是民警主动去拉扯段某某，后出警人员将段某某控制在地上。起诉意见书指控的"当民警将段某某带到警车旁时，段某某拒不上车，摔打警车车门并与民警进行撕扯，出警人员将段某某控制在地上"同样与客观事实不符。

综上，段某某并没有主动辱骂、厮打民警，均是由出警民警粗暴的执法方式挑起，该责任不应该全部由段某某来承担。段某某的行为符合人民群众因提出合理要求，或者对政策不理解或者态度生硬而与国家机关工作人员发生争吵、围攻顶撞、纠缠行为。该行为不属于妨害公务的犯罪构成要件。

（二）被告人主观上和客观上都不具备妨害公务罪的构成要件

（1）段某某主观上不具有妨碍公务的故意。从犯罪构成要件来说，犯罪嫌疑人没有妨害公务的故意，没有实施妨害公务的具体行为，并且本案出警民警为一个民警和两个辅警，并不符合依法执法的条件。

（2）执法人员执法不合法，被告人的行为不属于妨碍公务。根据国务院印发的《关于规范公安机关警务辅助人员管理工作的意见》第10条："公安机关及其人民警察不得安排警务辅助人员从事以下工作：……（二）案（事）件的现场勘查、侦查取证、技术鉴定、事故责任认定、执行强制措施、审讯或独立看管违法犯罪嫌疑人等法律、法规、规章规定应当由人民警察担任的工作；（三）实施行政许可、行政收费、行政处罚、行政强制措施；……"

本案中，拖拽被告人段某某为强制措施，不管是刑事案件强制措施还是行政强制措施，本案出警的2名辅警人员均无权实施。妨害公务罪侵犯客体是国家依法执法的活动，侵犯的对象是依法执法的国家工作人员。本案一名警察带两名辅警出警本身并不是依法执法活动，与段某某拉扯的两名辅警也不是依法执法的国家工作人员。因此，被告人段某某的行为从主观客观要件来看，均不符合妨害公务罪的构成要件。

综上所述，辩护人认为本案的发生主要因出警人员暴力执法导致，主要原因在于出警人员，公安机关仅仅以被告人段某某没有无条件地配合其执法的态度，以双方之间发生争执，认定被告人的行为构成妨害公务罪，明显属于有罪推定，在查明事实、遵循罪责相适应原则的基础上，应当依法作出对被告人段某某不起诉的决定。

三、类案分析

以"妨害公务相对不起诉"为关键词在12309中国检察网上进行检索，截至2022年3月31日，共有39份相对不起诉的检察文书。

序号	案号	相对不起诉理由
1	张某某妨碍公务相对不起诉 裕检刑不诉〔2021〕63号	犯罪情节轻微，具有坦白、认罪认罚等情节； 召开了拟不起诉公开听证会。经评议，参会人员均同意对张某某作相对不起诉
2	惠某某妨碍公务相对不起诉 北检刑不诉〔2021〕9号	民警在执行公务过程中辱骂被不起诉人，该不规范的执法行为系被不起诉人惠某某殴打民警的激化原因，故民警有过错； 被不起诉人惠某某归案后认罪态度较好，且自愿认罪认罚，系初犯、偶犯
3	田某某妨碍公务相对不起诉 西区检刑不诉〔2021〕230号	鉴于田某某系初犯、偶犯，田某某及其家属积极赔偿赵某某医疗费及相关损失共计人民币187 000元，已取得被害人谅解；田某某到案后，对其犯罪事实供认不讳，认罪态度好，并自愿认罪认罚，根据《刑法》第67条第3款的规定，不需要判处刑罚
4	常某某 淇检一部刑不诉〔2021〕11号	被不起诉人常某某案发后如实供述自己的犯罪事实，系坦白，可以从轻处罚。案发后，常某某向孙某某、安某某、李某某、李某某赔偿损失、赔礼道歉，取得了孙某某等四人的谅解，且常某某自愿认罪认罚，其犯罪情节轻微

续表

序号	案号	相对不起诉理由
5	张某某 宝塔区院一部刑不诉〔2020〕25号	犯罪情节轻微，社会危害性小，积极赔偿被害人损失、并取得谅解，具有认罪、悔罪表现
6	黄某某 永检一部刑不诉〔2020〕77号	犯罪情节轻微，并且自愿认罪认罚
7	张某某 沪黄检一部刑不诉〔2020〕88号	如实供述情节，且赔付并获得谅解，犯罪情节轻微； 本案于2020年7月9日进行不起诉听证审查并听取了被不起诉人辩护人的意见，人民监督员王某参加听证，其均同意对张某某作相对不起诉
8	续某某 黑安检一部刑不诉〔2019〕22号	案发后认罪认罚，并且已经与相关被害人达成和解并进行了赔偿，不需要判处刑罚
9	张某某 南检公诉刑不诉〔2020〕104号	被不起诉人张某某社会危害性不大
10	徐某某 观检刑不诉〔2017〕29号	犯罪情节轻微，具有如实供述及认罪悔罪情节
11	王某某 民检一部刑不诉〔2019〕16号	被不起诉人系初犯、偶犯，且犯罪情节轻微，其自愿认罪认罚，并签署《认罪认罚具结书》
12	王某甲 民检一部刑不诉〔2019〕17号	被不起诉人王某甲系初犯、偶犯，犯罪情节轻微。其自愿认罪认罚，并签署《认罪认罚具结书》
13	刘某甲 汴金检一部刑不诉〔2019〕1号	犯罪情节轻微，积极赔偿，取得了被害人的谅解
14	王某某 郑某某检一部刑不诉〔2019〕21号	王某某系初犯、偶犯，犯罪情节轻微。对被害人进行了赔偿，取得了被害人的谅解
15	门某某 郑某某检一部刑不诉〔2019〕30号	门某某系初犯、偶犯，犯罪情节轻微，案发后积极对被害人进行赔偿，取得了被害人的谅解

续表

序号	案号	相对不起诉理由
16	陈某某 婺检公诉刑不诉［2019］114号	初犯、偶犯，且归案后如实供述罪行，有坦白情节
17	高某甲 前检刑检刑不诉［2019］17号	被不起诉人高某甲犯罪情节较轻，认罪、悔罪，积极赔偿被害人损失，取得被害人谅解
18	李某某 观检刑不诉［2019］255号	李某某系初犯、偶犯，认罪态度较好，具有犯罪情节轻微、自愿认罪认罚等情节，对所损坏财物积极赔偿并取得谅解，社会危害性较小
19	吴某某 信检公诉刑不诉［2019］43号	被不起诉人吴某某在妨害公务过程中起次要作用，系从犯，犯罪情节轻微
20	刘某甲 信检公诉刑不诉［2019］42号	被不起诉人刘某甲在妨害公务过程中起次要作用，系从犯，犯罪情节轻微
21	郑某甲 岚检公诉刑不诉［2019］6号	尚未对民警造成严重伤害，犯罪情节轻微，到案后如实供述自己的罪行，具有悔罪表现，且本案系其因亲历亲属遭遇交通事故死亡，精神受刺激而采取不理智方式反映诉求引发，其主观恶性较小
22	郑某乙 岚检公诉刑不诉［2019］5号	尚未对民警造成严重伤害，犯罪情节轻微，到案后如实供述自己的罪行，具有悔罪表现，且本案系因其亲属遭遇交通事故死亡，其精神受刺激而采取不理智方式反映诉求引发，其主观恶性较小
23	刘某甲 长宽检刑不诉［2019］12号	认罪态度一直较好，有悔罪表现；被不起诉人刘某甲系初犯、偶犯，没有前科劣迹；且案发后被不起诉人刘某甲积极与被害人达成和解
24	谭某乙 瓮检公诉刑不诉［2019］64号	系从犯，其到案后如实供述犯罪事实，认罪、悔罪态度较好，犯罪情节轻微
25	陈某某 瓮检公诉刑不诉［2019］63号	妨害公务中系从犯、具有自首法定从轻处罚情节，到案后，如实供述犯罪事实，有悔罪表现，犯罪情节轻微

续表

序号	案号	相对不起诉理由
26	宗某某 大检刑不诉〔2019〕3号	鉴于其行为未造成人员伤亡或者财产损失，且系初犯、偶犯，归案后能够如实供述自己的罪行，故其犯罪情节轻微
27	赵某某 新封检公诉刑不诉〔2017〕10号	犯罪情节轻微，具有坦白、和解情节。被不起诉人赵某某及其家属主动向被害人赔礼道歉，取得了被害人的谅解
28	叶某某 郑金检公诉刑不诉〔2017〕3号	犯罪情节轻微，叶某某系初犯、偶犯，具有悔罪表现，并且已经进行赔偿且取得谅解
29	王某某 新封检公诉刑不诉〔2018〕21号	犯罪情节轻微，具有坦白情节
30	韩某某 黑安检诉刑不诉〔2017〕28号	犯罪情节轻微，且具有坦白的情节；本案系共同犯罪，韩某某系从犯。另外，其已取得了被害人的谅解
31	王某甲 京海检轻罪刑不诉〔2017〕20号	犯罪情节轻微，且能够如实供述自己的罪行
32	李某某 黑青检公诉刑不诉〔2016〕24号	被不起诉人李某某对警察在执行公务劝阻时，并未使用过重的暴力，其犯罪情节轻微，系初犯，主观恶性较小，具有免除处罚情节
33	刘某某 北塔检刑诉刑不诉〔2016〕66号	犯罪情节轻微，具有从犯、认罪态度好、初犯的从轻情节
34	刘某乙 北塔检刑诉刑不诉〔2016〕68号	犯罪情节轻微，具有从犯、认罪态度好、初犯的从轻情节
35	唐某某 北塔检刑诉刑不诉〔2016〕67号	犯罪情节轻微，具有认罪态度好、初犯的从轻情节
36	张某甲 南检刑不诉〔2016〕53号	犯罪情节轻微，具有坦白、取得被害人谅解的情节
37	孙某甲 哈里检诉刑不诉〔2016〕4号	鉴于其犯罪情节轻微，有悔罪表现，具有坦白情节，且得到被害人谅解，具有免除处罚情节，根据《刑法》第37条之规定，不需要判处刑罚

第三章 不起诉案

续表

序号	案号	相对不起诉理由
38	于某某 牡东检诉刑不诉［2016］2号	犯罪情节轻微，系初犯，无前科劣迹，在共同犯罪中起次要或者辅助作用，案发后主动积极赔偿被害人损失，并且取得了被害人的谅解，具有法定和酌定从轻或者减轻处罚的情节，根据《刑法》第37条的规定，不需要判处刑罚
39	樊某某 鸠检刑不诉［2015］5号	犯罪情节轻微，可根据《刑法》第37条的规定，不需要判处刑罚。且被不起诉人家属已赔偿被伤害民警相关医药费用及财物损失，得到被伤害民警的谅解，可酌情从轻处罚

根据表格中的内容可以看出，检察院在对妨害公务案件作出相对不起诉决定时，考虑的因素包括除了自首坦白、初犯偶犯、从犯、认罪悔罪、认罪认罚、获得被害人谅解以外，还有两个因素是听证和被不起诉人的犯罪动机。当然，情节轻微依然是相对不起诉的法定条件，对这些不起诉案件进行总结可知，妨害公务案件中的犯罪情节轻微主要指被不起诉人对执行公务的人员所采取的暴力仅仅止于"推搡拳打脚踢"阶段，没有通过其他工具施加外力伤害，并且造成的伤害结果不严重。

听证在相对不起诉中是非常重要的一个环节，但在拒不支付劳动报酬和强制猥亵相对不起诉的公开检察文书中，检察机关几乎没有启动听证程序。而在妨害公务相对不起诉案件中，检察机关多次主动启动听证程序。在之后的理论延伸部分，会对相对不起诉中的听证程序作出进一步论述。

在拒不支付劳动报酬和强制猥亵的案件中，检察机关对于被不起诉人的犯罪动机考虑得比较少。但在妨碍公务案件中，由于被不起诉人的行为往往事出有因，因此检察机关对于被不起诉人的动机会考虑得更多，在案件1、案件21、案件22中，检察机关将被不起诉人的行为是由于执法机关的过错或者特殊情况下导致的激动情绪作为不起诉的理由之一。段某某妨害公务相对不起诉案中也存在其行为的起因是由于执法机关的过错导致的情节，虽然在相对不起诉书中并没有体现出来，但这也可能是影响检察机关作出相对不起诉

· 083 ·

决定的因素之一。这主要是由于在拒不支付劳动报酬和强制猥亵案件中，被不起诉人的行为动机往往是出于自己。但在妨碍公务案件中，被不起诉人实行行为是与执法机关工作人员之间起冲突，因此被不起诉人行为的主观动机很可能不仅仅是与他自己有关，这时候就需要将主观动机考虑进来。

> 为国之道，食有劳而禄有功，使有能而赏必行、罚必当。
>
> ——【战国】李悝

第四节 颜某某串通投标相对不起诉案

一、案情简介

2017年6月，"龙某"公司在安徽某某职业技术学院学生宿舍内外墙及卫生间翻新项目招标过程中，为确保中标，该公司法定代表人杨某某除自己联络安排某某市中某建设工程有限公司和长某公司参与陪标外，另外指使该公司项目经理邓某某寻找陪标企业参与陪标。邓某某通过职业陪标人丁某某、晋某和朋友陈某联系，并促成11家公司参与陪同陪标串通投标。其中包括当事人颜某某所在的华某公司。犯罪嫌疑人丁某某联系华为公司副总经理孔某某，孔某某向公司实际负责人颜某某汇报后，颜某某同意将华某公司资质借给丁某某投标陪标，具体事宜由颜某某与丁某某对接。华某公司根据杨某某和邓某某提供的不同投标报价来制作并上传电子档投标标书至某某市公共资源交易中心。华某公司的陪标投标保证金由龙某公司层转垫付，开标结束后，各陪标保标公司投标保证金原路径返回流至龙某公司账户。招投标期间，华某公司没有派人到开标现场。通过包括华某公司在内的11个公司的上述陪标操作，龙某公司最终以395.51万元低价中标该工程。据杨某某交代，该工程结束除去成本和陪标相关费用，龙某公司实际获利15万元左右，上述陪标公司或相关责任人直接或间接获利的行为严重扰乱了正常的招标投标市场秩序。并且，严重损害了招标人及其他投标人的利益，以触犯《刑法》第223条涉嫌串通投标罪。

二、辩护律师观点

（一）颜某某虽然构成串通投标罪，但是情节轻微

辩护人认为，虽然颜某某构成串通投标罪，但是其属于情节轻微的犯罪类型。

1. 颜某某并没有明确的串通投标的犯罪故意

根据目前的在卷证据，丁某某在此案案发之前就一直和某某华某建筑安装有限公司（以下简称"某某华某"）合作，也就是说，丁某某代理某某华某在某某市的建筑事项，丁某某是具有权限的。此次投标，颜某某并不完全清楚是丁某某自己的投标行为，还是给其他公司进行陪标。因此，其串通投标的犯罪故意并不明显。

另外本案中颜某某没有与丁某某进行犯罪故意的联络。如果说颜某某有故意的话，也只能是间接故意。

2. 颜某某并没有串通投标罪的实行行为

串通投标罪的实行行为是相互串通投标报价，损害其他人合法权益的行为。本案的关键核心行为是相互串通投标。本案重点打击的是组织串标的人、职业中介人、职业陪标人，因为这些人明知法律禁止串标，仍然为了谋求利益、扰乱市场。在本案中，颜某某并没有组织他人投标的行为。

3. 颜某某从此次串通投标中获利非常小

本案中，颜某某的获利非常小，也就是 1000 元上下。对于年收入上千万、上亿的企业来说，这简直就是微不足道。而且，颜某某并没有意图从此次犯罪行为获利。而所得利益，也是丁某某糅在其他资金一起跟颜某某结算的。颜某某可能已经忘了此笔获利。从如此小的一笔数额，也可以看出行为人并没有犯罪的主观意愿。

（二）行为人颜某某具有多种法定酌定的情节

颜某某属于在共同犯罪中起辅助作用的，而本案的实行犯、主犯是丁某某。颜某某完全是在丁某某的安排下被动地从事辅助作用，应当从轻、减刑处罚。

颜某某从侦查机关没有立案的第一次询问，到最后的讯问，都是主动交代自己的犯罪事实，属于坦白。在侦查阶段就已经自愿认罪，并且愿意认罚，按照我国的相关规定，应当被告人从宽处罚。颜某某之前没有任何的犯罪前科，也没有任何的违法记录，此次是初犯，并且是偶犯。

（三）被告人颜某某的企业为社会做出了很大的贡献

颜某某是某某华某的负责人。某某华某自从 2009 年成立以来，一直良性发展。先后获得"守合同重信用""抗洪抢险先进单位""农民工维权先进企业""某某市建筑施工安全生产标准化示范工地""某某省建筑安全质量标准化示范工地""某某市建筑工程优质结构奖""琥珀杯（市优质工程）"等荣誉称号。近年来，某某华某是某县的纳税大户，一共纳税5000万，为某县的财政做出了贡献。

最近2年，原最高人民检察院检察长多次强调，应该保护民营企业，"对民营企业负责人能不捕的不捕，能不诉的不诉"，促进经济快速发展。某某华某的发展，离不开颜某某的贡献。因此我们建议对颜某某不诉。

综上所述，辩护人认为，被告人属于情节轻微，并且具有多种法定、酌定情节，应当对其作出相对不起诉。

三、类案分析

以"串通投标相对不起诉"为关键词在12309中国检察网上进行检索，截至2022年3月31日，共有103份相对不起诉的检察文书。对这103份检察文书进行分析，发现在检察院对串通投标罪决定相对不起诉案件的决定书中，检察院一般以"未造成大的经济损失，没有导致严重后果"为前提，具体理由包括退赃、自首坦白、从犯初犯偶犯、认罪认罚等。下面这张表中列明了这103份串通投标罪的相对不起诉案件中以上几个方面的理由被采纳的比例。

退赃	5	5%
认罪认罚	45	44%
自首坦白	73	70%
初犯、偶犯	38	37%

从表格中的内容可以看出，检察院在对串通投标罪作出相对不起诉决定时，首先有一个共同的前提就是"行为没有造成大的经济损失，没有导致严重后果"。在此前提下才会考虑相对不起诉的适用。此外，在相对不起诉的决定书中提到的比较多的是自首坦白的因素，因此在辩护时可以从这一点出发。

> 受刑者不应被当作受辱者，而应被当作悔过者重新回归社会。
>
> [德] 古斯塔夫·拉德布鲁赫

第五节 相对不起诉的适用

《刑事诉讼法》第 177 条第 2 款规定，对于犯罪情节轻微，依照刑法规定不需要判处刑罚或者免除刑罚的，人民检察院可以作出不起诉决定。

一、相对不起诉适用的标准问题

根据《刑事诉讼法》的法条可知，相对不起诉的适用需要满足三个条件：首先，行为人的行为构成犯罪，符合起诉条件。其次，行为人的行为符合"情节轻微"。最后，行为人的行为依照刑法规定可以不需要判处刑罚或者免除刑罚。在这三个条件中，对于第一个条件即行为构成犯罪，一般对照具体犯罪的构成要件和第三个条件"不需要判处刑罚或者免除刑罚"进行判断即可，不存在争议。但对于"情节轻微"的标准，理论界和实务界都存在不同的观点。这些适用标准的偏差导致在相同地区、相同时间的类似案件的处理存在较大差异，也使得检察机关对于相对不起诉制度的适用遭到了质疑，严重危害了检察机关的司法公信力。因此，对适用标准进行更加细微的认定迫在眉睫。

目前，对于情节轻微有明确规定的文件只有最高人民检察院于 2001 年 3 月 5 日发布的《人民检察院办理不起诉案件质量标准（试行）》。其中明确提到的属于情节轻微和不属于情节轻微的情形分别包括以下几种。

属于情节轻微	不属于情节轻微
未成年犯罪嫌疑人、老年犯罪嫌疑人，主观恶性较小、社会危害不大的	实施危害国家安全犯罪的
因亲友、邻里及同学同事之间纠纷引发的轻微犯罪中的犯罪嫌疑人，认罪悔过、赔礼道歉、积极赔偿损失并得到被害人谅解或者双方达成和解并切实履行，社会危害不大的	一人犯数罪的

续表

属于情节轻微	不属于情节轻微
初次实施轻微犯罪的犯罪嫌疑人，主观恶性较小的	犯罪嫌疑人有脱逃行为或者构成累犯的
因生活无着偶然实施盗窃等轻微犯罪的犯罪嫌疑人，人身危险性不大的	犯罪嫌疑人系共同犯罪中的主犯，而从犯已被提起公诉或者已被判处刑罚的
群体性事件引起的刑事犯罪中的犯罪嫌疑人，属于一般参与者的	共同犯罪中的同案犯，一并起诉、审理更为适宜的
	犯罪后订立攻守同盟，毁灭证据，逃避或者对抗侦查的
	因犯罪行为给国家或者集体造成重大经济损失或者有严重政治影响的
	需要人民检察院提起附带民事诉讼的
	其他不应当适用《刑事诉讼法》第142条第2款作不起诉处理的

最高人民检察院虽然对"情节轻微"作出了如上解释，但是从表格当中也能够看出，最高人民检察院所罗列出的情况是非常有限的，司法实践中情况复杂多变，这几种情形远远不能概括。

并且，通过前面部分对四个罪名的类案分析的归纳，可以看出检察院在决定相对不起诉时出具的不起诉决定书往往在内容和表达上都比较简单，如"情节轻微，可根据《刑法》第37条的规定，不需要判处刑罚"。理由一般包括自首坦白、初犯偶犯、有悔罪表现等。可见，在司法实践中，认定情节轻微的主观性非常强，这也是由于对情节轻微标准规定不明所导致的。目前，对于情节轻微认定的争议主要存在以下两个方面：一是犯罪情节轻微是仅仅指轻罪且情节轻微还是也包括重罪但情节轻微。二是情节轻微的具体内涵包括什么。

对于相对不起诉中的"情节轻微"到底是仅指轻罪且情节轻微，还是也包括重罪但情节轻微，存在较大争议，尚未达成一致意见。虽然司法实践中有人认为，相对不起诉即为微罪不起诉，但立法没有明确规定，司法实践中适用相对不起诉的条件也是参差不齐，关于"情节轻微"，有的检察院认为应限定为罪名轻，有的检察院则实行量刑情节轻这一标准，还有的根据被不起诉人的认罪悔罪态度等情况来确定是否符合"情节轻微"。"情节轻微"能够包括的内容十分丰富，因此对"情节轻微"的具体内涵也需要进行明确，以使得相对不起诉中"情节轻微"的适用更加规范。

二、相对不起诉适用的程序问题

目前，相对不起诉制度在我国司法中适用率较低的原因除了适用标准不明确之外，适用程序上的问题也是重要原因。

（一）适用程序烦琐

根据2019年《人民检察院刑事诉讼规则》第370条："人民检察院对于犯罪情节轻微，依照刑法规定不需要判处刑罚或者免除刑罚的，经检察长批准，可以作出不起诉决定。"第371条："人民检察院直接受理侦查的案件，以及监察机关移送起诉的案件，拟作不起诉决定的，应当报请上一级人民检察院批准。"

可见在2019年《人民检察院刑事诉讼规则》出台之后，相对不起诉仅仅需要报请检察长或者分管决定，不再强制要求检察委员会决定。这在一定程度上已经简化了不起诉决定做出的程序。但是，在这种情况下，检察长或者分管检察长可能也会基于办案责任风险的转移而采取传统的办案思路，即提交检委会讨论决定，而非自己直接作出不起诉的决定。并且，即使在改革之后，相较于公诉程序而言，不起诉程序依然更为烦琐和严格，因此对于公诉人而言，不起诉是一种会加重工作负担并且可能会被追究责任、影响业绩的制度。基于各种利弊关系考虑，公诉人往往会优先考虑起诉，而不是不起诉，以减轻自己的工作负担以及规避可能会面临的风险。[1]

（二）监督机制不完善

相对不起诉适用过程中存在的另一个问题就是由审查程序不公开导致的监督机制不完善。相对不起诉决定作出过程的透明性和公开性都存在很大的问题。除了检察机关以外的各方，在决定书做出且送达之前，对于案件的处理思路和进展情况都没有了解的途径。整个决定不起诉的过程主要都是在检察机关内部进行的，对于案件的情况也仅仅是检察机关自身有所了解，这样

---

[1] 张树壮、周宏强、陈龙：《我国酌定不起诉制度的运行考量及改良路径——以刑事诉讼法修改后S省酌定不起诉案件为视角》，载《法治研究》2019年第1期。

会极大地影响相对不起诉决定作出过程的客观性和规范性。这种缺乏透明度和公开性的状态，非常容易引发检察院之外各方的疑虑，进而导致不起诉决定没有办法得到当事人的认同、执行困难，甚至会通过信访途径寻求解决。

有一句法律格言讲得好："正义不仅要实现，而且要以看得见的方式实现"。这探讨的便是关于程序之正当性问题，任何一项裁定或裁决的作出，必须获得公众及当事人之广泛认同，而且也应使得当事各方甚至公众对案件审理之过程有所了解甚至参与，使得司法之正义和公平能够让当事各方和公众获得亲身之体会和感受，如此案件之判决结果才能获得当事方和公众之普遍认同，有利于决定之执行以及司法公信力之维护。[1]而现今此种审查程序因为缺乏当事人参与，且后者的知悉权也无法获得保障，相关决定自然容易引发民众之质疑，甚至怀疑司法不公，对检察机关乃至整个法律系统的公信力都造成损害。

针对这一点，2001年最高人民检察院便确立了不起诉公开审查制度，一般也可称作不起诉听证制度。然而在司法实践中，各级检察机关在不起诉案件中除了改革前检察机关对于自侦案件不起诉必须听证，其他案件适用听证程序数量很少，且案件范围狭窄。有的检察机关甚至一年都没有一件经听证程序后作出相对不起诉决定的案件，不起诉听证制度不能充分发挥其应有作用。

此外，相较于裁判文书，检察院的不起诉决定书过于简陋。检察院的不起诉决定书往往只对作出相对不起诉决定的理由做极其简单的说明，甚至只是形式化地罗列一些"自首坦白""初犯偶犯"等情节，无法体现出案件的具体情况和特点。虽然检察院在作出相对不起诉的裁量过程中会听取各方意见，但是由于比起法院的审判等，检察院作出相对不起诉决定的过程相对封闭，对于裁量结果的适用完全由检察官抉择，决定的透明性就有所减损。在这一前提下，检察文书的简陋化由于没有犯罪嫌疑人的辩护词，认定事实与情节基本上依赖于检察官的主观判断，这更加进一步导致检察文书的透明性不够，进而导致裁判结果说服力不够，容易受到各方质疑。

---

[1] 郭天武：《相对不起诉制度若干问题探析》，载《政法论坛》2008年第5期。

三、相对不起诉适用的完善建议

（一）细化适用标准

1. 情节轻微包括重罪的情节轻微

有人认为，《刑事诉讼法》第 177 条第 2 款规定的犯罪情节轻微只包括轻罪的情节轻微；有人认为，其不仅包括轻罪的情节轻微，也包括重罪的情节轻微。我赞同第二种观点。我们不应该否定情节轻微的重罪适用不起诉的情况，即应该以案件可能适用的具体量刑幅度而不是罪名中几个量刑幅度的最高法定刑来对情节轻微进行认定。许多罪名（尤其是重罪）有多个量刑幅度，如故意伤害罪作为一项重罪，有三年以下、三年以上十年以下和十年以上等几个量刑幅度。只要案件应适用的量刑幅度为三年以下有期徒刑，如果存在未遂、自首、谅解、悔罪等从轻情节，在综合全部案情的基础上依然能够认定为犯罪情节轻微，就具备了适用相对不起诉的前提条件。即使是较轻的罪名，如故意伤害（轻伤），如果犯罪嫌疑人不认罪，也没有取得被害人谅解，且主观恶性比较大，则不一定适用犯罪情节轻微。

对相对不起诉"情节轻微"的这种解释更加符合酌定不起诉的理念，有利于实现立法初衷。相对不起诉的制度理念是对于社会危害不大的犯罪行为，可以对其作出不起诉决定，以落实宽严相济的刑事政策，节约司法资源，给犯罪嫌疑人改过自新的机会。只有在认定情节轻微既包括重罪的情节轻微，也包括轻罪的情节轻微的情况下，对可能判处的刑罚根据案件的具体情况进行分析，具体到该案可能具体适用的刑罚而不是该罪名应当判处的最高刑，不将罪名作为认定的依据，才能够尽量合理地对行为的危害性进行判断，并且通过确立一定的为公众所知的具有指导性的标准，可以给社会一个"相似情形将受到相似处理"的合理预期。情节轻微的重罪案件的不起诉处理既可以避免短期刑罚带来的交叉感染，又可以节约司法资源，还可以给嫌疑人改过自新的机会，及时修复被破坏的社会关系。这不仅能减弱被害人对不起诉决定的不公平感受，也可以为法院审查是否滥用不起诉裁量权提供一个相对明确的标准，以更容易被大众所接受和认可，提高检察机关的执法公信力。[1]

---

[1] 宋英辉、吴宏耀：《不起诉裁量权研究》，载《政法论坛》2000 年第 5 期。

2. 明确情节轻微的具体内涵

从司法实践中的情况来看，情节轻微所包含的内涵十分丰富，大致可以从以下两个方面进行划分：一是犯罪嫌疑人自身的原因；二是被害人的原因。

根据前文对相对不起诉检察文书的分析，犯罪嫌疑人自身影响情节轻微的认定原因包括以下方面：一是悔罪表现；二是赔偿情况；三是社会表现；四是身份责任；五是犯罪行为本身。

悔罪表现是指行为人对于自己所犯罪行的认识程度以及认罪悔罪的态度。一般体现为坦白和自首。除此之外，赔礼道歉情况、被羁押的犯罪嫌疑人是否服从管理，未被羁押犯罪嫌疑人在侦查、审查起诉期间是否又从事违法行为、是否恐吓证人、被害人等情形在一定程度上也能够反映行为人的态度。

赔偿情况包括赔偿被害人经济损失和退赃退赔。犯罪嫌疑人对自己给被害人造成的经济损失进行赔偿体现了他对自己犯罪行为的认识和内心的悔罪程度。退赃退赔是指，犯罪嫌疑人将犯罪所得的赃款赃物归还给被害人，以及对无法归还的赃物进行挽回和补救的行为，也体现了被害人的悔罪程度，反映了犯罪嫌疑人社会危害性的降低。在"张某某拒不支付劳动报酬案"及其类案分析部分就可以看出，对拒不支付劳动报酬案件的相对不起诉，以被不起诉人已经支付完毕所有拖欠的劳动报酬为前提，可见赔偿被害人经济损失和退赃退赔在作出相对不起诉决定中的重要性。

社会表现是指犯罪嫌疑人的日常品行和生活表现，在一定程度上反映了犯罪嫌疑人社会危险性的高低。刑法不仅具有惩罚性，也应该具有犯罪预防性。对于日常表现良好、品行端正的人因特殊原因或者一时冲动犯罪，为了鼓励其改过自新、积极回归社会，要适当考虑对其相对不起诉。

身份责任主要是指犯罪嫌疑人与被害人之间的关系，犯罪嫌疑人所负担的社会责任等。将身份责任列为考虑相对不起诉适用的情节之一是因为在某些类型的案件中，犯罪嫌疑人与被害人之间如果存在亲属关系、恋人关系或者其他特殊关系，可能反映了犯罪嫌疑人主观恶性较低以及被害人对犯罪嫌疑人的宽容度可能更高。如在强制猥亵相对不起诉案件的类案分析部分提到的"王某甲强制猥亵相对不起诉案"中检察院在作出相对不起诉决定时将被害人王某乙与被不起诉人王某甲曾经是恋爱、同居关系并且在取保候审之后再次和好、同居作为重要考量因素。这是因为在这种情况下犯罪嫌疑人对被害人的伤害可能相对较小，并且被害人对犯罪嫌疑人的宽容度也更高。因此，将身份责任列为酌定情节可以减少或者降低社会矛盾的发生,使法律更好地发挥作用。

犯罪情节主要针对的是犯罪嫌疑人的犯罪事实本身的情况。在司法实践中主要考虑的是犯罪动机、犯罪手段等等。如初犯、偶犯在一定程度上意味着犯罪嫌疑人的社会危害性与惯犯相比更低。在上面提到的4个相对不起诉案件中,犯罪嫌疑人都是初犯。从类案分析的结果中也可以看出初犯、偶犯是作出相对不起诉的重要因素之一。并且,在造成同样后果的情况下,使用的手段更加残忍的犯罪嫌疑人一般会被认为危害性更高。

被害人一方影响情节轻微认定的原因主要可以被分为被害人过错、被害人谅解两个方面。

被害人过错是指,犯罪嫌疑人的行为是由于被害人的某些不当言行所引起的或者被害人的不当言行导致了犯罪嫌疑人行为的进一步激化等。如在对妨害公务相对不起诉案件的分析中就提到过,如果犯罪嫌疑人的过激行为是由执法人员的暴力或者其他不当行为所引发的,这种犯罪动机可能成为作出相对不起诉决定的原因之一。

被害人谅解是指被害人或其家属因犯罪嫌疑人认罪悔罪、赔偿损失、赔礼道歉或者其他正当理由,而对犯罪嫌疑人表示谅解的情况。这主要是在一些针对具体特定人的人身犯罪中比较重要。如在强制猥亵案件中被害人谅解几乎成了相对不起诉的必要条件。将被害人谅解确定为酌定情节有助于更好地鼓励犯罪嫌疑人对被害人进行赔偿补救,尽量减少被害人受到的伤害。

(二)简化适用程序

简化适用程序可以从简化相对不起诉的审批程序以及对文书制作的要求这两个方面出发。

简化对相对不起诉的审批程序,具体路径是可将情节简单、无争议的轻微刑事案件不起诉权直接下放,由检察官独立作出决定。

在一个案件中,主办检察官往往是最了解案件的人。从落实司法责任主体地位的角度,主办检察官正是不起诉程序的启动者,在明确不起诉标准的情况下,检察官敢于适用相对不起诉、善于运用不起诉有利于真正实现案件的多元化处置。因此,有学者提出对于部分情节简单、无争议案件,可以授权由检察官决定不起诉。

实践中,部分地方检察机关已经开始探索对相对不起诉案件的审批实行繁简分流，对于大量简单的案件事实清楚，证据确实、充分的相对不起诉案件，简化审批程序，由检察官独立作出决定；对于少数不符合常见罪名具体适用标准，难以把握的复杂、重大但又有必要适用相对不起诉的案件，实行集体决策把关，召开检察官联席会议，报请检察长和审判委员会决定。总之，应当明确"检察官自己决定为主，检察长、检委会决定为辅"的适用原则。这种因案制宜、繁简分流的做法取得了良好的效果，有利于促进检察机关相对不起诉权的科学合理适用。

并且，从检察一体的角度出发，检察官的不起诉意见没有得到检察长批准，自然应当执行检察长的决定，但是由于主办检察官是案件最为熟悉的人，因此应当赋予其一定的异议权。根据《人民检察院刑事诉讼规则》第 7 条，检察官可以对检察长提出书面意见，但意见的效力仍然取决于检察长，而且对于是否起诉的决定在很多时候是无法判断对错的。从维护检察官的客观公正地位出发，应当考虑赋予办案检察官更大的裁量权，当检察长不认可不起诉意见书时，可以由检察官就裁量理由再次进行书面说明。

但是，这并不意味着对不起诉案件便不可以进行监督。事实上，对于不起诉的案件，部门负责人或者主管领导都有进行监督的权力，只不过这种监督制约是以有必要为前提的，而非对所有的不起诉案件都一概进行监督制约。而且，这种监督制约也是有其条件和程序限制的。[1]

此外，为配合审批程序的简化，还应当完善相应的配套措施。从最高人民检察院层面制定统一的相对不起诉适用规范，细化相对不起诉的适用条件和程序，以及常见刑事案件相对不起诉的具体适用标准，对如何认定犯罪情节轻微等内容予以明确，增强不起诉裁量权行使的规范性，以此消解现下对审批程序的依赖，从而为激发检察官适用认罪认罚相对不起诉的积极性提供重要支撑。

（三）强化监督机制

1. 完善落实听证程序

早在 2001 年，最高人民检察院提出的公诉改革措施便要求以听证的方法对不起诉案件进行公开审查，目前已经有不少地区开始实行，并取得了良好的反响。这种各方当事人参与听证，允许各方充分直接表达自己的观点的程

---

[1] 陈卫东、李洪江：《论不起诉制度》，载《中国法学》1997 年第 1 期。

序更有利于防止暗箱操作。听证程序的启动，视情况决定由当事人申请还是由检察院依职权启动，可以规定对于一般案件由当事人申请启动听证程序，对于一些特殊案件，必须经过听证，由检察机关依职权启动程序。

其次，对于听证程序的完善，还可以从强化人民监督员在听证程序中的作用出发。在曹某某强制猥亵相对不起诉案件中，检察院就启动了听证程序，并且邀请了公检法、被害人四方共同参与听证。

人民监督员是社会民众参与司法的重要方式，在很大程度上可以化解司法系统内部风险及外部压力。听证会参加人除听证员外，可以包括其他案件当事人。相较于听证员听证时才能了解案件情况，人民监督员对检察活动实行普遍监督，更能把握案件的来龙去脉。其次，人民监督员的选任应该由检察机关转为司法行政机关，在客观中立性方面更好地履行相关职责。因此，我们可以从强化人民监督员的审查权限和优化人民监督员的组织架构成两方面完善人民监督员参与司法的活动。

应当赋予人民监督员其阅卷权、询问权和充分知情权，也可以赋予当事人向人民监督员表达辩护意见的陈述权并且可以从人力资源上予以优化，给予人民监督员智库支持。

2. 加强不起诉决定书的释理说明

作为终结诉讼程序效能的不起诉决定书，其应当与裁判文书一样接受足够的监督，对它的需求是要将检察官的裁量结果的理由释明。现阶段虽然不起诉决定书需要载明不起诉理由，但是对于情节轻微的认定过程仍然存在模糊性，尤其是不同类型案件适用结果的差异没有通过文书说明，容易造成不起诉质量问题，引发申诉。增强不起诉决定书的说理性：一方面，会加大检察人员的工作强度；另一方面，会对检察机关内部裁量进行制约，客观上不利于检察机关提高司法效率，但这是规范裁量权运行、避免类案不同结果的必然进程。

> 礼者，禁于将然之前；而法者，禁于已然之后。
>
> ——【汉】戴德

第六节　洪某某职务侵占罪存疑不起诉案

一、案情简介

2011年6月至7月份，某某市某某公证处因工作需要拟购置新办公场所。经某某市司法局批复同意由某某公证处和公证员陈某某、洪某某共同出资购买某某区君悦广场3号楼9层~10层共1380.78平方米办公场所。公证处一方出资367万元，陈某某、洪某某一方共出资373.2821万元，公证处一方分得房产面积684.53平方米，陈某某、洪某某二人分得房产696.53平方米，二人分别拥有1/2产权。陈某某、洪某某再将所持的房产租赁给某某公证处办公使用，经某某市司法局批复"租赁价格原则上不高于市场价"。

2014年3月某某公证处正式搬迁至该场所，为确定租赁价格，2014年10月份，某某公证处主任陈某某指派公证员洪某某对该处办公场所的租赁价格进行询价，洪某某向同样在君悦广场3号楼办公的某某律师事务所及安徽某某元项目管理有限公司进行询价，因洪某某与安徽某某元项目管理有限公司负责人丁某相识，故要求丁某将租赁价格修改为34元每平方，加盖公章后提交给某某公证处。2015年11月5日，某某公证处召开全体公证员会议，会上洪某某出示了经篡改的租赁合同以此证明该价格真实存在，其他公证员在不知情的情况下，同意以34元每平方的价格租赁陈某某、洪某某二人的房产。2015年11月25日，市司法局公证管理科在不知情的情况下对某某公证处上述会议记录及篡改后的租赁合同进行了审查，同意某某公证处以此价格上报市司法局党组研究决定。2015年12月1日，某某市司法局批复同意该请示，据此，某某市某某公证处以34元每平方米的价格租赁陈某某、洪某某房产，从2013年12月1日至2020年11月30日租赁期间分别支付二人租金991 318元。

经某某市发改委鉴定，洪某某所持有的房产自2013年12月1日至2019年11月30日租赁市场价格为420 750元（每平方租赁价格为16.84元），2019年12月1日至2020年11月30日租赁市场价格为66 750元（每平方租赁价格为 16.03 元），其通过上述手段共获得违法所得 503 818 元。案发后洪某某已主动退还 173 880 元至某某市某某公证处。

二、辩护律师观点

公司、企业或者其他单位的人员，利用职务上的便利，将本单位财物非法占为己有，数额较大的，处三年以下有期徒刑或者拘役，并处罚金；数额巨大的，处三年以上十年以下有期徒刑，并处罚金。

犯罪嫌疑人洪某某不符合职务侵占罪的构成要件。

（一）案发时洪某某在某某公证处没有任何职务，不具备侵占的前提

构成职务侵占罪，首先要求行为人要有一定的职务，之后才能利用职务上的便利进行侵占。

从案卷材料分析，2014 年洪某某在某某公证处没有任何的职务。其 2014 年在公证处只是普通的公证员。其 2020 年 12 月份才正式成为某某公证处的副主任。目前的案卷中没有任何证据，包括言词证据和书证能够证明 2014 年、2015 年洪某某在某某公证处有任何的职务。既然犯罪嫌疑人在某某公证处没有任何的职务，也就不可能利用职务侵占某某公证处的财产，也不构成职务侵占罪。

（二）洪某某没有利用职务上的便利，因此不构成职务侵占罪

按照刑法学的通说，"利用了职务上的便利"，即利用自己主管、管理、经营、经手单位财物的便利条件。但这里的"管理""经营""经手"并不是指普通意义上的经手，而是指对单位财物的支配与控制。或者说，利用职务上的便利是指利用本人职务上所具有的自我决定或者处置单位财物的权力、职权，而不是利用工作机会。

本案中，犯罪嫌疑人洪某某的行为，可以分为两段：一段是 2014 年 10 月份某某公证处主任陈某某指派公证员洪某某对该处办公场所的租赁价格进行询价；另一段是 2015 年 11 月 5 日某某公证处召开全体公证员会议，会上洪某某出示了经篡改的租赁合同，以此证明该价格真实存在，其他公证员同意。

1. 某某公证处主任陈某某指派洪某某进行询价，属于一般的民事委托行为，不存在任何的职务行为

陈某某于 2006 年开始担任某某公证处的主任，管理公证处的一切事务。

在陈某某、洪某某将自购房屋出租给公证处时，陈某某作为公证处主任指派洪某某询价，对于接受指派的洪某某而言，其从事的不是职务行为，即公证处的业务行为，因此陈某某作为公证处一方与洪某某一方完全是平等的主体，属于我们所说的民事上的委托关系。

既然陈某某代表的公证处与洪某某是平等的委托关系，不存在一方管理、制约另一方的情形。陈某某也完全可以指派另一人，或者委托中介机构进行询价。这些都是合法的委托关系。洪某某的行为与职务没有关联。在洪某某询价结束后，其与公证处的委托关系也就结束了。

2. 2015年召开全体公证员会议时洪某某并没有任何职权，同时房屋租赁价格是由集体协商决定的

（1）2015年开会讨论时洪某某只是一名普通的公证员。2015年11月5日某某公证处召开全体公证员会议时，洪某某还只是普通的公证员，并没有任何的职权。其和除了陈某某主任以外其他的公证员没有任何的区别。集体表决中也只拥有一票的表决权，不能发挥决定作用。

（2）房屋租赁的价格是集体讨论决定的，洪某某没有职权，也不可能利用职务上的便利。2015年11月5日，某某公证处召开的全体公证员会议上，对于房屋租赁的事项采取了集体讨论的形式，大家都有表决权，并不存在某一位完全决定的情况。也就是本案中不存在"利用了职务上的便利"的情形。换而言之，本案洪某某不存在对单位财物的支配与控制，或者说利用基于本人职务所具有的自我决定或者处置单位财物的权力、职权。

（三）某某公证处的其他公证员对于价格基本是知情的，但是都没有提出异议

某某公证处主任陈某某的证词说明其对价格是知情的。其他公证员对于房屋的租赁价格大多由于并不影响其私人利益而采取漠不关心的态度。

三、类案分析

以"职务侵占 存疑不起诉"为关键词在聚法案例网上进行检索，并选取了自2019年1月1日至2022年3月31日的案例：

序号	案号	存疑不起诉理由
1	封某某职务侵占存疑不起诉榆阳检刑不诉〔2021〕68号	经本院审查并退回补充侦查，本院仍然认为本案证据不足，被不起诉人封某某主观上是否具有非法占有的目的、客观行为上是否利用职务之便侵占某某小区业主委员会的财物均证据不足，现有证据无法形成完整的证据链，不足以认定被不起诉人封某某有利用职务之便侵占某某小区业主委员会财物的犯罪事实，犯罪构成要件事实缺乏必要的证据予以证明，不符合起诉条件
2	欧阳某职务侵占存疑不起诉克市克区检一部刑不诉〔2021〕Z38号	经本院审查并退回补充侦查，仍然认为克拉玛依市公安局克拉玛依区分局认定欧某某职务侵占股权抛售利益的犯罪事实不清、证据不足
3	陈某某职务侵占存疑不起诉泉丰检一部刑不诉〔2021〕Z14号	经本院审查并退回补充侦查，本院仍然认为泉州市公安局丰泽分局认定被不起诉人陈某某职务侵占犯罪的事实不清、证据不足，不符合起诉条件
4	陈某某职务侵占存疑不起诉汕金检一部刑不诉〔2021〕Z1号	经二次退回补充侦查，本院仍然认为汕头市公安局金平分局认定被不起诉人陈某某利用职务便利，将本单位的财物非法占为己有，数额较大的犯罪事实不清，证据不足，不符合起诉条件
5	朱某某、纳某某职务侵占存疑不起诉巍检一部刑检刑不诉〔2021〕1号	本案经本院审查并二次退回补充侦查，本院仍然认为巍山彝族回族自治县公安局认定的纳某某涉嫌职务侵占罪的犯罪事实不清、证据不足，从主观方面和客观行为，就现有证据难以形成完整的证据锁链，证实纳某某伙同朱某某共同故意实施了职务侵占犯罪，不符合起诉条件
6	涂某某职务侵占存疑不起诉温龙检经开刑不诉〔2021〕95号	经本院审查并退回补充侦查，本院仍然认为温州市公安局经济技术开发区分局认定的犯罪事实不清、证据不足，在非法占有故意、具体客观行为等方面尚未查清楚，不符合起诉条件
7	王某某职务侵占存疑不起诉连铁检公诉刑不诉〔2020〕1号	经本院审查并退回补充侦查，本院仍然认为沈阳铁路公安局大连公安处认定王某某涉嫌职务侵占犯罪事实不清、证据不足，不符合起诉条件
8	张某某职务侵占存疑不起诉保徐检公诉刑不诉〔2020〕25号	经本院审查并退回补充侦查，本院仍然认为徐水区公安局认定的犯罪事实不清、证据不足，不符合起诉条件

续表

序号	案号	存疑不起诉理由
9	王某某职务侵占存疑不起诉浑检一部刑不诉〔2020〕82号	经本院审查并退回补充侦查，本院仍然认为吉林省白山市公安局江北分局认定的犯罪事实不清、证据不足，不符合起诉条件。依照《刑事诉讼法》第175条第4款的规定，决定对王某某不起诉
10	张某某职务侵占存疑不起诉保徐检公诉刑不诉〔2020〕25号	经本院审查并退回补充侦查，本院仍然认为徐水区公安局认定的犯罪事实不清、证据不足，不符合起诉条件。依照《刑事诉讼法》第175条第4款的规定，决定对张某某不起诉
11	易某某职务侵占存疑不起诉乌恰县检公诉刑不诉〔2020〕10号	经本院审查并经过两次退回侦查机关补充侦查，本院仍然认为本案事实不清，证据不足，无法查明本案被不起诉人易某某是否具有侵占公司财产的具体犯罪事实，本案证据存疑，不符合起诉条件。依照《刑事诉讼法》第175条第4款的规定，决定对易某某不起诉
12	张某某职务侵占存疑不起诉临罗检二部刑不诉〔2020〕31号	经本院审查并退回补充侦查，认定：张某某拒不供认其实施了职务侵占行为，亦没有其他证据证实其实施了职务侵占行为。被不起诉人张某某涉嫌职务侵占罪的事实不清，证据达不到起诉条件。依照《刑事诉讼法》第175条第4款的规定，决定对张某某不起诉
13	杨某某职务侵占存疑不起诉景检二部刑不诉〔2020〕12号	经本院审查并退回补充侦查，本院仍然认为景洪市公安局认定的犯罪事实不清、证据不足。不符合起诉条件。依照《刑事诉讼法》第175条第4款的规定，决定对杨某某不起诉
14	石某某职务侵占存疑不起诉临罗检二部刑不诉〔2020〕19号	临沂市公安局罗庄分局认定被不起诉人石某某职务侵占罪的事实不清、证据不足，不符合起诉条件。依照《刑事诉讼法》第175条第4款的规定，决定对石某某不起诉
15	郭某某职务侵占存疑不起诉阳城检一部刑不诉〔2020〕26号	综上，郭某某是否实施了侵占公司资金的客观行为及是否具有非法占有公司资金的主观目的，在案证据不能形成闭合的证据链条，不能得出唯一性结论，故郭某某涉嫌职务侵占罪的事实不清，证据不足，不符合起诉条件

续表

序号	案号	存疑不起诉理由
16	姚某甲职务侵占存疑不起诉 桐检一部刑不诉〔2020〕4号	经审查，本院认为桐城市公安局认定的犯罪事实不清、证据不足。现有证据不足以证明被不起诉人姚某甲具有非法占有的故意，不符合起诉条件。依照《刑事诉讼法》第175条第4款的规定，决定对姚某甲不起诉
17	姚某某职务侵占存疑不起诉 东检公诉刑不诉〔2020〕2号	经本院审查并退回补充侦查，本院仍然认为东阳市公安局认定的犯罪事实不清、证据不足，被不起诉人姚某某是否符合职务侵占罪主体身份、项目垫付款金额等无法查明，不符合起诉条件。依照《刑事诉讼法》第175条第4款的规定，决定对姚某某不起诉
18	董某某职务侵占存疑不起诉 闻检刑不诉〔2019〕107号	经本院审查并两次退回补充侦查，本院仍然认为包某某涉嫌利用职务便利，伙同董某某共同将单位财物非法占为己有的事实不清、证据不足，不符合起诉条件。依照《刑事诉讼法》第175条第4款的规定，决定对董某某不起诉
19	邹某某职务侵占存疑不起诉 万检刑不诉〔2019〕71号	经本院审查并二次退回补充侦查，本院仍然认为万载县公安局认定的犯罪事实不清、证据不足，不符合起诉条件。依照《刑事诉讼法》第175条第4款的规定，经本院检委会讨论，决定对邹某某不起诉
20	杨某某职务侵占存疑不起诉 京朝检公诉刑不诉〔2019〕876号	经本院审查并退回补充侦查，本院仍然认为北京市公安局朝阳分局认定的犯罪事实不清、证据不足，不符合起诉条件。依照《刑事诉讼法》第175条第4款的规定，决定对杨某某不起诉
21	徐某某职务侵占存疑不起诉 荣检公刑不诉〔2019〕26号	经本院审查并退回补充侦查，本院仍然认为山东省荣成市公安局认定的犯罪事实不清、证据不足，不符合起诉条件。依照《刑事诉讼法》第175条第4款的规定，决定对徐某某不起诉
22	石某某职务侵占存疑不起诉 榆检刑审刑不诉〔2019〕76号	经本院审查并退回补充侦查，本院仍然认为晋中市公安局榆次区某某局认定的犯罪事实不清、证据不足，现有证据不能认定河北某某公司的平账得到石某某的认可，其客观方面侵占资产的证据不足，不符合起诉条件。依照《刑事诉讼法》第175条第4款的规定，决定对石某某不起诉

续表

序号	案号	存疑不起诉理由
23	赵某某职务侵占存疑不起诉佛顺检刑不诉〔2019〕600号	经本院审查并退回补充侦查，本院仍然认为佛山市顺德区公安局认定的赵某某涉嫌职务侵占的犯罪事实不清、证据不足，不符合起诉条件
24	张某某职务侵占存疑不起诉临兰检职检刑不诉〔2019〕168号	经本院审查并退回补充侦查，本案被不起诉人张某某是否具有非法占有目的及职务侵占的数额不清、证据不足，因此被不起诉人张某某涉嫌职务侵占罪的证据不足，现有证据不符合起诉条件
25	房某某、吴某某职务侵占存疑不起诉临罗检一部刑不诉〔2019〕2号	经本院审查并一次退回补充侦查，本院认为，认定房某某、吴某某涉嫌职务侵占罪的犯罪事实不清、证据不足，不符合起诉条件，且没有二次退查的必要。依照《刑事诉讼法》第175条第4款之规定，决定对房某某、吴某某涉嫌职务侵占罪存疑不起诉
26	周某甲职务侵占存疑不起诉株荷检公刑不诉〔2019〕32号	经本院审查并退回补充侦查，本院仍然认为株洲市公安局经济开发区分局认定的犯罪事实不清、证据不足，不符合起诉条件。依照《刑事诉讼法》第175条第4款的规定，决定对周某甲不起诉
27	李某某职务侵占存疑不起诉梨检刑不诉〔2019〕4号	被不起诉人李某某具有职务侵占意义上的非法占有故意不明显，认定被不起诉人李某某将某某公司资金121.5万元占为己有的事实缺乏证据支撑，不符合起诉条件。依照《刑事诉讼法》第175条第4款的规定，决定对李某某不起诉
28	刘某某职务侵占存疑不起诉息检刑不诉〔2019〕13号	经本院审查并二次退回补充侦查，本院仍然认为息县公安局认定的犯罪事实不清、证据不足。刘某某主体身份是否适格和对涉案资金是否具有职务上的便利均不清，不符合起诉条件。依照《刑事诉讼法》第175条第4款的规定，决定对刘某某不起诉
29	张某某职务侵占存疑不起诉沙检诉刑不诉〔2019〕28号	经本院审查并两次退回补充侦查，本院仍然认为侦查机关认定的犯罪事实不清、证据不足，不符合起诉条件。依照《刑事诉讼法》第175条第4款的规定，决定对被不起诉人张某某、江某某不起诉
30	章某某职务侵占存疑不起诉义检刑不诉〔2019〕609号	经本院审查并退回补充侦查，本院仍然认为义乌市公安局认定章某某涉嫌职务侵占罪的犯罪事实不清、证据不足，不符合起诉条件。依照《刑事诉讼法》第175条第4款的规定，决定对章某某不起诉

续表

序号	案号	存疑不起诉理由
31	周某某职务侵占存疑不起诉新兵哈垦检诉刑不诉〔2019〕2号	经本院审查并两次退回补充侦查，本院仍然认为哈密垦区公安局认定的犯罪事实不清、证据不足，不符合起诉条件。依照《刑事诉讼法》第175条第4款的规定，决定对周某某不起诉
32	隆某某职务侵占存疑不起诉新检公诉刑不诉〔2019〕44号	经本院审查并退回补充侦查，仍然认为新邵县公安局认定隆某某实施的犯罪行为是否应当追诉的事实不清、证据不足，不符合起诉条件。依照《刑事诉讼法》第175条第4款的规定，决定对隆某某不起诉
33	宋某某职务侵占存疑不起诉市中检公二刑不诉〔2019〕6号	经本院审查并退回补充侦查，本院仍然认为枣庄市公安局市中分局认定的犯罪事实不清、证据不足，不符合起诉条件。依照《刑事诉讼法》第175条、《人民检察院刑事诉讼规则》第403条的规定，决定对宋某某不起诉
34	肖某某职务侵占存疑不起诉井检刑不诉〔2019〕3号	经本院审查并退回补充侦查，本院仍然认为井冈山市公安局认定的犯罪事实不清、证据不足。不符合起诉条件。依照《刑事诉讼法》第175条第4款的规定，决定对肖某某不起诉
35	黄某某职务侵占存疑不起诉高检公诉刑不诉〔2019〕11号	经本院审查并两次退回补充侦查，本院认为程某某、黄某某个人财产与公司财产处于混同状态，难以证明公司财产独立于股东个人财产，致使其侵犯公司财产所有权的证据不足，犯罪构成要件事实缺乏必要的证据予以证明，不符合起诉条件。依照《刑事诉讼法》第175条第4款的规定，经本院检察委员会决定对黄某某不起诉
36	李某某职务侵占存疑不起诉温龙检公诉刑不诉〔2019〕59号	经本院审查并退回补充侦查，本院仍然认为温州市公安局龙湾区分局认定的犯罪事实不清、在案证据相互矛盾，无法排除被不起诉人李某甲和时任村党支部书记的李某乙共同将涉案款项用于村集体事务的可能性，不符合起诉条件。依照《刑事诉讼法》第175条第4款的规定，决定对李某甲不起诉
37	于某某职务侵占存疑不起诉营鲅检公诉刑不诉〔2019〕2号	经本院审查并退回补充侦查，本院仍然认为营口经济技术开发区公安局认定的犯罪事实不清、证据不足，不符合起诉条件。依照《刑事诉讼法》第175条第4款的规定，决定对于某某不起诉

第三章　不起诉案

对这些案件的存疑不起诉决定书中给出的存疑不起诉理由进行分析，可以发现大部分的存疑不起诉决定书都只提到了"事实不清、证据不足，不符合起诉条件"，并没有对是哪部分的事实不清、证据不足进行详细分析。另外的少部分存疑不起诉决定书中提到的理由主要在于以下几个方面：①主体上符合职务侵占罪主体身份的证据不足；②主观上具有非法占有故意的证据不足；③具体客观行为方面利用职务便利的证据不足；④具体客观行为方面侵占财产的证据不足；⑤侵占的财产属于单位财产的证据不足；⑥被侵占的财产用于个人使用的证据不足。因此，在处理职务侵占案件时，可以从这几个方面进行考虑。

四、理论延伸——存疑不起诉的适用

《刑事诉讼法》第175条第4款规定，对于二次补充侦查的案件，人民检察院仍然认为证据不足，不符合起诉条件的，应当作出不起诉的决定。

存疑不起诉也称证据不足不起诉，是指人民检察院对公安机关和自侦部门侦查终结移送审查起诉的案件，经过补充侦查，仍然认为证据不足、不符合起诉条件，而决定不将犯罪嫌疑人提交法庭审判的一种程序性处理决定。

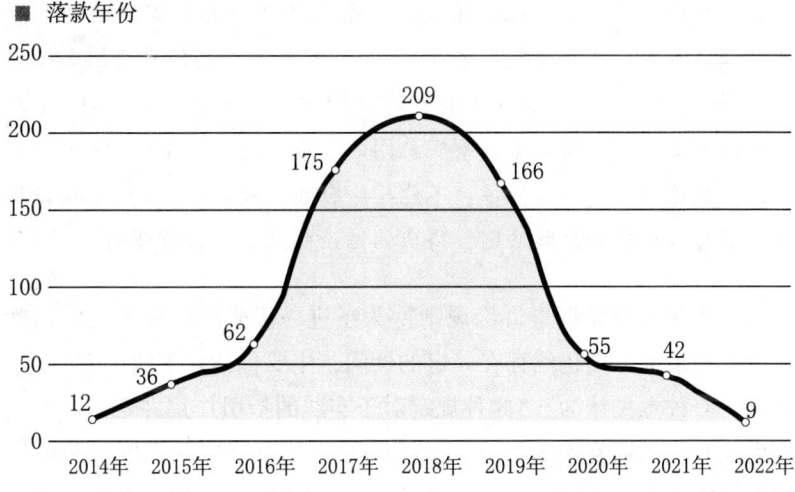

上图是聚法网从2014年到2022年间安徽省每年作出存疑不起诉决定书的数量。由表中可见，存疑不起诉目前在司法实践中的运用并不十分广泛，

并且自2018年之后正在呈现逐年递减的趋势，没有切实发挥其应该有的作用。这主要是基于两方面的原因：一是由于实践中对于存疑不起诉适用过程中的实体要件"证据不足"的理解存在误区和矛盾；二是由于存疑不起诉程序上的适用标准不够明确。因此，要正确适用存疑不起诉、发挥其作用，就需要从实体要件和程序要件两方面进行进一步的明确。

（一）存疑不起诉适用存在的问题

1. "证据不足"的认定问题

存疑不起诉，顾名思义，其适用的基础条件是"事实不清，证据不足"，因此如何正确认定和把握证据是存疑不起诉的关键。

《刑事诉讼法》第55条规定："对一切案件的判处都要重证据，重调查研究，不轻信口供。只有被告人供述，没有其他证据的，不能认定被告人有罪和处以刑罚；没有被告人供述，证据确实、充分的，可以认定被告人有罪和处以刑罚。证据确实、充分，应当符合以下条件：（一）定罪量刑的事实都有证据证明；（二）据以定案的证据均经法定程序查证属实；（三）综合全案证据，对所认定事实已排除合理怀疑。"

《人民检察院刑事诉讼规则》第368条也对"证据不足"进行了规定：

具有下列情形之一，不能确定犯罪嫌疑人构成犯罪和需要追究刑事责任的，属于证据不足，不符合起诉条件：（一）犯罪构成要件事实缺乏必要的证据予以证明的；（二）据以定罪的证据存在疑问，无法查证属实的；（三）据以定罪的证据之间、证据与案件事实之间的矛盾不能合理排除的；（四）根据证据得出的结论具有其他可能性，不能排除合理怀疑的；（五）根据证据认定案件事实不符合逻辑和经验法则，得出的结论明显不符合常理的。

虽然《人民检察院刑事诉讼规则》为了进一步明确证据不足的内涵，列举了以上五种情形，但仍然存在一定的疑问，主要包括以下两个方面：

首先，有种意见认为："此种规定对于实践的指引作用并不大，所列五种情形的内涵和外延存在大量的交叉。"[1]如若存在第三项据以定罪的证据之间、证据与案件事实之间的矛盾不能合理排除的情况，那么必然会导致第四

---

[1] 何柏松：《存疑不起诉若干问题辨析》，载《中国检察官》2009年第3期。

项"根据证据得出的结论具有其他可能性,不能排除合理怀疑"的情况。因此,《人民检察院刑事诉讼规则》具体应该如何适用还有待商榷。

其次,对于第二项中据以定罪的证据存在疑问中"证据"的范围不够明确,也就是错误地理解了"疑罪"的内涵和标准,将一些基本事实清楚、证据确实充分但存在一些不影响定罪量刑的证据存在疑问无法查证属实的情形也当作"证据不足"来处理,这显然会过度扩大存疑不起诉的范围。

2. 程序问题

对于存疑不起诉的程序,《刑事诉讼法》第175条第2、4条规定:"人民检察院审查案件,对于需要补充侦查的,可以退回公安机关补充侦查,也可以自行侦查。……对于二次补充侦查的案件,人民检察院仍然认为证据不足,不符合起诉条件的,应当作出不起诉的决定。"

《人民检察院刑事诉讼规则》第367条规定:"人民检察院对于二次退回补充调查或者补充侦查的案件,仍然认为证据不足,不符合起诉条件的,经检察长批准,依法作出不起诉决定。人民检察院对于经过一次退回补充调查或者补充侦查的案件,认为证据不足,不符合起诉条件,且没有再次退回补充调查或者补充侦查必要的,经检察长批准,可以作出不起诉决定。"

根据法条规定,对于经过一次退回补充侦查或者调查的案件,如果不符合起诉条件且没有二次退查的必要的可以直接在经检察长批准之后作出不起诉决定。

但在实践中作出存疑不起诉决定的案例中,大部分犯罪嫌疑人都经历了二次补充侦查,不论其是否符合一次退回补充侦查之后就存疑不起诉的条件,都会对其进行二次补充侦查。在有些案件中,第二次补充侦查的必要性有待商榷。无条件进行二次侦查可能会导致司法资源的浪费。

根据法条规定,案件存疑时检察院既可以退回公安机关侦查,也可以自己侦查,但是在实践中,检察院自行补充侦查的适用率极低。这不仅是因为检察官自身办案压力大,没有自行补充侦查的时间,更重要的原因是自行补充侦查制度的定位偏差。[1] 自行补充侦查的"替代性"不足以启动自行补侦程序。较为实际地讲,退回补充侦查属于"叫别人做事情",只需要列出退回补充侦查决定以及提纲,将卷宗送到案管大厅让侦查人员取回即可。自行补充侦查属于"自己找事",不但要亲自取证,还可能面对在补充侦查中遇到的

---

[1] 童祖权、李梦微:《存疑不起诉运行实证研究与再审视》,载《中国检察官》2018年第21期。

各种新情况。总之，检察官缺乏能力和动力的主体因素和自行补充侦查的"补充性""替代性"的制度定位是其制度遭到虚置的重要原因。[1]检察院自行侦查的缺失会使得检察机关的侦查监督职能没有完全发挥实效。

存疑不起诉决定程序的权力运作方式及不公开性，容易引发公众对存疑不起诉决定公正性的怀疑。检委会成员中领导干部占绝大多数，且这些领导干部往往是业务专家。尽管存疑不起诉程序中，检委会成员凭借的是业务素质，但因其领导身份的影响，在存疑不诉案件的汇报过程中，承办人与检委会成员的交流方式是信息的单向传递，即检委会成员仅为提问者，案件汇报人仅是回答者，双方就证据的分析与论断不存在交锋与碰撞的情况，承办人必须执行检委会作出的决定。[2]并且，检察院作出存疑不起诉决定的程序是不公开的，较之法院审理过程的公开性，难免会让公众对存疑不起诉决定之公正产生某些"合理怀疑"。

（二）如何正确把握"证据不足"

1. 明确证据不足的范围

一些办案人员错误地认为办理刑事案件不能存在任何疑点或疑问，要求侦查机关必须把案件查得清清楚楚。但事实上，任何刑事案件都是在用现有的证据还原案发的真相。但鉴于主客观原因，案件中总有一些证据可能因为侦查人员没有及时、客观、全面地收集，或是其他客观原因导致证据流失且无法弥补，这样就必然会导致案件中出现一些疑点或疑问。因此，刑事案件承办人既不能片面追求客观事实，也不能只看法律事实，而应当将追求客观事实和追求法律事实相结合，这样才能做到不纵不枉。在这时候就需要明确哪些是可能导致证据不足的证据。

如果证据会影响到犯罪嫌疑人主观是故意、过失还是意外，客观上有无刑事违法，是否负刑事责任等定罪情节，那么该证据就是可能导致证据不足的证据。但证据所涉及的如果只是案件中并不重要的细节，或是只是影响犯罪嫌疑人量刑的情节，那么就不能成为可能导致证据不足的证据。[3]

---

[1] 四川省成都市高新区人民检察院课题组、李飞：《检察机关自行补充侦查制度的再思考》，载《中国检察官》2020年第13期。

[2] 安好：《存疑不起诉制度浅析》，载《山西省政法管理干部学院学报》2012年第1期。

[3] 吴波：《审查存疑不起诉案件的四个标准——以林某故意伤害案为例》，载《中国检察官》2017年第12期。

因此,"证据不足"并不是指案件的所有证据都不确实、不充分,而是指定罪的证据不充分。证据不足并不是对证据数量和种类的简单描述,而是指案件的现有证据不足以使司法人员确信犯罪嫌疑人或被告人实施了被指控犯罪或者具备被指控的犯罪情节。因此,在对存疑不起诉案件的证据进行把握时,必须明确证据不足是指现有证据不能使承办人自己排除合理的怀疑,并且达到内心确信。

2. 正确把握合理怀疑的界限

对于合理怀疑,应该进行一定的限制,不能将其范围过分扩大,否则会使得存疑不起诉沦为犯罪嫌疑人逃离法律制裁的工具。对合理怀疑的限制具体可以从三个方面理解。

首先,合理怀疑是基于一定的事实和证据产生的,而不是凭空想象出来的,即合理怀疑的构成是客观事实,不能仅仅以主观的考量就认为是合理怀疑,而是需要有相应的依据,比如证据、证据线索或者是侦查实验甚至是常理推断等。

其次,合理怀疑针对的必须是对定罪量刑具有影响的事实,对于不影响定罪量刑的事实,即使不确切也不属于合理怀疑而影响证明的效力。对合理怀疑的内涵把握也是我们对证据不足证据矛盾界限的把握。[1]

最后,合理怀疑需要具有合理性,即需要属于一般人的认知范围内,具有现实可能性,不能违背常理,完全任由自行想象。在有些案件中,承办人在办理存疑不起诉案件时,经常会提出一些所谓的"合理怀疑",进而认为案件无法达到内心确信,从而"存疑"。但这种存疑不符合一般人的判断标准,是不具有说服力的。[2]在刑事诉讼中对认定犯罪嫌疑人、被告人构成犯罪产生怀疑就是提出一个可能性来否定给犯罪嫌疑人、被告人定罪的结论。这个可能性越大,怀疑的合理性就越高。如果这个怀疑违背常理或现实可能性很小甚至没有,那么这种怀疑就不是合理怀疑。[3]

在司法实践中,某一怀疑是否属于合理怀疑的范畴,要根据具体案情,

---

[1] 何柏松:《存疑不起诉若干问题辨析》,载《中国检察官》2009年第3期。

[2] 吴波:《审查存疑不起诉案件的四个标准——以林某故意伤害案为例》,载《中国检察官》2017年第12期。

[3] 池晓娟、李芳:《存疑不起诉的证据问题之实证研究》,载《法学评论》2009年第6期。

分别判断。[1]这要求办案人员深入理解案情,了解证据,在此基础上正确运用逻辑思维,以自己的日常生活知识和一般了解为依据,对事物存在和发展的状态作出一定的判断,以使自己的怀疑疑之有据、疑之有理,而不是天马行空。这样才能有说服力,也才能正确地把握合理怀疑,防止不能排除合理怀疑的表述被滥用,以正确适用存疑不起诉。

3. 加强司法机关的沟通、协调

司法职能、刑法适用立场以及法律解释方法的不同可能会导致检察院、法院在法律适用上存在差异。这种差异导致的对证据的采信标准不一致以及对证据的认识不一致可能会对法律的权威存在影响。针对这种情况,应在坚持法律原则的同时,加强检察院、法院相互之间的沟通、协调,做到既相互制约,又相互配合、相互监督。在检、法之间,要针对司法实践中存在的对证据认识的分歧,努力探索并建立检察院与法院之间的沟通协调工作平台和机制,并使之规范化、科学化,使双方能够形成"庭上就个案各司其职,庭外就证据标准和尺度共同研究"的良性互动关系,既确保"分工负责,相互制约"原则的落实,双方又能在"互相配合"中推动法律在实践中不断完善。[2]

(三) 正确适用程序

前文已经提到过,存疑不起诉过程中存在的程序问题主要在于对存疑不起诉的程序条件"侦查"的不正确理解和适用,以及相对不起诉过程的不公开性等方面。针对这些问题,主要可以从以下几个方面加以解决。

1. 落实自行侦查机制

要明确自行补充侦查制度规范。这主要可以从建立自行补充侦查行为规范,明确自行补充侦查的启动条件和实施办法;在特定范围内赋予检察官自行侦查启动权;构建补充侦查协作机制,明确其他检察人员的协作义务;要求及时形成"自行侦查报告",加强对自行补充侦查的监督等方面出发。[3]

要提高检察人员的自行补充侦查能力,即提高检察人员的办案能力和办案素质。首先,要转变检察人员的办案理念,增强其主动意识,使得检察人员减少补充侦查时对侦查人员的依赖,对于自己能够补充侦查的案件,能够

---

[1] 李存海、宋鹏:《存疑不起诉案件的证据把握》,载《中国检察官》2016年第12期。
[2] 黄艳:《浅析司法实践中的存疑不起诉制度的受制》,载《学理论》2012年第5期。
[3] 童祖权、李梦微:《存疑不起诉运行实证研究与再审视》,载《中国检察官》2018年第21期。

自行补充侦查。其次，检察机关可以建立自行补充侦查激励机制，将自行侦查情况和案件监督情况纳入考核，引导检察官提升自行补充侦查的积极性。最后，要发挥检察人员自行补充侦查的作用，还需要提高检察人员的侦查技术水平和侦查能力，提高自身取证能力和办案水平，这是检察人员自行侦查的前提。

2. 提高退回补充侦查的质效

针对实践中有些案件明明在退回补充侦查一次之后就已经明确其"事实不清，证据不足"，且没有再次退回补充调查或者补充侦查必要，可以直接经过检察长的批准作出存疑不起诉的决定，但办案人员仍然进行了第二次退回补充侦查的情况，主要需要从提高退回补充侦查质效出发。

提高退回补充侦查质效，应当从检察引导侦查的方式以及检警互动两个方面出发。对此，应当认真细化补充侦查提纲，努力推动补充侦查提纲说理化改造，并加强补充侦查期间的检警互动。具体而言：

提高退回补充侦查质效，应当认真细化补充侦查提纲。补充侦查提纲应当向着细致化、实效化要求改进，以符合案件事实查明需要。补充侦查提纲应当具体化，详细列举出需要补充侦查的具体内容。并且，补充侦查提纲所列举出的证据应该是确实有必要的，是能够弥补之前的侦查所留下的不足和疏漏的。这样在侦查人员拿到补充侦查提纲时，就能够更加有方向性和针对性地进行补充侦查。同时，对于没有必要进行二次补侦的案件，补充侦查提纲详细化的要求也使得其不符合二次补侦的条件，从而减少检察人员对这一类案件进行二次补侦情况的出现，有效节约司法资源，减少由补充侦查时间过长导致的对当事人人权的侵害。

提高退回补充侦查质效，应当努力推动补充侦查提纲说理化改造。2016年，"两高三部"出台意见要求"建立人民检察院退回补充侦查引导和说理机制"。提高说理水平是为了让补充侦查有理、有据，使侦查人员信服退回补侦决定，减少抵触情绪。退回补侦提纲说理性不足，不仅可能导致侦查人员产生抵触情绪，还可能导致其不明白真正的意图，导致补证差，达不到预想效果。[1]对于退回公安机关补充侦查的案件，检察官"应当写明退回补充侦查的理由，并以退回补充侦查提纲的形式明确、具体地列明补充侦查的具体事

---

[1] 刘东、吴庆国：《论以审判为中心背景下侦诉关系之改革——以退回公安机关补充侦查为切入点》，载《时代法学》2018年第2期。

项和要求,逐一说明证明的内容,表述力求准确、清楚,针对性和可操作性都要很强"。[1]对此,检察官应当认真梳理补侦要求,仔细列明补侦内容详细说明理由,仔细说明待补充证据对案件事实证明的重要性。其次,补侦提纲所列出的待补证据需要具有可查性、可操作性,否则补侦提纲就不具有实际意义了。

3. 提高不起诉过程的公开性

提高不起诉过程的公开性主要可以从推进存疑不起诉的说理制度和改进存疑不起诉决定机制两方面出发。

首先,推行不起诉说理制度,要充分注重《不起诉理由说明书》的制作。检察官在制作"不起诉决定书"的同时制作"不起诉理由说明书",阐明不起诉的理由和法律依据,并指出案件证据存在的缺陷和案件后续侦查的方向。对于存疑不起诉案件,要注重从犯罪构成要件出发,说明构成犯罪要件的事实缺乏必要的证据予以证明、据以定罪的证据之间的矛盾不能合理排除、证据不能得出唯一结论等。

改进存疑不起诉决定机制,可以通过让人民监督员或者部分公民参与案件事实的评价,或者在作出存疑不起诉的决定时以举行听证会的方式让大家参与进来。对于容易引发社会矛盾的案件或经审阅承办人提交的汇报材料,检委会成员之间争议较大的案件,检察院应邀请人民监督员、政协委员、人大代表及部分群众组成合议团,通知案件当事人双方或其近亲属参加审查程序,通过这种方式,确保案件具有一定的公开性和受监督性,也让公众对存疑不起诉制度有一定的了解,提高检察机关的公信力。

并且,对于存疑不起诉的决定者,也可以适当由检委会向具体案件承办人转移。目前,在存疑不起诉机制中,直接接触全案证据的案件承办人不具有案件决定权,具有案件决定权的人往往又不直接审查全案证据。检委会成员对案件证据的判断一般是经承办人的汇报作出。而检委会时间有限,承办人几乎没有可能把全案证据原始呈现,为使检委会成员能在有限的时间内掌握证据情况,承办人难免自行对案件证据作出判断,把自己认为证明案件事实存有矛盾的证据呈现给检委会,而其认为必然是"真"、是"假"的证据

---

[1] 侯亚辉:《正确认识和把握补充侦查可择性、主导性、说理性》,载《检察日报》2019年12月23日。

或事实则予省略，进而导致检委会很难基于对案件及其证据的全局把握进行判断。因此，对于一些案情比较简单，证据不足的判断也较少存在疑难的情况，可以由办案人员作出存疑不起诉决定，但在作出决定之后，依然需要提交书面报告，由检委会审查，以适当限制检察官的权利，防止权力滥用的发生。

（四）总结

总之，存疑不起诉作为公诉权的重要组成部分，我们既需要果断适用，更要正确适用，保证其良好运行，发挥其制度价值。为此，我们要不断提升公安机关的侦查实效，充分行使检察机关的监督权力，优化衔接机制，做实监督机制。从实质要求和程序要求两方面进行更加细致、全面的规范，减少因为不正确适用导致侵害人权、损害司法权威的现象的发生，使存疑不起诉制度发挥其应有的价值。

> 刑罚妥当与否，只能依据刑罚作为维护社会秩序的工具、实施它的可能效果来评价。如果实施刑罚的结果表明它具有促进社会利益的效果它就是适当；否则，就是不妥的。
>
> ——【美国】理查德·霍金斯

第四章 罪轻之危险驾驶案

我国自 2011 年《刑法修正案（八）》增设危险驾驶罪以来，至今已经有十多年的时间。这十多年中，醉驾案发数量一直居高不下，每年都有三十多万的人因为醉驾被追究刑事责任。危险驾驶罪已经超过盗窃罪，成为我国的第一大罪。各地司法机关不断探索危险驾驶罪缓刑、不起诉的酒精含量标准，减少被追究的犯罪人数。理论界积极讨论危险驾驶罪类型的高发型微罪惩处及与之相配套的前科消灭制度。

第一节 危险驾驶罪免除案

一、案情简介

2020 年 4 月 28 日中午，被告人李某某在就餐时饮酒。当晚 21 时许，李某某驾驶皖 AK××××号小型轿车在合肥市某路上由北向西行驶，后自右转弯车道由东向西驶进南一环辅路，将车停在路边等候代驾人员。21 时 23 分，李某某受到公安机关的盘查。经现场酒安呼气检测，李某某体内的酒精含量为每 100 毫升 93 毫克。后某某被带至医院抽血备检。经司法鉴定机构鉴定，被告人李某某血液中乙醇含量为每 100 毫升 99.9 毫克，属醉酒。

二、控方指控

合肥市蜀山区人民检察院以蜀检刑诉〔2020〕××××号起诉书指控被告人李某某犯危险驾驶罪，于2021年1月5日向蜀山区提起公诉。

三、辩护律师观点

被交警查获前李某某已叫代驾，其只是将车挪出地下停车场，犯罪主观恶性小。李某某醉酒程度较轻。鉴定报告显示，李某某血液中乙醇含量为每100毫升99.9毫克，刚刚超过醉驾标准。李某某醉酒程度较轻，对自身行为尚有一定的控制能力，驾驶车辆的危险性相对较轻。李某某驾驶距离短。李某某将车辆从某大厦车库驾驶至案发地某溪路与梅某路交口处，该路程仅几十米，驾驶距离短、社会危害性小。本案未造成任何人员车辆损失。

四、法院判决

安徽省合肥市蜀山区人民法院〔2021〕皖××××刑初××号刑事判决书判决被告人李某某犯危险驾驶罪，免予刑事处罚。

> 刑罚妥当与否，只能依据刑罚作为维护社会秩序的工具、实施它的可能效果来评价。如果实施刑罚的结果表明它具有促进社会利益的效果它就是适当；否则，就是不妥的。
>
> ——【美国】理查德·霍金斯

第二节　朱某某危险驾驶案

一、案件简介

2022年4月29日21时48分左右，朱某某酒后驾驶一辆皖A×××××普通客车沿××市包河区某大道由北向南方向行驶至包河政府某门附近处时，因实施涉嫌醉酒后驾驶机动车的违法行为（现场酒精含量呼气测试值为每100毫升153毫克）被××市公安局交警支队高架桥大队执勤民警现场依法查获，民警随，即将其带至医院提取血样并送往司法鉴定机构进行检验鉴定。

2022年4月30日，刑事立案。同日，经××司法鉴定中心鉴定，案发时朱某某血液中乙醇含量为每100毫升140.7毫克，已达醉酒后驾驶机动车标准。2022年5月7日传唤；5月10日取保候审。2022年5月17日××市公安局交通分局制作出起诉意见书。6月9日交通分局向××区人民检察院移送起诉。

××市包河区人民检察院以包检刑诉［2022］×××号起诉书，指控被告人朱某某涉嫌犯危险驾驶罪，于2022年7月22日向包河区人民院提起公诉，并建议适用简易程序审理。

二、控方指控

××市包河区人民检察院指控：2022年4月29日21时40分许，被告人朱某某酒后驾驶皖A×××××号小型普通客车，沿××市包河区某大道由北向南行驶至包河区人民政府某门附近时，被执勤民警现场查获。执勤民警随即将其带至医院提取血样，并送往司法鉴定机构进行检验鉴定。经鉴定，朱某某血液样品中检出的乙醇含量为每100毫升140.7毫克。

被告人朱某某违反道路交通运输管理法规，醉酒后驾驶机动车在道路上行驶，其行为已触犯《刑法》第133条之一的规定，应当以危险驾驶罪追究其刑事责任。建议对被告人朱某某判处拘役 1 个月 10 日，缓刑 2 个月，并处罚金人民币 4000 元，并建议可根据被告人朱某某的实际表现，调整量刑。

三、辩护律师观点

辩护人认为，其犯罪情节轻微，认罪悔罪，具有立功表现（并且公诉人也当庭认可），应当判处免予刑事处罚。从立功的理论基础、朱某某的情形符合立功的要件、正确评价朱某某的立功情节三个方面进行论述：

（一）立功的基础理论

《刑法》第 68 条规定："犯罪分子有揭发他人犯罪行为，查证属实的，或者提供重要线索，从而得以侦破其他案件等立功表现的，可以从轻或者减轻处罚；有重大立功表现的，可以减轻或者免除处罚。"立功制度中必须同时具备形式要件和实质要件。

1. 立功线索的形式要件

立功的形式要件指的是"线索"内容本身要符合一定的要求，如反映犯罪嫌疑人的身份、体貌特征、藏匿地点等，案件的不同性质和不同情况决定了"线索"表现形式的多样性。

2. 立功"线索"的实质要件

立功"线索"的实质要件主要是指线索要具备实效性及合法性。实效性指是信息对于其他案件的侦破或者其他犯罪嫌疑人的抓捕有实际作用，合法性是指信息的来源要合法。在司法实践中，主要应根据实效性与合法性来审查判断某信息是否属立功制度中的"线索"。

（1）"线索"的实效性要求在《刑法》及 1998 年《最高人民法院关于处理自首和立功具体应用法律若干问题的解释》中都有体现。《刑法》规定提供重要线索，从而得以侦破其他案件的，可认定为立功表现。该解释规定："提供侦破其他案件的重要线索，经查证属实；……应当认定为有立功表现。"《刑法》和该解释都要求线索对侦破其他案件具有实际效用，但它们只对实效性作出了原则性的规定，并不具体明确，难以解决实践中的复杂问题。2009 年《关于办理职务犯罪案件认定自首、立功等量刑情节若干问题的意见》（以下简称 2009 年《职务犯罪自首、立功意见》）规定，"提供的线索或者协助行为对于其他案件的侦破或者其他犯罪嫌疑人的抓捕不具有实际作用的，不能认定为立功表现"，对线索的实效性作出了明确具体的规定。2010 年《关于处理自首和立功若干具体问题的意见》(以下简称 2010 年《自首立功意见》)的第 5 条是关于"协助抓捕其他犯罪嫌疑人"的具体认定,列举了多种具有实效性的协助行为。它虽然不是对立功"线索"实效性的直接规定,但可以在认定"线索"的实效性时作为参考。

(2)"线索"的合法性要求指犯罪分子提供的线索要有合法来源。2009 年《职务犯罪自首、立功意见》第 2 条第 4 款规定,据以立功的线索、材料来源有下列情形之一的,不能认定为立功:①本人通过非法手段或者非法途径获取的;②本人因原担任的查禁犯罪等职务获取的;③他人违反监管规定向犯罪分子提供的;④负有查禁犯罪活动职责的国家机关工作人员或者其他国家工作人员利用职务便利提供的。

2010 年《自首立功意见》"四、关于立功线索来源的具体认定"规定:"犯罪分子通过贿买、暴力、胁迫等非法手段,或者被羁押后与律师、亲友会见过程中违反监管规定,获取他人犯罪线索并'检举揭发'的,不能认定为有立功表现。犯罪分子将本人以往查办犯罪职务活动中掌握的,或者从负有查办犯罪、监管职责的国家工作人员处获取的他人犯罪线索予以检举揭发的,不能认定为有立功表现。犯罪分子亲友为使犯罪分子'立功',向司法机关提供他人犯罪线索、协助抓捕犯罪嫌疑人的,不能认定为犯罪分子有立功表现。"

上述两规范性文件详细规定了"线索"不合法的情形,这是大前提。

(二)被告人朱某某提供的两起他人犯罪的线索符合立功条件

被告人朱某某提供的线索具有合法的来源,并且信息对于其他案件的侦破有实际作用,符合立功的条件。

1. 举报他人组织卖淫案

(1)被告人朱某某提供的线索具有合法的来源。被告人朱某某提供的线索没有"通过非法手段或者非法途径获取的",也没有"通过贿买、暴力、胁迫等非法手段"获得。赵某愿意帮助朱某某完全是自愿的行为。正如他在 2022 年 7 月 18 日的笔录中陈述的:"我觉得这个是小事,没有必要收钱,也不值得收钱,而且我认为我就是纯粹给朱某某帮了一个忙,我也没有想着要图朱某某对我有所回报。"

(2)被告人提供的线索对于侦破案件有重大作用。被告人朱某某亲自去了现场,结合他人的提供的信息,举报到公安机关。包河分局治安警察大队于2022年6月7日进行刑事立案。

2. 举报他人非法出售汽油案

（1）被告人提供的线索具有合法的来源。

被告人提供的线索不具有2009年《职务犯罪自首、立功意见》第2条第4款规定的情形。

被告人提供的线索不具有2010年《自首立功意见》"四、关于立功线索来源的具体认定"中不合法的来源的情形。需要强调的是，被告人并不符合"犯罪分子亲友为使犯罪分子'立功'，向司法机关提供他人犯罪线索"。

立功的线索或者信息，通常会给办案机关侦破案件提供具体的线路索引。立功线索一般包括三个主要特征：一是有明确的对象。如线索所提供的被告人姓什么、叫什么、身份特征、体貌特征等。二是有具体的事项。如线索所称的被告人在什么时间、地点、实施了什么犯罪行为、危害后果等。三是有实际效果。即线索对于其他案件的侦破或者其他被告人的追捕有实际作用。[1]

立功形式要件要求，揭发的内容本身要具体，一般要具备时间、地点、人物、情节等基本要素，要使办案机关能够在被揭发与某犯罪事实之间合理地建立联系，有助于办案机关侦破案件。[2]

目前，在案件中，刘某宝提供的信息根本不足以让公安机关查获犯罪，因为余某某发布的朋友圈内容，只有3张图片。刘某宝给朱某某的只是一般信息，并不是线索。因为刘某宝是在2020年之前已经有了加油车老板的微信。两年后加油车老板能否联系，是否能找到亦是未知数。这些都是一般的信息，并不能是线索。只凭借这个微信举报到公安，并不会被认定为立功。

朱某某通过蹲守、拍照等行为发现了犯罪线索，将线索提供给公安机关。公安机关刑事立案，并且很快将犯罪行为人抓获。正是因为被告人朱某某提供的线索，使得公安机关直接立案、抓获了犯罪嫌疑人，节约了司法资源。并不符合"犯罪分子亲友为使犯罪分子'立功'，向司法机关提供他人犯罪线索"。朱某某7月28日20：01-20：52笔录陈述："之前就听说到合肥有加私

---

[1] 参见朱玉光：《自首、立功、坦白认定指南：100个刑事疑难案例梳理剖析》，法律出版社2016年版，第183~184页。

[2] 参见最高人民法院刑事审判第一庭编著，张军、黄尔梅主编：《最高人民法院自首、立功司法解释：案例指导与理解适用》，法律出版社2012年版，第194页。

油的事。找了几天才找到那台加私油的车辆。"朱某某7月28日16：57-17：27笔录陈述："我连续在我同学说的那个流动加油车经常出没的地点蹲守了至少一个星期的样子，最后一次发现了这辆流动加油车非法加油的情况，并且我自己用手机拍照取证了……"

实际上是刘某宝把信息告诉给朱某某之后，朱某某通过自己的努力，经过一周的蹲守，才现场发现犯罪行为，并固定证据，提供了具体的时间、地点、加油车的外观、车牌号，证实了非法加油行为，也就是犯罪行为的客观存在，最终使得公安机关顺利立案。

(2) 被告人朱某某提供的线索侦破案件有重大作用。

实效性指是信息对于其他案件的侦破或者其他犯罪嫌疑人的抓捕有实际作用，换而言之，就是提供的线索对于案件的侦破有实际的作用。本案中，被告人朱某某2022年5月31日举报，根据举报公安机关6月28日查获犯罪车辆。7月27日合肥市公安局包河分局对刘某松立案，7月28日刘某松被刑事拘留。刘某松2022年1月就因为私自出卖汽油被刑事立案追究，4月22日被移送审查起诉，在取保期间继续犯罪，不仅其具有严重的人身危险性，而且其私自出卖危险品，对公共安全具有重大的危险。如果不是朱某某的举报，其行为也许不会被发现，犯罪行为会继续下去，后果不堪设想。

朱某某通过自己的切实努力，为公安机关提供查实犯罪的铁证，从而节省了大量的司法资源。朱某某的行为完全符合立功的要求，也实现了立功的司法效果。

(三) 朱某某积极立功，维护社会风朗气清，为司法机关节省大量资源，对其立功应予正确评价

根据今天的庭审，公诉人已认可朱某某具有立功情节。

首先，积极检举犯罪，本来就是我国法律所鼓励和提倡的。我国刑法规定立功制度，目的就是希望犯罪分子可以积极检举犯罪，从而适用立功制度，而不是不许适用，或者只准检举一次犯罪。因此，朱某某醉驾后，在取保期间，特别留心犯罪，多方收集犯罪信息，不仅并无不当，反而应予肯定，就像公诉人当庭表示的，即使朱某某举报的酒驾和赌博问题，没有查实为犯罪，被举报人只是受到行政处罚，但是朱某某积极检举的犯罪的态度值得肯定。

请合议庭试想一下，合肥的夏天，三十多度的高温天，被举报人刘某松

下午在路边给人加油，没有任何安全防护措施或灭火装置，周围的车辆与行人也不知道那里在加油，不会有意识地禁止明火。万一起火，后果不堪设想！而且，刘某松是在取保候审期间仍然胆大包天，屡教不改，如果不是朱某某的蹲守与付出，刘某松及其同伙不会这么快又落法网，如果不是朱某某在三十多度的高温天在外搜找，坚持不懈，某某路附近的居民和路上的行人就会处在一个定时炸弹的阴影下，这个炸弹可能因为一支烟，一次操作不当就被引爆了。给人民的生命财产安全带来巨大隐患。

因此，朱某某通过其孜孜不倦地跑线索，将这个犯罪行为举报至公安机关，为人民群众消除了这个巨大的安全隐患。对其立功行为应予正确评价。

根据《合肥市人民检察院、公安局关于"醉驾"刑事案件若干问题的会议纪要》规定：醉驾驾驶机动车，血液酒精含量在每 100 毫升 130 毫克以上每 100 毫升 160 毫克以下没有本意见规定的从重处罚情形，且未发生严重损害后果，具有本纪要规定的从轻处罚情形，一般可以适用相对不起诉。同时，本案的事实清楚，证据确实、充分，犯罪情节轻微（每 100 毫升 140 毫克，陈某的判决都认定为情节轻微），且被告人认罪悔罪，具有自首情节。因此，根据相关规定，结合被告人的一贯表现，建议经过合议庭讨论，经过审判委员会的评议，对被告人免予刑事处罚。

四、法院判决

经被告人朱某某同意，本院依法决定适用简易程序，组成合议庭于 7 月 26 日、8 月 4 日公开开庭审理了本案。合肥市包河区人民检察院指派检察员徐某出庭支持公诉，被告人朱某某及其辩护人到庭参加诉讼。2022 年 8 月 9 日作出一审判决。

法院审理认为：针对控辩双方争议的焦点，本院分析评判如下：

（一）朱某某检举合肥市包河区某某浴场组织卖淫

经查：检举材料、办案单位出具的情况说明及某某浴场组织卖淫案的立案决定书等证据能综合证实，朱某某对某某浴场组织卖淫的检举，已被查证属实，并已刑事立案。证人赵某 1、赵某 2 的证言及被告人朱某某的供述等证据能综合证实，为了获取检举线索，朱某某通过赵某 2 向不相识的赵某 1 求助提供检举信息。微信聊天内容截图及微信交易记录等证据能证实，赵某 1 向朱某某提供疑似载有网络卖淫信息的百度网盘链接。当日，朱某某以辛苦费的名义通过微信向赵洋转款2000元，赵某1随即退回。在此之后，赵某1通过前期了解、摸排，将自己现场嫖娼后扫码支付嫖资的截图等线索信息提供给朱某某。以上证据材料间已形成完整的证据锁链，足以认定该检举线索基础来源系案发前与朱某某并不相识的赵某1提供，赵某1获取该线索信息存有违法行为，而且朱某某因赵某1提供检举信息，意图支付赵洋相关费用。据此，能认定该节检举线索来源不合法。因此，该节检举不构成立功。

（二）朱某某检举合肥市包河区某某路附近非法经营汽油

经查：检举材料、办案单位出具的情况说明及刘某松危险作业案的立案决定书等证据能综合证实，朱某某对包河区某某路附近非法经营汽油的检举，已被查证属实，并已刑事立案。证人刘某宝的证言及被告人朱某某的供述等证据能综合证实，为了获取检举线索，朱某某向同学刘某宝求助提供检举信息；刘某宝提供检举信息后，二人共同进行摸排、取证。以上证据材料间已形成完整的证据锁链，足以认定非法经营汽油的检举线索基础来源系朱某某的同学刘某宝提供，朱某某在获取该线索信息后参与实质性摸排、取证；当前并无证据证实朱某某与刘某宝之间存有不正当行为；通过该重要线索，得以侦破其他案件。因此，该节检举应予认定为立功。

本院认为：被告人朱某某违反道路交通运输管理法规，醉酒在道路上驾驶机动车，其行为已构成危险驾驶罪。公诉机关指控的事实清楚、证据确实充分，罪名成立，本院予以支持。朱某某归案后能如实供述所犯罪行，系坦白，依法可以从轻处罚。朱某某提供重要线索，从而得以侦破其他案件，有立功表现，依法可以从轻处罚。关于本案能否对被告人朱某某免予刑事处罚的问题，经查：朱某某血液乙醇含量达每100毫升140.7毫克，且系在犯罪过程中被查获；并非短距离挪动车位、隔夜醉驾以及非因检查原因自动停止驾驶。本案中，构成立功的检举线索基础来源并非朱某某自行发现，而是其先广泛性向他人求助提供线索信息，获取后再予检举。虽然朱某某在获取非法加油的线索信息后与信息提供者共同参与摸排、取证，但此立功表现不足以对其免予刑事处罚，仅能在公诉机关的量刑建议基础上予以降低刑罚量，结合朱某某危险驾驶行为不属犯罪情节轻微、醉酒驾驶前是否找寻代驾及其一贯表现等，亦不足以对其免予刑事处罚。综上，对被告人朱某某量刑时，应根据上述等各项量刑因素，结合被告人朱某某犯罪的事实、性质、情节和危害后果，以及认罪态度和悔罪表现，予以综合考量，可在公诉机关的量刑建议基础上予以降低刑罚量，并适用缓刑。

辩护人所提与前述观点相同的辩护意见成立，本院予以采纳；其余辩护意见不成立，本院不予采纳。案经本院审判委员会讨论决定。据此，依照《刑法》第133条之一第1款第2项，第67条第3款，第68条，第72条第1、3款，第73条第1、3款之规定，判决如下：被告人朱某某犯危险驾驶罪，判处拘役1个月，缓刑2个月，并处罚金人民币2000元。

> 刑罚的严厉程序应当同本民族的情况相适应。对于刚摆脱了野蛮状态的人民的笨拙的心灵，需要用比较强烈的感受的印象来刺激。但是，随着生存在社会中的人们的心灵温和起来，他们的感受性也增加了；而随着感受性的增加，如果还想保持事物和感觉之间的关系，那么就应当减少刑罚的力量。
>
> ——【意大利】贝卡利亚

第三节 理论延伸

自《刑法修正案（八）》将醉酒驾驶机动车的行为纳入刑法规制的范畴以来，酒驾犯罪行为得到了有效遏制，并强有力地推动了传统生活观念、行为方式的重塑。"喝酒不开车，开车不喝酒"的交通安全理念也已经深入人心。但是，从最高人民法院公布的审判执行数据中可以发现，危险驾驶罪已超越盗窃罪，位于审结的刑事案件第一位。醉驾案件似乎"越治越多"，刑法的震慑作用不明显，一般预防之目的未达预期，民众对于入刑治理举措的认同感逐渐降低，社会上出现了一些对醉驾入刑的反对之声。选择犯罪化的目的，是通过严密法网来强化人们的规范意识，而不是用严厉的刑罚来处罚犯罪。醉驾入刑的本质是将原本作为行政违法行为处理的醉驾升格规定为犯罪，通过提高违法成本，达到震慑与规制作用。但这并不意味着对醉驾的惩处应一味从严。对于"犯罪情节轻微"的醉驾型案件，若无须刑罚就能实现特殊预防，则刑罚既非唯一的，也非最安全的措施。

一、对"道路"和"停车场"的认定

首先，醉酒型危险驾驶罪的罪状描述中存在理解认定困难的有"道路""驾驶""机动车""醉酒"这四个概念。而如何界定"道路"是当前司法实务操作中的首要难题。学界关于"道路"范围的界定有三种不同的学说，分别是"狭义说""广义说""折衷说"。[1]为统一实践中的不同观点，2013年

---

[1] 周舟：《论危险驾驶罪中"道路"范围的界定——以日本的司法实务操作为借鉴》，载《河南司法警官职业学院学报》2014年第3期。

12月28日，最高人民法院、最高人民检察院与公安部联合印发了《关于办理醉酒驾驶机动车刑事案件适用法律若干问题的意见》（以下简称《醉驾意见》），《醉驾意见》对危险驾驶罪中"道路"的含义作出了明确规定。根据《醉驾意见》第1条后半段的规定，我国刑法危险驾驶罪中的"道路"，适用《道路交通安全法》第119条第1项对该法"道路"含义所作出的规定，即是指"公路、城市道路和虽在单位管辖范围但允许社会机动车通行的地方，包括广场、公共停车场等用于公众通行的场所"。同时，"两高"与公安部相关部门负责人在答记者问时进一步指出，对于机关、企事业单位、厂矿、校园、住宅小区等单位管辖范围内的路段、停车场，如果相关单位允许社会机动车通行，也属于"道路"的范围，在这些区域醉酒驾驶机动车的，应构成危险驾驶罪。在这些规定中，"道路"的含义是广义的，那么行为人只要在有公众通行或可能有公众通行的地方醉酒驾驶机动车，就一律入罪，这显然不符合实际状况。随着科学信息技术和交通工具的发展，已经没有办法通过限定条件具体排除哪些场所或道路是不存在公众通行可能性的了。

其次，目前对于"道路"概念争议较多的就是停车场内的醉酒型危险驾驶行为。笔者认为，停车场包含"公共停车场"和"专用停车场"，这两类是否属于"道路"需要区分对待。专用停车场应当是非本单位人员不得随意进出的，是没有公众通行这一功能的，因此专用停车场不应当被认定为"道路"[1]，由此在构成要件该当性层面就排除在专用停车场内醉酒驾驶机动车的行为构成危险驾驶罪的可能性。从另一个层面理解，停车场是否具有公共性，不应单从其是否允许公众自由进出进行考虑，还应考虑时段的不同。笔者认为，深夜或凌晨的停车场，因进出人员稀少，不具有用于公共通行的特质，醉酒后进行短距离的挪车，应与在荒野道路上驾驶一样，不具有抽象的危险，因而不应被认为是醉酒型危险驾驶罪构成要件中的"道路"。

浙江省高级人民法院、浙江省人民检察院、浙江省公安厅于2019年颁布的《关于办理"醉驾"案件若干问题的会议纪要》（以下简称《浙江醉驾会议纪要》）也区分了公共停车场和专用停车场，指出即使是在单位管辖范围但允许社会机动车通行的专用停车场，仍然属于危险驾驶罪中的"道路"范

---

[1] 王亚明：《醉酒型危险驾驶的实质出罪可行性研究——以160份停车场内醉酒型危险驾驶罪判决书为样本》，载《江苏社会科学》2021年第5期。

畴，因此，专用停车场的概念范畴应当进一步限缩，不仅是在单位管辖的停车场，而且是不允许社会机动车和公众通行的停车场，才能被认定为专用停车场，排除在"道路"的范畴外。而公共停车场虽然属于"道路"的范畴，但仅在行为地点这一构成要件上符合，认定停车场内醉酒驾驶行为是否构成危险驾驶罪还必须结合行为时间（即醉酒驾驶的时间）、醉酒驾驶距离、醉酒驾驶的周边环境、行为人是否存在主观过错等要件。停车场内与普通用于通行的马路的不同在于，考虑到地形问题和停车场规定，停车场内驾驶车辆的车速在一般情况下都低于每小时5千米，车速的不同，导致车辆的惯性、刹车距离、驾驶员的判断时间、撞击强度都会有所不同。即使是在一般意义上的公共停车场内，行为人短距离低速移动车辆，在没有发生碰撞导致人身或财产损害时，也应当可以免予刑事处罚，乃至不构成犯罪，从而呈现真正的出罪。因此，在停车场内，短距离挪车或代替驾入小区停车场等行为，公共安全法益的危害风险极小，不用区分是否属于公共停车场还是专用停车场，在违法性层面已经被削弱，故不应当认定构成危险驾驶罪。

二、血液中酒精含量的认定标准问题

醉驾型危险驾驶案件本身系抽象危险犯，即构成醉驾型危险驾驶罪不需要实害结果。司法实践中，大多数醉驾案件系公安机关基于风险防控之目的，通过设卡等方式主动查获。[1]因此，较多案件无法从造成的结果判断行为究竟是否属于"情节轻微"。这就需要司法人员根据各种情节对行为的危害程度以及行为人的人身危险性进行预判。

《醉驾意见》将血液酒精含量达到每100毫升80毫克作为判断"醉"与"非醉"的标准。[2]这种量化的标准对于法律的统一实施有较为重要的作用，也对"犯罪情节轻微"的判定给予了较大的参考。但是，目前各地对醉驾案件"情节轻微"的认定标准并不统一。如《浙江醉驾会议纪要》规定，酒精含量在每100毫升170毫克以下的，认罪悔罪，且无其他从重情节，犯罪情节轻微的，可以不起诉或者免予刑事处罚。而2020年上海市人民检察院下发

---

〔1〕 王敏远：《"醉驾"型危险驾驶罪综合治理的实证研究——以浙江省司法实践为研究样本》，载《法学》2020年第3期。

〔2〕 施李艳、欧阳铭怡：《"犯罪情节轻微"在醉驾型危险驾驶案件中的理解与运用》，载《山西省政法管理干部学院学报》2021年第4期。

的《关于醉酒驾驶机动车刑事案件不起诉工作的指导意见（意见征求稿）》（以下简称《上海市指导意见》）将不起诉的酒精含量标准定为每 100 毫升 120 毫克以下。沪浙两地关于醉驾案件犯罪情节轻微的酒精含量认定标准相差悬殊。这种"唯酒精论"在评判标准的科学性上也存在问题，将饮酒后驾驶人员的意识能力、控制能力状况与单一的血液酒精含量相等同，忽视了个体对酒精的耐受程度。有科学研究表明，酒精吸收速度在个体之间的差异可以达到 2 倍~3 倍。[1]

规制醉酒驾车行为的目的，是要控制由饮酒状态下控制能力与辨认能力下降导致的醉驾肇事，其本质是通过控制风险的方式防止危害结果的发生。[2]不同程度的醉酒，对大脑中枢神经的影响不同，行为人对自己行为的辨认控制能力亦有所不同，醉酒程度越高，发生风险的盖然性程度越高，亦即社会危险性越大。因此，仅依靠血液酒精含量结果来判定行为人的醉酒程度失之偏颇。

《德国刑法典》对危险驾驶罪情形的规定多于我国。德国对酒后驾驶车辆的行为，不仅处罚既遂的情形，也处罚未遂的情形，行为人的主观状态即使是过失也可构成危险驾驶罪。这与我国醉酒型危险驾驶罪的规定存在较多的不一致之处。德国联邦法院的判例将由醉酒引起的不能安全驾驶区分为绝对的不能安全驾驶和相对的不能安全驾驶两类，认定行为人 100 毫升血液里的酒精含量达到 110 毫克以上时属于绝对的不能安全驾驶，100 毫升血液里的酒精含量处于 80 毫克~110 毫克这一幅度内时属于相对的不能安全驾驶。当行为人 100 毫升血液里的酒精含量处于 80 毫克~110 毫克这一幅度内时，因为属于相对的不能安全驾驶，就要根据驾驶者饮酒后的人身状况及其实际驾驶方式等多种因素来最终确定行为人是否可以进行驾驶。因为存在个体对酒精适应不同的差异，除了每 100 毫升 80 毫克的血液酒精含量标准，还应当对行为人的驾驶能力进行综合考量，但这又确实存在会提高司法成本的问题，需要区别对待。日本把酒后驾驶分为"饮酒后驾驶（带酒气驾驶）"与"醉酒驾驶"两种，这一判断方法虽然复杂，但相比于通过体内酒精含量来划分更符

---

[1] 翟红梅等：《酒在人体内的代谢及酒精中毒》，载《石家庄学院学报》2010 年第 3 期。
[2] 施李艳、欧阳铭怡：《"犯罪情节轻微"在醉驾型危险驾驶案件中的理解与运用》，载《山西省政法管理干部学院学报》2021 年第 4 期。

合每个人对酒精的适应性。[1]这与德国对行为人醉酒状态的综合认定具有一致性。德国和日本的做法对我国有较大的借鉴意义。

"醉驾入刑"是在社会"酒文化"氛围浓厚、酒后驾驶重大事故频发、行政规制效果并不明显的情况下，方才动用刑罚规制手段，予以风险预判性的强势应对方式。刑罚规制属于社会治理手段中的一个部分，其入刑目的在于扭转酒后驾驶行为社会现象的"失控局面"。[2]正因如此，刑法规制的"严"与"宽"是动态的，要从社会观念、社会犯罪形势、治理整体效能等多方面因素的变化综合考量、作出判断，不能囿于特定阶段的治理动意而一成不变。在认定"醉驾"案件罪与非罪时还要严格把握"醉驾"犯罪的主观故意，明确争议行为的认定。第一，对于隔夜"醉驾"行为，要将饮酒结束至驾车上路的时间、有无休息及其他交通违法行为纳入评判范畴，在符合一定条件时，可推定没有醉酒驾驶的主观故意。第二，明确"挪动车位""接替他人驶入居民小区""驶出公共停车场、居民小区即交他人驾驶"三种特殊情形，不纳入刑法规制范畴。以本案为例，本案的被告人李某某已叫代驾，在等待代驾的过程中被交警查获，其将车辆从某某大厦车库驾驶至案发地某溪路与梅某路交口处，该路程仅几十米，驾驶距离短，客观上也未造成任何人员的人身和财产损失，社会危害性小，其醉酒驾驶机动车的主观恶性也很小，且李某某的醉酒程度较轻，对自身行为尚有一定的控制能力，驾驶车辆的危险性相对较轻。李某某的辩护词主要也从这几点为其进行辩护，最后为其争取到了免予刑事处罚的判决结果。

三、醉驾危险驾驶罪的附属后果

《刑法修正案（八）》增设"危险驾驶罪"，规定醉酒驾驶本身就可以构成犯罪。从2011年到2021年，每年我国因为醉驾被追究刑事责任的被告人有30万之多，十年就有300万之多。2022年最高人民法院、最高人民检察院报告数据显示：2021年各级法院审结一审危险驾驶罪案件34.8万件，占全部刑事案件的27.7%。也就是说，醉驾案竟然占到中国所有刑案的近30%。自

---

[1] 王亚明：《醉酒型危险驾驶的实质出罪可行性研究——以160份停车场内醉酒型危险驾驶罪判决书为样本》，载《江苏社会科学》2021年第5期。

[2] 王敏远：《"醉驾"型危险驾驶罪综合治理的实证研究——以浙江省司法实践为研究样本》，载《法学》2020年第3期。

2019年来，该罪名连续4年超过盗窃罪成为名副其实的"第一大罪"。

超多的醉驾犯罪案件造成司法资源被严重挤占，包括警方的办案资源、检察院的公诉资源、法院的审判资源，以及看守所、拘役所的关押资源。这并不利于集中力量打击其他严重刑事犯罪，基层司法人员不胜其烦。

有学者认为，高发型微罪引发了明显的犯罪标签泛化问题。2011年以来每年都会新增数量庞大的该类型犯罪人，这引发了犯罪标签在量上的泛化。另一方面，审判实践中醉酒型危险驾驶罪行为人的缓刑和社区矫正适用率较高，未被实质性收监执行和这一微罪由行政处罚"升格"而来的特点使得醉酒型危险驾驶罪行为人对自己的"犯罪人"身份认同度总体上不高，这在"醉驾入刑"的初期尤为明显。但是，危险驾驶罪是我国刑法明文规定的犯罪，在我国现行的法律框架下，它与轻罪、重罪所附带的诸多不利后果并没有多少实质性的差别。由此产生的问题是，醉酒型危险驾驶罪的行为人对自己犯罪人的身份越不认同，该罪的附带性不利后果就越多，社会公众越是用所贴上的犯罪人标签来看待行为人，犯罪标签质的泛化问题就越严重。[1]

醉驾型危险驾驶犯罪同时存在诸多的附带性不利后果。我国《刑法》第100条规定了"前科"报告制度，即"依法受过刑事处罚的人，在入伍、就业的时候，应当如实向有关单位报告自己曾受过刑事处罚，不得隐瞒"。由此产生的不利后果是，一旦行为人犯罪，不论是属于微罪、轻罪还是重罪的范畴，一律无差别地承担这一"前科"报告义务。事实上，一旦行为人被判决犯醉酒型危险驾驶罪，对行为人自己来说，按照现行法律规定，受过刑事处罚的人不能担任法官、公务员等22种职业；律师、医师将被吊销资格证书，法官、检察官、公职人员会被开除党籍、开除公职，连出国申请签证、自己开公司申请营业执照都会受到影响。显然，这会增加社会接纳醉酒型危险驾驶罪行为人的困难，尤其是在就业领域几乎任何人都可以对其说不。更糟糕的是，这一犯罪行为对行为人的家庭成员等还会产生连带性的不利后果。比如，醉酒型危险驾驶罪行为人的子女在参军、入党、报考公务员等政审时会受到限制。这就是说，一旦行为人被判决成立醉酒型危险驾驶罪，就要承担相应的规范性评价的不利后果，它包括刑事法律法规意义上的不利后果和民

---

[1] 梁云宝：《我国应建立与高发型微罪惩处相配套的前科消灭制度》，载《政法论坛》2021年第4期。

法、行政法等其他法律法规意义上的不利后果。[1]

  醉驾型危险驾驶罪的附带性不利后果引起了理论界和实务界的关注，进而引发了危险驾驶罪是否需要废除的争论。赞同废除危险驾驶罪的主要理由是：醉驾案件数量太高，处理人数多；消耗司法资源多，预防犯罪效果差；给被处罚人带来的负面附随效果比刑罚本身更重，特别是对于有公职的人员而言。笔者认为，目前我们不能废除危险驾驶罪。主要理由是：随着我国公民汽车拥有量的逐年上升，醉酒驾驶犯罪仍然会不断出现，而我国的行政处罚又处罚力度不够、不能遏制醉驾犯罪；世界上绝大多数发达国家都将醉驾规定为犯罪。在不能废除醉驾型危险驾驶罪的前提下，同时为了减少其造成的附带性不利后果，笔者赞同我国部分学者提出的轻罪的前科消灭制度。可以设置具体的前科消灭制度，如定罪免刑的情形不应被纳入前科、构建附条件消灭制度、构建"法定""裁定""申请"三种消灭方式等。[2]

---

  [1] 梁云宝：《我国应建立与高发型微罪惩处相配套的前科消灭制度》，载《政法论坛》2021年第4期。
  [2] 崔志伟：《积极刑法立法背景下前科消灭制度之构建》，载《现代法学》2021年第6期。

> 人类法是为大多数人制定的，而大多数人在道德上都远不是完美无瑕的。出于这个原因，人类法并不禁止有德之士拒斥的一切恶行；而只禁止大多数人都会拒斥的严重恶行，尤其是那些有害于他人的恶行，如果它们不被禁止的话，将会使人类社会不可能延续下去：比如人类法所禁止的谋杀、偷窃等。
>
> ——【意大利】阿奎那

第五章 罪轻之故意杀人案

自从有了法律以来，故意杀人犯罪就被视为严重的罪行，其惩罚也是最为严厉的。随着社会文明的发展，故意杀人犯罪率会越来越低，而其刑罚的严厉程度也会降低，执行方式会越来越文明。我国刑法对于故意杀人罪规定得比较简单，没有如一些国家那样分为谋杀、普通杀人等类型。我们国家将故意杀人分为普通故意杀人和"情节较轻的"故意杀人。因此，在司法实践中，我们首先要精准判断行为人属于哪一类型的故意杀人，才能确实适用刑罚，真正贯彻执行"保留死刑，严格控制和慎重适用死刑"的刑事政策。

第一节 情节较轻型故意杀人
——汪某某杀婴案

一、案情简介

2017年3月15日12时许，被告人汪某某（系安徽省某某学院学生）在其所住的女生宿舍×栋×××室内产下一名活体婴儿。因担心事情暴露，汪某某采取掐脖、用剪刀扎胸的方式致婴儿死亡。后汪某某被同学送至省立医院就诊，就诊期间，汪某某返回学院，将婴儿尸体置于一黑色拉杆箱内带至医院。次日，汪某某办理出院手续，与亲属携带黑色拉杆箱回到安徽省某某县家中。当晚，被告人汪某某在亲属的陪同下，携带装有婴儿尸体的黑色拉杆箱到某某县公安局投案。经鉴定，被害女婴系被锐器刺、剪致心脏破裂死亡。

二、控方指控

被告人汪某某采用暴力手段故意剥夺他人生命，应当以故意杀人罪追究其刑事责任。

三、辩护律师观点

（一）被告人汪某某没有心理准备，在恐惧、慌乱中杀死自己的婴儿，属于故意杀人情节较轻

被告人少不更事，感情遭受挫折，怀孕后也没有亲友的关心，对于自己怀孕的事实不愿承认，采取回避的态度，没有杀人的预谋。

被告人在婴儿出生后，在面对这一突然的情形时，情绪较为波动，精神状况极不稳定，在无力抚养、顾及颜面以及身体极度虚弱的情况下，未能理智行事，对所生婴儿实施了侵害行为，主观动机并不恶劣。

从现有辩护人统计的已有判决书分析，被告人汪某某的行为属于"情节较轻"类型的故意杀人。

（二）被告人汪某某有诸多法定、酌定从轻、减轻情节

被告人汪某某犯罪后，积极自首，依法可以从轻、减轻；系初犯、偶犯，可以酌定从轻处罚；认罪、悔罪，可以酌定从轻处罚。

（三）被告人汪某某具有适用缓刑的情节，并且适用缓刑有利于其个人和社会

被告人汪某某犯罪情节较轻，同时具有自首法定减轻情节，可以适用缓刑；与被告人汪某某相类似的案件，都被判处了缓刑；被告人汪某某在校期间表现良好，缓刑有利于刑罚目的的实现。

四、判决结果

某某市中级人民法院［2017］皖01刑初69号判决书判决被告人汪某某犯故意杀人罪，判处有期徒刑3年，缓刑4年。

五、理论延伸——故意杀人罪的"情节较轻"类型

故意杀人犯罪类型众多，既有"罪行极其严重"应当判处死刑、无期徒刑的类型，也有"情节较轻"判处三年到十年有期徒刑。本案中的被告人汪某某即属于后者类型。

从社会危害性角度来看，虽然溺婴行为被纳入了故意杀人罪的范畴，但其社会危害性要远远小于普通故意杀人罪。

首先，作为本案当中的被害人，虽然已经独立呼吸，但他和其他普通故意杀人案件中的被害人还是存在很大差别的。婴儿由于刚刚出生，仅仅获得了生而为人的自然价值，还不具有社会赋予他的第二生命——社会价值。所以，溺婴对于社会价值的损害接近于零，远远小于普通故意杀人的社会危害性。

其次，社会危害性多表现为对社会关系的危害，所以犯罪构成要件中的犯罪客体被定义为"为社会所保护的而被犯罪行为所侵害的社会关系"。在普通杀人案件中，一个人被杀，以被害人为中心的所有亲属关系、朋友关系等从此不存在了，以被害人为中心的社会关系网遭受不能复原的破坏。所以，他的亲属、朋友要求惩罚被告人的心理动力也大，司法机关判处被告人重刑的一个原因也在于满足被害人亲属朋友的报复心理。相比之下，刚出生的婴儿，因其刚刚出生，还未与社会建立紧密的联系，还未成为整个社会关系网中的一点，那么其消失对社会关系的损害可谓微乎其微，因此强烈要求惩罚被告人的心理动因不足，缺乏推动法官动用刑罚处罚被告人的心理压力。

最后，故意杀人罪之所以被视为重罪，就在于它是对不特定人的生命产生威胁，使得不特定的公民的生命面临危险，所以对于普通社会成员的心理恐吓作用大，动用重刑惩罚故意杀人罪既是为了惩戒犯罪人，也是为了恐吓潜在犯罪人，满足普通人心理安全的需要。而溺婴行为的主体和被害人都是特定的，不会对不特定公民的生命产生威胁，故不会引起普通公民的心理恐慌，所以此类案件中的被告人的人身危险性要远远小于普通故意杀人犯。

从刑罚一般预防论的角度出发，考虑一下被告人的处境就不难明白，在生下孩子之后，害怕被发现的心理恐惧要远远大于对刑罚的恐惧，因为被发现后父母的责骂、周围人的负面评价所带来的压力是迫在眉睫的，而且是必然的。侥幸心理使她们认为刑罚惩罚是未必会实现的。在近的必然会实现的

压力和远的或然的惩罚之间，选择避免前者的发生而不顾后果便会成为她们认为的最有利选择。因而，在这类案件中，刑罚很难发挥一般预防的效果。

刑罚个别预防论的一个重要内容就是对于罪犯的矫正，"矫正罪犯，无论是为了犯罪人改恶从善，使社会免受其害，还是为了改善犯罪人的境况，以便其更好地生活，都具有一定的正当性"。刑罚将犯罪人与社会隔离：一是为矫正改造犯罪人，使犯罪人改恶从善，使社会免受其害；二是为改善犯罪人的境况，以便其更好地生活。矫正改造犯罪人使其改恶向善在此是站不住脚的。这类行为人本身对于社会几乎不存在危险性，其犯罪也不是因为性恶，只是逃避责任的做法，所以几乎不存在再犯可能，故不存在矫正的基础。为了改善犯罪人的境况，以便其更好地生活更难以在此实现，使"少女妈妈"接受刑罚处罚会中断其学习或工作，这将严重阻碍她们以后的发展，并被贴上犯罪的标签。众所周知，社会对女性的性道德要求要远远高于男性，所以被贴上这种犯罪标签之后，会使这类女性以后的婚恋受到很大的不利影响，更遑论改善其境况以便其更好地生活了。

本案的被告人因为年幼无知、涉世未深、无法承受抚养孩子的压力而将亲生婴儿杀死，对于这样的杀婴行为，也应当认定为故意杀人罪中的"情节较轻"，从轻处罚。因为骨肉之情是人的自然感情，父母如果没有难言之隐，一般不会亲手杀害自己的孩子。法律应当将父母杀害孩子的行为给予刑法上的评价，但是也要区别于一般的故意杀人行为进行量刑。[1]

法院	案号	罪名	案件事实	认定
晋江市人民法院	[2014]晋刑初字第2351号	故意杀人罪	对自己刚分娩的婴儿，故意采取堵塞嘴巴的手段，非法剥夺该婴儿生命……因其系出于怕被他人发现其未婚先育，为保全自己的声誉而杀害自己的亲生婴儿，主观恶性及社会危害性相对较小，属情节较轻	回避其杀人的直接故意……但在庭审中却又对此予以否认，且未能予以合理说明，仍拒不如实供述其罪行，没有相应的悔罪表现，判处有期徒刑5年

---

〔1〕 孙万怀、李春燕：《故意杀人罪"情节较轻"标准规范化的实证考察》，载《政治与法律》2012年第9期。

续表

法院	案号	罪名	案件事实	认定
新乡市红旗区人民检察院	[2013]红刑初字第247号	故意杀人罪	被告人魏×新产下一活体男婴。婴儿出生后，被告人魏×新采用手捂口鼻、被子捂头等手段欲杀死男婴，未遂。最后被告人魏佳新将男婴从六楼卫生间窗口扔下。该男婴经抢救无效死亡。系年少怀孕，未婚生子，父母、朋友其间都没有给予其应有的关怀，致使其因无法承受来自家庭、社会的压力，轻率地实施了杀害自己亲生婴儿的行为，犯罪主观恶性相对较小，情节较轻	被告人魏×新认罪、悔罪，对其可酌情从轻处罚。有期徒刑4年
南京市中级人民法院	[2014]宁少刑初字第5号	故意杀人罪	被告人杨×被该厂员工宿舍女厕所内产下一名女婴，因担心被人发现，杨×摁住女婴脖子将纸巾塞进女婴嘴里，杨×认为女婴无生命体征，将女婴抛东侧围墙处。犯罪时刚满十九周岁，社会经验不足，与家人沟通不畅，导致未能妥善处置怀孕、生产事宜	接公安机关电话传唤后能自动到案，本院酌情予以从轻处罚。有期徒刑4年6个月
泰安市泰山区人民法院	[2016]鲁0902刑初40号	故意杀人罪	马×勇之妻刘某产下一名男婴，因婴儿患有严重尿道下裂，需进行多次手术且花费较多，马×勇决定放弃治疗，在得知如想再次生育需要开具婴儿死亡证明的情况下，遂产生杀害婴儿的想法。当将婴儿使用手、塑料袋、被子等捂闷婴儿的口鼻，导致婴儿窒息死亡	主观动机不太恶劣，属于情节较轻。被告人归案后如实供述自己的犯罪事实，系坦白，同时鉴于其系初犯、偶犯，依法可对其从轻处罚。判处有期徒刑4年
湛江经济开发区法院	[2016]粤0891刑初16号	故意杀人罪	被告人唐某已有一男一女。离婚后，未婚先孕。独自分娩后，将女婴从窗户丢下一楼	犯罪未遂；情节较轻；坦白；判处有期徒刑2年，缓刑3年

续表

法院	案号	罪名	案件事实	认定
重庆市第二中级人民法院	[2015]渝二中法型初字第00015号	故意杀人罪	独自在卫生间产下一男婴，用卫生巾塞进男婴口中	情节较轻；坦白；判处有期徒刑3年，缓刑3年
北京市第二中级人民法院	[2015]二中少刑初字第545号	故意杀人罪	用剪刀刺扎所生女婴	情节较轻；坦白；判处有期徒刑3年，缓刑3年

> 因为生命是人的定在整个范围，所以刑罚不能仅仅存在于一种价值中——生命是无价之宝，——而只能在于剥夺杀人者的生命。
>
> ——【德国】黑格尔

第二节　普通型故意杀人之因感情、婚恋引起的杀人案

一、何某某故意杀人案

（一）案情简介

被告人何某某与被害人徐某某（女，殁年26岁）系同学关系。2015年3月24日，何某某因与女友不和来合肥散心，晚8时许于合肥市某广场遇见徐某某。当晚10时许，何某某与徐某某来到徐某某位于合肥市新站区某广场公寓楼××号楼××室的租住处，徐某某在劝解何某某的过程中二人发生争执，何某某用胳膊勒住徐某某的脖子，导致其窒息死亡。何某某伪造成徐某某自杀现场后逃离。2015年3月31日，被告人何某某被公安机关抓获归案。

经鉴定，被害人徐某某系被扼颈致机械性窒息死亡。

（二）控方指控

检院认为，被告人何某某因琐事与他人发生争执，遂用扼压他人颈部的方式，故意非法剥夺他人生命，致一人死亡，其行为已触犯《刑法》第232条之规定，犯罪事实清楚，证据确实充分，应当以故意杀人罪追究其刑事责任。

（三）辩护律师观点

1. 何某某具有故意伤害的故意、行为，同时过失致人死亡

何某某对被害人具有伤害的故意。何某某在情绪失控的情况下过失致被害人死亡。何某某犯罪后制造被害人自杀现场是刑事事后不可罚行为。

2. 何某某具有从轻处罚的法定、酌定情节

此起案件与一般的故意杀人案、故意伤害罪不一样，属于民间纠纷，应酌情从宽处罚。被告人何某某坦白承担罪行，认罪态度良好，主观恶性和人身危险性都较小，应酌情予以从轻处罚。被告人何某某已经得到了被害人家属的谅解，应酌情予以从轻处罚。被害人有一定的过错，结合案情，应对被

告人何某某酌情予以从轻处罚。

（四）法院判决

安徽省市×××中级人民法院于2015年10月17日作出［2015］合刑初字第×××××号刑事判决，以被告人何某某犯故意杀人罪，判处无期徒刑，剥夺政治权利终身。

二、董某某故意杀人案

（一）案情简介

被告人董某某与被害人储某某于2015年登记结婚。2017年后二人夫妻感情逐渐恶化，储某某独自外出务工并提出离婚。2018年某日储某某回家后，次日13时许董某某与储某某在家中因离婚财产分割、有无外遇等问题发生争吵，14时许董某某从客厅沙发上起身关闭门窗、拉上窗帘，14时30分许董某某再次起身将储某某推倒在沙发上，骑压在储某某身上，从沙发背后拿出一把尖刀数次捅刺储某某头面部、颈部及胸部等部位。储某某挣扎倒地后，董某某将尖刀扔在客厅茶几上并离开现场，后其拨打120急救电话并到当地派出所投案，如实供述了主要犯罪事实。当日16时许，储某某经抢救无效死亡。经岳西县公安局司法鉴定中心鉴定，储某某系被他人用锐器刺入胸腔致心脏破裂而死亡。

（二）控方指控

检察院指控：2018年某日下午，被告人董某某与被害人储某某在家中因离婚财产分割、有无外遇等问题发生争吵，后董某某将储某某推倒在沙发上，骑压在储某某身上，持尖刀数次捅刺储某某头面部、颈部及胸部，后董某某拨打120急救电话并到当地派出所投案，储某某经抢救无效死亡。公诉机关认为，董某某故意非法剥夺他人生命致一人死亡，其行为已触犯《刑法》第232条的规定，应当以故意杀人罪追究其刑事责任。

被害人近亲属的诉讼代理人提出：被告人董某某的行为构成故意杀人罪，且手段残忍、情节恶劣，其虽具有自首情节，也不足以对其从轻处罚，请求对其判处死刑。

（三）法院判决

一审法院判决被告人马某犯故意杀人罪，判处死刑，剥夺政治权利终身；被告人上诉后，二审改判为故意杀人罪，判处上诉人死刑缓期二年执行，剥夺政治权利终身。

三、马某故意杀人案

（一）案件简介

马某与被害人刘某某系男女朋友关系，后因恋爱产生纠纷。2019 年 6 月，马某从合肥市某小区驾驶公司的面包车到某某大道，将车辆停放好后，马某包车回到某某县某关镇，12 时马某在 S×××与某某大道交叉口下车，后马某向东步行约 1 公里到达案发现场，马某在案发现场与刘某某联系，让刘某某给其送几瓶矿泉水。13 时许，刘某某驾驶自己的黑色现代名图轿车自西向东行驶停靠在案发现场路边，马某上车后坐在车辆后排质问刘某某要与其分手的事情，后二人因此发生口角，马某从随身携带的背包内拿出事先早已准备好的汽油浇在刘某某身上，并用火机点燃汽油。发生爆燃后马某从车辆内逃离，从 S×××道路的路边荒地逃离现场，并打车赶回合肥，在合肥自己居住的小区内将自己作案时穿的衣服、鞋子及背包全部抛弃。后经鉴定，刘某某因烧伤致右上肢截肢评定为重伤二级。

（二）控方指控

检院认为，马某的行为已触犯《刑法》第 232 条的规定，应当以故意杀人罪追究其刑事责任。

（三）辩护律师观点[1]

1. 最高人民法院指导案例与"董某某故意杀人案""马某故意杀人案"属于同一类型案件，指导案例应当被适用，董某某、马某不应该被判处死刑

（1）指导性案例是具有强制指导作用的案例。《最高人民法院关于案例指导工作的规定》第 7 条规定："最高人民法院发布的指导性案例，各级人民法院审判类似案例时应当参照。"指导性案例虽然是解释法律的机制之一，但毕竟不是司法解释，如果在裁判文书中作为裁判的依据引用，既无法律依据，也容易引起争议。但是，由于指导性案例是公正适用法律的模范案例，所以用它来补充裁判说理、加强裁判说理有利于论证裁判的公正，说服当事人接

---

[1]"董某某故意杀人案""马某故意杀人案"的案件具有类似性、一致性，笔者将两案的辩护词放在一起。

受裁判。同时，如果在诉讼活动中，当事人提出要求人民法院参照某个指导性案例，人民法院在诉讼活动或者裁判文书中一般要加以回应并说明是否参照的理由，这既是提高司法公信力的要求，也是实现司法公正的必然要求。

(2) 最高人民法院两个指导案例与"董某某故意杀人案""马某故意杀人案"属于同一类型案件。最高人民法院审判委员会讨论通过 2011 年 12 月 20 日发布，最高人民法院 4 号指导案例"王志才故意杀人案"和 12 号指导案例"李飞故意杀人案"，这两个案件结果都是死刑缓期二年执行限制减刑。相同点：①由婚恋纠纷等民间琐事引发；②杀人凶器都是在现场获得而非提前准备；③没有自首情节；④手段残忍；⑤未获得被害人亲属的谅解；⑥坦白认罪态度好。

(3) 参照指导性案例，上诉人董某某、马某不应当被判处死刑。根据上述，"董某某故意杀人案""马某故意杀人案"与两个最高人民法院指导性案例具有相似性，指导性案例应当被适用。董某某、马某符合上述两个指导性案例相同点 6 点中的 5 点，不应当判处死刑。

上诉人董某某也不应当被判处死刑、限制减刑。因为根据上述两个指导性案例，上诉人董某某具有自首情节，可以从轻、减轻处罚，而上述两指导性案例行为人不具有自首情节。

上诉人马某也不应当被判处死刑、限制减刑。因为根据上述两个指导性案例，上诉人马某具有坦白、未遂，可以从轻、减轻处罚。

2. 上诉人董某某、马某不应该被判处死刑缓期执行

(1) 上诉人董某某、马某不属于"罪行极其严重"。《刑法》第 48 条第 1 款规定："死刑只适用于罪行极其严重的犯罪分子。对于应当判处死刑的犯罪分子，如果不是必须立即执行的，可以判处死刑同时宣告缓期二年执行。"可见，死刑只适用于罪行极其严重的犯罪分子。

所谓罪行极其严重，既指犯罪行为对国家、社会和人民的利益危害特别严重，情节特别恶劣，同时也指行为人具有极其严重的主观恶性。客观危害特别严重和主观性质特别恶劣是互相独立、互相统一的判断标准，是评价罪行是否极其严重的两个方面，两者必须同时符合，不能割裂。客观危害虽然特别严重，但只要其主观恶性不大，或者说即使犯罪人的主观恶性特别恶劣，但只要其客观危害不算特别严重，就不应判处死刑，尤其不应判处死刑立即

执行。[1]

具体来说，客观危害由结果的严重程度与行为手段的严重程度组成，而主观上则大致可以用主观恶性和人身危险性来评价。就故意杀人罪的死刑裁量来说，结果的严重程度通过被害人的数量体现出来，行为手段的严重程度通过手段是否残忍及残忍的程度加以衡量。而杀人的动机等影响主观恶性的判断，是初犯、偶犯还是累犯、惯犯，是否有自首、坦白等情节，是否进行了赔偿等则是对于行为人的人身危险性判断产生影响。由是，被害人的数量，行为手段的残忍性，犯罪动机，有无自首或坦白情节，初犯、偶犯还是惯犯，是否进行了赔偿，这些主要因素之和决定了行为是否达到"罪行极其严重"的程度，决定了对杀人者是否判处死刑，以及死刑的具体执行方式（立即执行、死缓限制减刑还是普通死缓）。尤其需要强调的是，上述因素对于死刑裁量的影响权重并非平均，而正是根据前述顺序依次递减地发挥作用。对此，不可本末颠倒，过度强调后位的因素（比如赔偿等）在死刑裁量中的影响权重。

客观危害性方面，本案中，上诉人董某某造成了一人死亡，属于后果严重，不属于后果特别严重。其故意伤害、杀人的行为，是在失去理智的情形下实施的行为。

主观方面，上诉人的人身危险性相对较小，可对其从轻处罚。根据《最高人民法院关于贯彻宽严相济刑事政策的若干意见》第16条之规定："对于所犯罪不重、主观恶性不深、人身危险性较小、有悔改表现、不再危害社会的犯罪分子，要依法从宽处理。……"

最高人民法院刑三庭在《在审理故意杀人、伤害及黑社会性质组织犯罪案件中切实贯彻宽严相济刑事政策》中规定："人身危险性即再犯可能性，可从被告人有无前科、平时表现及悔罪情况等方面综合判断……人身危险性小的被告人，应依法体现从宽精神。如被告人平时表现较好，激情犯罪，系初犯、偶犯的；被告人杀人或伤人后有抢救被害人行为的，在量刑时应该酌情予以从宽处罚。"结合本案，上诉人此前没有任何前科劣迹，系初犯、偶犯，平时表现良好，且在伤害被害人后，立拨打了"120"急救电话，且电话通知朋友，叫其在路口引导救护车到其家中，救治受害人，其人身危险性较小，

---

[1] 于同志：《刑事实务十堂课：刑事审判思路与方法》，法律出版社2020年版，第326页。

可对其从轻处罚。

在"马某故意杀人案"中,客观危害性方面,上诉人造成被害人残疾,属于后果严重,不属于后果特别严重。主观方面,上诉人的人身危险性相对较小,可对其从轻处罚。

(2)上诉人不属于"应当判处死刑"。现行刑法将可以判处死刑的犯罪极其严重情节规定得较为具体,并非触犯了死刑条款的行为都必须判处死刑。所谓应当判处死刑,是指行为在构成"极其严重"的罪行的前提下,因符合法定的情形而应当对行为人判处死刑。"罪行极其严重"与"应当判处死刑"是两个不同层次的概念,前者表明"死刑只适用于罪行极其严重的犯罪分子",但是对这种犯罪分子不一定都要判处死刑;后者表明犯罪分子所犯罪行虽然极其严重,但是对其判处死刑还须排除从宽处罚情节或者具有相应的从重处罚情节。[1]

"对罪行极其严重的犯罪分子判处死刑应当排除从宽处罚情节或者具有相应的从重处罚情节。在是否为'应当判处死刑'的认定上,应全面考察案件所具有的各种情节,并针对不同情况综合分析、审慎判断。"[2]"除了个别法定刑为绝对确定死刑之罪外,如果对犯罪分子适用死刑,就应当具备相应的从重处罚情节;如果不具备相应的从重处罚情节,一般不能适用死刑。如果犯罪分子具备了相应的从宽处罚情节,特别是法定的从宽处罚情节,原则上不判处死刑立即执行;只有在从轻处罚情节显著轻微,不足以对行为人从轻处罚时才能适用死刑立即执行。如果具备法定减轻处罚情节,则一律不得适用死刑。"

在"董某某故意杀人案"中,上诉人董某某并没有任何的从重情节,并且具有法定的自首减轻情节,因此不属于"应当判处死刑"。

"马某某杀人案"中,上诉人马某并没有任何的从重情节,并且具有法定的未遂减轻情节,因此不属于"应当判处死刑"。

综上所述,上诉人董某某、马某既不属于"罪行极其严重",也不属于"应当判处死刑",因此不能适用死刑,当然也不能适用死刑缓期二年执行。死刑缓期二年执行必须同时具备三个条件:一是"罪行极其严重";二是"应

---

[1] 于同志:《刑事实务十堂课:刑事审判思路与方法》,法律出版社2020年版,第328页。

[2] 于同志:《刑事实务十堂课:刑事审判思路与方法》,法律出版社2020年版,第328页。

当判处死刑";三是"不是必须立即执行"。既然上诉人董某某、马某不符合前两个条件,当然也就不能适用死刑缓期二年执行了。"对于法定刑为相对确定死刑之罪来说,如果案件不具有从重处罚情节,或者案件具有从轻或者减轻处罚情节,都不能对犯罪分子适用死刑,当然也就谈不上适用死缓的问题……适用死缓的案件只能是罪行极其严重而且既有从重处罚情节又有从轻处罚情节的案件。"

3. 上诉人董某某、马某应当判处无期徒刑或者十年以上有期徒刑

（1）"董某某故意杀人案"：

首先，上诉人董某某具有自首情节，应当从轻、减轻处罚。辩护人认为，上诉人董某某具有自首情节，如果对其适用从轻处罚情节，可以判处无期徒刑、十年以上有期徒刑。如果适用减轻处罚情节，可以判处三年以上十年以下有期徒刑。即使对上诉人董某某不适用减轻处罚，转而适用从轻处罚，也应该判处其无期徒刑或者十年以上有期徒刑。

其次，本案系因婚姻家庭内部矛盾激化引发的故意杀人案件，区别于严重危害社会治安的案件，依法可对被告人从轻处罚。本案中有多份证据证明被害人有一定的过错。中立的证人王某某陈述：董某某讲储某某背叛了他，董某某人很好，性格很温和。储某某：董某某找了那个男的。杨某某：这个人为人不错，他讲他老婆外面有人了。孙某香：今年正月发现储某某有外遇。

再次，上诉人人身危险性较小，判处无期徒刑可以做到罪刑相适应。董某某此前没有任何前科劣迹，系初犯、偶犯，平时表现良好，有多份证人证言（如王玉某、杨新某）可以证明董某某为人很好，性格温和。

本案中，董某某没有犯罪预谋，属于激情犯罪。一审法院以及二审开庭中检察官也认定上诉人董某某没有预谋犯罪。在本案中，因为被害人坚持要离婚，并且要求分割财产，上诉人董某某实在不愿意接受这一残酷的现实，多次劝说被害人无果后一时糊涂对自己深爱的妻子实施了杀害行为。属于典型的激情犯罪。

上诉人在伤害被害人后，立拨打了"120"急救电话，且电话通知朋友，叫其在路口引导救护车到其家中，救治受害人，其人身危险性较小，可对其从轻处罚。

上诉人当庭表示愿意以自己所有的财产赔偿被害人损失，从经济方面补偿受害人亲属，同时被告人的亲属替被告人积极主动配合乡、村，料理受害

人遗体安葬后事,并花费近1.5万元,建议合议庭可对被告人从轻处罚。

最后,辩护人认为,本案事发有因,是典型的因婚姻家庭内部矛盾激化引发的杀人案件,且存在自首情节,其罪的社会危害性并非极其严重。被告人的主观恶性及人身危险性相对较小,具有认罪、悔罪的态度,愿意赔偿受害人亲人一定的经济损失等诸多酌定从轻处罚的情节,故辩护人从惩罚与宽大相结合的刑事政策以及"少杀、慎杀"的死刑政策出发,认为应对被告人董某某从轻处罚,判处其无期徒刑或者十年以上有期徒刑。

(2)"马某故意杀人案":

第一,上诉人马某具有坦白情节,应当从轻。《刑法》第67条第3款规定:"犯罪嫌疑人虽不具有前两款规定的自首情节,但是如实供述自己罪行的,可以从轻处罚;……"一审法院也认定了上诉人马某具有坦白的情节,依法应当从轻。

第二,上诉人具有未遂情节,可以从轻、减轻处罚。上诉人虽然有故意杀人的行为,但是具有未遂情节,可以从轻、减轻处罚。一审法院不从轻、减轻没有任何的理由。

第三,本案系因感情纠纷激化引发的故意杀人案件,区别于严重危害社会治安的案件,依法可对上诉人从轻处罚。

第四,被害人有一定过错,减轻了上诉人的罪责和人身危险性。本案上诉人马某与被害人刘某某长期保持不正当男女关系,而且刘某某与其他人也保持不正当男女关系,马某也因此导致夫妻关系破裂,而刘某某却在此时提出分手,对马某造成严重的情感伤害,直接导致马某产生伤害刘某某的故意。

第五,本案上诉人马某与被害人刘某某存在经济纠纷,马某回到某某县后找到刘某某,要求返还5.5万元现金,双方因此发生争吵,导致上诉人马某情绪失控,进而实施犯罪行为。因此,对马某犯罪行为的产生,被害人刘某某具有明显的过错。

第六,上诉人认罪认罚,得到了被害人的谅解,依法不应当判处死刑。上诉人马某已经认识到自己行为给被害人、其家人,以及自己家人造成的严重无法挽回的后果,真诚认罪悔罪,愿意以余生的劳役来进行救赎。上诉人马某家人愿意帮助被害人,尽最大努力补偿被害人及家人。已经取得了被害人的谅解。

第七,上诉人人身危险性较小,判处无期徒刑或者十年以上有期徒刑可以做到罪刑相适应。结合最高人民法院刑三庭《在审理故意杀人、伤害及黑社会性质组织犯罪案件中切实贯彻宽严相济刑事政策》第2条第1款及《最高人民法院关于贯彻宽严相济刑事政策的若干意见》第22条，上诉人马某无前科、平时表现良好，认罪悔罪，其人身危险性小，应依法体现从宽精神。

同案同判，上诉人马某应当判处无期徒刑或者十年以上有期徒刑。在辩护人曾经代理的"吕某某故意杀人案"中，上诉人赔偿被害人，取得被害人谅解，其最终被判处无期徒刑。马某的罪行固然为法律难容，理应惩罚，但本案事发有因，是典型的因恋爱、经济纠纷激化引发的杀人案件，且存在坦白、未遂情节，其罪的社会危害性并非极其严重。马某的主观恶性及人身危险性相对较小，具有认罪、悔罪的态度，赔偿受害人亲人一定的经济损失、取得被害人谅解等诸多酌定从轻、减轻处罚的情节。故辩护人认为，从惩罚与宽大相结合的刑事政策以及"少杀、慎杀"的死刑政策出发，对马某可以从轻处罚，判处其无期徒刑或者十年以上有期徒刑。

（四）法院判决

一审法院判决被告人马某犯故意杀人罪，判处死刑，剥夺政治权利终身；被告人上诉后，二审改判为故意杀人罪，判处上诉人死刑缓期二年执行，剥夺政治权利终身。

四、钱某某故意杀人案

（一）案件简介

2016年9月，被告人钱某某与金某办理离婚手续，之后两人仍以夫妻名义共同生活。2018年4月，钱某某发现金某与被害人王某4关系密切，为此多次与金某争吵，并且威胁、警告王某4让其不要再与金某来往，但王某4与金某并未断绝来往。2018年12月6日，钱某某与金某又为此事争吵，后离开家住进宾馆。2018年12月13日上午，被告人钱某某携带刀具离开宾馆，在市区四处寻找金某。中午12时许，钱某某在某某市某某区某路某精品店门口找到金某平时驾驶的轿车，遂蹲守在旁等待金某出现。13时49分，金某上车并驾驶车辆行至某酒店附近停下，王某4随后出现并坐上车辆的副驾驶位置。钱某某发现王某4上车之后，随即上前拉开副驾驶室车门，把王某4拽下车。双方发生争执，钱某某右手掏出随身携带的刀具，向被害人左某下部位捅刺一刀，致其倒地。王某4在挣扎爬起来的过程中，钱某某连续向王某4

的右腋下捅刺 2 刀、左背部捅刺 1 刀，王某 4 站起后走到某酒店门口倒下，钱某某上前用脚踢踹王某 4 的身体。后钱某某拨打 120 急救电话，将刀具扔在地上，并留在现场等候，公安民警随后赶至现场将其控制。被害人王某 4 被送往某某市立医院抢救，经抢救无效死亡。

(二) 控方指控

检察院认为，被告人钱某某因感情纠纷，心生怨恨，准备了作案凶器，在守候发现被害人后，持刀连续捅刺，非法剥夺他人生命，其行为触犯了《刑法》第 232 条的规定，犯罪事实清楚，证据确实、充分，应当以故意杀人罪追究其刑事责任，被告人钱某某作案后，明知他人报案而在现场等待，抓捕时无拒捕行为，供认犯罪事实，视为自动投案，适用《刑法》第 67 条第 1 款之规定。

(三) 辩护律师观点

1. 被告人钱某某的行为影响虽恶劣，但无夺取他人性命之目的，宜认定为故意伤害（致人死亡）罪

(1) 从被告人讯问笔录的内容来看，被告人主观上无杀害被害人的主观故意。被告人在公安机关有 6 次供述，在检察机关有 1 次供述，合计 7 次供述，供述的内容基本一致，均提到了其本身是不想杀死被害人的。

(2) 虽然有部分言词证据证实被告人在行凶时表达过"要了王某某性命"的话语，但辩护人认为，这是被告人在极度愤怒状态下的意思表示，不能仅此来认定被告人主观上有杀人的故意，应当结合本案的其他证据来综合认定。

(3) 从司法实践的角度来看，将本案定性为故意伤害较为恰当。①被告人行凶的刀具不是事先精心准备的，且该刀具属于生活用品，在网络和现实商店可随处购买。②虽然现场行凶视频比较血腥，但从被害人尸体医学鉴定报告来看，被告人的打击部位不是人体的要害部位，且被告人行凶时是无意识状态，没有刻意选择人体部位实施捅刺行为，而是顺手可能打击某部位就打击某部位。③被告人的行凶行为具有节制性，在被害人丧失反抗能力的情况下，被告人停止了继续行凶的行为，且在他人言语劝阻的情况下终止了犯罪行为。④虽然行凶地点在市区，但案发时间和案发地点并不是被告人特意选择的，而是随机发生的。正如被告人笔录所述，如果当天被害人没有说话激怒被告人，被告人不会拿刀捅他，也就不会有今天的庭审。⑤被告人事后

不希望被害人就此死去，积极拨打120急救电话，试图阻止死亡结果的发生。⑥被告人与被害人之前素不相识，也不存在任何矛盾，整个案件的起因是被害人与被告人的妻子纠缠在一起引起的，这是被告人的行为动机。因此，从上述6个方面可以综合认定，被告人无论是事前、事中还是事后，都不想夺取被害人的生命，本案的性质应当认定为故意伤害。

（4）认定本案属于故意伤害既符合刑法的谦抑性，也符合相关司法政策文件精神。

（5）辩护人提交的视频图解照片中的两个细节请合议庭在合议时予以关注，该两个细节反映出了被告人的主观故意到底杀人还是伤害。第一个细节是某商城监控视频显示，被告人在捅刺第一刀后，与被害人一同倒地，两人保持倒地姿势长达5分钟，被告人没有进一步的捅刺动作；第二个细节是某商城监控视频显示，被告人在捅刺第四刀后，被害人爬起来往某酒店门口走去，被告人一直跟在后面，没有实施任何行为。这两个细节都可以反映，如果被告人主观上想夺取被害人的性命，在这两个时间段，完全有机会，也有能力实施捅刺行为，相反被告人没有实施，这进一步说明被告人主观上不想夺取被害人的性命。

2. 长达一年的情感压抑，犹如定时炸弹，案发当日被害人的挑衅行为引爆了被告人压抑的情感，引发惨案，被告人属于激情犯罪

激情犯罪是指，并非有预谋、有准备的犯罪，而是在日常琐事引发的爆发性冲突中，一时冲动，难以控制自己的行为力度和打击部位而造成严重伤害后果，以致被追究刑事责任的行为。我国刑法虽然没有激情犯罪细化、具体的规定，但无论是立法上还是司法实践均承认这种犯罪情节存在。

从犯罪心理学上来分析，激情犯罪是行为人在精神上受到刺激或人身受到攻击、人格遭到侮辱后，处于难以抑制的兴奋冲动状态。在这种状态下，人的正常理智会被削弱或丧失，表现为认识范围狭窄，自我控制能力削弱，不能正确评价自己行为的意义和后果。因此，使人的意识恢复到原始状态，将冲动的情绪直接反射为行为，在强烈而短暂的激情推动下实施一种爆发性、冲动性的犯罪行为。需要具备以下情况才会促使犯罪行为的发生，首先是需要以犯罪动机作为动力；其次是外界存在创伤性刺激源致使危险心结的产生，同时存在外部诱因和强烈刺激源；最后是失去自我控制能力或控制能力失调导致的内在驱动力上升。而本案的基本事实完全符合这种情况。

(1) 被告人的婚姻爱情出现扰局者，且这种纠缠的局面持续了 1 年，已严重影响了被告人的人生。为了改变这种局面，找到被害人让其断绝来往，让金某某回归家庭是被告人的行为初衷。

(2) 本案中，被告人与金某某相识、相恋、相爱以及结婚生子，走过了十几年的光阴。被告人对金某某投入了全身心的爱恋，视其为自己生命的全部。被害人的出现破坏了稳定的家庭生活，被告人或警告过被害人或打骂过被害人，但效果甚微。两人长达一年的纠缠和欺骗是创伤性刺激源的产生根本，这将致使被告人的家庭、生活在极短的时间内被打破，诱发创伤，并形成危险心结。为了维系这个家庭，被告人或大度，既往不咎；或警告、威胁；或放弃成年男子的尊严，但种种行为换来的却是欺骗和隐瞒，这换作任何人都是无法接受的现实。因为爱得足够深沉，欺骗和隐瞒的行为对被告人的心理创伤极大，是本案发生的根本原因。

(3) 长时间的欺骗隐瞒和危险心理并不足以导致本案的发生，外部诱因刺激才是本案发生的最重要因素。

(4) 被告人的供述证实被告人行凶时是处于难以抑制的兴奋冲动状态，其意识恢复到原始状态，将冲动的情绪直接反射为无意识行为，这也符合激情犯罪的心理状态特征。

3. 夫妻双方应当忠于婚姻，被害人破坏他人家庭的行为，违背公序良俗等传统道德，是本案发生的决定因素，被害人具有重大过错

(1) 激情犯罪必然存在被害人过错，两者是相辅相成、并列存在的关系。

(2) 虽然被告人与金某某办理了法定离婚手续，但不影响被害人过错的认定。辩护人认可被告人离婚的事实，但请法庭注意两人离婚的背景因素，是基于买房子的需要而从形式上办理的手续，之后两人仍然共同居住，共同抚养子女，形成事实婚姻。

(3) 被害人在有家庭的前提下破坏他人夫妻感情的行为，伤害了普罗大众的朴素情感。

(4) 悲剧已经发生，但如果被害人在面对被告人或被告人的亲属警告时，断绝与金某某的来往，那么事情不会发展到这一步。

4. 现有证据不能排除被害人死于窒息的合理怀疑及医院救治措施存在严重不当的前提下，被害人的死亡介入了其他因素

(1) 被害人的死因究竟是什么，是本案待查的事实。虽然公诉机关提交

了公安机关出具的尸体检验报告显示被害人是因失血性休克死亡,但该死因结论与在案的抢救记录以及解剖材料等书证证据不相符,鉴定结论不能排除被害人是因为病理性窒息死亡的可能性。

(2)即使公诉机关提交的该份鉴定意见可以作为本案事实的认定依据,那么市立医院在救治被害人的过程中也存在过错,正是因为市立医院救治措施的不当和不及时,导致了被害人的死亡。

5. 在具有前科的前提下,被告人仍可从轻处罚

公诉人提交的证据材料显示,被告人之前受过刑事处罚,但不属于累犯,根据安徽省高级人民法院于2017年5月4日印发的《关于十五种常见犯罪量刑规范的实施细则》第22条之规定,可以增加基准刑的10%以下。基于此,在此基础上,辩护人结合案件基本情况,依据法律规定,认为被告人仍可获得从轻处罚。①被告人具有自首情节;②被告人认罪、悔罪,并愿意积极赔偿被害人家属;③被告人属于激情犯罪;④被害人具有明显过错;⑤被告人积极抢救被害人;⑥被害人的死亡介入了医疗过错的因素。

(四)法院判决

一审法院判决被告人钱某某犯故意杀人罪,判处死刑缓期二年执行,剥夺政治权利终身,并对被告人钱某某限制减刑。二审裁定维持原判。

五、理论延伸

由婚姻家庭、恋爱矛盾引发的故意杀人致人死亡案例在刑事死刑案例中占有相当大比例。山东省德州市中级人民法院公布的一组数据显示:2014年至2017年,山东省德州市中级人民法院共受理故意杀人、故意伤害(致死)案件120件。其中,由婚恋纠纷引发的故意杀人、故意伤害(致死)案件共有49件,占同期受理的故意杀人、故意伤害(致死)案件总数的40.83%。[1]由此可见,婚恋纠纷案件在故意杀人案件中占有相当高的比例。婚恋纠纷案件往往发生在我们周围的日常社会生活之中,更容易引发人们的关注,如何正确处理此类纠纷案件关系到社会公众对于司法公正的认识和理解。在纷繁复杂的婚恋纠纷案件中,没有足够明确的适用标准,对于应当判处何种刑罚

---

[1] 德州市中级人民法院课题组,刘光辉、林清梅:《关于婚恋纠纷引发的故意杀人、故意伤害(致死)案件的调研》,载《山东法官培训学院学报》2018年第1期。

的裁判只能交由司法者来行使,导致最终的判决结果大相径庭,特别是婚恋纠纷案件往往涉及道德伦理、公理法则等各方面的因素,非单一的刑法条文所能枚举。鉴于婚恋纠纷所致的故意杀人案的特殊性,有必要对婚恋纠纷所引发的故意杀人罪进行专项分析,以便能够更好地总结经验,为今后的司法实践提供参照。

(一) 婚恋纠纷死刑限制适用的规范分析

在宽严相济政策视域下,就婚恋纠纷引起的故意杀人案件的死刑适用而言,最高人民法院在1999年印发的《全国法院维护农村稳定刑事审判工作座谈会纪要》已表明其态度:"对于因婚姻家庭、邻里纠纷等民间矛盾激化引发的故意杀人犯罪,适用死刑一定要十分慎重……对于被害人一方有明显过错或对矛盾激化负有直接责任,或者被告人有法定从轻处罚情节的,一般不应判处死刑立即执行。"2007年最高人民法院印发的《最高人民法院关于为构建社会主义和谐社会提供司法保障的若干意见》第18条也规定,因婚恋纠纷引发的案件,"案发后真诚悔罪并积极赔偿被害人损失的案件,应慎用死刑立即执行"。最高人民法院于2010年2月印发的《关于贯彻宽严相济刑事政策的若干意见》第22、23条进一步规定了恋爱、婚姻、家庭犯罪"应酌情从宽处罚""被害人及其家属对被告人表示谅解的,应当作为酌定量刑情节予以考虑"。同年4月,最高人民法院刑三庭在《在审理故意杀人、伤害及黑社会性质组织犯罪案件中切实贯彻宽严相济刑事政策》中也同样指出因婚姻家庭矛盾引发的案件应体现从宽精神。

综上,可以看出,我国对婚恋纠纷杀人案的死刑限制有以下三个特点:

第一,将婚恋矛盾激化引发的故意杀人犯罪与其他故意杀人犯罪案件加以区分,并明确对其要"慎用死刑"。其中,《在审理故意杀人、伤害及黑社会性质组织犯罪案件中切实贯彻宽严相济刑事政策》在对婚恋纠纷杀人案件和其他杀人案件区分的基础上,明确将故意杀人案件分为严重危害社会治安、严重影响人民群众安全感的案件和由婚姻家庭、邻里纠纷等民间矛盾激化引发的案件,为该类案件的死刑限制规定奠定了基础。前者客观上以不特定人为行凶杀人对象,严重危害社会治安,对其他人形成心理上的恐惧和影响,主观上极端仇视国家和社会;后者客观上以特定的人为行凶杀人对象,主观上属于矛盾激化而激愤杀人。

第二,规范对婚恋纠纷与其他酌定从轻量刑情节竞合时的死刑限制进行规定。这主要是因为由婚恋纠纷引发的故意杀人案件往往伴随着被害人过错、被害方谅解、被告人积极赔偿、真诚悔罪等情节。首先，婚恋纠纷杀人案件的被告人和被害人的关系通常较为亲密，被告人与被害人亲属的关系也较为密切，被告人大多能获得被害人亲属的谅解。其次，在婚恋矛盾中，双方当事人通常都有不适当的言行，对于矛盾的激化和引发杀人行为都有一定的责任，即通常伴随着被害人过错这一情节。[1]此外，婚恋杀人案件的犯罪人是因为矛盾激化而激愤杀人，所以在犯罪当时情绪激烈，后来大多有悔罪心理，并积极赔偿。鉴于此，上述规范的意旨是对于婚恋纠纷引发的故意杀人犯罪，如果存在与其他酌定从轻情节竞合的情形，一般不应判处死刑立即执行。

第三，规范还明确了婚恋纠纷与法定从轻情节竞合时的死刑限制。《全国法院维护农村稳定刑事审判工作座谈会纪要》和最高人民法院发布的《最高人民法院关于为构建社会主义和谐社会提供司法保障的若干意见》都认为，被告人有法定从轻、减轻情节的，一般不考虑判处死刑立即执行。并且，最高人民法院刑三庭《在审理故意杀人、伤害及黑社会性质组织犯罪案件中切实贯彻宽严相济刑事政策》针对自首和立功这两个法定从轻情节分别进行具体的规定，对于有自首和立功表现的故意杀人的被告人，除犯罪情节特别恶劣、犯罪后果特别严重的，一般不应考虑判处死刑立即执行。由此可见，规范对于婚恋纠纷与法定从轻情节竞合的情形，做出一般不应判处死刑立即执行甚至可以考虑判处无期徒刑以下刑罚的指引。

因此，婚恋纠纷单独地或者与其他酌定从轻情节、法定从轻情节竞合后，一般至少可以限制死刑立即执行的适用。

（二）由婚恋纠纷引发的杀人案件死刑适用标准分析

1. 婚恋纠纷死刑限制适用的原则

首先，婚恋纠纷杀人案件的死刑限制应符合刑法对死刑适用条件的规定。我国《刑法》第232条规定："故意杀人的，处死刑、无期徒刑或者十年以上有期徒刑；情节较轻的，处三年以上十年以下有期徒刑。"第48条第1款规定："死刑只适用于罪行极其严重的犯罪分子。对于应当判处死刑的犯罪分子，如果不是必须立即执行的，可以判处死刑同时宣告缓期二年执行。"上述

---

[1] 姜涛：《死缓限制减刑适用中的"民间矛盾"——从首批刑法指导案例切入》，载《政治与法律》2015年第4期。

两个刑法条文规定的内容可以被概括为：对于罪行极其严重且必须立即执行死刑的故意杀人犯罪分子，应当判处死刑立即执行（下文简称"死刑"）；对于罪行极其严重但不是必须立即执行死刑的故意杀人犯罪分子，可以判处死刑缓期二年执行（下文简称"死缓"）。然而，对于具体的故意杀人案件来说，如何判断罪行是否极其严重，又如何进一步判断应否必须立即执行死刑，上述两个刑法条文并未提供明确、具体的操作指南。

（1）对"罪行极其严重"的理解。明确"罪行极其严重"的含义，是对其进行准确判断的前提。基于限制死刑适用的立场，对死刑适用之实质条件应当进行限制解释，这当然意味着应当对"罪行极其严重"的含义进行限制解释。

"罪行"是一个规范的要素，而非记述的要素。对"罪行"含义的理解，需要从规范学的角度进行分析。根据犯罪构成的一般理论，犯罪的成立需要行为同时具有客观危害性和主观非难性这两个条件。[1]其中，客观危害性是指行为被评价为犯罪所必须具备的客观上危害社会的属性，也即法益侵犯性；行为的客观危害性只是成立犯罪的基础，只有在可将该行为归责于行为人时，或者说可就该行为对行为人进行非难时，该行为才成立犯罪，此即主观非难性。

"罪行"是指已然之犯罪行为，所以，基于文理解释的视角，意指再犯未然之罪的现实可能性的人身危险性便不可能被纳入"罪行"的规范属性。而且，从体系解释的角度出发，人身危险性也不可能被"罪行"的规范属性所包含。必须立即执行的含义即指行为人的人身危险性极大，如果不立即执行，便可能有再度实施极其严重罪行的现实危险性。倘若认为"罪行"包含人身危险性，那么"罪行极其严重"就意味着行为人的人身危险性极大。换言之，倘若认为行为人的人身危险性极大是判断罪行极其严重的依据，那么便会导致《刑法》第48条的内在逻辑关系存在冲突，具体则表现为另一个死刑适用实质条件——"必须立即执行"的名存实亡，而且将导致死缓制度的虚置化，即死缓制度不再有可适用的空间。

明确了"罪行"的规范属性在于客观危害性和主观非难性，便等于确定了影响"罪行"严重程度的基本因素。据此，"极其严重"便有了确定的参照

---

[1] 张明楷：《犯罪构成体系与构成要件要素》，北京大学出版社2010年版，第38~39页。

系，即罪行的客观危害性和主观非难性。如此一来，"罪行极其严重"的含义便很清楚了，即指客观危害性程度和主观非难性程度均达到了最高程度。需要注意的是，最高程度是一个区间，而非一个点。[1]换言之，在"罪行极其严重"这一区间内，大概可依其严重程度分为高段和低段，高段对应死刑（立即执行），低段对应死刑缓期二年执行。

关于"罪行极其严重的判断"，有学者指出，"罪行极其严重"在罪行的客观危害性程度上表现为：犯罪性质是对生命的侵犯，犯罪结果为被害人死亡的实害结果；"罪行极其严重"在对行为人行为时的主观非难性程度上表现为：责任形式为直接故意，犯罪动机为极其卑劣，犯罪手段为特别残忍，责任能力并不存在减弱。[2]

在故意杀人罪中，杀死一人是其常态，针对该情形裁量刑罚时，不能选择适用最严重的刑罚，而是应该在应适用法定刑的中段偏下来考虑，否则后果更为严重的故意杀人将没有能与之相适应的刑罚。因此，对于故意杀人罪的常态而言，判处14年~15年的有期徒刑才是合适的。[3]此亦表明，作为故意杀人罪死刑量刑基准的客观后果，如果只要求1人死亡显然是不合适的，但若将标准设置过高，恐怕既不为国民所接受，也不符合现实的状况。因此，学者毛海利认为，将死刑量刑基准的客观后果设置为2人死亡是比较合适。

犯罪动机是指刺激犯罪人实施犯罪行为以达到犯罪目的内心冲动或内心起因，如此理解也符合动机的一般含义。[4]不同的犯罪动机对主观非难性程度的大小有显著的影响。"卑劣"显然是在犯罪动机的反社会性意义上而言的，那么"极其卑劣"便意味着动机的反社会性达到了最高程度，至于犯罪动机的最高程度的最低界限在哪里，无可否认是一个难题，具体需要法官依照一般的社会观念进行判断。当然，在判断时需要考虑被害人过错因素的影响。

犯罪手段主要是指行为方式，它是犯罪行为在客观上的具体表现。犯罪手段是犯罪行为的外在表现，是犯罪行为的存在形式。当行为人侵犯他人生

---

[1] 张健：《死刑适用之实质条件研究》，西南政法大学2013年博士学位论文，第2页。
[2] 张健：《死刑适用之实质条件研究》，西南政法大学2013年博士学位论文，第3页。
[3] 毛海利：《暴力犯罪死刑适用标准的教义学探究》，载《烟台大学学报（哲学社会科学版）》2019年第5期。
[4] 高铭暄、马克昌主编：《刑法学》（第10版），北京大学出版社2022年版，第117页。

命且造成实害结果，并对该行为及实害结果持故意的心态时，从尊重生命的立场出发，无论行为人采取何种手段，都可谓手段残忍。因为，剥夺他人生命的手段，不可谓不残忍。但是，手段残忍并不意味着行为人的主观非难性程度就能达到最高。我们可以将手段残忍视为"对善良风俗和人类恻隐心的挑战"。〔1〕于程度而言，"手段特别残忍"可谓是对善良风俗和人类恻隐心的极大挑战。以下几种情况可以被视为手段极其残忍，符合适用死刑的要求。第一，采用火焚方式烧死被害人的；第二，利用硫酸等腐蚀性化学物质杀死被害人的；第三，在被害人头部或面部及其他要害部位的同一位置上用钝器反复击打或用利器反复刺杀的；第四，采用断去肢体或活体解剖的方式杀死被害人的；第五，采用其他极端血腥或者有伤风化超出一般公众承受能力的方式杀死被害人的。笔者认为，客观方面的手段残忍还应当包括犯罪后处理尸体的手段方式。如果是以有伤风化、血腥恐怖的方式处理尸体（例如杀人后烹煮尸体），容易引起社会恐慌，也具有很严重的社会危害性，所以应当考虑适用死刑。〔2〕

（2）对必须立即执行的理解。

死刑作为剥夺犯罪人生命的最严厉的刑罚措施，应当被作为"最后的手段"。〔3〕作为死刑适用的第二个实质条件，"必须立即执行"是死刑适用的最后一道防线。对"必须立即执行"的正确理解和准确判断，是决定死刑最终能否被适用的关键。作为死刑适用的关键实质条件，"必须立即执行"不但限制死刑的适用范围，而且为死刑的适用提供实质根据。因此，需要对"必须立即执行"进行积极的独立判断。

基于限制死刑适用的立场，从预防犯罪的必要性上理解"必须立即执行"就意味着只有对于那些"罪行极其严重的犯罪分子"中再犯危险性程度最高的，才能"必须立即执行"。换句话说，"必须立即执行"的规范含义是指，如果不"必须立即执行"，那么该"罪行极其严重的犯罪分子"可能会再次实施危害社会的严重犯罪行为。显然，"必须立即执行"的实质根据在于犯罪

---

〔1〕 车浩：《从李昌奎案看"邻里纠纷"与"手段残忍"的涵义》，载《法学》2011年第8期。

〔2〕 陈征：《故意杀人罪死刑适用标准研究——以实务中故意杀人罪死刑适用为主要视角》，吉林大学2013年硕士学位论文，第15页。

〔3〕 [德] 汉斯·海因里希·耶塞克、托马斯·魏根特：《德国刑法教科书》（下册），徐久生译，中国法制出版社2017年版，第906页。

人所具有的再犯危险性达到了最高程度。在明确"必须立即执行"含义的前提下，如何对其进行具体的判断，是一个更为重要的问题，因为其是关乎死刑是否最终被适用的关键。再犯危险性的实体实际上是犯罪人反社会人格动态发展的一个阶段性呈现，反映了犯罪人对法规范的人格态度。正因为如此，对再犯危险性的预测或者判断毫无疑问是个极大的难题。

"法学，当然包括刑法学，具有经验性。在刑法领域，无论是立法还是刑事司法，对犯罪人人身危险性进行简单的经验判断是可行的。"[1]再犯危险性虽指向未然之罪，但它的判断依据却深藏于现存的现实之中，再犯罪的危险性，不是抽象的或臆测的存在，而是存在于犯罪及罪前、罪后犯罪人的表现和态度等现实之中，应当从现实中确定它的存在及大小。罪前情节主要是指犯罪人在犯罪前的一贯表现，其主要反映的是犯罪人在日常生活中对法规范的人格态度。需要注意的是，犯罪人的罪前表现对于判断其再犯危险性的影响力是弱小的，因为尽管犯罪人平时的表现良好，他之后所实施的犯罪行为，已经表明了其对法规范的人格态度发生了变化，走向了法规范的对立面。根据司法实践中的经验，如果犯罪人罪前表现一贯良好且系初犯、偶犯，即使其已经实施了犯罪行为，除非有特殊情况，否则在一般情况下认为其再犯危险性较小。犯罪中情节主要是指犯罪人所实施的犯罪行为，以及和犯罪行为有直接关系的犯罪原因及被害人的过错等。还需要通过犯罪人犯罪后的各种情节来确证其再犯危险性的程度。罪后情节对再犯危险性程度的影响，主要是考虑自首、立功等法定情节以及犯罪人真诚悔罪、积极赔偿被害方等酌定情节对犯罪人再犯危险性程度的影响。在上述影响犯罪人再犯危险性程度的基本因素中，罪前情节的影响力最小且较为容易判断，罪中情节的影响力最大，但是其作用在于推定犯罪人的再犯危险性达到最高程度，而不需要再对其进行积极判断。所以，对犯罪人再犯危险性程度起最终影响力的是罪后情节，需要进行积极判断。下文将结合婚恋纠纷进行分析。

其次，婚恋纠纷杀人案件的死刑限制应符合量刑规范。其根据是社会危害性和人身危险性。因为犯罪行为是刑罚发生的根据，而犯罪人是刑罚作用的对象，所以量刑要以犯罪行为为具体刑罚限制，以犯罪人的特征及刑罚目的作为刑罚实现的调整，但这种调整是以犯罪行为产生的刑罚根据为标准的，

---

[1] 曲新久：《刑法的精神与范畴》，中国政法大学出版社2000年版，第220页。

而不能突破这个边界。因此,婚恋纠纷引起的故意杀人犯罪的量刑仍要以犯罪行为为具体刑罚限制,以犯罪人的特征及刑罚目的作为刑罚实现的调整,且这种调整不能突破犯罪行为产生的刑罚根据。

再次,婚恋纠纷杀人案件的死刑限制应符合量刑情节的特别竞合规则。当从严情节与从宽情节在死刑案件中并存时,不能搞简单的相互抵消,可按照"先从严,后从宽"的原则处理,对犯罪人尽可能不适用死刑立即执行。另外,在死刑的裁量上,不宜僵硬地掌握"法定量刑情节在适用上优于酌定量刑情节,法定应当型量刑情节先于法定可以型量刑情节"这一规则,而需要注意从整体上分析和把握犯罪人的罪行是否属于极其严重,即是否符合死刑适用的标准。[1]

最后,婚恋纠纷杀人案件的死刑限制可以参考最高人民法院的《人民法院量刑指导意见(试行)》及《最高人民法院关于常见犯罪的量刑指导意见》。为进一步规范刑法裁量权,落实宽严相济刑事政策,最高人民法院先后出台了《人民法院量刑指导意见(试行)》和《最高人民法院关于常见犯罪的量刑指导意见》,改变了单纯定性分析的传统量刑方法,将定性分析引入量刑机制,从而准确确定被告人应负的刑事责任。但由于死刑具有不可量化的特征,使得死刑的裁量不能直接适用最高人民法院的量刑指导意见,但对于文件中规定的量刑比率可以参照适用,以解决量刑情节竞合情形时的死刑限制问题。

2. 婚恋纠纷死刑限制适用的规则

在司法实践中,多数以上的婚恋纠纷案件被告人存在自首、坦白情节,相对于发生在社会上的严重暴力案件中被告人在案发后多有逃窜情节,婚恋纠纷案件发生后被告人多存在悔罪、自首情节,这说明了婚恋纠纷案件被告人人身危险性较低。另外,由于婚恋纠纷案件发生主体的特殊性,在案件发生后,被害方亲属大多能对被告人进行谅解,被害方亲属是否对被告人进行谅解在被告人的量刑情节中应当占有重要因素。此外,被告人能否积极赔偿被害方经济损失和是否取得被害方亲属谅解有重要联系,在一般的刑事案件中,被告人除了有悔过心理取得被害方亲属谅解外,会对被害方亲属积极进

---

[1] 赵秉志:《中国死刑案件审判的热点问题——以刑事实体法为考察视角》,载《刑法论丛》2010年第2期。

行物质赔偿。最后，在婚恋纠纷案件的量刑情节中被害人存在过错情节确有举足轻重的作用。

（1）婚恋纠纷酌定从轻情节的单一适用的竞合。婚恋杀人案件通常伴随的酌定从轻情节有：被害人一方有明显过错或对矛盾激化负有直接责任、被害人家属谅解、认罪悔过、积极进行赔偿。《全国法院维护农村稳定刑事审判工作座谈会纪要》等规范性文件对于婚恋纠纷与这些酌定从轻情节竞合情形的死刑适用做出统一规定，即该类情形一般不应判处死刑立即执行。但每个酌定从轻情节有着不同的从轻处罚的根据。因此，对婚恋纠纷与不同的酌定从轻情节竞合时的死刑限制，也应进行差别化处理。

最高人民法院的《人民法院量刑指导意见（试行）》及《最高人民法院关于常见犯罪的量刑指导意见》两个指导意见规定，具备自首情节或积极赔偿被害人经济损失并取得谅解的，综合考虑案件情形后可减少基准刑的40%以下；被害人有重大过错，对被告人轻处30%；被告人赔偿的（不含损失在2000元以下的），在10%以内按比例轻处；当庭自愿认罪的，可结合案件具体情节减少基准刑的10%以下。由此可见，被害人过错和被害人家属谅解的量刑比例较高，与自首这一法定从轻情节的量刑比例极为接近，而被告人认罪、赔偿的量刑比例较低，只有10%以下，被害人过错和被害人家属谅解的从宽力度大于被告人认罪、悔过及被告人赔偿。从从轻处罚的角度进行分析，被害人具有明显过错在相当程度上可以降低犯罪人的主观恶性和人身危险性；被告人认罪悔过、积极赔偿在一定程度上减弱犯罪人的人身危险性，且在一定程度上缓和双方的矛盾；被害人家属谅解间接地反映被告人良好的悔罪表现，减弱其人身危险性，且从根本上化解双方的矛盾。大大降低犯罪人的主观恶性的"被害人过错"及从根本上化解矛盾的"被害人家属谅解"情节，具有较大的从宽力度。因此，当婚恋纠纷与被害人过错以及被害人家属谅解情节竞合后，一般不适用死刑；婚恋纠纷与被告人认罪悔过、积极赔偿竞合后，对死刑适用的限制只能是一般不适用死刑立即执行。[1]

（2）婚恋纠纷法定从轻情节与酌定情节的竞合。婚恋杀人犯罪可能会伴随坦白、自首、立功等法定从轻情节。《最高人民法院关于为构建社会主义和

---

[1] 周芸野：《裁判规则下婚恋纠纷死刑限制适用问题研究》，载《云南师范大学学报（哲学社会科学版）》2018年第4期。

谐社会提供司法保障的若干意见》等规范对于婚恋纠纷与法定从轻情节竞合的情形，作出一般不应判处死刑立即执行的指引。而最高人民法院刑三庭《在审理故意杀人、伤害及黑社会性质组织犯罪案件中切实贯彻宽严相济刑事政策》对自首作出了更为宽松的规定，对婚恋纠纷杀人案件同时有法定从轻、减轻处罚情节的，应考虑在无期徒刑以下裁量刑罚；对于有立功表现的故意杀人的被告人，一般也应当体现从宽，若非犯罪情节特别恶劣，后果特别严重，可考虑不判处死刑立即执行。再结合《最高人民法院关于为构建社会主义和谐社会提供司法保障的若干意见》的规定，对于自首情节，综合考虑其案件情形后可以减少基准刑的40%以下；对于立功情节，一般立功的，可以减少基准刑的20%以下，重大立功的，可以减少基准刑的20%~50%；对于坦白情节，综合考虑案件情形后，对于如实供述自己罪行的，可以减少基准刑的20%以下。得出以下结论：①婚恋纠纷与自首情节、重大立功情节（在很大程度上降低犯罪人的人身危险性）竞合时，一般不判处死刑；②婚恋纠纷与一般立功情节、坦白竞合时，一般不判处死刑立即执行。[1]

（3）婚恋纠纷酌定从重情节与酌定从轻情节的竞合。与婚恋纠纷伴随的酌定从重情节包括犯罪手段极其恶劣、犯罪后果极其严重（致两人以上死亡）、犯罪前科、被害人家属不谅解、犯罪地点在公共场合等。婚恋纠纷杀人案件，犯罪手段极其恶劣、犯罪后果特别严重的，适用死刑立即执行，即使有自首情节，一般也不能限制死刑立即执行的适用。在存在被害人家属不谅解情节时，即使婚恋纠纷杀人案件的犯罪人自首，一般也会判处死刑缓期二年执行，即一般只能排除死刑立即执行的适用。犯罪前科虽然类似于累犯，在较大程度上提高了犯罪人的人身危险性。但它是依犯罪人过去的行为对其人身危险性进行推定，而自首则是依行为人现在的行为对犯罪人的人身危险性进行推定，更能准确地反映犯罪人此时此刻的人身危险性，无论是从这一点考虑，还是从法定情节优于酌定情节的角度考虑，犯罪前科都不应优于自首情节适用。婚恋纠纷、自首与犯罪前科情节竞合时，不能得出一般会判处死刑缓期二年执行的结论。犯罪地点在公共场合对于犯罪社会危害性的贡献并不大。因此，其对于判处死刑的贡献也不大。在婚恋纠纷、自首、在街头

---

[1] 周芸野：《裁判规则下婚恋纠纷死刑限制适用问题研究》，载《云南师范大学学报（哲学社会科学版）》2018年第4期。

杀人情节竞合时，当然仍不适用死刑。

  由婚恋纠纷所致的故意杀人案件中，只有犯罪手段特别残忍、犯罪后果特别严重的情形，才能适用死刑立即执行。基于量刑规范化的要求，犯罪人的量刑须基于罪行的客观危害性和主观非难性、犯罪人再犯可能性以及刑罚目的的综合考量，而不能超越其刑罚边界。

> 必须实行镇压与宽大相结合的政策,即首恶者必办,胁从者不问,立功者受奖的政策,不可偏废。
>
> ——【中国】毛泽东

第三节　普通型故意杀人之邻里纠纷引起的故意杀人案

一、案情简介

1990年3月14日晚10时许,被告人吴某升的父亲吴某2、哥哥吴某4(已判决)因赌资问题与被害人吴某1及其家人发生争吵、厮打。后吴某4返回家中将打架一事告知吴某升,吴某4持单刃尖刀,吴某升持斧头赶至吴某1家门前,被吴某1父亲挡在门外,二人未能进入。二人看到吴某1的弟弟吴某3站在门外,便一同追撵吴某3。吴某1见状,从家中拿一把叉扬随后追赶,追赶到离村约200米处的田埂上时,遇到吴某4、吴某升二人,双方再次发生厮打,吴某4持尖刀向吴某1身上连刺数刀,致吴某1当场死亡。经鉴定,被害人吴某1系被他人用单刃锐器刺伤肺脏致呼吸循环衰竭休克死亡。

被告人吴某升案发后逃离,肥东县公安局于1999年6月4日对吴某升进行网上追逃,于2017年6月12日将吴某升抓获归案。

二、控方指控

检院认为,被告人吴某升伙同其哥哥吴某友,持凶器报复他人,故意非法剥夺他人生命,致一人死亡,其行为已触犯1979年《刑法》第132条之规定,犯罪事实清楚,证据确实充分,应当以故意杀人罪追究其刑事责任。

三、辩护律师观点

(1)事前被告人吴某升没有和他人共同杀人的动机、目的,没有共同故意杀人罪的主观故意。

事情的起因是被告人的父亲和哥哥被他人殴打,其哥哥去叫自己的弟弟去看看,并没有让被告人去杀人的故意。被告人和他人没有共同犯罪的故意。

被告人因为自己的哥哥、父亲被殴打,其和哥哥去理论,有没有故意伤害、杀人的故意，需要结合其后的行为来看。现在来看，没有此方面的行为。

（2）本案中，即使他人有杀人的行为，被告人也没有杀人的实行行为。

被害人吴某1的家门口，被告人吴某升拿斧头，但是没有追吴某3。

在吴某友与吴某1打斗的现场，被告人吴某升没有杀害、伤害被害人的实行行为。

（3）被告人不构成故意杀人的从犯。

被告人并没有实施故意杀人罪的实行行为，不是起次要作用的实行犯。

被告人并没有在故意杀人犯罪中起辅助作用，不是故意杀人罪的帮助犯。

（4）事后被告人积极向司法机关陈述自己的行为，只是因为担心承担民事责任才逃避，不是畏罪潜逃。

四、判决结果

安徽省合肥市中级人民法院［2017］皖××刑初××号刑事判决书判决被告人吴某升犯故意杀人罪，判处有期徒刑8年。

五、理论延伸——由民间矛盾纠纷引起的故意杀人

所谓民间纠纷引发的暴力犯罪，系指由婚姻家庭、邻里冲突、宅基地纠纷、债权债务等民间矛盾激化引发的故意杀人或故意伤害等暴力性的犯罪。民间纠纷引发的暴力犯罪往往发生于具有一定地缘、血缘、人缘关系的熟人社会，被告、被害双方大多是远亲近邻或沾亲带故的关系，因矛盾叠加、冲突升级，没有得到有效调和，最终酿成恶果。虽然犯罪造成的后果也十分严重，但被告人的人身危险性和行为的社会危害性相对较小。民间纠纷引发的暴力犯罪，被告人大多事先并无预谋或策划，虽然从纠纷的产生到犯罪的实施一般都有一个过程，但在多数情况下犯意是临时产生，甚至是瞬间爆发的，即通常所称的"激情行凶"，犯意并不十分清晰明确。一旦造成他人死亡的后果，其行为应被认定为故意杀人还是故意伤害，在实践中争议颇大。特别是许多案件被告人在酒醉后或愤怒中，持刀不计后果地朝被害人胸腹部捅刺数刀，造成致人死亡的结果如何定性意见往往不一。由于从刑法规定来看，故意伤害罪的法定刑是由轻到重排列，故意杀人罪则是由重到轻。故意伤害致人死亡判处死刑的条件比故意杀人判处死刑的条件要严格得多，定性为不同的罪名将可能带来量刑的极大差异，因此争议双方经常在罪名认定上意见相

左,各朝有利己方的意见辩驳。

民间纠纷引发导致一方施以严重暴力致对方死亡,被害人往往存在过错。被害人是否存在过错及其过错大小,是考察被告人的主观恶性和人身危险大小强弱的重要依据。从被害人过错的表现形式来看,有挑衅、激将、报复、失态等。[1]理论中有学者将被害人过错分为一般过错、明显过错和重大过错三种。一般过错也就是对事件引发有直接责任的情形,指被害人具有违反社会道德规范的行为,或违反法律法规的一般违法行为,或扩大犯罪后果的明显过失行为,或对犯罪行为持允诺态度,过错行为程度较轻,从社会普通人的标准看根本不可能导致他人对之实施杀害或者伤害等犯罪行为,对案件过程的发生发展产生有一定促进作用但非决定作用;明显过错指被害人的犯罪行为或程度较重的违法行为,对案件过程的发生发展起决定作用,直接促使了犯罪的发生或发展;重大过错指被害人先实施故意犯罪的行为,并由此引起犯罪人针对被害人的重大犯罪的发生,导致其被杀害或被伤害。[2]实践中,由于起因的复杂性、双方矛盾的尖锐性,常常无法完全查清,难以准确认定过错责任。一般情况下,要认定一方有重大过错或明显过错,必须遵循法律评价中权利和义务相对等的原则,严格掌握如一方对另一方实施虐待、性侵害、家庭暴力等行为。已经违背法律为公民设定的权利范畴,构成违法或犯罪的才可以认定为明显过错;上述行为程度激烈到危及另一方的生命健康安全,依法可以实施防卫行为的,可以认定为重大过错。而认定一方有一般过错或对事件负有直接责任,则应参酌道德人的评价尺度放宽标准,对于一方有毁人财物、侵犯地界、酗酒闹事等违反社会秩序的行为,对一方有拖欠债务、赖债躲债、诈欺骗诱等违背诚信原则的行为,对于一方有言语挑衅、揭人伤疤、当众羞辱等有损人格行为,都可认定对事件负有直接责任。但是,由于实践案例的纷繁复杂,必须结合具体情况具体分析。在分清当事人过错责任的同时,被害人有重大过错或有明显过错的,对被告人不应适用死刑;只有一般过错或对事件负有直接责任的,在一般情况下不足以影响故意杀人罪死刑的适用,但对故意伤害罪是否适用死刑应有所影响。

---

[1] 张应立:《论被害人过错与犯罪》,载《福建公安高等专科学校学报(社会公共安全研究)》2002年第3期。

[2] 赵良剑:《刑事被害人过错认定的若干实务问题》,载《四川警官高等专科学校学报》2006年第3期。

此外，在民间纠纷引起的故意伤害和故意杀人案件中，区分二者原本就有很大难度。判断和认定故意杀人罪与故意伤害（致死）罪最直接有效的方法是犯罪嫌疑人的主观动机。如果犯罪嫌疑人主观动机明确，会直接导致定罪的明确和准确。但当犯罪嫌疑人犯罪动机无法明确判断或认定其犯罪性质的时候，则是需要结合或综合其他判断或认定标准，对案件事实进行具体分析。理论界有学者提出要着重考虑以下几个方面的情节：

第一，案件的起因。案件是怎样引发的，是由于生活琐事，还是由于双方素有仇恨，积怨很深引起的；是因一时激愤，还是因原则性问题而导致行为人久有预谋的。

第二，犯罪有无预谋和准备。凡是预谋杀人的，一般都会经过周密准备，事先踩点，选择最有利的时机和外人不在的场所实施犯罪行为；而伤害案件，一般情况下，行为人很少事先预谋，即使有准备，也没杀人案件那么周密。

第三，作案工具。意图杀人的，行为人一般选择最具有杀伤力、最能致人死亡的工具；意图伤害的，行为人使用的犯罪工具相对不具有较大杀伤力，往往是随手取得的。

第四，伤害的部位。一般来说，故意杀人的，行为人总是选择要害部位打击；故意伤害的，行为往往是选择非要害部位，甚至有意避开要害部位。

第五，犯罪行为有无节制。故意杀人的，特别以故意杀人为目的的犯罪，往往致害行为表现得没有节制，不致被害人于死地不会住手；故意伤害行为是以造成对方伤害为目的，不想造成对方死亡，往往致害行为比较有节制，一旦达到了伤害他人的目的，行为人一般就会罢手，不再实施侵害行为。

第六，犯罪的时间、地点与环境有无选择。是行为人特意选择的时间、地点还是随机的时间、地点？案发时是否有其他人在场？故意杀人的，行为人往往精心选择一定的时间、地点来犯罪，案发当时一般没有其他人在场；故意伤害的行为人则可能与此相反，随意性比较大。

第七，犯罪后的态度和表现。故意杀人的，行为人在被害人濒临死亡时并不施救，造成被害人死亡后往往表现出一种比较满足的神情，甚至向他人炫耀；如果行为人仅是故意伤害，当他知道被害人死亡后，往往表现出惊讶和出乎意料，甚至会对被害人有送医、拨打 120 进行救助的行为。

第八，行为人的一贯表现。行为人一贯表现为粗暴、凶残、放荡不羁流氓成性，或者平时比较胆小怕事，性格懦弱、温顺，也可以在一定程度上有助于分析行为人杀人意图的可能性大小。

第九，犯罪人和被害人的关系。犯罪人和被害人是亲属关系、朋友关系，还是一般同事关系、邻里关系，抑或素昧平生；是一般关系，还是关系亲近抑或有多年积怨等。这些也可以帮助分析行为人有无杀人的动机和企图。

在由民间矛盾造成的故意杀人死刑案件中，犯罪人主观恶性较低，对死刑执行方式的选择具有重要影响，[1]但在具体的司法案件中各种类型的矛盾层出不穷，关于这些矛盾是否属于民间矛盾，又如何界定是实务中存在的一个问题。因此，对于故意杀人死刑案件，量刑时应当首先明确地界定其是否属于由民间矛盾引发，其次再根据其他情节综合考虑，参考《最高人民法院关于为构建社会主义和谐社会提供司法保障的若干意见》中的"对于因婚姻家庭、邻里纠纷等民间矛盾激化引发的案件，因被害方的过错行为引发的案件，案发后真诚悔罪并积极赔偿被害人损失的案件，应慎用死刑立即执行"，谨慎地选择刑罚的适用方式。

我们在把手案例网以"民间矛盾""刑事案件""故意杀人罪"为检索条件，随机选取了25个案件，通过比较分析量刑情节可以得出，在故意杀人案件中，被告人案发后的积极赔偿，真诚悔罪，取得被害人或其家属谅解等情形对被告人的量刑具有较为重要的作用，一般不会被判处死刑，同时具有其他从轻或减轻处罚情节的，可能仅被判处有期徒刑刑罚。在辩护工作中，要积极争取被害人或其家属谅解，劝说被告人积极赔偿。

法院	案号	情节	量刑
河北省高级人民法院	[2016]冀刑终字415号	考虑本案系民间矛盾引发，被害人对激化矛盾有一定过错，张某虎有自首情节且认罪悔罪，原审附带民事诉讼原告人与张某虎亲属达成民事赔偿协议并表示对张某虎予以谅解，故对张某虎依法从轻处罚	判处有期徒刑15年，剥夺政治权利5年

---

[1] 张正智主编：《故意杀人案件审判疑难问题与实践》，人民法院出版社2016年版，第101页。

续表

法院	案号	情节	量刑
山东省高级人民法院	[2017]鲁刑终408号之一	鉴于本案系因民间矛盾引发，被害人对引发本案具有一定过错，上诉人桑某彪主动到公安机关投案及二审审理期间积极赔偿、取得被害人亲属谅解的情节，对上诉人桑某彪依法可从轻处罚	判处无期徒刑，剥夺政治权利终身
吉林某某中级人民法院	[2015]吉刑一终字第67号	鉴于本案系民间矛盾引发，全某哲有自首情节，且系限定刑事责任能力人，案发后向被害人亲属赔偿丧葬费等情节，可予以从轻处罚	判处无期徒刑，剥夺政治权利终身
内蒙古某某基层人民法院	[2020]内0202刑初16号	贾某英犯罪后自动投案，如实供述自己的罪行，系自首，可以从轻或减轻处罚。贾某英家属赔偿被害人常某损失并取得常某及刘某的谅解，酌定从轻处罚。贾某英自愿认罪认罚，依法从宽处理。贾某英在犯罪过程中，因被害人常某和刘某的反抗致使危害结果未发生，是犯罪未遂，可以从轻或者减轻处罚	判处有期徒刑5年
山东某某中级人民法院	[2017]鲁07刑初88号	被告人阿某某吉犯罪情节恶劣，后果严重，但鉴于其系初犯、偶犯，本案系因民间矛盾引发，被害人对本案的发生存在过错，故可对其依法从轻处罚	判处无期徒刑，剥夺政治权利终身
吉林省延边朝鲜族自治州中级人民法院	[2016]吉24刑初3号	孙某系累犯，应当从重处罚。鉴于本案系民间纠纷所引发，对孙某判处死刑，可不立即执行	判处死刑缓期二年执行，剥夺政治权利终身
重庆市第三中级人民法院	[2019]渝03刑初1号	张某某在案发后主动投案，如实供述自己的罪行，系自首，可依法从轻处罚。张某某的亲属代张某某赔偿了被害人亲属的经济损失，可酌定从轻处罚	判处有期徒刑15年，剥夺政治权利2年
黑龙江省哈尔滨市中级人民法院	[2018]黑01刑初140号	本案因恋爱等民间矛盾激化引发的犯罪，李某作案时年满60周岁，系老年人犯罪，其如实供述所犯罪行。鉴于本案系因民间矛盾激化引发，李某系老年人犯罪，且如实供述所犯罪行，可从轻处罚	判处无期徒刑，剥夺政治权利终身

续表

法院	案号	情节	量刑
甘肃省高级人民法院	[2015]甘刑三终字第25号	被告人马某元故意杀人致二人死亡,其犯罪情节恶劣,后果特别严重,论罪应处死刑,但鉴于本案因民间矛盾纠纷引发,且案发事出有因,被告人亲属能够积极赔偿被害方经济损失,依法可从轻处罚	判处被告人马某元死刑缓期二年执行,剥夺政治权利终身,对马某元限制减刑
重庆市第三中级人民法院	[2017]渝03刑初1号	结合罗某英具有自首情节、取得了被害人部分亲属的谅解、赔偿被害人亲属经济损失、认罪悔罪态度好,且本案系婚姻家庭民间矛盾引发,依法对罗某英予以从轻处罚	判处无期徒刑,剥夺政治权利终身
北京市第一中级人民法院	[2019]京01刑初67号	本案系因民间矛盾引发,且李某一在亲属的帮助下积极赔偿被害人亲属的经济损失,获得被害人亲属的谅解等具体案情,本院对李某一予以从轻处罚	判处无期徒刑,剥夺政治权利终身
石家庄市中级人民法院	[2014]石刑初字第00187号	被告人在亲属的帮助下被抓获归案,并能如实供述自己的罪行,属坦白,且该案因民间矛盾而引发,被告人能积极赔偿被害人方的损失,并获取谅解,可从轻处罚;被告人闫某雪犯罪后能如实供述自己的罪行,属坦白,且属初犯,能积极弥补被害人方的损失,可从轻处罚	判处无期徒刑,剥夺政治权利终身
吉林省四平市中级人民法院	[2014]四刑初字第37号	鉴于本案系因民间矛盾所引发,且被害人在案件起因上有过错,对张某有可从轻处罚	判处无期徒刑,剥夺政治权利终身
河北省承德市中级人民法院	[2019]冀08刑初28号	但本案系民间矛盾引发,被告人胡某明构成自首,认罪态度较好。考虑本案的具体情况,应对其依法从轻处罚	判处无期徒刑,剥夺政治权利终身
吉林省四平市中级人民法院	[2016]吉03刑初12号	鉴于本案系民间矛盾引发,秦某国有自首情节,对其可从轻处罚	判处无期徒刑,剥夺政治权利终身

续表

法院	案号	情节	量刑
山东省潍坊市中级人民法院	［2017］鲁07刑初10号	鉴于本案系由民间纠纷引发，且造成被害人死亡的原因是由于被害人在较严重冠心病基础上头部遭受锐器砍伤致颅骨骨折、颅内出血、颅脑损伤，右心室附壁血栓形成导致呼吸、循环衰竭，以及被告人宋某林归案后，认罪态度较好，具有坦白等具体情节，可依法对其从轻处罚	判处无期徒刑，剥夺政治权利终身
内蒙古奈曼旗人民法院	［2017］内0525刑初220号	本案系由民间纠纷引发，被告人隋某某非法剥夺他人生命，由于意志以外的原因未得逞，系犯罪未遂，情节较轻，其行为构成故意杀人（未遂）罪	被告人隋某某犯故意杀人（未遂）罪，判处有期徒刑3年缓刑5年
辽源市中级人民法院	［2017］吉04刑初24号	经查，本案系由民间矛盾所引发，被害人对引发本案有一定过错，被告人郑某华无前科劣迹，积极赔偿被害人经济损失，取得了被害人家属谅解，其家属能配合公安机关传唤其到案，其到案后如实供述所犯罪行，应比照自首依法对其从轻处罚	判处有期徒刑14年
安徽省亳州市中级人民法院	［2019］皖16刑初13号	经查，本案系民间矛盾引发的命案，孙某德归案后能够如实供述主要犯罪事实，有坦白情节，且赔偿被害方经济损失，依法可从轻处罚，对辩护人所提孙某德积极赔偿被害方损失，可从轻处罚的辩护意见予以采纳	判处无期徒刑，剥夺政治权利终身
江苏省苏州市中级人民法院	［2020］苏05刑初6号	被告人沈某军归案后如实供述故意杀人主要犯罪事实，系坦白，依法从轻处罚。被告人沈某军积极赔偿被害人家属经济损失并取得谅解，鉴于本案系因民间矛盾引发，涉诉矛盾已有效化解，可对其酌情从轻处罚	判处有期徒刑15年，剥夺政治权利5年
甘肃省兰州市中级人民法院	［2014］兰刑一初字第109号	所犯故意杀人罪系因邻里民间矛盾引发，被告人周某珍系激情犯罪，且归案后能如实供述自己的罪行，可对其酌情从宽处罚	判处无期徒刑，剥夺政治权利终身

续表

法院	案号	情节	量刑
贵州省毕节市中级人民法院	[2020]黔05刑初153号	鉴于本案系因口角纠纷引发，杨某犯罪以后自动投案，如实供述罪行，具有自首情节，依法可对其从轻处罚	判处无期徒刑，剥夺政治权利终身
贵州省毕节市中级人民法院	[2018]黔05刑初136号	被告人尚某光与被害人张某4酒后因琐事发生争执，鉴于被害人张某4引发本案有一定的责任，尚某光到案后认罪态度好等情节，依法对尚经光从轻处罚	判处无期徒刑，剥夺政治权利终身

量刑是否公正以及公正的程度取决于法官对量刑情节的认定和运用。当下司法解释中故意杀人罪的量刑情节有很多，既有对法定裁量情节的强调（非简单重复），也有对酌定裁量情节的明示；既有对量刑内容的常识性阐发（不用严格的法律术语），也有对裁量尺度和结果的建议式表达，最终都是为了使判决结果在适用标准更加统一的前提下，兼顾法律效果和社会效果。但众多量刑情节的存在以及司法解释本身所具有的特性可能会导致判决结果出现偏差。

在实践中，故意杀人案件从性质上通常可分为两类：一类是严重危害社会治安、严重影响人民群众安全感的案件，如极端仇视国家和社会，以不特定人为行凶对象的；一类是因婚姻家庭、邻里纠纷等民间矛盾激化引发的案件。对于前者应当作为严惩的重点，依法判处被告人重刑直至判处死刑。对于后者在处理时应注意体现从严的精神，在判处重刑尤其是适用死刑时应特别慎重，除犯罪情节特别恶劣、犯罪后果特别严重、人身危险性极大的被告人外，一般不应当判处死刑。对于被害人在起因上存在过错，或者是被告人案发后积极赔偿，真诚悔罪，取得被害人或其家属谅解的，应依法从宽处罚，对同时有法定从轻、减轻处罚情节的，应考虑在无期徒刑以下裁量刑罚。

> 法律以惩戒令人有所戒惧，治安法官以强力迫使人们服从；但树立典范却是一种温和与说服的手段，它通过一种潜移默化的、几乎是不知不觉的力量吸引人们改过向善。
>
> ——【英国】笛福

第六章
罪轻之黑社会性质组织案

目前我国虽然没有黑社会组织，但是黑社会性质组织进一步发展，就会成为前者。黑社会性质组织，作为共同犯罪的高级别形态，具有极高的社会危害性和人身危险性。对黑社会性质组织犯罪，我国一直执行"打早打小""打准打实""宽严相济"的刑事政策。而在具体案件中，准确认定黑社会性质组织，是定罪和量刑的前提，也是贯彻刑事政策的基础。

第一节 龚某某涉黑改判案

一、案情简介

2017年4月10日安庆某商务信息咨询有限公司成立，龚某甲任公司法定代表人，龚某乙和洪某某负责管理公司。2018年6月21日，安庆市公安局指定某某县公安局管辖"龚某甲等人涉嫌敲诈勒索"案。2018年6月22日，某某县公安局对"龚某甲等人涉嫌敲诈勒索"进行立案。2018年8月30日，某某县公安局对"洪某某等人组织、领导、参加黑社会性质组织案"进行立案。本案中某某县公安局共计对58名嫌疑人刑事立案。

2018年12月31日，某某县公安局侦查终结，以被告人洪某某、龚某甲等13人涉嫌组织、领导、参加社会性质组织罪，诈骗罪，寻衅滋事罪，敲诈勒索罪，抢劫罪，抢夺罪，非法侵入住宅罪，强迫交易罪等罪名，向某某县检察院移送审查起诉。2019年1月4日某某县公安局以龚某乙、吴某等15人涉嫌组织、领导、参加社会性质组织罪，诈骗罪，寻衅滋事罪，敲诈勒索罪，抢劫罪，抢夺罪，非法侵入住宅罪，强迫交易罪等罪名，向某某县检察院移送审查起诉。

2019年1月25日某某县检察院延长审查起诉期限15日。2019年2月15日某某县检察院退回某某县公安局补充侦查。2019年3月15日某某县公安局以被告人洪某某、龚某甲等29人涉嫌组织、领导、参加社会性质组织罪，诈骗罪，寻衅滋事罪，敲诈勒索罪，抢劫罪，抢夺罪，非法侵入住宅罪，强迫交易罪等罪名，移送审查起诉。

2019年4月30日某某县检察院以被告人洪某某、龚某甲、龚某乙3人组织、领导黑社会组织罪，诈骗罪，敲诈勒索罪，抢夺罪，寻衅滋事罪，非法侵入住宅罪等罪名，以程某、龚某丙等19人参加黑社会性质组织罪、诈骗罪、敲诈勒索罪等罪名，其他7人诈骗罪、敲诈勒索罪等罪名，向某某县人民法院提起公诉。

2019年6月11日某某县人民法院组织部分被告人及全部辩护律师参加庭前会议。期间两名被告人拒绝法院援助律师的辩护，庭前会议中止。2019年6月17日至18日某某县人民法院再次组织部分被告人及全部辩护参加庭前会议。2019年7月17日至21日某某县人民法院组织开庭，历时5天。

二、控方指控

（一）组织、领导、参加黑社会性质组织罪

2017年4月，在武汉某金融信息服务有限公司董事长吴某新的提议下，被告人龚某甲、龚某乙商议决定成立车贷公司，在武汉某中州商务顾问有限公司（以下简称"武汉中州公司"）总经理祁某某的协助下，于2017年4月10日在某某市注册成立安庆中某州公司（以下简称"安庆中州公司"），非法经营车贷业务。被告人龚某甲任中某州公司法定代表人，被告人龚某乙任中某州公司负责人，并到武汉中州公司学习车贷业务。2017年7月，被告人龚某乙患病，被告人龚某甲安排被告人洪某某协助被告人龚某乙管理公司。该公司将"套路贷"与暴力催收相结合，肆意侵占借款人钱财。

(二) 诈骗罪、敲诈勒索罪、寻衅滋事、抢夺罪、非法侵入住宅罪

2017年5月至2018年6月期间,该组织假借"汽车抵押借款"的名义,利用借款人急需资金的心理,招揽他人借款。在借款过程中,由客户经理具体与客户洽谈,由车评专员对车辆进行评估并安装GPS装置,由面审专员对借款人提交的房产等材料进行审查,再由贷后专员对借款人的住房、工作单位进行核实及定位,然后要求借款人在合同专员提供的单方保存的格式合同及附加合同上签字,并以扣除"最后一期利息""GPS安装费""融资服务费""下户考察费""平台开户费"等名目收取高额费用,设置套路诈骗他人钱财。该组织共实施诈骗155起,涉案金额共计人民币6 091 236.26元。其中,被告人龚某甲、龚某乙、程某、诸某某涉案155起,涉案金额6 091 236.26元。

2017年5月至2018年6月,该组织以借款人车辆GPS信号异常、"一车二押"、逾期还款等事由肆意认定违约,并以"拖车"等方式,采用殴打、威胁、"谈判"等暴力或者"软暴力"手段,以收取拖车费、罚款、违约金等名义实施敲诈勒索。该组织共实施敲诈勒索36起,勒索钱财共计457 438元。其中,被告人洪某某、龚某甲、龚某乙、陈某某涉案36起,涉案金额457 438元。

2017年5月至2018年6月,该组织以借款人逾期还款等事由,采用威胁、恐吓、滋扰、纠缠、哄闹、蹲守、"跟脚"、喷油漆等"软暴力"手段上门催收,逼迫借款人还款。该组织共实施寻衅滋事37起,索要钱财共计人民币6400元。其中,被告人洪某某、龚某甲、龚某乙、陈某某涉案37起,涉案金额6400元。

三、辩护律师观点

(一) 安庆中州公司是合法成立的公司,其成员实施的行为,不符合黑社会性质组织犯罪的四个特征

(1) 组织特征——形成较为稳定的犯罪组织,人数较多,有明确的组织者、领导者、骨干成员基本固定。

不符合稳定性特征——涉案人员尚未形成稳定的组织体系,骨干成员尚未基本固定。不具备组织纪律、活动规约——中州公司的贷款流程和各项制度是开设公司进行经营活动的应有之义,并非黑社会性质组织章程。关于组织特征总结来说:安庆中州公司的组织者、领导者处于不断轮换之中,起诉书指控的积极参加者与一般参加者绝大部分为贷后部成员,"犯罪组织"与

"组织中存在犯罪","公司运营制度"与"黑社会性质组织章程"这两组不同的概念不应被混淆。

（2）经济特征——有组织地通过违法犯罪活动或者其他手段获取经济利益，具有一定的经济实力，以支持该组织的活动。

不具备形成、运营黑社会性质组织的经济实力——安庆中州公司系由武汉中州公司筹建，放贷的本金亦来源于武汉。

不具备对所获经济利益的独立支配权——安庆中州公司通过车贷获得的经济利益直接流向了武汉中州公司，安庆公司对该利益无支配与控制能力。

"以工资、提成等形式返回该犯罪组织"，既混淆了"给付员工正常工资"与"以黑养黑壮大组织势力"的区别，也忽视了安庆中州公司在客观上并无豢养黑社会性质组织的经济实力。

（3）行为特征——以暴力、威胁或者其他手段，有组织地多次进行违法犯罪活动，为非作恶，欺压残害群众。

安庆中州公司的行为未达到刑法规定的暴力、威胁程度，表面上是软暴力的手段形式，但未形成心理强制，并非"软暴力"。

安庆中州公司并未欺压、残害"群众"。"群众"依据字面含义理解，指的是普通大众，其外延是无辜而不特定的普通居民，应当不包括与涉案组织成员发生斗殴、逃避债务、明知无还款能力仍肆意借款的"老赖"，安庆中州公司的客户不应不问事实地被类推为受欺压、残害的群众。

黑社会性质组织犯罪对法益的严重侵害性体现在对人民群众的欺压残害、攫取经济利益形成行业控制地位上，但本案中有相当一部分客户具有严重过错、肆意违约，明知无还款能力仍套取贷款，应当将其剥离"被欺压、残害的群众"范围内。

关于行为特征总结来看，安庆中州公司在催讨债务的过程中使用的暴力手段之轻微远未达到黑社会性质组织犯罪要求的程度，虽符合软暴力的手段形式，但未形成心理强制，并非"软暴力"，其也没有多次有组织地欺压、残害人民群众，不符合黑社会性质组织犯罪的行为特征。

（4）危害特征——称霸一方，在一定区域内或者行业内，形成非法控制或者重大影响，严重破坏经济、社会生活秩序。

现有证据不能认定安庆中州公司在某市车贷行业形成垄断达到非法控制程度；不能认定安庆中州公司对当地群众形成心理强制、威慑，致使合法利益受损的群众不敢举报、控告。众多的被告人均没有认识到自己参加的是黑社会性质组织犯罪集团。是否追求非法控制是区分黑社会性质与犯罪集团、恶势力团伙的关键标尺。

（二）龚某甲是黑社会性质组织的组织者、领导者，事实不清，证据不足

（1）在安庆中州公司创建、运营过程中龚某甲并未实际发挥决策、指挥、协调、管理的作用。龚某甲并未直接对安庆中州公司进行决策、指挥、协调、管理。场地固定、注册公司由祁某某完成，龚某甲仅提供了身份证，其余一无所知。人员招募与培训由武汉中州公司派员及洪某某、程某负责，龚某甲仅替其宿松籍亲属介绍了工作，更未参加培训，并未发挥关键作用。公司成立与运营的资金来源于武汉中州公司，龚某甲并未实际出资也不是股东，不获分红。利益分红与员工工资的决策权与实际发放情况都是由武汉中州公司决定，龚某甲并不能发挥所谓组织者的决策作用。安庆中州公司管理、运营模式均传承于武汉中州公司，并非由龚某甲决定并进行管理。

（2）安庆中州公司内部成员对龚某甲的领导地位并不认可。安庆中州公司内部员工对于本公司领导人的认知，以及在公司运营过程中起指挥、领导、协调、控制作用的，无一例外指向了洪某某。连组织内成员都未感知到自己是受龚某甲指挥、领导的，且上文已论述过龚某甲不可能通过控制洪某某实现领导，龚某甲又如何能实际发挥控制作用呢？

（3）龚某甲实际经手的案件极少，无论是客户借款事宜还是还款纠纷，其参与程度都极低。

（三）诈骗罪与敲诈勒索罪罪数之辩

对于"套路贷"犯罪中数罪并罚的问题，2019年4月9日施行的《最高人民法院、最高人民检察院、公安部、司法部关于办理"套路贷"刑事案件若干问题的意见》规定："对于在实施'套路贷'过程中多种手段并用，构成诈骗、敲诈勒索、非法拘禁、虚假诉讼、寻衅滋事、强迫交易、抢劫、绑架等多种犯罪的，应当根据具体案件事实，区分不同情况，依照刑法及有关司法解释的规定数罪并罚或者择一重处。"

《浙江省高级人民法院、浙江省人民检察院、浙江省公安厅关于办理"套路贷"刑事案件的指导意见》《安徽省高级人民法院、安徽省人民检察院、安徽省公安厅关于办理"套路贷"刑事案件的指导意见》《上海市高级人民法院、上海市人民检察院、上海市公安局关于本市办理"套路贷"刑事案件的

工作意见》均规定,"依据刑法的规定数罪并罚或者按照处罚较重的定罪处罚"。但是,都没有说明具体什么情况下数罪并罚、什么情况下按照一罪处罚。

《重庆市高级人民法院关于办理"套路贷"犯罪案件法律适用问题的会议纪要》详细分了几次情形:

(1)犯罪嫌疑人、被告人在实施"套路贷"犯罪过程中,采用向人民法院提起虚假诉讼的手段占有被害人财物,同时触犯诈骗罪、虚假诉讼罪的,依照处罚较重的规定定罪从重处罚。

(2)犯罪嫌疑人、被告人在实施"套路贷"犯罪过程中,采用暴力、胁迫、威胁、绑架等手段强行索要"债务",同时构成诈骗罪、抢劫罪、敲诈勒索罪、绑架罪等犯罪的,依照处罚较重的规定定罪处罚。

(3)犯罪嫌疑人、被告人在实施"套路贷"犯罪过程中,有组织地采用滋扰、纠缠、哄闹、聚众造势等手段强行索取"债务",扰乱被害人及其近亲属正常的工作、生活秩序,同时构成诈骗罪、寻衅滋事罪、敲诈勒索罪、强迫交易罪、非法侵入住宅罪等犯罪的,依照处罚较重的规定定罪处罚。

从理论上分析,诈骗和敲诈勒索两行为属于竞合,应当按照一罪论处。辩护人认为,在"套路贷"犯罪中,行为人本身的目的就是催债,特别是本案中,中州公司放贷4000万,有3000万没有收回来。很多的所谓被害人,实际上就是老赖。在催收中行为人即是敲诈勒索的行为,也属于较为轻微的"威胁"行为,并没有明显的暴力行为。诈骗罪、敲诈勒索罪同时都属于侵犯财产类犯罪,因此辩护人认为,可以按照一罪处罚。

"套路贷"案件中,诈骗罪与敲诈勒索罪按照一罪处罚,是有法律依据的。从理论上分析,诈骗和敲诈勒索两行为属于竞合,属于实质的一罪。司法实践中众多的判决书认可诈骗罪、敲诈勒索罪按一罪处罚。

(四)诈骗罪犯罪之辩

1. 被告人诈骗138起,辩护人认为部分笔数不能认定为诈骗

不能以"套路贷"的概念取代诈骗罪的概念;龚某甲参与、经手的16起案件中构成诈骗罪的有10起,其中有6起案件不符合诈骗罪的构成要件;其他起被害人没有陷入错误的意思情形的,不能认定为诈骗罪。

2. 对于认定诈骗既遂和未遂的方式

在诈骗和敲诈勒索犯罪中,凡是还款金额(包括霸占的财产评估价值、出租被害人财产产生的孳息、法院强制执行的被害人资产等)超出借款金额

（本金）的，一律定为既遂。凡是没有造成被害人实际损失的（实际上被害人没有完全履行还款义务），一律认定为未遂。

（五）寻衅滋事罪之辩

寻衅滋事罪被规定在我国《刑法》第六章"妨害社会管理秩序罪"中，因此该罪侵犯的客体是社会管理秩序。故对于只是侵犯个人生活、工作秩序，并且没有对社会管理造成任何侵害的，不应该构成本罪。在本起案件中，很多所谓的被害人，都是贷款后不偿还借款的，有的甚至是老赖，故请求偿债有正当的事由。有时有些行为可能有所过分，但即便在正常的民间借债讨债中，也会有类似的行为。对于此种讨债行为，并不能随意认定为寻衅滋事罪。只有严重侵害社会管理秩序的，才能构罪。

本案是由民间借贷事由引起的，不具有违法的犯罪目的，因此只是对借款人实施的一般的滋事行为，不应认定为寻衅滋事罪。只有对借款人以外的人、物，实施的行为才能够认定为寻衅滋事罪。辩护人认为，在寻衅滋事罪中，第6起、第10起、第12起、第13起构成犯罪。

（六）量刑之辩护

（1）不具备违法性认识。龚某甲担任安庆中州公司法人代表时，虽然知晓公司以车贷业务为主开展经营业务，但龚某甲自己在某某县经营一家美容院，无暇管理、顾及中州公司的业务经营与手段，以前也没有过在金融行业工作的经历，对于经营过程中的违法手段认识不清，对公司业务并不熟悉。其作为法人代表存在职责上监管不到位的问题，但安庆中州公司并非黑社会性质组织，龚某甲对此也是从未怀疑过，于是更不会给予安庆中州公司特别关注，不属于"明知"安庆中州公司在放贷过程中的违法行为。

（2）主观恶性小。龚某甲经营美容院的收入合法、正当、可观，其无需通过成立黑社会性质组织为自己敛财，其愿意担任安庆中州公司法人一方面是基于对吴某新的信任，三人情谊颇深；另一方面是其想给待业的家人安排工作。"问：安庆中州公司管理好，你有什么好处？答：吴某新说把我哥哥龚某乙安排在公司工作，龚某乙的两个儿子都没有结婚，只有一套房子，要帮帮龚某乙，我也就是想把家里人都安排到公司上班，因为他们条件都不好。"[龚某甲08月31日第一次讯问，卷5P80]，而并非实施违法犯罪谋取暴利。事实上，公司成立之后其也确实为亲属安排了工作，且其亲属获得的也是由武汉中州公司派发的有限工资，而非安庆中州公司的大部分盈利。

(3) 系初犯、有自首情节。龚某甲此前未受过刑事处罚，龚某甲递交了自首书，接收人吴某表示其感到非常后悔。

另外，侦查机关查封了被告人龚某甲三套房屋，辩护人认为，侦查机关的行为是违法的。被告人龚某甲的三套房产是在安庆中州公司成立前，通过辛苦劳动而获得的合法收入，与本案没有任何的关联。恳请人民法院纠正侦查机关的违法行为，裁定解除错误的查封。

四、法院判决

一审判决：被告人龚某甲犯组织、领导黑社会性质组织罪，判处有期徒刑7年，剥夺政治权利3年，并处没收个人全部财产；犯诈骗罪，判处有期徒刑11年，并处罚金人民币11万元；犯寻衅滋事罪，判处有期徒刑4年7个月；犯非法侵入住宅罪，判处有期徒刑1年，决定合并执行有期徒刑19年7个月，并处剥夺政治权利3年，没收个人全部财产。

二审判决：上诉人龚某甲犯组织、领导黑社会性质组织罪，判处有期徒刑7年，剥夺政治权利3年，并处没收个人财产50万元；犯诈骗罪，判处有期徒刑8年，并处罚金人民币8万元；犯寻衅滋事罪，判处有期徒刑4年；犯非法侵入住宅罪，判处拘役6个月，决定执行有期徒刑15年6个月，剥夺政治权利3年，并处没收个人财产人民币50万元，罚金8万元。

五、理论延伸

(一)"套路贷"刑事案件司法认定误区

误区一 "只要有套路就构成诈骗罪"

2019年《浙江省高级人民法院、浙江省人民检察院、浙江省公安厅关于办理"套路贷"相关刑事案件若干问题的纪要》第2条："以非法占有为目的，是'套路贷'的本质属性。在'套路贷'案件中，只要有'套路'，就可认定非法占有目的。"

很多司法机关断章取义地理解该纪要的规定，认定只要有"套路"就构成诈骗。实际上"套路"是中性词。所谓"套路"，是指精心策划的应对某种情况的方式方法，使用该方式方法的人，往往已经对该方式方法熟练掌握，并且形成条件反射，逻辑上惯性使用这种方法应对复杂的情况，心理上往往已经产生对此方法的依赖性、对人有较深影响，使用某种特定不变的处理事件的方式，对一些情况下的处理方式形成"路数"，名为套路。

很多司法机关用套路贷的概念代替诈骗罪的概念，不管被害人是否知情，只要有套路，都认定为被害人被诈骗。2019年《浙江省高级人民法院、浙江省人民检察院、浙江省公安厅关于办理"套路贷"相关刑事案件若干问题的纪要》第3条甚至错误地规定"无论对方是否明知，均不影响行为人非法占有目的的认定"。张明楷教授的《不能以"套路贷"概念取代犯罪构成》明确地指出了此种严重的错误。

误区二 "套路贷犯罪有组织就是恶势力犯罪"

2019年公安部新闻发言人表示，"套路贷"是新型黑恶犯罪的一种。之后很多的司法机关错误地认为，只要有"套路贷"，加之有一定的组织，就是恶势力团伙或者恶势力犯罪集团。

套路贷违法犯罪一般都要分工，即有业务部、贷后部等部门，有一定的分工，并且有一定的违法催收行为。有的司法机关将这些分工（即便是公司合规的管理分工）也视为有组织犯罪的分工，将其认定为恶势力犯罪团伙或集团。

恶势力的本质特征是"为非作恶，欺压百姓"，"单纯为牟取不法经济利益而实施的'黄、赌、毒、盗、抢、骗'等违法犯罪活动，不具有为非作恶、欺压百姓特征的，不应作为恶势力案件处理"。

有的司法机关错误地理解了恶势力的定义，认为只要有套路，就是诈骗；只要有诈骗，加上催收、放贷比较多，就是恶势力犯罪，根本不认真甄别什么是"为非作恶，欺压百姓"。

什么是"为非作恶，欺压百姓"？陈兴良教授认为："为非作恶，欺压百姓"有三大特征。侵害的法益是社会公共秩序，对一定区域和行业的人员实施不法侵害，称霸一方，欺压无辜群众，作威作福。行为特征，恶势力的故意伤害等侵害人身犯罪往往是针对不特定对象实施的或者针对无辜群众，随意殴打或者伤害他人，造成严重后果。而行为地点是指恶势力的人身犯罪一般都发生在公共场所，它不仅侵害他人的人身权利，而且破坏公共秩序，危害社会治安。至于行为方式，是指采取较为残忍或者极端的犯罪手段，具有残酷性，对一定区域造成严重的恐慌气氛。主观动机，恶在主观上不仅具有某种犯罪的故意或者非法占有目的等主观违法要素，而且从总体上说要具有所谓的流氓动机。

误区三 "套路贷软暴力与黑恶势力循环论证"

2019年《最高人民法院、最高人民检察院、公安部、司法部关于办理实施"软暴力"的刑事案件若干问题的意见》规定，"软暴力"的本质是"足以使他人产生恐惧、恐慌进而形成心理强制"，或者"足以影响、限制人身自由、危及人身财产安全"，"影响正常生活、工作、生产、经营"。

"软暴力"构成犯罪需要以一定的真正暴力为后盾。否则，不能认定为"软暴力"。而实务界常将一些不以真正暴力为后盾的行为认定为"软暴力"。

"套路贷"软暴力与黑恶势力循环论证。换而言之，在认定行为人是恶势力犯罪时，举证其有"软暴力"行为。而在认定行为是"软暴力"时，又举证是由恶势力实施的，根本就不去论证行为是否能达到"软暴力"的强制力。

误区四 "套路贷黑社会性质组织只要有部分特征即构成"

黑社会性质组织有四个特征，即组织特征、经济特征、行为特征、危害特征。这四个特征是相互联系、相互依存、有机构成的整体，只有具备四个特征才能构成，缺少其中任何一个特征都不构成。

罗翔教授讲到黑社会性质组织的四个特征不是平面式结构，而是一立体式结构。如果错误地以一种平面性的标准、割裂地判断四特征，来认定黑社会性质的话，就会导致认定的无限扩大。

套路贷犯罪往往都是以公司为依托进行放贷。有的司法机关错误地将公司的组织性混同于黑社会性质组织的组织性。公司管理层的架构，上下级关系和权责分配是出于经营管理层面的需要而设置的，不存在严密的、为进行违法犯罪活动的组织分工；组织架构及工作分工以公司章程及工作制度为依托，该公司制度与黑社会性质组织的帮规条约截然不同，而实务界往往将两者混同。

黑社会性质组织要有一定的经济实力，例如"以商养黑""以黑护商"。有的司法机关错误地将公司正常的发工资、福利等行为视为"以商养黑""以黑护商"。部分套路贷公司因放贷不断地亏损，而判决书竟然认为其有一定的经济实力。

黑社会性质组织要有一定危害性，即暴力性。黑社会性质组织作为共同犯罪的最高形态，具有对抗政府的严重社会危害性，因此暴力性是其必不可少的要素。但是，在目前很多的套路贷涉黑案件的判决中，被告人并没有严重的暴力。有的涉黑判决书只有诈骗罪、寻衅滋事罪，根本就没有对抗政府的暴力，如何又能具备一定的控制力？

误区五 "套路贷案件中不区分合法与非法涉案财产都要扣押、追缴、没收"

"套路贷"案件很多都被认定为恶势力、黑社会性质组织犯罪。而对于此类型犯罪,往往都要打财断血。因此都要查封、扣押大量的财产。但是,在司法实践中,存在一种错误的观点,即认为黑社会性质组织的组织者、领导者将来都要没收个人全部财产,当然也就不需要区分合法、非法了。但这只是一种错误的观点。最高人民法院《刑事审判参考》"办理黑社会性质组织犯罪案件专辑"(总第107集)第159页明确表明:"组织者、领导者及组织成员的私人财产,如房产,如果不是通过违法犯罪活动获取,或者通过合法方式获取后没有用于犯罪活动或维系组织生存、发展的,则不能追缴、没收。"

(二)"套路贷"刑事案件的司法认定

1. "套路贷"的概念

《最高人民法院、最高人民检察院、公安部、司法部关于办理"套路贷"刑事案件若干问题的意见》规定:"套路贷",是对以非法占有为目的,假借民间借贷之名,诱使或迫使被害人签订"借贷"或变相"借贷""抵押""担保"等相关协议,通过虚增借贷金额、恶意制造违约、肆意认定违约、毁匿还款证据等方式形成虚假债权债务,并借助诉讼、仲裁、公证或者采用暴力、威胁以及其他手段非法占有被害人财物的相关违法犯罪活动的概括性称谓。

2. "套路贷"的本质和要素

《最高人民法院、最高人民检察院、公安部、司法部关于办理"套路贷"刑事案件若干问题的意见》指出,"套路贷"与平等主体之间基于意思自治而形成的民事借贷关系存在本质区别。民间借贷的出借人是为了到期按照协议约定的内容收回本金并获取利息,不具有非法占有他人财物的目的,也不会在签订、履行借贷协议过程中实施虚增借贷金额、制造虚假给付痕迹、恶意制造违约、肆意认定违约、毁匿还款证据等行为。

套路有:①制造民间借贷假象。犯罪嫌疑人、被告人……诱使被害人基于错误认识签订金额虚高的"借贷"协议或相关协议。②制造资金走账流水等虚假给付事实。③故意制造违约或者肆意认定违约。④恶意垒高借款金额。⑤软硬兼施"索债"。

3. "套路贷"中的罪数问题

《最高人民法院、最高人民检察院、公安部、司法部关于办理"套路贷"刑事案件若干问题的意见》规定:实施"套路贷"过程中,未采用明显的暴力或者威胁手段，其行为特征从整体上表现为以非法占有为目的，通过虚构事实、隐瞒真相骗取被害人财物的，一般以诈骗罪定罪处罚；对于在实施"套路贷"过程中多种手段并用，构成诈骗、敲诈勒索、非法拘禁、虚假诉讼、寻衅滋事、强迫交易、抢劫、绑架等多种犯罪的，应当根据具体案件事实，区分不同情况，依照刑法及有关司法解释的规定数罪并罚或者择一重处。此规定没有明确行为人在什么情况数罪并罚或者择一重罪处罚。

2019年7月24日《浙江省高级人民法院、浙江省人民检察院、浙江省公安厅关于办理"套路贷"相关刑事案件若干问题的纪要》规定："在实施'套路贷'过程中，行为人针对同一人实施敲诈勒索、强迫交易、抢夺、抢劫、寻衅滋事等侵财型手段非法占有他人财物的，一般以牵连犯择一重罪处罚；针对不同人的，一般应数罪并罚。"此规定明确，"套路贷"中针对同一人实施侵财型手段非法占有他人财物的，一般以牵连犯择一重罪处罚。

《重庆市高级人民法院关于办理"套路贷"犯罪案件法律适用问题的会议纪要》规定得更加详细。分了五种情形：①未采用明显暴力或者威胁手段，其行为特征从整体上属于以非法占有为目的，虚构事实、隐瞒真相，骗取被害人财物的诈骗行为，一般可以按照诈骗罪追究刑事责任。②采用向人民法院提起虚假诉讼的手段占有被害人财物，同时触犯诈骗罪、虚假诉讼罪的，依照处罚较重的规定定罪从重处罚。③采用暴力、胁迫、威胁、绑架等手段强行索要"债务"，同时构成诈骗罪、抢劫罪、敲诈勒索罪、绑架罪等犯罪的，依照处罚较重的规定定罪处罚。④有组织地采用滋扰、纠缠、哄闹、聚众造势等手段强行索取"债务"，扰乱被害人及其近亲属正常的工作、生活秩序，同时构成诈骗罪、寻衅滋事罪、敲诈勒索罪、强迫交易罪、非法侵入住宅罪等犯罪的，依照处罚较重的规定定罪处罚。⑤采用故意杀人、故意伤害、非法拘禁、故意毁坏财物等手段强行索取"债务"，同时构成诈骗罪、故意杀人罪、故意伤害罪、非法拘禁罪、故意毁坏财物罪等犯罪的，依法数罪并罚。

笔者赞同浙江省和重庆市的规范性文件的观点。犯罪嫌疑人、被告人在实施"套路贷"犯罪过程中，采用暴力、胁迫、威胁、绑架等手段强行索要"债务"，同时构成诈骗罪、抢劫罪、敲诈勒索罪、绑架罪等犯罪的，依照处罚较重的规定定罪处罚。因为行为人只有一行为，应当按照一罪论处。司法实践中，笔者的观点也有相应的裁判文书支持。如2019年3月20日《马某敲诈勒索罪一案一审刑事判决书》重庆市南岸区人民法院刑事判决书［2019］

渝 0108 刑初 34 号、安徽省合肥市庐阳区人民法院刑事判决书［2018］皖 0103 刑初 639 号认为：各被告人以非法占有为目的，利用被害人急需借款心理，以被害人车辆为抵押，开始诱骗被害人贷款，再以 GPS 使用费、放款服务费、违章押金等各种收费名目虚增债务，骗取钱财，但其同时又扣留被害人车辆备用钥匙为下一步进行敲诈勒索犯罪做好准备。不难看出，被告人真正的目的是诈骗，再肆意认定被害人违约，后用车辆备用钥匙将车开走藏匿，而向被害人索要所谓的合同金额（已经按期归还的本息不算）、拖车费等赎车费，否则以将要处理车辆为威胁，进一步实施敲诈勒索犯罪，以实现更大利益，故上述行为所涉罪名属于吸收关系，应择一重罪，以敲诈勒索罪定罪处罚。

4."套路贷"的犯罪数额问题

在认定"套路贷"犯罪数额时，要准确把握"套路贷"犯罪非法占有他人财物的本质特征，将其与民间借贷、高利贷区别开来，从整体上予以否定性评价，应注意把握以下两点：第一，犯罪嫌疑人、被告人实际给付被害人的本金数额，不计入犯罪数额。第二，"虚高债务"和以"利息""保证金""中介费""服务费""违约金"等名目被犯罪嫌疑人、被告人非法占有的财物，均应计入犯罪数额。

"套路贷"犯罪中有众多的数字，包括但不限于如贷款合同金额、砍头息、保证金、违约金、实际到债金额、每月还款金额、每月还款金额、最终还款本金、最终还款利息、补偿金额等。司法实践中，对于犯罪的数额计算有不同的方式。如贷款合同金额为 120 000 元；到账金额 115 870 元＝合同金额 120 000 元−前期费用 4130 元；还款金额 105 000 元＝本金 70 000 元+利息 33 600 元+GPS 流量费 1400 元；案发时被害人仍然没有归还完到账金额。对于上述情形，一种计算方式：诈骗未遂 39 130 元＝前期费用 4130 元+利息 33 600 元+33 600 元+GPS 流量费 1400 元。另一种计算方式，是诈骗未遂 4130 元。相反，另一情形是合同金额 35 000 元，到账金额 31 200 元＝合同金额 35 000 元−前期费用 3800 元；还款金额 31 694 元＝本金 14 580 元+利息 14 800 元+流量费 1000 元+下户费 600 元+逾期费 434 元+拖车费 5000 元；还款金额大于到账金额。此种情况的犯罪金额有两种计算方式。一种计算方式是诈骗罪既遂数额为：利息 14 800 元+流量费 1000 元+下户费 600 元+逾期费 434 元+拖车费 5000 元。另一种计算方式是诈骗罪既遂数额为：31 694 元−31 200 元＝494 元。

对于"套路贷"的犯罪数额，笔者认为，需要结合"套路贷"的特征，分以下几种情形进行分析。套路贷犯罪中还款数额大于本金情形下的处理。如甲乙签订的借款合同约定借款 20 万，借款期限 1 个月，甲当场以手续费、利息、GPS 费、服务费等各种名义扣除"斩头费"7 万实际到 13 万，但后来连带息还了 14 万。

第一，还款数额大于本金时，属犯罪既遂。既遂数额：行为人实得金额－被害人实得金额，即 14 万元－13 万元＝1 万元。第二，同时成立犯罪未遂。未遂金额：想非法占有的金额－实际非法占有的金额，即 7 万元－1 万元＝6 万元。第三，既遂未遂均存在时：分别达到不同量刑幅度的，择一重并酌情从重；达到同一量刑幅度的，以既遂处罚。

当还款数额小于或等于本金情形，如甲乙签订的借款合同约定借款 20 万，借款期限 1 个月，甲当场以手续费、利息、GPS 费、服务费等各种名义扣除"斩头费"7 万，乙实际到 13 万，但后来乙连息还了 10 万，剩余款项未还。还款数额小于或等于本金时，仍属犯罪未遂，数额为"斩头费"7 万。即当未还款金额小于实际到手金额时，以应还款金额－实际到手金额＝诈骗金额（未遂）。再如借款合同金额 80 000 元，实际到手金额 70 814 元，每期还款金额 4757 元，应还款总额 114 168 元，被害人实际还款 18 871 元。被告人诈骗 43 354 元（未遂），即应还款 114 168 元－实际到手 70 814 元＝未遂 43 354 元。

第六章 罪轻之黑社会性质组织案

> 法律总是具有一定程度的粗糙和不足，因为它必须在基于过去的同时着眼未来，否则就不能预见未来可能发生的全部情况。现代社会变化之疾、之大，刑法即使经常修改也赶不上它的速度。犯罪——孤立的个人反对统治关系的斗争，和法一样，也不是随心所欲地产生。相反，犯罪和现行的统治都产生于相同的条件。
>
> ——【德国】马克思

第二节 葛某某涉黑案

一、案情简介

2018年4月份，某某市公安局经济技术开发区分局在核查某某省公安厅转办线索及侦办"2017.4.6某某花苑寻衅滋事案"发现，以犯罪嫌疑人陈春某、葛某某为首的犯罪组织涉嫌组织、领导、参加黑社会性质组织罪，寻衅滋事罪，强迫交易罪等案件。2018年8月6日某某市公安局决定，从全市抽调人员进驻某某市公安局经济技术开发区分局成立"6·22"专案组，侦办此案。2018年11月19日某某市公安局经济技术开发区分局对以陈春某、葛某某为首的犯罪组织以涉嫌组织、领导、参加黑社会性质组织罪立案侦查。2019年4月19日某某市公安局向某某市人民检察院提起审查起诉。2019年9月10日某某市某东区检察院起诉到某东区人民法院。2019年10月25日某市某东区法院组织庭前会议。2019年11月4日至2019年11月9日开庭。

被告人葛某某与被告人陈春某因实施暴力违法行为在社会上树立了恶名，二人相识后互相看中对方优势，并互相支持、互相借势，通过实施寻衅滋事、强迫交易、开设赌场等一系列违法犯罪活动，逐步形成以陈春某为组织者、领导者，以葛某某为领导者，骨干成员，基本固定、人数众多、较为稳定的黑社会性质组织。该组织自成立以来，为在社会上树立强势地位，攫取经济利益，在以某某花园、某某花苑为主的某某市部分城区及水泥市场，有组织地实施寻衅滋事、聚众斗殴、强迫交易、非法拘禁、敲诈勒索等一系列违法犯罪行为，对普通群众造成心理强制和威慑，对某某市部分城区及某某市城区水泥市场形成了重大影响，严重破坏了某某市城区的经济和社会秩序。

二、控方指控

(一) 组织、领导、参加黑社会性质组织罪

(1) 形成较为稳定的犯罪组织，人数较多，有明确的组织者和领导者，骨干成员基本固定。

以陈春某、葛某某为首的犯罪组织层级明显，主要人员长期相对固定、分工明确，通过有组织地实施一系列违法犯罪活动，逐步形成以陈春某、葛某某为组织者、领导者，以吴某某等人为积极参加者，以赵某某等人为一般参加者的较为稳定的犯罪组织。

(2) 有组织地通过违法犯罪活动或者其他手段获取经济利益，具有一定的经济实力，以支持该组织的活动。

以陈春某、葛某某为首的犯罪组织利用组织成员实施强迫交易等手段扩大经营规模，期间还伴随着偷逃税款、高利转贷、开设赌场等违法行为，获取了巨额的非法经济利益，经济实力较为雄厚，并用于购置房产、车辆、再投资、消费、为成员平事、赔偿等。

(3) 以暴力、威胁或者其他手段，有组织地多次进行违法犯罪活动，为非作恶，欺压、残害群众。

自 2004 年至 2018 年，以陈春某、葛某某为首的犯罪组织通过实施故意伤害、寻衅滋事、聚众斗殴、强迫交易、非法拘禁、敲诈勒索等一系列违法犯罪行为，受其欺压残害的群众多达百人，致 20 余人受伤，其中 11 人轻伤，8 人轻微伤。为牟取巨额利润、该组织采用强迫交易等手段时迫使多家搅拌站使用陈春某经销的水泥。

(4) 通过实施违法犯罪活动，利用国家工作人员的包庇或者纵容，称霸一方，在一定区域或者行业内，形成重大影响，严重破坏经济、社会生活秩序。

陈春某以垫资的方式进入某市城区部分搅拌站的水泥供应市场，积累到一定数额后以还款为要挟，伴随着实施侮辱殴打、堵门、堵出料口等非法手段，迫使多家搅拌站使用其经销的水泥；2015 年至 2016 年中联水泥供应紧张期间，陈春某对进入某某市营销其他水泥品牌的人员采取辱骂、威胁等手段，导致其他水泥品牌一定时间内无法在某市销售。通过上述不法手段，陈春某逐步扩大经营，成为中联水泥厂的大客户，并在某市的水泥市场占有了较大

份额，在某市中联水泥经营市场形成重大影响。

以犯罪嫌疑人陈春某、葛秀某为首的犯罪组织通过实施一系列违法犯罪活动，对组织、领导者居住的某某花园、某某花苑区域内群众的合法权益进行侵犯，动辄出动十余人，逞强称霸，欺压残害群众；事后有组织地进行串供，组织、领导者出面疏通关系，组织成员长期得不到有力打击处理，对区域内的群众心理造成强势威慑，致受害群众因担心打击报复而不敢控告、举报，严重侵犯群众合法权益，造成极其恶劣的社会影响。

另外，以犯罪嫌疑人陈春某、葛某某为首的犯罪组织还在公共场所实施了大规模寻衅滋事、聚众斗殴案件在某市造成重大影响。

（二）组织意志以内的犯罪

1. 寻衅滋事罪

（1）2014年4月3日22时许，被告人蒋某某、张某某和朱某某在某市某某路某记地锅菜发生打斗。在打斗过程中，朱某某在与蒋某某拼刀时，被蒋某某砍中头部受伤倒地。事后葛某某帮助蒋某某调解，最终赔偿朱某某人民币23万元，其中葛某某出资人民币10万元。经鉴定，朱某某人体损伤程度为轻伤一级。

（2）2014年12月11日11时许，被告人吴某某在某市某某中路某桥北头用双拳对马某某面部进行殴打，致马某某侧地受伤，后被送医院救治，之后陈春某赴医院看望伤者，葛某某积极斡旋调解事宜。在葛某某的授意下，由高某出资人民币13万元赔偿给马某某。经鉴定，马某某人体损伤程度为轻伤二级。

（3）2016年10月18日晚，葛某某在某酒吧二楼敬酒时，发现与其之前有矛盾的褚某某也在二楼，葛某某遂电话纠集数十人赶往酒吧。其间，陈春某、葛某某等人上楼对褚某某进行辱骂，并对褚某某面部进行殴打，同时对褚某某进行言语威胁。事情发生后，由于害怕葛某某的势力，褚某某便很少再回某市，其在该市的工程也交给他人打理。此事在某市城区造成了极其恶劣的社会影响。

（4）2017年4月6日23时许，在某市某区某某花苑小区内，陈春某因琐事与张春某发生纠纷，继而双方发生厮打。陈春某遂电话纠集葛某某等人，众人到场后轮番对张春某夫妇实施殴打。经事后调解，陈春某赔偿张春某人民币60万元。

2. 敲诈勒索罪

2007年3月8日，葛某一与陈某某租赁被害人褚某某位于某市开发区某铺转盘附近的空地。2015年，褚某某准备开发建设某华天地小区，需将该地收回，葛某一拖延搬迁，褚某某与葛某一发生口角，被告人葛某某得知此事后与褚某某在电话中发生争吵，由于害怕葛某某的势力，褚某某通过高某找葛某某调解，并登门向葛某一赔礼道歉，事后又托高某购买烟酒，送给葛某一。当褚某某在这块土地上施工时，葛某一、葛某某托人传话给褚某某要承包工地的土方工程，褚某某以土方工程已承包出去且葛某一一方无施工资质为由拒绝，事后葛某一、葛某某等人纠集人员采取堵工地大门阻止施工等方式向褚某某施压，最终在高某的调解下，葛某一、葛某某收受褚某某10万元人民币后，停止堵门等行为。

3. 非法拘禁罪

2015年至2017年，吴某某在陈春某、葛某某的支持之下，多次纠集众人前往某泉县索债。2017年4月13日至17日，吴某某等人以索债为由，将施某某先后控制在某市城区的某利宾馆、时尚某兰酒店、某嘉宾馆等处进行看管，限制其人身自由长达5天4夜。施某某慑于吴某某等人势力和威胁，派出所多次出警，其均未敢承认自己被非法拘禁。

(三) 组织意志以外的犯罪

1. 寻衅滋事罪

1. 2008年7月10日0时30分许，葛某某与唐某驾驶车辆至某某市某区敬某山庄北门，进入小区时和保安发生纠纷，葛某某和唐某驾车离开后，再次返回北门，并对保安于永某等人实施殴打。后葛某某对保安室内物品进行打砸，并电话纠集十余名社会人员到场起哄闹事，造成公共场所秩序严重混乱。经鉴定，于永某的人体损伤程度为轻微伤；经某某区价格认定中心认定，葛某某打砸保安室造成的财物损失价值为人民币2127.68元。

2. 偷越国境罪

2018年3月11日，葛某某等人于当日乘坐民航班机从合肥飞往昆明，再从昆明飞往澜沧，到达澜沧后再经孟连非法越境至缅甸，后于2018年3月15日返回国内。

三、辩护律师观点

（一）本案被告人之间不是黑社会性质组织

1. 组织特征——形成较稳定的犯罪组织，人数众多，有明确的组织者、领导者，骨干成员基本固定

"葛某某涉黑案"不符合上述的几个特征，不能认定具有黑社会性质组织的组织特征。

（1）本案不具有明确的组织者、领导者，也没有所谓的骨干成员，也没有明确的层级和职责分工。

起诉书指控陈春某、葛某某是组织、领导者；吴某某等人是骨干分子，吕某某等人是积极分子；许某某等人为该组织的一般参加者。辩护人认为，陈春某与部分成员具有亲属关系；但陈春某与其他部分不熟悉，不存在组织、领导关系。本案的一般参加者并没有参加黑社会性质组织的意图。根据本案一般参加者的供述，这些一般参加者与葛某某的关系"只是认识，对他有一些了解，但是并不熟悉，平常也不怎么接触"。

（2）没有一定的组织纪律，也没有所谓的不成文的规约和纪律等。根据目前的证据，陈春某和葛某某对成员都并没有规约和纪律。

2. 经济特征——有组织地通过违法犯罪活动或者其他手段获取经济利益，具有一定的经济实力，以支持该组织的活动

（1）本案中，所谓的陈春某、葛某某黑社会性质组织，并没有所谓的组织经济实力。所谓的"组织"成员，其获得的都是自己的利益，并没有所谓的组织利益。所谓的组织者陈春某，都是自己通过买卖水泥、开设赌场获取经济利益，并没有通过所谓的组织获取经济实力。其他人跟陈春某也只是正常的雇佣关系或者生意往来关系。被告人陈春某等人并没有通过组织获取到经济利益，更没有将个人财物投入组织活动。

（2）即使是具有一定经济实力的犯罪组织，但是其所获取的经济利益并没有被用来支持该组织的活动，而是用于挥霍等其他方面的话，也不能被定性为黑社会性质组织。本案中，所谓的组织者陈春某并没有将自己获取的经济利益用于支持该组织的活动，而都是自己用于消费，用于购房、买车。

（3）黑社会性质组织将财富用于组织活动或维持组织的存在与发展，比如说购买工具、提供活动经费，为组织成员提供医疗费，为组织成员提供日

常开销等，还有为组织提供保护等。本案中，陈春某和葛某某以及其他参加人并没有为组织谋取利益，不存在组织的领导者给成员的资助，或者豢养组织成员。

3. 行为特征——以暴力、威胁或者其他手段，有组织地多次进行违法犯罪活动，为非作恶，欺压残害群众

在本案中，所谓的陈春某、葛某某黑社会性质组织实施的暴力并不存在"以暴力、威胁或者其他手段，有组织地多次进行违法犯罪活动"。起诉书指控"陈春某、葛某某在组织意志以内的犯罪行为"包括寻衅滋事罪、聚众斗殴罪、开设赌场罪等，这些犯罪都是各被告人的个人行为，并不是为了组织利益而进行的组织行为。

4. 危害特征——称霸一方，一定区域内或者行业内，形成非法控制或者重大影响，严重破坏经济、社会生活秩序

起诉书指控被告人在"某某花园、某某花苑为主的某市部分城区"形成控制。而起诉书指控的某某花园的事情，也是在组织成立之前发生的。并且，在上述地点实施的犯罪只有2015年某某花园殴打徐某某案、2017年某某花苑寻衅滋事张春某案，并不能说控制这一地域。

黑社会性质组织的"非法控制"并不表现为对一定区域内领土的占领，而是表现为对这个区域内生活的人以及这个区域内的经济、社会生活秩序有非法的控制和重大的影响。因此，在理解上，要注意区域的大小和空间范围具有相对性，不能简单地以必须达到某一特定的空间范围为标准。

起诉书指控，在经销中联水泥期间，陈春某在吕某某等组织成员的配合下，通过辱骂、殴打、堵门、堵出料口等暴力手段，迫使相关搅拌站被迫使用其经销的水泥，使其经销的水泥在某市城区水泥市场占有较大份额，在水泥行业形成重要影响。以陈春某、葛某某为首的黑社会性质组织严重破坏了某市城区的经济、社会生活秩序，严重败坏了社会风气，在某市城区造成了重大影响。

(二) 起诉书指控葛某某是黑社会性质组织的领导者，事实不清，证据不足

起诉书指控葛某某是黑性质组织的领导者。辩护人认为是错误的。主要是基于以下理由：

第一，被告人葛某某对于所谓的组织成员很多都不认识，根本就没有指

挥、协调、管理行为。

第二，被告人葛某某没有将自己的财产用于支持组织，也没有从所谓的组织中获取经济利益，不能体现其是黑社会性质组织的领导者。被告人葛某某并不拥有管理、调配、支配组织经济实力的权力，也没有将"个人或者家庭资产中的一部分用于支持该组织活动"，不存在为组织寻求保护或者实施犯罪行为提供经费支持。

第三，被告人葛某某并未有组织地多次从事违法犯罪活动为非作恶，欺压、残害群众。首先，被告人葛某某并没有参与非法拘禁罪、聚众斗殴罪、强迫交易罪、开设赌场罪、妨害作证罪、高利转贷罪和虚开增值税专用发票罪，也没有指使他人参与上述犯罪。其次，被告人葛某某参与的只是寻衅滋事罪，并且并没有严重的暴力性。被告人葛某某只是参与了某酒吧寻衅滋事犯罪。对于其他的几起起诉书指控的组织内实施的寻衅滋事犯罪，被告人葛某某没有直接参加，也没有指使他人参加，只是在他人实施寻衅滋事犯罪后在其他人的要求下进行的调解，并不构成犯罪。

第四，被告人葛某某的行为并没有称霸一方，在一定区域或者行业内，形成非法控制或者重大影响，严重破坏经济、社会生活秩序。被告人葛某某并没有参与陈春某的水泥生意，不具有非法控制的行为，并没有严重破坏经济、社会生活秩序。

（三）本案的各被告人之间不是黑社会性质组织，而是恶势力集团

是否追求非法控制，是区分黑社会性质组织与恶势力集团、恶势力的关键标尺。

恶势力集团具有两个特征：第一，组织特征：有三名以上的组织成员，有明显的首要分子，重要成员较为固定，组织成员经常纠集在一起。第二，行为特征：共同故意实施三次以上，恶势力惯常实施的犯罪活动，或者其他犯罪活动。

辩护人认为，本案属于典型的恶势力犯罪集团，符合恶势力犯罪集团的两个特征，还没有发展为黑社会性质组织犯罪。

（四）陈春某、葛某某等人在组织意志以内的犯罪行为

1. 寻衅滋事罪

2014年4月3日22时许，被告人蒋某某与朱某某发生冲突。事后葛某某帮助蒋某某调解；2014年12月11日，吴某某与马某某发生冲突，葛某某从

中调解。

2016年10月18日晚，葛某某在某酒吧辱骂褚某某。辩护意见：第一，本起案件是突然的、个人行为，与组织利益没有任何影响，组织也没有获得任何的利益。第二，被告人葛某某只有辱骂行为，并没有殴打行为。第三，褚某某是肇事者，有一定的过错。第四，案件发生在晚上，并没有"造成公共秩序严重混乱"。现有的卷中没有此方面的证据。2013年《最高人民法院、最高人民检察院关于办理寻衅滋事刑事案件适用法律若干问题的解释》第5条规定："在车站、码头、机场、医院、商场、公园、影剧院、展览会、运动场或者其他公共场所起哄闹事，应当根据公共场所的性质、公共活动的重要程度、公共场所的人数、起哄闹事的时间、公共场所受影响的范围与程度等因素，综合判断是否'造成公共场所秩序严重混乱'。"某酒吧还不是公共场所。

2017年4月6日，某某花苑陈春某与张春某冲突。辩护意见：葛某某不应该承担刑事责任，即使承担，也是从犯。理由：第一，此起案件陈春某是突出的、个人行为，与组织行为、组织利益没有任何关系。第二，张春某是肇事者。2013年《最高人民法院、最高人民检察院关于办理寻衅滋事刑事案件适用法律若干问题的解释》第1条第2款规定："行为人因日常生活中的偶发矛盾纠纷，借故生非，实施刑法第二百九十三条规定的行为的，应当认定为'寻衅滋事'，但矛盾系由被害人故意引发或者被害人对矛盾激化负有主要责任的除外。"根据上述规定，本起案件不是寻衅滋事。第三，被告人葛某某在现场有阻止殴打的行为。第四，被告人葛某某曾去找人来调解这个事情。

2015年以来，被告人陈春某、吴某某等人为维护组织权威、彰显强势地位，借故生非，逞强斗狠，实施了7起寻衅滋事行为。辩护意见认为，被告人葛某某没有违法行为，不应当承担责任。主要理由：第一，其此违法行为不是组织行为，是个人行为。第二，被告人葛某某在发生冲突时，进行了制止。

2018年3月8日，陈某与张书某冲突。辩护意见，葛某某没有任何的违法行为。主要理由：第一，是陈某等人的突发事件，与所谓的组织没有任何关联。事前葛某某没有任何的违法行为。第二，陈某违法之后，葛某某也没有违法行为，调解并不是违法行为。

2. 敲诈勒索罪

葛某一、葛某某敲诈勒索褚某某。辩护意见：与组织没有任何关系，且葛某某没有敲诈勒索的行为，不应当承担刑事责任。主要理由：第一，被告人没有因为要干土方工程要去敲诈勒索被害人。现有的证据都是间接证据，被告人葛某一、葛某某都进行了否定。第二，现在没有足够的证据证明被告人葛某某组织、命令其他人到被害人褚某某工地阻碍施工。多个证人证言证明本案的被告人去过工地现场，但是目前案卷中没有任何一名被告人的陈述，这本身就是有疑问的。第三，多个证人证言之间陈述矛盾，不能相互印证，不能排除合理怀疑。第四，被告人葛某某没有勒索财物，也没有证据证明其勒索到财物。

3. 非法拘禁罪

2017年吴某某因为债务限制施某某人身自由。

辩护人认为，被告人葛某某不构成非法拘禁罪。主要理由：第一，此起案件是吴某某个人行为，与组织没有任何关系。第二，葛某某没有参与，也没有指挥、组织，事后也没有所谓的默许他人进行非法拘禁。第三，现有证据不能证明2015年至2017年期间葛某某、陈春某指使吴某某多次向施某军催债。

（五）陈春某、葛某某等人在组织意志以外的犯罪行为

1. 寻衅滋事罪

2008年7月10日0时30分许，葛某某、唐某与某某区敬某山庄保安发生冲突。辩护意见，本起案件不应当重新再被起诉。主要理由：第一，本起案件当时已经以证据不足，事实不清被不起诉，目前没有新的证据，不应当再被起诉。第二，当时的"价格鉴定结论书"不能被采纳。存在以下问题："价格鉴定结论书"显示，从7月10日至7月11日进行鉴定，但是本案7月11日才进行立案，因为此结论书是不真实的，李某林没有资质。

2. 偷越国境罪

2018年3月11日，葛某某等人于当日乘坐民航班机从合肥飞往昆明，再从昆明飞往澜沧，到达澜沧后经孟连非法越境至缅甸，后于2018年3月15日返回国内。

辩护意见，被告人葛某某不具有偷越国边境的目的，不构成偷越国境罪。现有的证据只能证明被告人葛某某没有经过合法途径到达缅甸，不能证明其有偷越国边境，甚至结伙偷越国边境的犯罪目的。现所有的证人证言都只能证明葛某某曾经到过缅甸，不能证明葛某某是否知道自己被组织去缅甸。

综上所述，辩护人认为，被告人葛某某不是黑社会性质组织的领导者。同时，被告人葛某某只可能构成寻衅滋事罪，不构成敲诈勒索罪和偷越国境罪。

四、法院判决

法院一审判处被告人葛某某犯领导黑社会性质组织罪、寻衅滋事罪、敲诈勒索罪、强迫交易罪、聚众斗殴罪、开设赌场罪、非法拘禁罪、高利转贷罪、虚开增值税专用发票罪、妨害作证罪、偷越国境罪，数罪并罚，决定执行有期徒刑 22 年，剥夺政治权利 2 年，并处没收个人全部财产。其余被告人分别被判处 15 年至 8 个月不等的有期徒刑。

二审法院判决葛某某犯参加黑社会性质组织罪，判处 6 年 6 个月，并处没收个人全部财产；犯敲诈勒索罪，判处有期徒刑 5 年，并处罚金 30 000 元；犯寻衅滋事罪，判处有期徒刑 4 年 6 个月；犯偷越国境罪，判处有期徒刑 8 个月，并处罚金 2000 元。数罪并罚，决定执行有期徒刑 16 年，并处没收个人全部财产。

> 如果犯罪的概念要有惩罚，那么实际的罪行就要有一定的惩罚尺度。实际的罪行是有界限的。因此，就是为了使惩罚成为实际的，惩罚也应该有界限，——要使惩罚成为合法的惩罚，它就应该受到法的原则的限制。
>
> ——【德国】马克思

第三节 理论延伸——黑社会性质犯罪

一、黑社会性质组织的组织特征

"形成较稳定的犯罪组织，人数较多，有明确的组织者、领导者，骨干成员基本固定。"黑社会性质组织的组织特征，应当包括以下几个方面：

（1）组织稳定性。即成员的稳定性和犯罪的目的性。黑社会性质组织与一般犯罪集团、共同犯罪组织不同，它不是一个临时纠集的组织，而是一个较为稳定的组织，这种稳定表现在组织本身的稳定性、组织领导者的明确性、骨干成员的基本固定性三个方面。犯罪的目的性，是指违法犯罪的目的在于维护其组织的利益，是为了组织的安全、稳定和发展，最终实现其对一定区域或者行业的非法控制。

组织的稳定性，从另一方面体现就是组织存续一定的时间。对于一组织需要存续多长才能成为真正的黑社会性质组织，没有相关的规范性文件规定。2015年《全国部分法院审理黑社会性质组织犯罪案件工作座谈会纪要》讨论稿曾作出过如下规定，黑社会性质组织的存在、发展时间一般在12个月以上。征求意见过程中，此问题始终存在较大争议。最终该会议纪要未再提出明确的时间要求，但规定"存在、发展时间明显过短、犯罪活动尚不突出的，一般不应认定为黑社会性质组织"。这是因为，黑社会性质组织应当是"较稳定"的犯罪组织。犯罪组织只有存在、发展时间达到一定长度才能存在稳定。如果一组织存续时间很短，则认为其不可能有所谓的组织的稳定性，如《刑事审判参考》指导案例第1159号（"王某某等人故意伤害、寻衅滋事、非法拘禁、敲诈勒索案"）。该判例认为，存在时间明显过短、犯罪次数明显偏少的，不成立黑社会性质组织的犯罪。裁判理由：王某某犯罪团伙存在时间明显过短、犯罪次数明显偏少。王某某等人所依托的经济实体石家庄市固瑞特保温材料厂，从成立至案发只有10个月左右的时间（2008年8月至2009年6月），王某某等人为排挤竞争对手而实施的故意伤害、寻衅滋事犯罪集中发生于不到2个月的时间内（2009年3月23日至5月5日）。而且，该团伙全部犯罪仅有4起，罪名也只涉及故意伤害、寻衅滋事。尽管本案造成了人员伤亡的严重后果，但如此短暂的时间和明显偏少的犯罪次数，决定了该团伙不可能对一定区域或行业内的人员、单位、组织形成长期、持续的控制和影响，不符合黑社会性质组织在一定区域或行业内建立非法秩序的基本要求。

"骨干成员基本固定"，不能理解为骨干成员不变或基本不变。如同正规合法的社会组织，黑社会性质组织也会存在新老交替，当原本的骨干成员受到司法打击或由于死亡、受伤、潜逃、被开除等其他原因脱离组织后，由低层级的成员或新成员填补继位，并不会影响组织结构的稳定性和组织运转的有效性，组织者、领导者依然能够通过对骨干成员的直接指挥来对整个犯罪组织进行稳定的管控。因此，只要不是时聚时散或者频繁地大面积更换，就可以视为"骨干成员基本固定"。正因如此，在判断组织核心成员的延续性时，也并不要求骨干成员全部或者大部分保持不变。典型案例如《刑事审判参考》指导案例第1155号（"汪某等人组织、领导、参加黑社会性质组织案"）。

黑社会性质组织形成时间的确定，在司法实践中具有重要意义。黑社会性质组织成立之前或者解散之后的行为，都不能由组织承担，只由具体行为的个人承担。2018年《最高人民法院、最高人民检察院、公安部、司法部关于办理黑恶势力犯罪案件若干问题的指导意见》规定，黑社会性质组织未举行成立仪式或者进行类似活动的，成立时间可以按照足以反映其初步形成非法影响的标志性事件的发生事件认定。没有明显标志性事件的，可以……将组织者、领导者与其他组织成员首次共同实施该组织犯罪活动的时间认定为该组织的形成时间。根据上述规定，"举行成立仪式或者进行类似活动""标志性事件""首次实施有组织的犯罪"是认定黑社会性质组织起始时间的审查依据。

"举行成立仪式"，从司法实践情况来看，尽管举行成立仪式并不意味着黑社会性质组织的四个特征都已经具备，但由于此类活动往往带有明确组织层级、结构、宗旨、目标的性质，故将成立仪式作为黑社会性质组织形成的时间很少会引起争议。

"标志性事件"是指对黑社会性质组织的发展、升级产生显著的推动或催化作用的事件。这些事件为了击垮主要竞争对手，或者抢得重要资源，抑或是制造重大社会影响并极大提升了犯罪组织的知名度。

"首次实施有组织的犯罪"，并非仅指实施犯罪的方式具有组织性，更重要的是看该犯罪是否为了组织利益、按照组织意志而实施，以及犯罪能否体现该组织追求非法控制的意图。[1]认定黑社会性质组织首次实施的有组织的活动，必须是犯罪活动。因为黑社会性质组织是犯罪集团的高级形态，应当满足犯罪集团的全部条件。根据《刑法》第26条的规定，犯罪集团应当是"为共同实施犯罪"而组成。因此，黑社会性质组织的存续时间起点应从首次实施有组织的犯罪活动起算。[2]

（2）人数较多。作为比犯罪集团更高一级的犯罪组织，黑社会性质组织自然要求人数较多，但何谓人数较多？我国刑法一般认为，"三人为众"，三人以上就可以认为是多人。

关于黑社会性质组织的成员人数问题。根据《刑法》的规定，黑社会性质组织应当"人数较多"。按照一般理解，黑社会性质组织的成员人数理应比普通的犯罪集团更多，但由于缺少明文规定，一些案件在成员人数的把握上明显偏松。在已审结生效的案件中，组织成员不足5人的案件并不鲜见，一定程度上降低了认定门槛。在征求意见过程中，多数意见都赞成将组织成员人数予以量化，但又有"10人说"和"7人说"之争。2015年《全国部分法院审理黑社会性质组织犯罪案件工作座谈会纪要》最终采纳了目前理论界、实务界相对更为认可的"10人说"，并专门说明"10人"之中"既包括已有充分证据证明但尚未归案的组织成员，也包括虽有参加黑社会性质组织的行为但因尚未达到刑事责任年龄或因其他法定情形而未被起诉，或者根据具体情节不作为犯罪处理的组织成员"。如此规定，主要是基于以下两点考虑：一是对于未到案、未起诉、未定罪处罚的人员可否在认定黑社会性质组织时算作组织成员的问题一直存在争议，2015年《全国部分法院审理黑社会性质组织犯罪案件工作座谈会纪要》作出规定后可以给该争论画上句号；二是2015

---

[1] 中华人民共和国最高人民法院刑事审判第一、二、三、四、五庭主办：《刑事审判参考》（总第107集），法律出版社2018年版，第31页。

[2] 中华人民共和国最高人民法院刑事审判第一、二、三、四、五庭主办：《刑事审判参考》（总第107集），法律出版社2018年版，第139页。

年《全国部分法院审理黑社会性质组织犯罪案件工作座谈会纪要》明确规定组织成员的人数标准之后，不排除实践中可能出现为了凑齐人数而将本不应认定为黑社会性质组织成员的被告人"拔高"认定的问题，对该标准加以详细说明，将有助于预防出现这一问题。[1]

2018年《最高人民法院、最高人民检察院、公安部、司法部关于办理黑恶势力犯罪案件若干问题的指导意见》对黑社会组织的时间、人数只作出了原则性规定："黑社会性质组织一般在短时间内难以形成，而且成员人数较多，但鉴于"恶势力"团伙和犯罪集团向黑社会性质组织发展是个渐进的过程，没有明显的性质转变的节点，故对黑社会性质组织存在时间、成员人数问题不宜作出'一刀切'的规定。"

（3）组织严密性。黑社会性质组织并非松散的集合体，它的成立需要一定的组织架构，组织领导者、骨干成员、一般成员一层管一层，分工和层次较为明晰。一般而言，"组织者、领导者"是高层，负责策划和指挥违法犯罪活动，并不一定会直接参与具体的行动；"骨干成员"是中层，他们服从组织者、领导者的组织和领导，同时又指挥、积极参与实施具体的行动；"一般成员"是基层，在高层或者中层的指挥下参与具体的行动。

黑社会性质组织的严密性要求有一定的组织宗旨和纪律，这些宗旨和纪律不论是成文还是不成文，都会对组织成员具有相当强的约束力。"有较为严格的组织纪律"，是指有较为严格的约束成员行为的规则，表现为"帮规""约定"等，而不要求有明确的组织名称、章程、文字规定等。凡是为了增强实施违法犯罪活动的组织性、隐蔽性而制定或者自发形成，并用以明确组织内部人员管理、职责分工、行为规范、利益分配、行动准则等事项的成文或不成文的规定、约定，均可被认定为黑社会性质组织的组织纪律、活动规约。如《刑事审判参考》指导案例第142号"张某组织、领导黑社会性质组织、故意伤害、贷款诈骗、虚开增值税专用发票、非法经营、故意毁坏财物、非法拘禁案"。

黑社会性质组织的组织者、领导者以及积极参加者比较好认定，但是否是一般参加者则不好认定。司法实践中，从以下两方面判别行为人是否有参

---

[1] 中华人民共和国最高人民法院刑事审判第一、二、三、四、五庭主办：《刑事审判参考》（总第107集），法律出版社2018年版，第141~142页。

加黑社会性组织的行为：第一，是否参加了实施黑社会性质组织的违法犯罪活动。第二，与涉案黑社会性质组织之间有无相对固定的从属关系。所谓相对固定的从属关系，是指黑社会性质组织中的组织者、领导者居于核心地位，积极参加和其他参加者较稳定地处于被领导、被管理的地位。其中，有些人是直接听命于组织者、领导者，更多的则是在分级管理的体系中听命于其他组织成员。如果与黑社会性质组织没有任何从属关系，只是临时受邀或基于个人意愿参加某起犯罪，即便其参加了有组织的违法犯罪活动，也不能将其认定为黑社会性质组织的成员。换而言之，如果在黑社会性质组织中找不到可以对应的位置，就说明被告人与该犯罪组织没有从属关系；如果与黑社会性质的某一成员之间没有服从与被服从、管理与被管理关系，就不能认定被告人有参加黑社会性质组织的行为。[1]典型案例如《刑事审判参考》指导案例第1152号（"陈某某等人组织、领导、参加黑社会性质组织案"）。

2015年《全国部分法院审理黑社会性质组织犯罪案件工作座谈会纪要》规定："对于参加黑社会性质组织，没有实施其他违法犯罪活动，或者受蒙蔽、威胁参加黑社会性质组织，情节轻微的，可以不作为犯罪处理。对于参加黑社会性质组织后仅参与少量情节轻微的违法活动的，也可以不作为犯罪处理。"

2015年《全国部分法院审理黑社会性质组织犯罪案件工作座谈会纪要》规定："以下人员不属于黑社会性质组织的成员：1. 主观上没有加入社会性质组织的意愿，受雇到黑社会性质组织开办的公司、企业、社团工作，未参与或者仅参与少量黑社会性质组织的违法犯罪活动的人员；2. 因临时被纠集、雇佣或受蒙蔽为黑社会性质组织实施违法犯罪活动或者提供帮助、支持、服务的人员；3. 为维护或扩大自身利益而临时雇佣、收买、利用黑社会性质组织实施违法犯罪活动的人员。上述人员构成其他犯罪的，按照具体犯罪处理。"

二、行为特征

"以暴力、威胁或者其他手段，有组织地多次进行违法犯罪活动，为非作

---

[1] 中华人民共和国最高人民法院刑事审判第一、二、三、四、五庭主办：《刑事审判参考》（总第107集），法律出版社2018年版，第8页。

恶，欺压、残害群众。"

1. 组织行为特征与具体犯罪行为特征的区别

黑社会性质组织犯罪是以其成员实施的具体犯罪为基础的，因此也就有了组织犯罪行为特征与组织成员具体犯罪的行为特征之分。组织成员实施的具体犯罪行为特征，需要结合具体的罪名规定进行判断。而黑社会性质组织的行为特征，是在具体犯罪行为的基础上加以抽象与概括，以此形成黑社会性质组织的行为特征。其是对具体犯罪行为的二次判断，不能将这些具体犯罪行为直接等同于行为特征。对黑社会性质组织行为特征的判断，主要内容就在于犯罪手段的暴力程度、犯罪类型的广泛程度和危害后果的严重程度。

2. 行为特征分析

黑社会性质组织的行为特征，从立法解释的表述分析，应当包括以下几个方面：

（1）手段的暴力性。黑社会性质组织为非作恶的手段，体现为暴力、威胁或者与暴力、威胁相当的其他手段。黑社会性质组织的本质就是反社会、反正常公序良俗，公然与公权力对抗，因此其实施违法犯罪活动的手段首先就是暴力。纵观黑社会性质组织的违法犯罪活动，几乎难以与"暴力"相分离，不论是直接采取暴力手段侵害他人人身、财产权利，社会公共秩序，还是以暴力进行威胁、恫吓，迫使他人屈服，或者是以其他非暴力性的手段进行违法犯罪活动，都离不开以暴力为后盾这一特点。可以说，随时能行使的暴力是黑社会性质组织实行所有违法犯罪活动的后盾和靠山。

黑社会性质组织是依靠"暴力、胁迫或者其他方式"实施违法犯罪行为的，对其中的"暴力"和"胁迫"而言，理论研究中展开的专门论述并不多，因本罪中的"暴力"与"胁迫"与其他犯罪中所使用的"暴力""胁迫"并无本质区别，即"暴力"是对人身体或者财物所施加的物理强制力，"胁迫"是指对被害人所施加的精神强制。

黑社会性质组织的暴力程度需要达到轻伤以上。实践中，一般以在致人轻伤以上（或意图造成轻伤以上）的程度比较适宜，除了后果要求之外，还可以通过考察黑社会组织暴力启动、暴力对象或者暴力后果等方面的随意性来分析判断其对一定区域和行业的人员所造成的心理强制和非法控制。对无故意致人死亡或者轻伤以上伤害结果的，如多次致人轻微伤或聚众造势，认定要慎重，只有确实足以形成对当地群众的心理强制或威慑，才可以对暴力程度相对从宽掌握。判断行为具有暴力性，接下来要考虑行为的目的性。黑恶势力多次实施违法犯罪行为，侵害的法益是社会秩序，只有具有扰乱社会秩序目的的暴力性行为才能认定为行为手段。行为人为了维护自己的合法权益，纠集其他人围堵政府机关、静坐等行为，虽然客观上会扰乱社会秩序但没有扰乱社会秩序的目的，不能被认定为黑恶势力的行为手段。[1]

第一，"暴力"和"胁迫"。黑社会性质组织以暴力为主，在黑社会性质组织的犯罪中，往往同时采用暴力和非暴力的手段，并且是以暴力手段为主，没有暴力手段的黑社会性质组织是极为罕见的。对此，2015年最高人民法院发布的《全国部分法院审理黑社会性质组织犯罪案件工作座谈会纪要》指出："在黑社会性质组织所实施的违法犯罪活动中，一般应有一部分能够较明显地体现出暴力或以暴力相威胁的基本特征。否则，定性时应当特别慎重。"对于黑社会性质组织来说，暴力性是必备属性，即使是黑社会性质组织的非暴力行为，也往往是以暴力或以暴力威胁为后盾的。如果没有暴力，客观上不可能造成为非作恶和欺压、残害群众的严重后果，更不可能形成对一定区域或者行业的非法控制。

黑社会性质组织的"暴力"是非法的有组织、广义的暴力。包含一切对他人的人身安全、财产安全具有严重危险性与攻击性的行为，这种行为往往通过殴打、捆绑、伤害、聚众斗殴等手段得以实现。

黑社会性质组织犯罪不能由软暴力单独构成。[2]黑社会性质组织需要控制一定的行业、地区，因此只能通过暴力或者以暴力为主的行为，所谓的软暴力，或者说只有所谓的软暴力，并不能达到其犯罪目的。

黑社会性质组织犯罪的暴力必须达到严重的程度。黑社会性质组织实施的具体犯罪行为不但要有暴力性，而且这种暴力性必须达到相当严重的程度。如果仅是轻微的暴力，是不可能构成黑社会性质组织的。[3]

"威胁"一般是指通过言语的方式以恶害相通告，给他人精神上施加压力而抑制其反抗。作为暴力型犯罪的两种手段，暴力与威胁既有联系又有区别。就表现形式而言，暴力往往表现为通过一定的身体动作施加有形的强制力，

---

[1] 陈小彪、曹婷婷：《黑社会性质组织行为特征之界限机能与司法认定》，载《四川警察学院学报》2021年第2期。

[2] 陈兴良：《论黑社会性质组织的行为特征》，载《政治与法律》2020年第8期。

[3] 陈兴良：《论黑社会性质组织的行为特征》，载《政治与法律》2020年第8期。

而威胁往往以语言通告的形式给被害人精神施加压力。就产生恶害的时间而言，暴力行为所加害的内容当场就可以实现，而以恶害相通告的威胁距离恶害的实现尚有距离。当然，如果威胁的程度较高，甚至当场将威胁的内容加以实现，则此时威胁就转化为了暴力。就内容而言，暴力的内容是通过实施有形的强制力压制对方的反抗，而威胁的内容既可以是施加暴力，也可以是揭发隐私、侵害财产使他人精神上由于害怕而被迫屈服。

第二，其他手段。2009年《最高人民法院、最高人民检察院、公安部、司法部办理黑社会性质组织犯罪案件座谈会纪要》规定：其他手段是以暴力、威胁为基础，在利用组织势力和影响已对他人形成心理强制或威慑的情况下，进行所谓的"谈判""协商""调解"；滋扰、哄闹、聚众等其他干扰、破坏正常经济、社会生活秩序的非暴力手段。

2018年《最高人民法院、最高人民检察院、公安部、司法部关于办理黑恶势力犯罪案件若干问题的指导意见》也将"其他手段"规定为：暴力、威胁色彩虽不明显，但实际是以组织的势力、影响和犯罪能力为依托，以暴力、威胁的现实可能性为基础，足以使他人产生恐惧、恐慌，进而形成心理强制或者足以影响、限制人身自由、危及人身财产安全或者影响正常生产、工作、生活的手段，包括但不限于所谓的"谈判""协商""调解"以及滋扰、纠缠、哄闹、聚众造势等手段。

2019年《最高人民法院、最高人民检察院、公安部、司法部关于办理实施"软暴力"的刑事案件若干问题的意见》规定："软暴力"是指行为人为谋取不法利益或形成非法影响，对他人或者在有关场所进行滋扰、纠缠、哄闹、聚众造势等，足以使他人产生恐惧、恐慌，进而形成心理强制，或者足以影响、限制人身自由、危及人身财产安全，影响正常生活、工作、生产、经营的违法犯罪手段。并且，第4条认为，"软暴力"手段属于《刑法》第294条第5款第3项规定的"黑社会性质组织行为特征"。

第一，黑社会性质犯罪中的"软暴力"的特征。①其必须与不法目的结合才能被认定为软暴力，基于合法目的不能被认定为软暴力；②其由组织实施，体现组织意志，为了组织利益，得到组织认可；③方式特有，其虽然不直接诉诸暴力，但必须给被害人形成精神压力，而且被害人能够感受到；④其直接目的是形成心理强制，黑社会性质组织通过给被害人形成精神压力，继而使被害人形成心理强制；⑤其有暴力保障，被害人能形成心理强制的原因是基于行为人的暴力保障，若软暴力实施者从未实施过类似的暴力且没有暴力倾向，这种手段就不能被称为软暴力。那什么是暴力保障？一是在先的暴力，即行为人之前在解决类似问题时使用过暴力。二是组织整体的暴力，该组织已经形成了与暴力相挂钩的名声。三是预备的暴力，事先准备了工具、事先准备了暴力手段。暴力手段可以采取明示的方式，也可以采取暗示的方式，但必须被被害人察觉。[1]

黑社会性质组织的软暴力是黑社会性质组织发展到一定阶段、具有防范意识时采用的手段，其坚强后盾是暴力手段，要求黑社会性质组织具有足够的非法控制能力，否则不足以对公众形成威慑。同时，也应当注意，"软暴力"只是认定黑社会性质组织的选择性要件，倘若并不能满足认定黑社会性质组织的其他三个特征，此时的"软暴力"也仅仅只能被作为普通犯罪手段看待。

第二，欺压、残害群众。黑社会性质组织暴力针对的主要是群众，而非国家公权力，欺压、残害群众是对其犯罪对象的规定。在理解立法解释这一规定时，要注意的是，"欺压"与"残害"并无实质区别，都是指严重危害人民群众人身、财产安全的恶行；欺压、残害的"人民群众"，既包括遵纪守法的群众，也包括其他实施了违法甚至犯罪行为的群众。

我国《刑法》第294条在黑社会社会性质组织的行为性特征中涉及"为非作恶，欺压、残害群众"这一法条表述形式，但是这并非严谨的法律用语，所以司法实践中这一有着强烈感情色彩的语言往往会演变为公诉人在法庭上慷慨激昂地固定台词和法院裁判文书必用的总结性语言，似乎并无多少法律意义，所以常常为理论研究所忽略。但是，笔者认为，即便是略有瑕疵的立法，结合司法实践的具体情况并通过正确的方法进行合理的解释之后，我们仍然能够从中提炼分析出黑社会性质组织的法律特征，以此才能更全面地把握黑社会性质组织的特征。

"群众"系集合概念，泛指"人民大众"，集合概念的特性在于"一个集合体，却是由许多事物作为部分有机地组成的。一个集合体的部分却不必然具有这个集合体的特有属性"。即个体的人作为部分有机地组成了"群众"这

---

[1] 陈小彪、曹婷婷：《黑社会性质组织行为特征之界限机能与司法认定》，载《四川警察学院学报》2021年第2期。

个集合体，群众所特有的属性并不必然为自然人所具有。黑社会性质组织既然欺压、残害的是"群众"，那么其行为对象便并非单纯指向作为单一个体的自然人，而是指向一定区域或者行业内的不特定群体。这不仅反映出黑社会性质组织犯罪具有严重的社会危害性，同时也是黑社会性质组织犯罪之所以成为一项单独犯罪的重要原因。第二，虽然"群众"是指一定区域或者行业中的全体或者特定群体，但他们也是由作为具体的个人组成的，即黑社会性质组织犯罪的行为对象固然指向一定的群体，但该"一定的群体"也必然表现为个人和物，这些人和物在黑社会性质组织犯罪中既可以是普通群众，也可以是具有竞争关系的同行。这一点对于垄断非法行业的黑社会性质组织犯罪而言尤其重要。因为在非法行业的竞争中，与之竞争的无疑也是违法犯罪行为人，倘若以后者不属于"群众"为由否认涉案犯罪集团具备黑社会性质组织的违法性特征，则必有放纵犯罪之嫌。

第三，行为的有组织性。黑社会性质组织是一个较为严密的组织，内部有层级、有分工，有组织宗旨和纪律，其组织本身就具有"组织意志"。与刑法中有关"单位"实施单位行为相对应，黑社会性质组织也有自己的组织行为，凡是体现组织意志的行为都是组织行为。

黑社会性质组织的违法犯罪有一定的组织性。2018年《最高人民法院、最高人民检察院、公安部、司法部关于办理黑恶势力犯罪案件若干问题的指导意见》规定："符合以下情形之一的，应当认定为是黑社会性质组织实施的违法犯罪活动：（1）为该组织争夺势力范围、打击竞争对手、形成强势地位、谋取经济利益、树立非法权威、扩大非法影响、寻求非法保护、增强犯罪能力等实施的；（2）按照该组织的纪律规约、组织惯例实施的；（3）组织者、领导者直接组织、策划、指挥、参与实施的；（4）由组织成员以组织名义实施，并得到组织者、领导者认可或者默许的；（5）多名组织成员为逞强争霸、插手纠纷、报复他人、替人行凶、非法敛财而共同实施，并得到组织者、领导者认可或者默许的；（6）其他应当认定为黑社会性质组织实施的。"

第四，行为的经常、反复性。黑社会性质组织作为犯罪集团的更高级形态，其重要特征就是长期存在、反复作恶，一次两次的违法犯罪活动显然无法达到独霸一方的目的。黑社会性质组织实施违法犯罪活动可能采取多种违法或者犯罪方式，触犯不同的罪名，典型的有故意杀人、故意伤害、寻衅滋事、强迫交易、敲诈勒索等，不论是何种方式，其违法犯罪活动应当累积到一定的规模，对一定的区域或者行业的群众普遍起到心理威慑的作用，从而达到独霸一方的目标。

黑社会性质组织犯罪的"多次"，一般是指实施故意杀人、故意伤害、抢劫、绑架、敲诈、寻衅滋事等"为非作恶，欺压、残害群众"的违法犯罪活动3次以上。这可以在一定程度上反映出黑社会性质组织存在的长期性和严重性。

"多次进行违法犯罪活动"应该被理解为至少有3次犯罪行为。黑社会性质组织犯罪是集团犯罪的高级形态，当然需要符合犯罪集团的概念。犯罪集团最重要的特征之一就是反复多次实施一种或数种犯罪行为。这里的"多次"当然的解释为3次。因此，黑社会性质组织犯罪的多次违法犯罪，应当解释为至少有3次的犯罪行为，同时有一些违法行为。

三、经济特征

"有组织地通过违法犯罪活动或者其他手段获取经济利益具有一定的经济实力，以支持该组织的活动。"

黑社会性质组织的经济特征，应当包括以下几个方面：

（1）逐利性。犯罪组织，尤其是犯罪集团都会有自己的犯罪动机，其中很大一部分就源自追求经济利益，黑社会性质组织作为犯罪集团的更高一级形态，必然有其自身的经济追求。

（2）获利手段的非法性。黑社会性质组织攫取经济利益使用的手段是多种多样的，既包括"有组织地实施违法犯罪活动"，也包括"其他手段"，不论哪种手段，其手段的非法性都是毋庸置疑的。其中，采取违法犯罪活动是常见的、典型的手段，比如抢劫、杀人、绑架，对同行进行打压，对群众实施威胁等；"其他手段"是指与实施违法犯罪活动危害相当的手段，在实践中主要有依托组织及其成员成立公司、企业等经济实体。

（3）具有一定的经济实力。一定的经济实力是黑社会性质组织生存、发展乃至称霸一方必备的基础。不论是准备作案工具、豢养组织成员，还是收买贿赂国家工作人员、实施违法犯罪活动的善后工作，都需要经济实力的支撑。立法并未规定黑社会性质组织的经济实力需要积累到特定的规模，也没有要求"开办经济实体"等具体的特征。

2009年《最高人民法院、最高人民检察院、公安部、司法部办理黑社会性质组织犯罪案件座谈会纪要》规定："不能一般性地要求黑社会性质组织所具有的经济实力必须达到特定规模或特定数额。"2015年《全国部分法院审理黑社会性质组织犯罪案件工作座谈会纪要》规定："各高级人民法院可以根据本地区的实际情况，对黑社会性质组织所具有的经济实力在20~50万元幅度内，自行划定一般掌握的最低数额标准。"2018年《最高人民法院、最高人民检察院、公安部、司法部关于办理黑恶势力犯罪案件若干问题的指导意见》规定："由于不同地区的经济发展水平、不同行业的利润空间均存在很大差异，加之黑社会性质组织存在、发展的时间也各有不同，在办案时不能一般性地要求黑社会性质组织所具有的经济实力必须达到特定规模或特定数额。""组织成员主动将个人或者家庭资产中的一部分用于支持该组织活动，其个人或者家庭资产可全部计入'一定的经济实力'，但数额明显较小或者仅提供动产、不动产使用权的除外。"

（4）以经济实力支持组织发展。以组织的经济实力支持组织活动的形式很多，既可以是以组织资金购置作案工具、作案车辆，也可以是用组织资金为组织成员发福利甚至赡养父母。不论支持的形式如何、支持的力度大小，只要组织以自身经济实力为组织发展、壮大或者组织成员的生活提供了部分资金支持，都可以认为是以经济实力支持组织发展。

黑社会性质组织建立和存在的最终目的就是最大限度地获取经济利益，且作为一种与公权力相抗衡的组织，具备一定的经济实力是最根本的要求，因为强大的组织体系需要以雄厚的资金作为支持，豢养打手、购买武器、维持组织的正常运转等等，即使是组织规模相对较小的黑社会性质组织，没有经济实力的支撑也不可能存续。为此，黑社会性质组织通过从事开设赌场、组织卖淫、贩卖毒品、高利放贷、敲诈勒索等一切可以获得暴利的违法犯罪活动，疯狂聚敛财富，并逐渐向正常的经济领域和民生领域渗透，可以说哪里有经济利益、哪里就可能成为滋生黑恶势力的土壤。黑社会性质组织的经济实力可以是通过上述非法手段获取，也可以通过合法手段和正常经营活动获取，正是因为具备了强大的经济实力，才使得黑社会性质组织与一般的犯罪集团区别开来。

但在实践中，由于区域发展和经济水平的差异，不同行业领域的利润空间不同，黑社会性质组织的规模大小、存续时间的长短千差万别，所以无法要求黑社会性质组织的经济实力必须达到一定数额或特定规模，但只要获取的利润被部分或全部用于维系组织存续和发展即可。

四、非法控制特征

《刑法》将黑社会性质组织最终要达到的目的和造成的影响表述为,形成"非法控制"或者"重大影响"。我们将黑社会性质组织的此特征称为非法控制(危害性)特征。非法控制(危害性)特征,包含两项既相互联系又相互分离的内容,这就是非法控制与危害性。作为一个整体,非法控制(危害性)是黑社会性质组织的特征,而不能说非法控制与危害性分别是黑社会性质组织的特征。

1. 非法控制(危害性)界定

(1)非法控制:

第一,控制即支配,非法控制即非法支配。黑社会性质组织的非法控制,是指对某一区域或者行业具有一定的安排、配置和管理的实际能力。为了达到这种对社会的非法控制,黑社会性质组织除内部控制外,还有对经济的非法控制和对社会的非法控制。

第二,黑社会性质组织对经济的非法控制。黑社会性质组织是以一定的经济实力为依托的。因此,必然以获取一定的经济利益为目的。获取经济利益的手段可以是非法的,也可以是合法的或者以合法经营加以掩护。一般地说,在原始积累阶段,往往以违法犯罪,主要是盗窃、抢夺、抢劫等财产犯罪手段聚敛钱财。具有一定经济实力以后,往往以合法企业为掩护从事走私犯罪、金融犯罪等经济犯罪非法获利,也不排除合法经营。这种黑社会性质的经济实体并不是单纯地追求经济目的,而只是其控制社会的一般手段。黑社会性质组织对经济的控制,在竞争性行业表现得较为明显。在这种情况下,所谓对经济的控制一般表现为以暴力为后盾的非法垄断。因此,竞争性经济活动领域是容易滋生黑社会性质组织的土壤。[1]

黑社会性质组织对社会的非法控制。对社会的非法控制是对一定区域的控制。对区域的非法控制不同于对行业的非法控制,它是以一定的地域为控制范围,因而发生在具有竞争性的市场、码头、车站以及娱乐场所,这些场所容易为黑社会性质组织所控制。控制的手段通常有暴力、威胁、滋扰等,

---

[1] 陈兴良:《论黑社会性质组织的非法控制(危害性)特征》,载《当代法学》2020年第5期。

进行敲诈勒索、欺行霸市、聚众斗殴、寻衅滋事、故意伤害等违法犯罪活动。这些违法犯罪活动往往会扰乱社会秩序，但必须注意，它扰乱的是合法秩序，由此建立起非法秩序。[1]

（2）危害性。犯罪的本质是具有社会危害性。黑社会性质组织犯罪作为集团犯罪的最高形态，具有严重的社会危害性。立法将黑社会性质组织的危害性除了表述为"非法控制"外，另一种表述为"重大影响"，后者我们称为"危害性"要素。

黑社会性质组织的"非法控制"，是指以有组织的违法犯罪手段使得一定对象处于自己的占有、管理和影响之下；"重大影响"，是指以有组织的违法犯罪手段对一定对象的思想和行动产生作用。二者有着以下共同点：①都是有意识地以非法方式主动干涉他人的结果；②都不是一种偶然、短暂的现象，而是一种持续的状态；③控制或者影响的对象具有广泛性，控制或者影响的程度具有严重性。由此可见，无论是非法控制还是重大影响，都是对一定客体施加的作用力。黑社会性质组织的非法控制更强调的是对一定区域或者行业的实际掌控和制约；黑社会性质组织的重大影响则关注通过违法犯罪活动对一定区域或者行业的危害和破坏。[2]

黑社会性质组织的非法控制要素与危害性要素之间的关系。在黑社会性质组织认定中，非法控制要素与危害性要素是一种选择关系。这种选择关系并不意味着非法控制要素和危害性要素对于黑社会性质组织的成立而言是同等重要的。笔者认为，在通常情况下，黑社会性质组织都需要具备非法控制要素，而危害性要素只是存在于极少数情况下，虽然不具备非法控制要素但因其具有重大的危害性，因而也可以认定为黑社会性质组织。因此，非法控制要素对于黑社会性质组织的认定而言起到主要作用，而危害性要素只是起到补充作用。在司法实践中，对于认定黑社会性质组织而言，首先应当考察是否具有非法控制要素。只有在不存在非法控制要素的情况下，才进一步考察是否存在危害性要素。[3]

---

[1] 陈兴良：《论黑社会性质组织的非法控制（危害性）特征》，载《当代法学》2020年第5期。
[2] 陈兴良：《论黑社会性质组织的非法控制（危害性）特征》，载《当代法学》2020年第5期。
[3] 陈兴良：《论黑社会性质组织的非法控制（危害性）特征》，载《当代法学》2020年第5期。

2. 区域及行业的界定

（1）区域的界定。黑社会性质组织需要"在一定区域或者行业内"造成非法控制或者重大影响。对"区域"应如何理解和把握，2009年《最高人民法院、最高人民检察院、公安部、司法部办理黑社会性质组织犯罪案件座谈会纪要》规定："区域的大小具有相对性，且黑社会性质组织非法控制和影响的对象并不是区域本身，而是在一定区域中生活的人，以及该区域内的经济、社会生活秩序。因此，不能简单地要求'一定区域'必须达到某一特定的空间范围，而应当根据具体案情，并结合黑社会性质组织对经济、社会生活秩序的危害程度加以综合分析判断。"由此可见，区域是空间范围，非法控制的对象则是一定区域范围内的经济和社会生活秩序。

2015年《全国部分法院审理黑社会性质组织犯罪案件工作座谈会纪要》从空间范围、规模及社会功能等方面对区域做了更详细的规定。即"'一定区域'，应当具备一定空间范围，并承载一定的社会功能。既包括一定数量的自然人共同居住、生活的区域，如乡镇、街道、较大的村庄等，也包括承载一定生产、经营或社会公共服务功能的区域，如矿山、工地、市场、车站、码头等。对此，应当结合一定地域范围内的人口数量、流量、经济规模等因素综合评判。如果涉案犯罪组织的控制和影响仅存在于一座酒店、一处娱乐会所等空间范围有限的场所或者人口数量、流量、经济规模较小的其他区域，则一般不能视为是对'一定区域'的控制和影响"。

（2）行业的界定。行业也就是市场。2009年《最高人民法院、最高人民检察院、公安部、司法部办理黑社会性质组织犯罪案件座谈会纪要》规定："黑社会性质组织控制和影响的行业，既包括合法行业，也包括黄、赌、毒等非法行业。这些行业一般涉及生产、流通、交换、消费等一个或多个市场环节。"

2015年《全国部分法院审理黑社会性质组织犯罪案件工作座谈会纪要》对行业的规定更加具体。即黑社会性质组织控制和影响的"一定行业"，是指在一定区域内存在的同类生产、经营活动。黑社会性质组织通过多次有组织地实施违法犯罪活动，对黄、赌、毒等非法行业形成非法控制或重大影响的，同样符合非法控制特征（危害性特征）的要求。

3. 严重破坏秩序的表现

2009年《最高人民法院、最高人民检察院、公安部、司法部办理黑社性质组织犯罪案件座谈会纪要》对严重破坏经济、社会生活秩序表现的规定为：①对在一定区域内生活或者在一定行业内从事生产、经营的群众形成心理强制、威慑，致使合法利益受损的群众不敢举报、控告的；②对一定行业的生产、经营形成垄断，或者对涉及一定行业的准入、经营、竞争等经济活动形成重要影响的；③插手民间纠纷、经济纠纷，在相关区域或者行业内造成严重影响的；④干扰、破坏他人正常生产、经营、生活，并在相关区域或者行业内造成严重影响的；⑤干扰、破坏公司、企业、事业单位及社会团体的正常生产、经营、工作秩序，在相关区域、行业内造成严重影响，或者致使其不能正常生产、经营、工作的；⑥多次干扰、破坏国家机关、行业管理部门以及村委会、居委会等基层群众自治组织的工作秩序，或者致使上述单位、组织的职能不能正常行使的；⑦利用组织的势力、影响，使组织成员获取政治地位，或者在党政机关、基层群众自治组织担任一定职务的；⑧其他形成非法控制或者重大影响，严重破坏经济、社会生活秩序的情形。

2015 年《全国部分法院审理黑社会性质组织犯罪案件工作座谈会纪要》规定：2009 年《最高人民法院、最高人民检察院、公安部、司法部办理黑社会性质组织犯罪案件座谈会纪要》第 1 种情形中的"致使合法利益受损的群众不敢举报、控告的"，是指致使多名合法利益遭受犯罪或者严重违法活动侵害的群众不敢通过正当途径维护权益；第 2 种情形中的"形成垄断"，是指可以操控、左右、决定与一定行业相关的准入、退出、经营、竞争等经济活动。"形成重要影响"，是指对与一定行业相关的准入、退出、经营、竞争等经济活动具有较大的干预和影响能力，或者具有在该行业内占有较大市场份额、通过违法犯罪活动或以其他不正当手段在该行业内敛财数额巨大（最低数额标准由各高院根据本地情况在 20 万元~50 万元的幅度内自行划定），给该行业内从事生产、经营活动的其他单位、组织、个人造成直接经济损失 100 万元以上等情节之一；第 3、4、5 种情形中的"造成严重影响"，是指具有致人重伤或致多人轻伤、通过违法犯罪活动或以其他不正当手段敛财数额巨大（数额标准同上）、造成直接经济损失 100 万元以上、多次引发群体性事件或引发大规模群体性事件等情节之一；第 6 种情形中的"多次干扰、破坏国家机关、行业管理部门以及村委会、居委会等基层群众自治组织的工作秩序"，包括以拉拢、收买、威胁等手段多次得到国家机关工作人员包庇或纵容，或者多次对前述单位、组织中正常履行职务的工作人员进行打击、报复的情形；第7种情形中的"获取政治地位"，是指当选各级人大代表、政协委员。"担任一定职务"，是指在各级党政机关及其职能部门、基层群众自治组织中担任具有组织、领导、监督、管理职权的职务。

2015年《全国部分法院审理黑社会性质组织犯罪案件工作座谈会纪要》同时规定：根据实践经验，在黑社会性质组织犯罪案件中，2009年《最高人民法院、最高人民检察院、公安部、司法部办理黑社会性质组织犯罪案件座谈会纪要》规定的八种情形一般不会单独存在，往往是两种以上的情形同时并存、相互交织，从而严重破坏经济、社会生活秩序。审判时，应当充分认识这一特点，准确认定该特征。"四个特征"中，其他构成要素均已具备，仅在成员人数、经济实力规模方面未达到本纪要提出的一般性要求，但已较为接近，且在非法控制特征（危害性特征）方面同时具有2009年《最高人民法院、最高人民检察院、公安部、司法部办理黑社会性质组织犯罪案件座谈会纪要》相关规定中的多种情形，其中至少有一种情形已明显超出认定标准的，也可以被认定为黑社会性质组织。

2018年《最高人民法院、最高人民检察院、公安部、司法部关于办理黑恶势力犯罪案件若干问题的指导意见》基本上沿袭了2009年《最高人民法院、最高人民检察院、公安部、司法部办理黑社会性质组织犯罪案件座谈会纪要》对于严重破坏经济、社会生活秩序情形的规定，只是对部分表述做了修改，使得表述更加科学、准确。

五、四个特征之间的关系

对黑社会性质组织的组织特征、行为特征、经济特征与非法控制特征四个特征，应当从整体上进行把握，不宜过分强调何为本质特征，更不宜将四个特征相割裂。认定一个组织是否为黑社会性质组织，单独考虑某一特征既不全面，也不科学。

黑社会性质组织四个特征之间的关系。组织特征与行为特征之间存在一种组织关系。黑社会性质组织通过有组织地实施暴力、威胁或其他手段进行违法犯罪活动，应体现一定的组织意志。经济特征与行为特征之间存在一种目的关系。无论外在目的表现如何，黑社会性质组织实施违法犯罪活动的根本目的都是直接或间接获取经济利益，以支持该组织的发展壮大。获取经济利益必须是为了组织的利益，通过有组织的形式实施。非法控制特征与行为特征之间存在一种后果关系。黑社会性质组织实施暴力、威胁或其他违法犯罪活动，就是要在一定区域或行业欺压、残害群众，实现对经济和社会予以非法控制的目的。[1]

---

[1] 陶旭蕾：《黑社会性质组织行为特征之法教义学分析》，载《中国刑警学院学报》2021年第4期。

> 对破坏国家的建设和财产及破坏社会秩序和侵害人民正当权益的犯罪者，必须给予惩罚，只有惩罚才能使他们认罪，只有在他们认罪以后，才能谈到教育改造。
>
> ——周恩来

第七章
罪轻之恶势力案

目前我国刑法并没有规定恶势力。恶势力犯罪的相关问题，散见于相关的规范性文件中。恶势力犯罪没有相对应的罪名，在认定其构罪时，需要在认定行为人构成具体罪名的基础上才能认定。同时，恶势力犯罪属于共同犯罪，对其的认定具有一定的复杂性，既不能放纵犯罪，也不能随意扩大犯罪圈。

第一节 匡某某恶势力案

一、案情简介

2019年5月8日"常某某被非法拘禁案"，由被害人常某某报案至某某市某某分局，公安立案侦查。同日，常某某、何某某等人报警称，李某某、刘某某、区某某等人非法放贷，采用非法拘禁、殴打的方式暴力讨债。2019年10月18日，公安将犯罪嫌疑人李某1、刘某某抓获归案，同日，犯罪嫌疑人匡某某到公安主动投案，2019年11月17日犯罪嫌疑人李某2被抓获归案，2020年1月12日犯罪嫌疑人薛某某被抓获归案。公安在侦查过程中发现上述人员还涉嫌诈骗、寻衅滋事、敲诈勒索等犯罪。2020年4月15日该案由公安机关侦查终结。

某某市公安局某某分局侦查终结,以被告人李某1、刘某某、薛某某、李某2、匡某某分别涉嫌诈骗罪、敲诈勒索罪、非法拘禁罪、寻衅滋事罪、强迫交易罪,于2020年4月17日向某某市某某区人民检察院移送审查起诉。检察院审查起诉期间,退回补充侦查2次,依法延长审查起诉期限。

2020年9月25日,安徽省某某市某某区人民检察院向人民法院提起诉讼。

二、控方指控

2011年以来,被告人李某1为牟取非法利益,先后纠集刘某某、李某2、薛某某、匡某某等人,违反国家规定,未经监管部门批准,从事非法高利放贷业务。被告人李某1以其自己及妻子周某的名义,向不特定借款人放贷,出具借据上的利率部分或空白或2分至3分月息,但实际却以5分至6分的高息收取借款人砍头息和月息,并要求借款人利息必须以现金方式支付,不准转账、不打收条,在民事诉讼过程中,隐瞒还款事实,逃避打击。期间,被告人匡某某多次作为担保人,介绍他人从李某1处借款。针对不能按时归还借款本金和利息的借款人,李某1分别安排被告人刘某某、李某2、薛某某、匡某某到借款人、担保人、共同借款人的单位、住处等地采取殴打、威胁、拘禁、纠缠等暴力或"软暴力"方式给上述人员及其家人施加压力,迫使借款人还款。李某1等人多次实施诈骗、寻衅滋事、非法拘禁、强迫交易等违法犯罪活动,逐渐形成以李某1为首要分子,以刘某某、李某2、薛某某、匡某某为参加者的恶势力犯罪集团,为非作恶、欺压百姓,扰乱经济社会生活秩序,造成较为恶劣的社会影响。

被告人匡某某为索要高利贷债务,非法限制他人人身自由并实施殴打,其行为均已触犯《刑法》第238条第1款、第3款之规定,犯罪事实清楚,证据确实、充分,均应当以非法拘禁罪追究其刑事责任。

被告人匡某某为索要高利贷债务,以威胁手段,强迫他人转让股份,其行为均已触犯《刑法》第226条第4项之规定,犯罪事实清楚,证据确实、充分,均应当以强迫交易罪追究其刑事责任。

三、辩护律师观点

（一）匡某某不构成非法拘禁罪

（1）控制常某某时间不超过 12 小时，不应以非法拘禁罪论处。本案中，常某某 2019 年 4 月 23 日第二次询问卷二 P7 的笔录记载："当天李某 1 他们把我从当天下午 1 点多钟的时候控制到当天夜里 12 点左右"，而起诉书指控的本起非法拘禁时间终止时间点为晚上 10 时许，不超过 12 小时，尚未达到司法解释规定的入罪标准。因此，本起事实不应构成非法拘禁罪。

（2）匡某某和何某某一起只是作为担保人见证了找常某某索债的过程，匡某某未殴打常某某，而是与常某某谈判。

（二）匡某某不构成强迫交易罪

（1）本起事实中，李某 1 等人没有实施强迫行为，刘某 1 及其侄子刘某 2 购买股份的行为系自愿。

（2）被告人在此节事实中，并没有参与暴力、胁迫的行为，只是作为担保人见证了股权转让合同的签字。

（三）匡某某不是恶势力犯罪集团成员

（1）李某 1 等人的行为不具备恶势力犯罪的本质特征，其没有为非作恶、欺压百姓的主观目的，李某某等人的行为只是普通共同犯罪。

（2）无论李某 1 等人是否构成恶势力犯罪集团，匡某某都不是该犯罪集团成员。

匡某某有正当经营，匡某某参与要债的目的是保证担保债务安全，而不是为非作恶、欺压百姓；匡某某在整起高利贷犯罪活动中的角色是纯粹的担保人，切实承担了担保责任，付出了金钱履行义务；举报人和被害人在举报材料和笔录中举报李某 1 团伙时，从未将匡某某纳入其中，也即被害人亦不认为匡某某是恶势力犯罪集团成员。

（四）匡某某不存在漏罪，不构成累犯

匡某某曾在 2017 年 7 月 6 日因诈骗罪被判决有期徒刑 1 年，缓刑 1 年 6 个月，缓刑考验期于 2019 年 1 月 6 日期满。匡某某此次被指控非法拘禁罪、强迫交易罪，即使真构成犯罪，也不构成累犯。匡某某此次被指控非法拘禁罪、强迫交易罪，即使真构成犯罪，也不构成漏罪。

（五）被告人匡某某具有法定的多种从轻情节

匡某某系自首，应予减轻处罚。即使构罪，匡某某作为非法拘禁罪、强迫交易罪的从犯，也应该从轻处罚。

四、法院判决

某某市某某区人民检察院以××检刑一刑诉［2020］×××号起诉书指控被告人李某1犯诈骗罪、非法拘禁罪、寻衅滋事罪、强迫交易罪，被告人刘某某、李某2犯非法拘禁罪、寻衅滋事罪、强迫交易罪，被告人薛某某犯非法拘禁罪、寻衅滋事罪，被告人匡某某犯非法拘禁罪、强迫交易罪，于2020年10月1日向本院提起公诉。本院依法组成合议庭，2020年10月27日公开开庭审理了本案。某某市某某区人民检察院指派检察员柯某出庭支持公诉，上列被告人及其辩护人均到庭参加诉讼。

被告人匡某某对非法拘禁罪、强迫交易罪有异议，辩称其只是担保人，没有参与放高利贷，其是被迫为常某某担保的，没有参与非法拘禁，全程没有参与强迫交易。

关于被告人不构成"恶势力"的辩解辩护意见，经查，五被告人经常纠集在一起，在没有贷款资质的情况下，为牟取非法利益，从事高利放贷，并要求借款人必须以现金支付利息，不打收条，在借款人无力偿还高额利息时，对借款人实施非法拘禁，强迫他人转让股份，以及通过到借款人、担保人、借款人的公司、住处等地采取滋扰、威胁、纠缠等"软暴力"方式讨债，给上述人员及其家人施加压力，迫使借款人还款，具有"为非作恶，欺压百姓"的特征，应被认定为"恶势力"犯罪集团。其中，李某1为首要分子，被告人刘某某、李某2、薛某某、匡某某为组织成员。

被告人匡某某犯强迫交易罪，判处有期徒刑1年8个月，并处罚金22 000元；犯非法拘禁罪，判处有期徒刑11个月，决定执行有期徒刑2年4个月，并处罚金人民币22 000元。

> 任何损害个人的行为，达到一定程度便是损害社会，因为社会是由个人组成的。
>
> ——【英国】J.W. 塞西尔·特纳

第二节 郑某某涉恶案

一、案情简介

被告人郑某，男，1969年3月10日生，大专文化。2016年，被告人何某成立"何氏散手"师门，自称"何氏散手"第三代传人，郑某于不久后加入师门。在"何氏散手"的发展过程中，被告人何某为达到壮大师门、大肆敛财的目的，长期冒用新闻媒体监督权，实施敲诈勒索等行为。2020年5月31日晚，被告人曹某等人在江苏××市聚点KTV唱歌时，与酒水促销员发生纠纷。6月2日晚，他们再次到聚点唱歌并与工作人员争执，曹某报警称聚点有色情服务并拍摄警察出警照片和视频。在向被告人何某汇报后，何某于6月3日发布帖子称聚点涉嫌色情表演。聚点经营人丁某看到后联系曹某请求删帖，何某指使曹某索要删帖费10万，郑某建议将面谈地点选在浴室内，防止对面录音。曹某两次与丁某约谈，均未谈妥。后聚点因受负面信息影响而关门停业。

二、控方指控

（一）恶势力犯罪集团犯罪

控方指控郑某构成恶势力犯罪集团犯罪，理由如下：

（1）具有组织性。何某等人以"何氏散手"为依托，以三个基地为中心，以师徒关系为纽带，经常纠集在一起。师门内有明确的层级、分工、纪律及行为模式，并不断向外宣传吸收新成员。

（2）共同实施犯罪行为，社会影响恶劣。何某等人明知部分网站、媒体并无新闻信息采编发布资质，仍以师门有资源、能力可通过网络发帖进行舆论监督，加入师门可办理各网站记者证、编辑证，成为新闻媒体工作者，师门有各类社会关系能办理诉讼、信访、维权、融资事项等，在多地骗取钱财，

· 215 ·

涉案金额特别巨大；以部分企业、娱乐场所等在消防、服务等方面存在问题要进行媒体监督、网络曝光等为由，对相关企业、经营者进行威胁、恐吓，实施敲诈勒索，涉案金额特别巨大。何某、候某某等人长期冒用新闻媒体监督权，实施敲诈勒索、诈骗等犯罪行为，扰乱社会、经济秩序，造成恶劣的社会影响，形成了以何某为首要分子，以候某某、曹某某为重要成员，以刘某某、王某某、郑某、刘某、王某某、胡某为一般成员的恶势力犯罪集团。

（二）敲诈勒索罪

控方指控郑某构成敲诈勒索罪，理由如下：

2020年5月31日晚，曹某某等人在××市聚点KTV（以下简称"聚点"）唱歌消费时，要求房间里的酒水促销员与其唱歌跳舞，并掀起促销员的衣服拍摄视频和照片等，因此与聚点的工作人员发生纠纷。6月2日晚，被告人曹某某等人再次到聚点唱歌并要求服务员陪唱，又与工作人员发生争执，曹某某即报警称聚点有色情服务，派出所随即出警。曹某某把该事汇报给被告人何某，何某同意在网上发帖曝光，曹某某将拍摄的视频和图片以及聚点的位置、门头等发给何某。2020年6月3日，何某在今日头条某公众号上发布"某某市一KTV涉嫌色情表演，已到公安部门报案"、"某某一KTV涉嫌色情表演，公安部门当晚迅速组织警力进行调查"的帖子。聚点经营人丁某某看到后联系曹某某请求删帖，何某指示曹某某索要删帖费10万元。被告人候某某要求曹某某安排别人先和丁某某面谈删帖费用，并传授曹某某见面索要10万元只能做手势（用手比画十字）、不能说出口；被告人郑某向曹某某建议面谈地点要选在浴室内，防止对方录音。约定两天后，曹某某安排李某某将丁某某约到某某市步云堂浴室内面谈索要钱财事宜，丁某某不愿意进浴室商谈，双方未能谈成。后曹某某又要求丁某某去某某市镇北二路天安消防门市内协商，并安排韩某、张某某与对方面谈，谈判时不要提钱，要比画十字手势代表10万元。在天安消防门市内，韩某、张某某二人与丁某某面谈并用手比画十字索要10万元删帖费，丁某某认为数额太高予以拒绝。何某、曹某某等人因敲诈未遂继续在网络上发布聚点的负面帖子。后聚点因被负面信息影响而关门停业。

三、辩护律师观点

（一）郑某不应被认定为恶势力犯罪集团的成员

1. 郑某主观上没有加入恶势力的意图

郑某加入何氏散手的主观目的是给女儿找工作，后来是在经何某吹嘘和许诺安排工作、经营餐厅，又轻信何某头衔多、能量大的情况下，才拜师留在何氏散手。实际上郑某也是被害人，也是被骗的，郑某被何某骗了20万。

2018年夏季，郑某加入何氏散手时，何氏散手还并没有开展起诉书指控的诈骗、敲诈勒索犯罪活动。因而，郑某在加入何氏散手时，客观上当时的何氏散手既非恶势力，也非犯罪团伙，郑某当时不存在加入恶势力的主观意图。其后，被告人郑某也没有加入恶势力犯罪集团的主观目的。因为其被骗投资20万，其还是想通过合法的途径进行投资取得回报。

2. 本案的被告人都不是恶势力成员

（1）何某等人并没有对一定区域或者行业造成违法控制。检察机关指控被告人郑某敲诈勒索，但是根据事实被告人郑某并没有参与敲诈，也没有参与勒索，更没有参加取财。而且犯罪地在某市，不在江苏某市。

（2）本案中没有严重的暴力，也达不到非法控制性。

因此，辩护人认为，何某等人就是单纯为了谋取不法经济利益。根据《最高人民法院、最高人民检察院、公安部、司法部关于办理恶势力刑事案件若干问题的意见》第5条的规定："单纯为牟取不法经济利益而实施的"黄、赌、毒、盗、抢、骗"等违法犯罪活动，不具有为非作恶、欺压百姓特征的，或者因本人及近亲属的婚恋纠纷、家庭纠纷、邻里纠纷、劳动纠纷、合法债务纠纷而引发以及其他确属事出有因的违法犯罪活动，不应被作为恶势力案件处理。"因此，我们认为，郑某等人不是恶势力集团。

3. 被告人郑某的行为不是恶势力成员的行为

所指控的敲诈勒索犯罪，没有任何的暴力、胁迫行为方式，也没有任何取得财产的行为，也即是在，在"敲诈勒索聚点KTV案"中，郑某不是对聚点KTV敲诈的提议，搜集制造材料，向公安机关报案，撰写、发布报道文章，向被害人索要财物，参与谈判的人，只是在曹某来到康复大厦时，说了一句"你不如跑浴池去说，这样谁也拍不到"，该建议既不恶劣（对被害人没有人身危险性），也因受害人没有答应而未实际实现。如果说被告人的一句话是帮助犯罪的,构成帮助犯的话,那么需要行为人的帮助行为对正犯的实行行为起到实际的作用,但是本案中被告人的行为并没有形成任何影响。因此上述事实属于情节显著轻微,不构成犯罪。

(二)郑某不构成敲诈勒索罪

1. 郑某告知曹某的内容是生活行为,对案件没有起到任何作用

据郑某本人供述,其是在和候某某等人闲聊的时候,因为曹某某有一个可以拍照录像的手表,所以才提到,以后谈事情去浴室谈,不然被录下来了,郑某不仅今天当庭是这样说的,早在2021年12月3日在检察院提讯时,就是这样说的。并且,候某某在回答辩护人发问时,也供述了他们不是在针对聚点KTV一事开会时郑某说的,而曹某某回答其根本不记得郑某有说过这个话。

2. 郑某的行为不符合敲诈勒索罪"以暴力胁迫相威胁,以达到非法占有公私财物的目的"的核心构成要件

在"聚点KTV案"中,是否构成敲诈勒索的关键行为在于去KTV摄录视频以及事后协调10万元删帖费。然而,这两个关键行为,郑某既没有参与也不知情。KTV酒水促销员及KTV老板的证言可以证实,郑某从未到场。而本起事实是否构成敲诈勒索罪、既遂还是未遂,与郑某均无干系,因为KTV老板丁某压根没有去浴室,丁某不支付10万元的原因是其只愿意支付3万元,曹某等人要价太高。郑某只说了一句话,对本起事实没有起到任何作用,不应被认定为犯罪。

四、法院判决

(一)公诉机关指控被告人何某等人形成恶势力犯罪集团不能成立

首先,本案以被告人何某为首的犯罪集团以实施诈骗犯罪为主,自2020年6月至12月开始从事敲诈勒索犯罪,敲诈勒索犯罪的基本犯罪手段是寻找被害人违规经营或消防漏洞,利用被害人害怕被处罚影响经营的心理讹诈钱财,虽然敲诈的预备手段即网络发帖具有一定的公开性,但因本案被告人并非真正的新闻记者,勒索钱财行为如用手比画、避免录音等行为均较为隐蔽,极力避免被他人发现真相,勒索手段不具有公然性。

其次,本案敲诈勒索犯罪存续时间较短,敲诈勒索犯罪多数为未遂犯,暴力或以暴力为基础的威胁较弱,行为特征不强。

最后,本案被告人实施犯罪活动以谋取不法经济利益为主,逞强争霸、

谋求强势地位的主观目的不强，没有在一定行业形成非法控制，恶势力犯罪集团所要求的"为非作恶，欺压百姓"特征不明显。

故公诉机关指控被告人何某等人形成恶势力犯罪集团不能成立。

（二）被告人郑某不构成敲诈勒索罪

经查，被告人郑某与曹某某同为被告人何某的弟子，在师门中不负责领导、安排曹某某具体事务，被告人曹某某等人实施敲诈勒索犯罪不受被告人郑某的指挥、安排，故被告人郑某向曹某某提出在浴室谈判防止录音，该行为尚不足以证实被告人郑某与被告人曹某某形成了敲诈勒索的共同犯罪故意，故被告人郑某不构成敲诈勒索罪。

> 人民犯了法，也要受处罚，也要坐班房，也有死刑，但这是若干个别的情形，和对于反动阶级当作一个阶级的专政来说，有原则的区别。
>
> ——【中国】毛泽东

第三节　理论延伸——恶势力的认定

一、恶势力的立法沿革

我国首次在司法解释中对恶势力作出明确规定，是2009年12月9日出台的《最高人民法院、最高人民检察院、公安部办理黑社会性质组织犯罪案件座谈会纪要》（以下简称2009年《纪要》）。其规定：" '恶势力'，是黑社会性质组织的雏形，有的最终发展成为了黑社会性质组织。因此，及时严惩恶势力团伙犯罪，是遏制黑社会性质组织滋生，防止违法犯罪活动造成更大社会危害的有效途径。"

2018年《最高人民法院、最高人民检察院、公安部、司法部关于办理黑恶势力犯罪案件若干问题的指导意见》（以下简称2018年《指导意见》）将恶势力定性为犯罪组织或者犯罪集团。在这种情况下，司法机关可以按照我国《刑法》第26条关于犯罪集团的规定认定恶势力，由此而把恶势力纳入了刑法范畴，获得了某种程度上的法律地位。

2019年4月9日实施的《最高人民法院、最高人民检察院、公安部、司法部关于办理恶势力刑事案件若干问题的意见》（以下简称2019年《恶势力意见》）对办理恶势力案件的实体和程序问题做了更为具体的规定，在刑法没有对恶势力进行正式规定的情况下，2019年《恶势力意见》成为办理恶势力案件的主要法律根据。2019年《恶势力意见》是我国对恶势力专门规定的一个司法解释，因此对恶势力的概念、特征和形式等规定更加明确，对于司法机关正确认定恶势力案件具有重要的指导意义。

2022年《反有组织犯罪法》第2条第2款对"恶势力组织"做了规定。基本沿袭了2019年《恶势力意见》的规定，只是将后者中的"经济、社会生活秩序"改为"社会秩序、经济秩序"，表述更加准确。

二、恶势力的概念

2019年《恶势力意见》规定,恶势力是指经常纠集在一起,以暴力、威胁或者其他手段,在一定区域或者行业内多次实施违法犯罪活动,为非作恶,欺压百姓,扰乱经济、社会生活秩序,造成较为恶劣的社会影响,但尚未形成黑社会性质组织的违法犯罪组织。

根据《反有组织犯罪法》第2条第2款的规定:"本法所称恶势力组织,是指经常纠集在一起,以暴力、威胁或者其他手段,在一定区域或者行业领域内多次实施违法犯罪活动,为非作恶,欺压群众,扰乱社会秩序、经济秩序,造成较为恶劣的社会影响,但尚未形成黑社会性质组织的犯罪组织。"

"为非作恶,欺压百姓"是恶势力组织的本质特征。从字面上来理解,是指做坏事、施恶行、欺负、压迫群众。首先,"为非作恶",不仅指行为性质具有不法性,同时也要求行为的动机、目的、起因带有不法性,由婚恋纠纷、家庭纠纷、邻里纠纷、劳动纠纷、合法债务纠纷引发以及其他确属事出有因的违法犯罪活动,就不宜被归入"为非作恶"。其次,"欺压百姓",要求为非作恶的方式、手段带有欺凌、强制、压迫的性质,也就是要利用物理强制或心理强制手段侵害群众权益。因此,暴力、威胁应是恶势力较常采用的违法犯罪活动手段。此处需要说明的是,实践中经常会有这样的案件:恶势力之间互相争斗,违法犯罪活动未伤及无辜群众,此时是否属于欺压百姓?我们认为,欺压百姓既包括直接以普通群众为对象实施违法犯罪活动的情形,也包括因逞强争霸、好勇斗狠、树立恶名、抢夺地盘等不法动机实施违法犯罪活动,直接或间接破坏人民群众安全感的情形。这是因为恶势力处于不断的发展过程中,违法犯罪活动对象并不特定,即便在个案中未直接侵害普通群众权益,但其发展壮大后必然会对人民群众的人身权利、财产权利、民主权利形成威胁或造成损害,故对欺压百姓不应作狭义理解。

实践中"为非作恶,欺压百姓",可以通过以下几方面进行认定:①犯罪对象中需涉及具体被害人,且为不特定的被害人。如果侵害对象特定,则行为造成的危害后果具有可控性和局限性,不足以对一定区域或行业内的公众形成心理强制,也就无法满足"为非作恶,欺压群众"的本质特征。即使恶势力组织实施的具体行为侵犯的法益不是人身权、财产权等个人权益而是集体权益、国家权益，亦需通过对具体被害人的侵犯来实现其法益侵害目的。②手段具有暴力性或以暴力为后盾。"软暴力"依托犯罪组织的势力、影响力对不特定被害人实施隐形胁迫，达到抑制他人反抗、强制他人心理、促使他人恐惧的程度，从而收获与暴力手段同样的社会效果。如果"软暴力"不以暴力为后盾，则其难以对一定区域或行业内的不特定人造成心理强制、威慑。故"软暴力"在构成恶势力组织犯罪的过程中，亦需以暴力为后盾，具有使用暴力的随时可能性。③违法犯罪行为具有持续性。一定期限内组织人员不断滋扰被害人生产、经营、生活等，行为具有连续性、多次性，超越对个人的侵害，进而对政府治理、司法权威及被害人权益造成较为严重的损害。④危害行为具有随意性。随意性表明犯罪分子对社会秩序、经济秩序的藐视性和侵犯的故意性，每个人都可能成为被侵犯的潜在受害者，具有不可预估性和危害后果的不可控性，表明犯罪分子主观恶性极深、社会危害极大。

三、特征分析

（一）组织特征

	2009年《纪要》	2018年《指导意见》	2019年《恶势力意见》
组织人数	一般为3人以上	一般为3人以上	一般为3人以上
组织紧密程度	纠集者、骨干成员相对固定	纠集者相对固定	纠集者相对固定
组织性质	犯罪团伙	违法犯罪组织	违法犯罪组织

2009年《纪要》将恶势力犯罪定义为犯罪团伙并不准确，因为其同时实施一些违法行为。2018年《指导意见》以及2019年《恶势力意见》准确地界定了恶势力的性质。

2019年《恶势力意见》第6条吸收了2018年《指导意见》中"恶势力一般为3人以上，纠集者相对固定"的规定，并明确了恶势力纠集者、其他成员的认定和区分。关于恶势力的成员人数，有一种观点认为，由于2018年《指导意见》规定恶势力是"一般"而非"应当"为3人以上，因此，2人共同实施，甚至1人单独实施多次违法犯罪活动，造成较为恶劣社会影响的，也完全可以认定为"2人恶势力"甚至"1人恶势力"。我们认为，这种观点并不准确，在绝大多数案件中应当将恶势力的成员人数把握在3人以上。主要理由是，恶势力是一类违法犯罪组织，作为共同违法犯罪的特殊形式，不论是从刑法相关规定来看还是从文义解释来看，其人数下限原则上都应高于一般的共同违法犯罪，只有在"为非罪恶，欺压百姓"特征十分明显、危害后果特别严重的极个别情况下，才可以考虑认定"2人恶势力"。至于"1人恶势力"，则明显不符合违法犯罪组织的基本构成条件，应当坚决排除在外。同样的观点也认为，将单独的个体认定为恶势力显然是违背文理、无法令人接受的，因为恶势力是一个"违法犯罪组织"，而单独的个体不等于一个组织，这是最基本的逻辑常识。在组织成员仅有2人的情况下，只有在其表现出相当于3人以上的组织性的情况下，使社会公众产生了相当强的心理不安全感和不安定感，才可以被"破例"认定为恶势力。

恶势力组织的稳定性。"经常纠集在一起"，实际上反映了对违法犯罪组织持续性的要求，而这种持续性主要是靠一定时期内违法犯罪活动的反复实施来体现。一方面，"多次实施违法犯罪活动"需要达到一定的频密度，不能相隔过久；另一方面，也要求违法犯罪活动不能过于集中，换言之，就是纠集在一起的时间不能过于短暂。因此，有必要对多次实施违法犯罪活动的时间跨度加以适当限定。例如，甲、乙、丙三人曾经共同实施过2起寻衅滋事违法活动，之后很长一段时间里没有惹是生非，直至六七年后又共同实施了一起故意伤害犯罪，在形式上虽然符合多人、多次标准，但由于违法活动和犯罪活动的时间间隔过长，实际上已经难以认定甲、乙、丙三人经常纠集在一起，不应以恶势力来评价。又如，甲、乙、丙三人在短短数天内连续共同实施3起违法犯罪活动，但除此之外再无其他违法犯罪事实，尽管在形式上同样也已符合多人、多次标准，但由于纠集在一起的时间明显较短，故不足以评价为违法犯罪组织。当然，这种情形并不绝对，如果时间虽短，但违法犯罪活动远超多次标准，且已造成较为恶劣的社会影响，同时符合其他认定条件，也可以认定为恶势力。

恶势力成员的稳定性。恶势力作为一类违法犯罪组织，其成员需要有一定的稳定性，如果每次参与实施违法犯罪活动的人员都变化不定，那么也很难认定其已形成组织。因此，2019年《恶势力意见》规定："包括纠集者在内，至少应有2名相同的成员多次参与实施违法犯罪活动"，办案时要特别注意这一点，不能不区分情况，简单地将若干不同人员实施违法犯罪活动叠加，打包后作为恶势力刑事案件来处理。

对恶势力纠集者的理解。2018年《指导意见》以及2019年《恶势力意见》都规定了"纠集者较为固定"。关于纠集的固定性方面，应明确"纠集者"是指所有纠集到一起的犯罪活动参与者，还是仅指发起纠集的组织者或者"头目"。有学者认为，此处的"纠集者"应是在后一种意义上使用的。从2018年《指导意见》将2009年《纪要》中的"纠集者、骨干成员相对固定"修改为"纠集者相对固定"可以看出，"纠集者"本来是与"骨干成员"并列的概念，骨干成员毫无疑问也是违法犯罪活动的积极参加者，如果仅仅是在参加者的意义上解释"纠集者"，其将包含骨干成员而不是与骨干成员并列。所以，此处应该是在组织和发起者的层面使用"纠集者"一词。新的司法解释虽然基于恶势力普遍组织较为松散的实际情况删除了"骨干成员"，也并不影响纠集者一词承载的本来含义。也正是考虑到恶势力犯罪组织的稳固程度与黑社会性质组织相比本就较低，如果理解为参加者相对固定，也不符合我国打击恶势力犯罪的司法实际和客观事实。因此"纠集者相对固定"，应理解为发起纠集的组织者相对固定。如此一来，在组织人数三人以上的情况下，作为头目的纠集者当然可以为三人以下，如此相对固定，仅指组织者的相对固定。基于此结论，可以认为，即便纠集者甚至固定成员仅有2人，但至少每次都纠集3人或3人以上，以一种组织的形式出现并活动，使他人产生对有组织犯罪的恐惧和压力的，说明该团伙达到了恶势力的组织性程度，就可以认定具备恶势力的组织特征。但如果固定纠集者和参加者仅有2人，绝大多数也仅有2人共同实施违法犯罪活动的情况下，不宜认定为恶势力。

2019年《恶势力意见》规定恶势力的纠集者"是指在恶势力实施的违法犯罪活动中起组织、策划、指挥作用的违法犯罪分子。成员较为固定且符合恶势力其他认定条件，但多次实施违法犯罪活动是由不同的成员组织、策划、指挥，也可以认定为恶势力，有前述行为的成员均可以认定为纠集者"。根据上述规定，纠集者，不仅仅包括组织、策划、指挥的恶势力"头目"，还包括多次违法犯罪行为的组织者、策划、指挥者即恶势力的积极参加者。

恶势力的其他成员。2019年《恶势力意见》规定恶势力的其他成员"是指知道或应当知道与他人经常纠集在一起是为了共同实施违法犯罪，仍按照纠集者的组织、策划、指挥参与违法犯罪活动的违法犯罪分子，包括已有充分证据证明但尚未归案的人员，以及因法定情形不予追究法律责任，或者因参与实施恶势力违法犯罪活动已受到行政或刑事处罚的人员。仅因临时雇佣或被雇佣、利用或被利用以及受蒙蔽参与少量恶势力违法犯罪活动的，一般不应认定为恶势力成员"。

加入恶势力的规定。2019年《恶势力意见》坚持了主客观相一致原则，要求行为人需要在主观认识上"知道或者应当知道与他人经常纠集在一起是为了共同实施违法犯罪"，在主观意志上要有加入恶势力的意愿，即"仍按照纠集者的组织、策划、指挥"，在客观行为上"参与违法犯罪活动"，方可认定为恶势力成员。对于那些主观上并无加入恶势力意愿，仅因临时雇佣或被雇佣、利用或被利用以及受蒙蔽参与少量恶势力违法犯罪活动的人员，一般不应认定为恶势力成员。从实践情况来看，行为人有无参与恶势力实施的违法犯罪活动一般能够通过充分的证据直观反映，而行为人的主观认知与态度则要结合其参与违法犯罪活动时的具体行为、所起作用、与其他恶势力成员间的关系等事实予以认定。在办理案件时，应当结合该意见的规定注意把握以下两点：一是行为人在知晓与他人经常纠集在一起是为了共同实施违法犯罪的情况下，依然按照纠集者组织、策划、指挥行事，通常会具体表现为与其他成员平时联系较紧密，对所参与实施的违法犯罪活动的动机、起因、对象比较了解且行为积极、作用明显等；二是在适用恶势力成员的排除性规定时，要注意把握参与违法犯罪活动的"临时""少量"。对于表面虽有雇佣或被雇佣、利用或被利用关系，但是长时间或者多次参与恶势力违法犯罪活动的，应当视为行为人已具有加入恶势力的意愿，避免违法犯罪分子利用规定逃避打击。

（二）行为特征

	2009年《纪要》	2018年《指导意见》	2019年《恶势力意见》
行为手段	以暴力、威胁或其他手段，在一定区域或者行业内多次实施违法犯罪活动	以暴力、威胁或其他手段，在一定区域或者行业内多次实施违法犯罪活动	以暴力、威胁或其他手段，在一定区域或者行业内多次实施违法犯罪活动

续表

	2009年《纪要》	2018年《指导意见》	2019年《恶势力意见》
主要违法犯罪行为	违法犯罪活动一般表现为敲诈勒索、强迫交易、欺行霸市、聚众斗殴、寻衅滋事、非法拘禁、故意伤害、抢劫、抢夺或者黄、赌、毒等	违法犯罪活动主要为强迫交易、故意伤害、非法拘禁、敲诈勒索、故意毁坏财物、聚众斗殴、寻衅滋事等	主要为强迫交易、故意伤害、非法拘禁、敲诈勒索、故意毁坏财物、聚众斗殴、寻衅滋事，但也包括具有为非作恶、欺压百姓特征、主要以暴力、威胁为手段的其他违法犯罪活动
伴随违法犯罪活动		伴随实施开设赌场、组织卖淫、强迫卖淫、贩卖毒品、运输毒品、制造毒品、抢劫、抢夺、聚众扰乱社会秩序、聚众扰乱公共场所秩序、交通秩序以及聚众"打砸抢"等	开设赌场、组织卖淫、强迫卖淫、贩卖毒品、运输毒品、制造毒品、抢劫、抢夺、聚众扰乱社会秩序、聚众扰乱公共场所秩序、交通秩序以及聚众"打砸抢"等违法犯罪活动。但是伴随实施的违法犯罪活动，且不能认定具有为非作恶、欺压百姓特征的，一般不应认定为恶势力

恶势力行为特征的内容。2019年《恶势力意见》规定："'经常纠集在一起，以暴力、威胁或者其他手段，在一定区域或者行业内多次实施违法犯罪活动'，是指犯罪嫌疑人、被告人于2年之内，以暴力、威胁或者其他手段，在一定区域或者行业内多次实施违法犯罪活动，且包括纠集者在内，至少应有2名相同的成员多次参与实施违法犯罪活动。对于'纠集在一起'时间明显较短，实施违法犯罪活动刚刚达到'多次'标准，且尚不足以造成较为恶劣影响的，一般不应认定为恶势力。"

"多次参与实施违法犯罪活动"中"多次"的界定，应当借鉴犯罪构成要件的行为特征来分析。换言之，违法的次数也可以比照犯罪次数来认定。"多次"应从法律层面来认定。社会观念上的数个行为如果在刑法构成要件评价上是一次行为，对此应认定为一次犯罪，而不应在事实层面认定为多个行为。毕竟，同一时间段内实施的数个行为均是在行为人意志或意识支配下实施，具有主观同一性和行为连续性。如果行为人连续实施的具体行为均可独立成罪且罪名相同，应认定为连续犯，对其按一罪从重处罚；如果行为人连续实施多个犯罪行为，但行为之间具有吸收关系，如行为人在同一时间内既有故意杀人行为，还有故意伤害行为，依照吸收犯原理，重行为吸收轻行为，对其亦不实行数罪并罚，而应依照吸收行为所构成的犯罪处断。对此，我国立法亦有类似规定。如《最高人民法院关于审理抢劫、抢夺刑事案件适用法律若干问题的意见》规定，对于"多次"的认定，应综合考虑犯罪故意的产生、犯罪行为实施的时间、地点等因素，客观分析、认定。行为人基于一个犯意实施犯罪的，如在同一地点同时对在场的多人实施抢劫的；或基于同一犯意在同一地点实施连续抢劫犯罪的，如在同一地点连续对途经此地的多人进行抢劫的；或在一次犯罪中对一栋居民楼房中的几户居民连续实施入户抢劫的，一般应认定为一次犯罪。

恶势力实施的违法犯罪活动。即是指恶势力惯常实施且能够较明显地反映恶势力"为非作恶，欺压百姓"特征的违法犯罪活动。"违法犯罪活动"，犯罪活动被刑法明确规定，判定较为容易，但违法活动的认定涉及行政法规，在实践中存在较大争议。笔者认为，恶势力组织中的违法行为必须具备一定的社会危害性、法律予以禁止的行为，其范围应限定为法律，且为触犯《治安管理处罚法》的危害行为。我国《治安管理处罚法》规定的处罚种类包括警告、罚款、行政拘留、吊销公安机关发放的许可证。恶势力组织作为对被告人处罚的加重情节，需通过客观行为对一定区域或行业造成较为恶劣的社会影响。警告作为处罚程度最低的行政处罚，该处罚结果说明行为违法程度较低、危害较轻。为贯彻刑法的谦抑性及防止认定标准的人为降格、滥用司法权，不应将警告纳入恶势力组织的基础行为。行政拘留因为已经涉及限制当事人的人身自由，具有较强的惩罚性、严厉性，且此类行为也是某些犯罪的基础行为，如在盗窃罪中，2年内盗窃3次以上的，应当认定为"多次盗窃"，故可以作为恶势力组织认定的"违法"活动。许可证可能涉及公共安全或公共秩序，立法对其适用、处罚极为谨慎。如《治安管理处罚法》第98条规定，对吊销许可证的治安处罚，被处罚者有权要求公安机关举行听证。故吊销许可证也具备一定程度的社会危害性，可以纳入恶势力组织的违法范畴。罚款仅仅涉及财产权，且治安管理处罚数额较小、危害不大，则不应纳入恶势力组织违法活动的范畴。

2018年《指导意见》规定："恶势力……违法犯罪活动主要为强迫交易、故意伤害、非法拘禁、敲诈勒索、故意毁坏财物、聚众斗殴、寻衅滋事等，同时还可能伴随实施开设赌场、组织卖淫、强迫卖淫、贩卖毒品、运输毒品、制造毒品、抢劫、抢夺、聚众扰乱社会秩序、聚众扰乱公共场所秩序、交通秩序以及聚众'打砸抢'等。"

恶势力的主要违法犯罪行为和伴随违法犯罪活动。2019年《恶势力意见》规定了恶势力的主要违法犯罪行为和伴随违法犯罪活动。该意见对恶势力的"主要违法犯罪行为"进行了细化,其主要特征是以暴力、威胁的形式"为非作恶、欺压百姓"。而普通违法犯罪团伙则没有这方面的要求。恶势力的"主要违法犯罪行为",主要为强迫交易、故意伤害、非法拘禁、敲诈勒索、故意毁坏财物、聚众斗殴、寻衅滋事,但也包括具有为非作恶、欺压百姓特征,主要以暴力、威胁为手段的其他违法犯罪活动。

恶势力的伴随违法犯罪活动。2019年《恶势力意见》规定包括"开设赌场、组织卖淫、强迫卖淫、贩卖毒品、运输毒品、制造毒品、抢劫、抢夺、聚众扰乱社会秩序、聚众扰乱公共场所秩序、交通秩序以及聚众'打砸抢'等违法犯罪活动"。但是"伴随实施的违法犯罪活动,且不能认定具有为非作恶、欺压百姓特征的,一般不应认定为恶势力"。这些违法犯罪活动在恶势力案件中虽然也很常见,但有的缺少公开性,有的没有具体被害人,有的危害后果仅限于侵害财产权,还有的往往事出有因。故在通常情况下,仅有这些违法犯罪活动还不足以体现恶势力"为非作恶,欺压百姓"的特征。因此,如果犯罪嫌疑人、被告人仅仅是共同实施了以上一种或数种违法犯罪活动,一般不应认定为恶势力。但这也并不绝对,诸如聚众"打砸抢"等违法犯罪活动,在不少案件中也可以明显地反映出犯罪嫌疑人、被告人"为非作恶,欺压百姓"的特征,如果同时符合其他认定条件,也可认定为恶势力。

恶势力行为方式的公开性。恶势力行为方式主要以暴力、威胁为手段,因此具有公开性。恶势力实施违法犯罪活动一般都会不同程度地带有形成非法影响、谋求强势地位的意图,而且客观上要求在一定区域或者行业内,造成较为恶劣的社会影响。因此,其实施违法犯罪活动必然具有一定的公开性,也就是通常所说的"横行乡里,肆无忌惮"。而普通共同违法犯罪通常采用较为隐蔽的方式实施,在实现犯罪目的后就设法隐匿踪迹、毁灭痕迹,不会有意制造或者放任形成不法影响。

反复实施单一性质违法行为的界定。对于反复实施单一性质违法行为,

2019年《恶势力意见》第9条第1款规定："……对于反复实施强迫交易、非法拘禁、敲诈勒索、寻衅滋事等单一性质的违法行为，单次情节、数额尚不构成犯罪，但按照刑法或者有关司法解释、规范性文件的规定累加后应作为犯罪处理的，在认定是否属于'多次实施违法犯罪活动'时，可将已用于累加的违法行为计为1次犯罪活动，其他违法行为单独计算违法活动的次数。"以上规定，主要考虑违法行为是恶势力违法犯罪活动的重要组成部分，对于认定恶势力意义重大。特别是对那些"大罪不犯，小恶不断"的团伙，如果其行为符合"为非作恶，欺压百姓"特征，且已造成较为恶劣的社会影响，完全有必要作为恶势力打击处理。以寻衅滋事为例，假如犯罪嫌疑人、被告人共同实施了5次随意殴打他人的寻衅滋事违法行为，虽然只能按照一罪处理，但超出"多次随意殴打他人"入罪标准的那部分违法行为，可以单独计算违法活动的次数，也就是视为1次犯罪活动和2次违法活动，这样就符合了恶势力多次实施违法犯罪活动的要求，如果同时符合其他认定条件，应当作为恶势力案件处理。如此认定，可以更加全面、准确地评价相关违法犯罪活动所造成的社会危害。

（三）危害特征

2009年《纪要》	2018年《指导意见》	2019年《恶势力意见》
为非作恶，扰乱经济、社会生活秩序，造成较为恶劣的社会影响	为非作恶，欺压百姓，扰乱经济、社会生活秩序，造成较为恶劣的社会影响	为非作恶，欺压百姓，扰乱经济、社会生活秩序，造成较为恶劣的社会影响

要求所实施的违法犯罪行为通常具有一定的暴力性和公开性，造成较为恶劣的社会影响，客观上对该违法犯罪组织在一定区域或行业内确立强势地位能发挥积极作用。

危害后果具有多重性。恶势力因为意图"形成非法影响、谋求强势地位"，其违法犯罪活动带来的危害往往具有复合性，在侵犯公民人身、财产权利的同时，还会破坏市场经济秩序或者社会管理秩序。而普通违法犯罪团伙一般是基于某种特定的违法犯罪目的而聚集，造成的危害后果通常具有单一性。因此，2019年《恶势力意见》第5条作出排除性规定，将"单纯为牟取不法经济利益而实施的'黄、赌、毒、盗、抢、骗'等违法犯罪活动，不具有为非作恶、欺压百姓特征的"排除在恶势力案件之外。同时，2019年《恶势力意见》的其他条款中也有类似提示，认定恶势力、恶势力犯罪集团时，应杜绝只看人数、行为次数和罪名的错误倾向。

恶势力的危害后果。2018年《指导意见》规定，恶势力"扰乱经济、社会生活秩序，造成较为恶劣的社会影响"，但没有明确前述后果应当如何认定。我们认为，恶势力"造成较为恶劣的社会影响"并不是仅指案件的社会知晓度或者产生的轰动效应，而是与黑社会性质组织形成的非法控制或者重大影响相类似，表现为对经济、社会生活秩序的干扰、破坏和影响程度。故2019年《恶势力意见》第10条借鉴黑社会性质组织犯罪危害性特征的规定，从侵害对象及其数量、违法犯罪次数、手段、规模、人身损害后果、经济损失数额、违法所得数额、引起社会秩序混乱的程度以及对人民群众安全感的影响程度等方面提出了认定恶势力危害后果的方向性指引，供办案机关结合案情和本地区实际情况综合把握。

危害特征是恶势力与黑社会性质组织最根本的区别。黑社会性质组织的危害特征体现为非法控制或者重大影响。认定黑社会性质组织要求在一定区域或者行业内严重削弱政府公共管理职能，甚至替代政府形成超越法律的秩序。而恶势力的危害特征仅是组织自身形成了较为恶劣的社会影响，两者存在本质上的区别。

（四）发展特征

恶势力是黑社会性质组织雏形。恶势力经过一定时间的发展，其危害性不仅仅体现为对现有社会秩序的蚕食，还体现为可能发展为黑社会性质组织的潜在危害，也就是侵害社会秩序的具体危险。这种具体危险表现为：连续犯罪所积累的组织能力、经济能力、社会恶名提升了恶势力再次犯罪的能力；恶势力支配下犯罪行为更易于复制；特殊组织目的驱使下逐步形成严密组织实体等特点。单纯适用共同犯罪理论已经无法完全评价该组织，所以有必要认定为恶势力进行整体评价。在认定时，应当重点考虑组织设立的目的、存续的原因、连续实施犯罪行为的目的等要素。换而言之，恶势力为谋取不法利益或形成非法影响有组织地违法犯罪，已具有黑社会性质组织雏形的特征，或者具有演化、渐变为黑社会性质组织的极大可能性。

（五）四特征的关系

恶势力的组织特征和行为特征，是恶势力违法犯罪组织的外在表现形式；危害性特征和发展特征是需要通过恶势力违法犯罪组织的外在表现进行实质性判断的特征，二者与组织特征和行为特征之间并不是一种并列的、平面的关系，而是一种递进的关系。

组织特征和行为特征的具备原则上已经表征该组织具有危害性特征。在司法解释对危害性特征的描述中，"在一定领域和行业多次实施违法犯罪活动，为非作恶，欺压百姓，扰乱经济、社会生活秩序，造成较为恶劣的社会影响"等，均是要通过恶势力违法犯罪组织的具体的行为特征和其组织形式来体现的。判断一个违法犯罪团伙具备了恶势力的组织特征和行为特征之后，原则上基本可以断定该组织即具有了恶势力违法犯罪组织有要求的危害性程度。

四、恶势力犯罪集团

（一）犯罪集团的概念

我国 1979 年《刑法》虽然有犯罪集团的名称，但是没有对犯罪集团的定义予以明确，在一定程度上导致了理论和实践中的认定困难。

为了准确认定犯罪集团，1984 年 6 月发布的、现在仍然有效的《最高人民法院、最高人民检察院、公安部关于当前办理集团犯罪案件中具体应用法律的若干问题的解答》规定：刑事犯罪集团一般应具备下列基本特征：①人数较多（三人以上），重要成员固定或基本固定；②经常纠集一起进行一种或数种严重的刑事犯罪活动；③有明显的首要分子，有的首要分子是在纠集过程中形成的，有的首要分子在纠集开始时就是组织者和领导者；④有预谋地实施犯罪活动；⑤不论作案次数多少，对社会造成的危害或者其具有的危险性都很严重。

我国现行《刑法》第 26 条第 2 款规定："三人以上为共同实施犯罪而组成的较为固定的犯罪组织，是犯罪集团。"最高人民法院胡云腾大法官主编的《刑法办案思路与疑难释解》（第 1 卷）总结了犯罪集团的成立必须具备以下条件：①参加人数必须是 3 人以上。②具有较为明确的犯罪目的性，即犯罪集团是其成员以反复多次实施一种或几种犯罪为目的而组织起来的。③具有相当的稳固性，即犯罪集团的成员是为了在较长时期内多次进行犯罪活动而组织起来的，而不是临时或者偶尔纠合在一起的，有明显的首要分子，主要成员固定，一般在实施一次犯罪后，犯罪人之间的相互联系和组织形式仍然存在。④具有较强的组织性，即犯罪集团具有较严密的组织，表现在组织制度上，往往通过一定的成文或不成文的规则维系在一起，有较严格的组织纪律、明确的组织宗旨；在组织结构上，成员较为固定，并且内部之间有较明确、固定的组织分工和等级划分，存在领导与被领导的明显层级关系，可分为首要分子、骨干分子、一般成员分子等。当然，不同的犯罪集团在组织严密程度上各有不同，有的组织性很强，甚至有成文"纪律""帮规"来维系和约束集团成员的活动，而有的组织性则相对弱一些。但总体来说，犯罪集团内部都具备较强的组织性和一定的稳定性，这是犯罪集团成立的必要条件，也是其区别于一般共同犯罪的主要特征。[1]

1984年的司法解释与最高人民法院观点的不同在于，是否要求"对社会造成的危害或者其具有的危险性都很严重"。辩护人认为，犯罪集团属于有预谋的、经常纠集实施严重的犯罪，当然要求"对社会造成的危害或者其具有的危险性都很严重"。

《刑事审判参考》[第116号]"张君等抢劫、杀人犯罪集团案"再次肯定了1984年的司法解释，认为犯罪集团应当具有五特征。

《刑事审判参考》[第413号]"练永伟等贩卖毒品案"的判决要旨是："犯罪集团内部都具有较强的组织性和一定的稳定性，这是犯罪集团成立的必要条件，也是区别一般共同犯罪的主要特征。"

（二）恶势力犯罪集团

恶势力犯罪集团，是指符合恶势力全部认定条件，同时又符合犯罪集团法定条件的犯罪组织。

（三）恶势力团伙与恶势力犯罪集团的区别

其一，组织特征不同。此系恶势力犯罪集团与恶势力团伙的本质区别。恶势力犯罪集团系为了实施犯罪而结成较为固定的犯罪组织，成立组织的目的不是实施一次或一种犯罪，而是以多次实施犯罪且长期存在为目标。在恶势力犯罪集团中，既要有明确的首要分子，重要成员较为固定，组织成员等级森严、泾渭分明，还要有明确的具体分工、职责权限以及领导与被领导关系；部分犯罪组织还制定有规章、制度作为约束组织成员的规则，组织内部存在统筹全局、对所有犯罪行为负责的首要分子。而恶势力团伙组织的形式则较

---

[1] 胡云腾主编：《刑法办案思路与疑难释解》（第1卷），中国法制出版社2022年版，第269~270页。

为松散，仅要求纠集者相对固定，成员之间不要求必然存在领导与被领导的职务权限，也缺乏严密的规约、制度作为束缚，不过在纠集者的召集之下可随时聚集，成员之间多以宗族、乡情等为纽带纠集在一起。

其二，成员属性不同。恶势力犯罪集团的首要分子，是指在恶势力犯罪集团中起组织、策划、指挥作用的犯罪分子。恶势力犯罪集团的其他成员，是指知道或者应当知道是为共同实施犯罪而组成的较为固定的犯罪组织，仍接受首要分子领导、管理、指挥，并参与该组织犯罪活动的犯罪分子。其他成员的性质是犯罪分子，此类人员主体相对于恶势力团伙成员而言性质更为严重，明知其行为系实施犯罪行为仍积极参与，主观恶性极深、危害极大。而恶势力团伙的其他成员，性质是违法犯罪分子，包括已有充分证据证明但尚未归案的人员，以及因法定情形不予追究法律责任，或者因参与实施恶势力组织违法犯罪活动已受到行政或刑事处罚的人员。其成员既包括犯罪分子，也包括违法分子。

其三，犯罪行为及危害性程度不同。恶势力犯罪集团是为了实施一种或多种犯罪而成立，对于犯罪行为数量具有底数要求（达到 3 次以上犯罪行为），而不能是犯罪行为与违法行为之和达到 3 次以上，虽然实施犯罪过程中也可能伴随违法行为，但多次的认定是针对犯罪而言的。恶势力团伙的成立则要求实施 3 次以上违法犯罪行为，行为类型既包括违法行为也包括犯罪行为，故只要行为人在 2 年之内在一定区域或者行业内实施 3 次以上违法犯罪行为即可，其中至少包括 1 次犯罪行为。2019 年《恶势力意见》明确规定，恶势力犯罪集团应当有组织地实施多次犯罪活动，同时还可能伴随实施违法活动。恶势力犯罪集团所实施的违法犯罪活动，参照 2018 年《指导意见》第 10 条第 2 款的规定认定。该条款规定了 6 类黑社会性质组织实施的违法犯罪活动，如"打击竞争对手、形成强势地位、谋取经济利益、树立非法权威、扩大非法影响、寻求非法保护、增强犯罪能力，组织者、领导者直接组织、策划、指挥、参与实施的"等情况。参照黑社会性质组织的行为手段认定恶势力犯罪集团的违法犯罪活动，表明恶势力犯罪集团行为的危害性已经达到了相当严重的程度，远高于恶势力团伙违法犯罪行为的危害性，其危害性程度与黑社会性质组织具有相当性。

其四，犯罪主体及刑事责任不同。犯罪集团有明显的首要分子。恶势力犯罪集团的首要分子是固定的，在组织成立之初或发展过程中，首要分子即已确定。组织成员在首要分子的组织、领导、策划之下有预谋、有计划地实施各种具体犯罪行为。根据犯罪事实支配说的理论，正犯能够以自己的意思对其他犯罪人进行命令或者组织，把犯罪进程、法益侵害范围掌握在自己手上，是犯罪实施过程中的"灵魂人物"。作为恶势力犯罪集团的首要分子，其不仅能够直接参与实施违法犯罪行为，还可以通过支配力、控制力指使组织成员实施违法犯罪行为，故首要分子应对犯罪集团的全部罪行承担刑事责任。而恶势力团伙的纠集者并不固定，可能此次甲是召集者，下次乙是召集者，认定为主犯的被告人并不限定于一人，在同一案件中存在多个纠集者、认定多个主犯的情形，纠集者仅对其本人组织、领导、参与的犯罪行为负责。

（四）与黑社会性质组织的关系

黑恶犯罪具有组织性。恶势力在组织结构方面比较简单，一般只有纠集者与实施参与者。恶势力的纠集者相对固定，不是临时性的聚合。如果发展为恶势力犯罪集团，在组织结构上会变得更加成熟紧密、有层次性，一般会有首要分子。而黑社会性质组织在组织结构上更加成熟，层级更加分明，领导与被领导关系更加明显。一般根据角色分工、地位作用的不同，分为组织者、领导者和参加者。

黑恶犯罪的行为具有一定的目标性。黑恶势力犯罪组织一般以获取经济利益为主要目标，通过经济利益的获取支持其违法犯罪活动，使其自身得以发展壮大。此外，黑恶势力犯罪组织也可能以争夺势力范围、排除竞争对手、确立强势地位、树立非法权威、扩大非法影响、渗透政权组织为其目标导向。当然，恶势力违法犯罪组织与黑社会性质组织在行为目的是否明晰上会存在的一定区别。黑社会性质组织通常一开始就有统一明确并贯穿始终的某一种或几种犯罪目的；而恶势力违法犯罪组织从产生到进行犯罪活动，其目的一般均较为模糊。

恶势力犯罪集团与黑社会性质组织的区别。恶势力与黑社会性质组织在经济特征上区别较大，在组织特征、危害特征上的区别体现为量变产生质变的过程，在行为特征上仅是量的差距，不具有质的不同。

五、恶势力成员的刑事责任

（一）对运用宽严相济刑事政策的总体把握

宽严相济刑事政策是我国的基本刑事政策，贯穿于刑事立法、刑事司法和刑罚执行的全过程，在办理恶势力刑事案件的过程中同样需要一以贯之。宽严相济的核心就是要根据犯罪的具体情况，实行区别对待，做到该宽则宽，当严则严，宽严相济，罚当其罪。

首先，对于恶势力犯罪整体来说，由于其严重的社会危害性，与办理其他刑事案件相比，在总体上应当体现依法从严惩处方针，这是宽严相济刑事政策的内在要求。

其次，对具体的恶势力刑事案件而言，要深刻认识"没有区别就没有政策"，不能将依法严惩简单地理解为一律从严，而是要充分体现区分情况、区别对待的原则，根据犯罪嫌疑人、被告人的主观恶性、人身危险性，在恶势力、恶势力犯罪集团中的地位、作用，以及在具体犯罪中的罪责来确定不同的刑罚，切实全面发挥刑罚功能，做到坚持宽严并举、突出惩治重点，实现政治效果、法律效果和社会效果的统一。

最后，要注重综合运用多种法律手段充分体现依法从"严"从"宽"的政策要求，这也是2019年《恶势力意见》第13条着重要解决的问题。

（二）对恶势力犯罪集团不同类型成员立功情节的把握

根据2019年《恶势力意见》第14条的规定，对恶势力犯罪集团首要分子的立功情节应当从严把握、区别对待。这一规定是宽严相济刑事政策的具体体现，是对既往严格把握黑社会性质组织的组织者、领导者立功情节相关规定的借鉴和发展，进一步体现了不让犯罪分子利用优势地位得利的从严惩处精神。在研究起草过程中，有观点认为，对恶势力纠集者的立功情节也应从严把握、区别对待。我们认为，恶势力犯罪集团属于为共同实施犯罪而组成的较为固定的犯罪组织，已经达到了相当高的组织化程度，离黑社会性质组织更近一步，但恶势力还处在纠集层面，组织较为松散，纠集者的作用一般只体现在具体的违法犯罪活动中，平时与其他成员大多没有领导、管理关系，故其没有明显的优势地位，难以与恶势力犯罪集团的首要分子相提并论，故2019年《恶势力意见》未采纳这种观点。

此外，2019年《恶势力意见》还昭示了对于恶势力犯罪集团的其他成员通过提供线索、帮助收集证据或者其他协助行为，配合司法机关查办案件的行为，应予积极评价，并且明确提出，在侦破恶势力犯罪集团案件、查处"保护伞"等方面发挥较大作用的，即使依法不能认定立功，一般也应酌情对其从轻处罚，可以收获分化、瓦解犯罪分子，提高案件查办效率的效果。

(三) 对同时具有从严、从宽处罚情节的把握

实践中，常有恶势力刑事案件的犯罪嫌疑人、被告人同时具有法定、酌定从严和法定、酌定从宽处罚情节，需要在量刑时作出总体把握。对此，2019年《恶势力意见》在吸收《最高人民法院关于贯彻宽严相济刑事政策的若干意见》有关规定的基础上，进一步强调对于恶势力的纠集者、恶势力犯罪集团的首要分子、重要成员，在量刑时要体现总体从严；对于在共同犯罪中罪责相对较小、人身危险性、主观恶性相对不大，且能够真诚认罪悔罪的其他成员，量刑时要体现总体从宽。通过这一规定，2019年《恶势力意见》力求实现对宽和严两种手段的综合运用，对不同的犯罪和犯罪分子作出区别对待，切实做到严中有宽、宽以济严；宽中有严、严以济宽。

(四) 认罪认罚从宽制度的适用

认罪认罚从宽制度是宽严相济、坦白从宽刑事政策的具体化和制度化，其制度定位决定了认罪认罚从宽制度没有特别的案件范围限制。故2019年《恶势力意见》规定，恶势力刑事案件的犯罪嫌疑人、被告人自愿如实供述自己的罪行，承认指控的犯罪事实，愿意接受处罚的，可以依法从宽处理，并适用认罪认罚从宽制度。但是，需要注意，根据《刑事诉讼法》第15条的规定，认罪认罚从宽绝不是"一律从宽"，而是"依法"从宽、"可以"从宽，在适用时必须坚持宽严相济刑事政策。因此，对那些犯罪性质恶劣、犯罪手段残忍、社会危害严重的犯罪嫌疑人、被告人，其认罪认罚不足以从轻处罚的，2019年《恶势力意见》也明确对其排除适用认罪认罚从宽制度。

> 人人有责任不让愚昧无知的人去伤害任何人,还要尽他的力量去约束邪恶,尽力改正别人的邪恶。犯罪者的改正也许对他本人有好处,犯罪者的例子对其他人也是一种可怕的教训。
>
> ——圣·奥古斯丁

第四节 恶势力中的软暴力

一、软暴力的概念与性质

（一）概念

2019年《最高人民法院、最高人民检察院、公安部、司法部关于办理实施"软暴力"的刑事案件若干问题的意见》（简称《软暴力意见》）规定："'软暴力'是指行为人为谋取不法利益或形成非法影响，对他人或者在有关场所进行滋扰、纠缠、哄闹、聚众造势等，足以使他人产生恐惧、恐慌进而形成心理强制，或者足以影响、限制人身自由、危及人身财产安全，影响正常生活、工作、生产、经营的违法犯罪手段。"

《反有组织犯罪法》第23条第2款规定："为谋取非法利益或者形成非法影响，有组织地进行滋扰、纠缠、哄闹、聚众造势等，对他人形成心理强制，足以限制人身自由、危及人身财产安全，影响正常社会秩序、经济秩序的，可以认定为有组织犯罪的犯罪手段。"

（二）软暴力的性质

软暴力是于暴力、威胁之外的、独立的第三种犯罪手段吗？独立论认为，软暴力是独立于暴力、威胁手段之外的犯罪手段。如卢建平教授认为，刑法中的"暴力"是最严格、最狭义的暴力，而软暴力是暴力、威胁手段之外，与黑恶势力犯罪中传统有形物理力所实施的暴力相对应的新型暴力形式，主要体现为语言暴力、精神暴力或黑恶势力的力量展示等，形式上具有非暴力性。[1] 威胁论认为，软暴力是无形的、精神上的强制力，不属于强奸罪的暴力，而

---

[1] 卢建平：《软暴力犯罪的现象、特征与惩治对策》，载《中国刑事法杂志》2018年第3期。

属于胁迫的内容。[1]

软暴力性质的界定涉及软暴力与暴力、威胁之间的关系。换而言之，我们首先要界定暴力、威胁的内涵与外延。

1. 暴力

针对暴力的概念和范围，理论界和实务界有较多争议。笔者认为，争议主要涉及以下几个问题：第一，暴力除了有形的暴力，是否包括精神的暴力？第二，暴力除了对人的，是否包括对物的影响？第三，暴力的程度需要达成程度？第四，暴力是否具有现实性？

刑法中的暴力只包括有形的暴力，不包括精神的暴力。在我国法律中，暴力的含义具有多重性、宽泛性。如《反家庭暴力法》第2条规定："本法所称家庭暴力，是指家庭成员之间以殴打、捆绑、残害、限制人身自由以及经常性谩骂、恐吓等方式实施的身体、精神等侵害行为。"此处的暴力"经常性谩骂、恐吓"就属于精神上的暴力。

暴力，林山田将其定义为，"施用体力，予他人现时的恶害，形成对于他人的强制作用或逼迫作用，而能妨害或制压他人的意思决定或意思活动的自由"。[2]对于胁迫和暴力的关系，有部分学者主张强暴可被分为广义和狭义两种，广义的强暴包括了胁迫和狭义的强暴。狭义的强暴包括直接对被害人施加暴力和间接对被害人施加暴力两种情况。而间接施加暴力虽不直接作用于人身，但与胁迫仍具有一定的区别，前者体现为实际会发生的恶害，而后者则是一种预告的恶害。

我国刑法中的暴力有其固定的含义，一般是指"硬暴力"，即对他人的身体施加物理力。因此，所谓"硬暴力"，其实就是对人的物理性强制力，它契合暴力是暴露出来的力量这一文义解释。在《刑法修正案（十一）》颁布以前，我国刑法中规定"暴力"的地方有45处，涉及31个条文共27个罪名，其中有4个条文虽然规定了"暴力"，但是并非罪名条款，即1997年《刑法》第157条第2款抗拒缉私的规定、第242条第1款暴力阻碍国家机关工作人员解救被拐卖妇女儿童构成妨害公务罪的注意规定、第269条转化型抢劫的规定、第451条关于战时含义的规定。剩下的就是27个条文规定的27个罪名，

---

[1]《刑法学》编写组编：《刑法学》（下册·各论），高等教育出版社2019年版，第124页。
[2] 林山田：《刑法各罪论》（修订第5版·上），北京大学出版社2012年版，第109页。

如1997年《刑法》第123条规定的暴力危及飞行安全罪、第244条规定的强迫职工劳动罪、第263条规定的抢劫罪、第333条规定的强迫卖血罪等。这27个罪名中的"暴力"都是对被害人的"身体施以外在有形力的打击或强制"的"硬暴力"。[1]

我国刑法中的暴力具有现实性,并且一般要求达到使人不能反抗、不敢反抗的程度,例如强奸罪、抢劫罪中的"暴力"。但是,也有部分犯罪中的"暴力"并不要求达到特别强制的程度。如暴力催收债务罪中,暴力催收中的暴力不要求达到彻底压制被害人反抗的程度。尽管从刑法体系解释的角度来看,催收非法债务罪中的暴力所具有的内涵与外延同刑法其他个罪中的暴力相同,但该罪中的暴力程度并不需要达到彻底压制被害人反抗,如同寻衅滋事罪中的暴力程度也不需要完全压制被害人的反抗。"由于本罪保护法益中的一个维度为公共秩序,这就决定了此罪暴力行为并不等同于财产犯罪中的暴力,其程度尚不足以达到压制被害人反抗的效果。"[2]

2. 胁迫

胁迫,指以将要实施暴力或者其他会使他人的权益受到损害的恶害相通告,使他人陷于恐慌,对他人产生精神上的强制作用的行为。按照胁迫的内容不同,可分为暴力胁迫和言语胁迫两种,其中暴力胁迫即通过暴力的形式实施的胁迫,如行为人通过对物实施暴力的方式对受害人进行胁迫。言语胁迫即通过言语的形式实施的胁迫,包括表现形式为言语,但恶害的内容为暴力的胁迫,如以告知将对受害人的人身实施暴力来对受害人进行胁迫,应注意的是,这里暴力只能是一种预告。

暴力与胁迫的区别:

第一,暴力与胁迫之恶害的实施时间不同。暴力的恶害具有当场性,行为人为实现自己的不法目的,当场实施侵害人身或者财产权利的暴力。胁迫则是通过预告可能实施的恶害以使受害人产生心理强制,而不能是直接对受害人的人身实施侵害。即使是以暴力形式实施的胁迫,受害人产生恐惧心理的原因也并不在于当时已经实施的暴力,而是在于行为人可能实施的进一步的暴力。

---

[1] 刘艳红:《袭警罪中"暴力"的法教义学分析》,载《法商研究》2022年第1期。
[2] 章阳标:《催收非法债务罪设定的合理性与规范适用》,载《人民法院报》2021年5月20日。

第二，暴力与胁迫的外在表现机理不同。暴力是一种物理力，强调的是对受害人的人身产生物理强制。胁迫更多地强调的是对受害人产生精神强制。胁迫行为人的行为并不直接作用于受害人的人身，而是通过对物体或者采用言语等方式对受害人形成一种无形的精神强制。

第三，暴力与胁迫二者的程度不同。暴力的程度高于胁迫，暴力的程度可包括致人死亡、重伤、轻伤等，而胁迫的程度只需达到对他人的精神产生强制作用即可，且胁迫一般不会对受害人的人身造成直接损害。

3. 软暴力的再界定

（1）软暴力与暴力的区别。二者的区别主要体现在：

第一，行为表现不同。根据《软暴力意见》第 2 条的规定，软暴力违法犯罪手段通常的表现形式包括跟踪贴靠、扬言传播疾病、揭发隐私、破坏生活设施、设置生活障碍等，可以看出软暴力通常表现为一种语言暴力、精神或心理强制，行为人通过实施一定的行为来对受害人精神状况产生一定的强制力。而暴力的行为表现为一种外在的物理强制力，如殴打、拉扯等，意在对受害人造成物理强制。

第二，行为程度不同。软暴力的程度比暴力低，软暴力只需满足两个"足以"即可，并不要求实际上对他人造成了心理恐慌或者影响了正常的生产和生活，且软暴力本身造成的损害结果较轻，通常不会对人身造成伤害，造成的财产损害也较轻微。而暴力的程度则具有差异性，不同条文中的暴力具有不同的程度，且暴力需要对行为人产生物理强制，当暴力行为直接针对于人身时，往往会对人身造成损害，甚至可能会致人重伤和致人死亡。

（2）软暴力的属性。2019 年《软暴力意见》第 4~8 条规定了软暴力与具体罪名间的对应关系，软暴力分别对应强迫交易罪中的"威胁"，敲诈勒索罪中的简单罪状"敲诈勒索"，寻衅滋事罪中的"恐吓"，非法侵入住宅罪中的"非法侵入住宅"，非法拘禁罪中的"其他方法"，组织、领导、参加黑社会性质组织罪中的"其他手段"。

笔者认为，软暴力是与暴力、威胁相并列的、独立的违法犯罪行为。其不同于暴力，在于后者是暴力的行为表现为一种外在的物理强制力，如殴打、拉扯等，意在对受害人造成物理强制。软暴力也不属于胁迫。因为后者指以"将要实施"暴力或者其他会使他人的权益受到损害的恶害相通告，使他人陷于恐慌，对他人产生精神上的强制作用的行为。

软暴力与胁迫的相同在于，都具有心理的强制性。《反有组织犯罪法》第23条第2款规定软暴力是对他人"形成心理强制"。软暴力同胁迫的不同之处在于，其行为人对于被害人实施的行为更多的是现实的、不是将要实施的。例如，"苏某某等寻衅滋事罪案"中，行为人在催收债务的过程中采用一系列的滋扰行为，包括在被害人家门口用喇叭大声叫喊、播放哀乐，用事先准备好的油漆在被害人大门上书写"奠""哀"等字眼，并在门口处泼洒粪便，分撒冥币、火纸等，使被害人产生了极大的恐惧。[1]在此案件中，行为人实施的行为，就属于现实的"滋扰、纠缠、哄闹等行为"，并不是将来实施的威胁行为。

　　软暴力与胁迫的另一区别是，因为我国没有如日本刑法中规定的暴行罪，因此我国的胁迫一般需要结合行为人的犯罪目的才能认定具体的犯罪。但是软暴力既可以作为某种犯罪的行为手段，其本身也可以构成犯罪行为。换而言之，软暴作为手段，既可以符合具体犯罪的全部构成要件，也可以属于具体犯罪实行行为中服务于行为人不法目的的手段行为。例如，软暴力既可以作为敲诈勒索的手段方式，其行为本身又可以直接成为寻衅滋事罪、非法侵入住宅罪的行为类型。

　　《刑法》第293条之一规定了催收非法债务罪，其行为方式有三种，其中两种是"暴力、胁迫"和"恐吓、跟踪、骚扰"。从立法字面分析，"胁迫"与"恐吓"属于两种不同的行为类型。一般而言，胁迫与暴力紧密相连，胁迫的内容暴力性和紧迫性都比较明显，而恐吓往往是以言论为主，不具有当场产生精神上压制的效果，而且恐吓的内容兼具暴力性和非暴力性。[2]

　　笔者赞同，恐吓指用威胁的语言或行为震慑他人。[3]在行为的客观方面，恐吓与胁迫具有相似之处。胁迫是以恶害相通告，从而使被害人按照行为人的意志作出行为，恶害通告的内容完全可以和恐吓的内容相一致。但是，在行为目的以及存在时空性上，恐吓和胁迫存在区别。恐吓行为的现实紧迫性相对较小，被害人仍然存在一定的自由选择空间，恐吓行为往往会给予被害人一定的考虑时间；而胁迫行为具有当场性，即行为人与被胁迫人同时在场，

---

〔1〕　山东省平阴县人民法院［2019］鲁0124刑初60号刑事判决书。

〔2〕　刘艳红：《催收非法债务罪"催收"行为的法教义学展开》，载《比较法研究》2023年第2期。

〔3〕　全国人民代表大会常务委员会法制工作委员会编（朗胜主编）：《中华人民共和国刑法释义》（第6版），法律出版社2015年版，第519页。

行为目的是尽快使得被害人按照自己的意愿行动，否则恶害通告的内容将可能立马成为现实。另外，在行为所指向的对象方面，恐吓和胁迫也存在区别。恐吓行为所指向的对象范围非常广泛，包括被害人及其亲友；恐吓的内容则多与公民人身权利和民主权利相关。胁迫行为由于具有当场性，其主要指向的对象是当事人及其关系人。最后，在行为的效果方面，胁迫行为的认定要较恐吓行为更为容易。胁迫行为具有当场性，其是否在一定程度上压制了被害人反抗从而实现了行为目的，在客观上更容易达成一致认识；而恐吓行为对象的广泛性以及既可以具有当场性也可以具有非当场性的特点使得对其行为效果的判断较为困难。[1]

二、软暴力的行为表现

2019年《软暴力意见》规定了软暴力的客观表现：

（1）侵犯人身权利、民主权利、财产权利的手段，包括但不限于跟踪贴靠、扬言传播疾病、揭发隐私、恶意举报、诬告陷害、破坏、霸占财物等；

（2）扰乱正常生活、工作、生产、经营秩序的手段，包括但不限于非法侵入他人住宅、破坏生活设施、设置生活障碍、贴报喷字、拉挂横幅、燃放鞭炮、播放哀乐、摆放花圈、泼洒污物、断水断电、堵门阻工，以及通过驱赶从业人员、派驻人员据守等方式直接或间接地控制厂房、办公区、经营场所等；

（3）扰乱社会秩序的手段，包括但不限于摆场架势示威、聚众哄闹滋扰、拦路闹事等；

（4）其他符合本意见第1条规定的"软暴力"手段。

综上总结，滋扰、纠缠、哄闹、聚众造势就是实践中四种软暴力典型的实施方式。

三、软暴力的程度

2019年《软暴力意见》规定，软暴力的程度是"两个足以"。即"足以"使他人产生恐惧、恐慌，进而形成心理强制，或者"足以"影响、限制人身自由、危及人身财产安全。因此，有学者就认为2019年《软暴力意见》中

---

[1] 刘艳红：《催收非法债务罪"催收"行为的法教义学展开》，载《比较法研究》2023年第2期。

"足以使他人产生恐惧、恐慌进而形成心理强制"与"足以影响、限制人身自由、危及人身财产安全或者影响正常生活、工作、生产、经营"中的两个"足以"是满足软暴力的两个相互独立的条件,符合其一即可。[1]

笔者认为,2019年《软暴力意见》对软暴力中"两个足以"的表述并不合理。从字面的表述来看,"两个足以"之间是并且的关系。但是,软暴力行为的核心是"对他人形成心理强制",通过"心理强制"进而"限制人身自由、危及人身财产安全",最终造成的后果是影响"正常社会秩序、经济秩序"。《反有组织犯罪法》修改、纠正了2019年《软暴力意见》规定的不科学之处,对于软暴力的表述更加科学。

四、软暴力的认定问题

(一) 软暴力是否以黑恶势力为前置主体

2019《恶势力意见》第1条规定的"软暴力"定义,没有将黑恶势力作为前置主体。司法实践中,已经坐大成势的黑恶势力组织逐渐摒弃通过暴力、威胁等手段实施违法犯罪行为,而新出现的黑恶势力也越来越多地以"软暴力"的形式面世,有的此类"黑恶势力"头目反而明确要求成员在有关违法犯罪过程中严禁使用暴力、威胁手段,甚至要求"不得出现违法犯罪行为"。如果将黑恶势力作为"软暴力"的前置主体,势必需要在证明"软暴力"之前证明黑恶势力成立,则对以"软暴力"为特征的黑恶势力将增加证明难度,对其利用"软暴力"实施的犯罪行为将无法认定。同时,黑恶势力并不是刑法规定的特殊犯罪主体,自然也不需要为"软暴力"设定黑恶势力主体。2018年《指导意见》第17条之所以规定黑恶势力主体,意在强调"软暴力"由黑恶势力实施才具有严重的社会危害性和刑罚可罚性,并不是对"软暴力"概念的界定。[2]

(二) "软暴力"本身是否需要"有组织性"

对于"软暴力"本身是否需要"有组织性",理论界有不同的观点。有学者认为,软暴力需要有组织性。理由是,"软暴力"之所以能够使被害人产

---

[1] 黄京平:《软暴力的刑事法律意涵和刑事政策调控——以滋扰性软暴力为基点的分析》,载《新疆师范大学学报(哲学社会科学版)》2019年第6期。

[2] 童碧山、刘宁宁、刘晋:《〈关于办理实施"软暴力"的刑事案件若干问题的意见〉的阐释》,载《人民检察》2019年第11期。

生心理恐惧,达到与暴力性犯罪相同的法益侵害性的原因就在于其暗含的组织性,即当由普通犯罪主体变为黑恶势力时,软性恶害便升级为"软暴力"。此外,结合2019年《软暴力意见》第1条有关软暴力定义的规定,实施"软暴力"的目的之一就是要形成非法影响,普通刑事犯罪中的软性恶害是不具备这一目的特征的,因为只能称之为软性恶害,而非"软暴力"。[1]另外一部分学者认为,"软暴力"本身不需要"有组织性"。"软暴力"具有普适性,不仅仅存在于黑恶势力犯罪中,黑恶势力组织的成立也不是认定"软暴力"的前提。"软暴力"应扩大适用于普通刑事犯罪。[2]

笔者认为,"有组织性"并不是"软暴力"违法犯罪的前提。《反有组织犯罪法》第23条第2款规定:"为谋取非法利益或者形成非法影响,有组织地进行滋扰、纠缠、哄闹、聚众造势等,对他人形成心理强制,足以限制人身自由、危及人身财产安全,影响正常社会秩序、经济秩序的,可以认定为有组织犯罪的犯罪手段。"此规定显示了软暴力能够单独成为有组织犯罪的犯罪手段。

2019年《恶势力意见》第1条没有将"有组织性"作为"软暴力"的特征规定在"软暴力"的定义中。主要考虑是,《刑法》第294条第5款第3项将"暴力、威胁或者其他手段"规定在"有组织地多次进行违法犯罪活动"之前,即作为犯罪手段的暴力、威胁本身不需要有组织性。同理,作为"其他手段"的"软暴力"也不需要有组织性,《刑法》第294条第5款第3项的规定只是要求"以暴力、威胁或者其他手段"实施的犯罪是有组织性的。从司法实践来看,要求"软暴力"手段具有"有组织性"亦不符合黑恶势力犯罪实际,黑恶势力组织实施的单个犯罪,组织性特征多不明显,多数情况下要综合黑恶势力实施的多个犯罪或者全部犯罪,才能体现出犯罪实施的有组织性,尤其是对恶势力犯罪组织而言,其组织性本来就相对较弱,由其实施的单个犯罪的组织性则更为不明显。如果将"有组织性"作为"软暴力"特征之一,则相当于要求证明黑恶势力实施的单个犯罪要体现明显的组织性,是不符合黑恶势力犯罪特征的,不能满足扫黑除恶斗争的需要。

---

[1] 高亚敏:《黑恶势力"软暴力"违法犯罪手段研究》,载《第四届全国检察官阅读征文活动获奖文选》2023年,第236~245页。
[2] 陈毅坚:《软暴力刑法性质的教义学展开》,载《中国刑事法杂志》2020年第4期。

(三)"软暴力"是否应当以"暴力、威胁的现实可能性"为基础

对于软暴力是否需要以有形暴力为基础,理论界有两种不同的观点。一种观点认为,软暴力必须以有形暴力为基础。如认为,无论是黑社会性质组织犯罪还是恶势力犯罪,其犯罪手段还是以有形暴力为主,软暴力手段只是一种辅助性的手段。欺压百姓、为非作恶的犯罪表现,难以仅靠所谓的软暴力达成。[1]现实案件中给被害人带来巨大心理恐惧的是一种随时可以实现的有形暴力。[2]软暴力的实际效果取决于行为人先前施加的有形暴力给被害人造成的巨大恐惧。[3]

笔者赞同软暴力并不需要以有形暴力作为后盾或者支撑。软暴力中的滋扰、纠缠、哄闹等行为本身给被害人带来的心理强制,但是其不以有形暴力为后盾。此种软暴力不会对被害人的身体造成直接伤害,但这并不意味着其危害后果不严重。日复一日的滋扰给被害人带来精神上的损害不容小觑。例如,在"苏某某等寻衅滋事罪案"中,行为人在催收债务的过程中并未使用有形暴力,而是采用一系列的滋扰行为,包括在被害人家门口用喇叭大声叫喊、播放哀乐,用事先准备好的油漆在被害人大门上书写"奠""哀"等字眼,并在门口处泼洒粪便、分撒冥币、火纸等,使被害人产生了极大的恐惧。[4]实务中多数被害人都坚持不了太长时间,就选择了满足行为人的不法要求。可见仅依靠软暴力就足够给被害人带来心理强制,无须有形暴力的支撑。

从软暴力相关规范性文件的历史沿革可以看出,软暴力并不需要暴力作为后盾。2009年《纪要》以及最高人民法院2015年出台的《全国部分法院审理黑社会性质组织犯罪案件工作座谈会纪要》都相继强调,虽然黑社会性质组织实施的违法犯罪活动包括非暴力性的违法犯罪活动,但暴力或以暴力相威胁始终是黑社会性质组织实施违法犯罪活动的基本手段,并随时可能付诸实施。但2018年出台的《指导意见》在规定"软暴力"的细化认定标准时,对恶势力的"软暴力"手段与暴力、暴力威胁手段的关联性,并没有特别明确的规定。可以看出2018年《指导意见》在一定程度上弱化了恶势力的

---

[1] 陈兴良:《恶势力犯罪研究》,载《中国刑事法杂志》2019年第4期。
[2] 卢建平:《软暴力犯罪的现象、特征与惩治对策》,载《中国刑事法杂志》2018年第3期。
[3] 林毓敏:《黑社会性质组织犯罪中的暴力手段及软性升级》,载《国家检察官学院学报》2018年第6期。
[4] 山东省平阴县人民法院[2019]鲁0124刑初60号刑事判决书。

"软暴力"与暴力、暴力威胁手段的关联程度。2022年《反有组织犯罪法》更是完全阻断了软暴力与有形暴力的关联性。《反有组织犯罪法》第23条第2款规定了软暴力能够单独成为有组织犯罪的犯罪手段,赋予了软暴力与有形暴力平等的地位,直接说明了软暴力在给他人造成心理强制方面与有形暴力具有相当性。

2019年《恶势力意见》规定,"软暴力"只要足以使他人认为"暴力、威胁具有现实可能性"即可,即不需要暴力、威胁具有真实的现实可能性,这种现实可能性只要能让一般人认为真实存在即可。主要考虑的是,被害人在多数情况下无法准确判断暴力、威胁是否具有客观真实的现实可能性。"软暴力"只要足以使他人认为暴力、威胁具有现实可能性,即可达到对他人形成心理强制或者影响、限制人身自由、危及人身财产安全,影响正常生活、工作、生产、经营的程度。为防止认定暴力、威胁现实可能性的随意性,2019年《恶势力意见》第3条第1款同时对"足以使他人认为暴力、威胁具有现实可能性的"相关情形作了列举和严格限定,避免造成打击面的不当扩大。

(四) 已受行政处罚的行为可以作为相关犯罪的入罪条件

2019年《恶势力意见》第5条第2款、第8条第2款明确规定"多次"寻衅滋事、敲诈勒索行为包括已受行政处罚的行为。主要考虑是,我国行政处罚与刑罚的性质不同,根据受过行政处罚的行为认定相关犯罪,是对行为性质的重新界定,对已受行政处罚的行为追究刑事责任的,而且行为人先前所受的行政处罚可在刑期、罚金中作相应折抵或者抵扣,并不违反禁止重复评价原则,2019年《恶势力意见》第10条对刑期折抵和罚金抵扣作出了相应规定。最高人民法院研究室在《〈关于办理敲诈勒索刑事案件适用法律若干问题的解释〉解读》中也支持这一观点。此外,如果行为人在2年内3次以上实施寻衅滋事、敲诈勒索行为,且受过行政处罚,与未受过行政处罚的行为人相比,具有更大的人身危险性,如果对未受过行政处罚的行为人可以定罪处罚,而对已受过行政处罚的行为人不予定罪处罚,则明显罪刑不相当。

> 如果法官或公职人员违反法律而行使了自己的意志，或者是在没有法律可以作为他的依据的情况下行使了自己的意志，他就将被撤职，永远不得再担任职务。
>
> ——【英国】温斯坦莱

第八章
罪轻之职务犯罪案

我国一直重视反腐倡廉工作，对于腐败持零容忍态度。职务犯罪中的受贿罪具有自己的特殊性，在具体判定时具有很大的复杂性。此种复杂性一方面表现在犯罪手段、类型的不断出现造成认定上的复杂，如共犯认定、既未遂判断等；另一方面表现为证据收集、认定方面的复杂性，如客观证据难以收集等。因此，在认定受贿犯罪时需要特别慎重。

第一节 李某某受贿案

一、案情简介

2011年10月至2016年11月5日，被告人李某某在先后担任某某省公安厅治安管理处行业场所治安管理指导科科长、某某省公安厅治安管理处副处长（副总队长）期间，利用职务上的便利，多次非法收受杭州某某科技有限公司（以下简称"某某公司"）总经理方某（另案处理）所送的贿赂款共计131.826 237万元，为其谋取利益。

二、控方指控

（一）一审控方指控

非法收受方某 2 万元的犯罪事实。2011 年 10 月的一天，被告人李某某在某某省公安厅附近环城路上非法收受方某所送现金 2 万元。随后，被告人李某某即出面与某某信息股份有限公司的子公司某某爱信诺航天信息科技有限公司负责某某省印章业治安管理信息子系统（以下简称"印章信息子系统"）建设业务的部门经理张某进行协调，帮助方某的某某公司与爱信诺公司合作建设印章信息子系统，将原由爱信诺公司承建的印章信息子系统项目转包给某某公司承建。

非法收受方某 128.026 237 万元的犯罪事实。被告人李某某在帮助某某公司协调承揽某某省印章信息子系统项目期间，方某向被告人李某某许诺"某某公司将按每刻一枚印章 2 元的标准给李某某好处费"。2012 年 3 月至 9 月，在被告人李某某的帮助下，某某公司在某某市成功开展了印章信息子系统的试点建设工作。2013 年初，因爱信诺公司未经航信公司同意授权而与某某公司进行项目合作，导致某某公司在某某省境内的一些地市推广印章信息子系统项目受阻，应方某的要求，被告人李某某又出面与航信公司某某区经理陈某、某某航天信息科技有限公司（以下简称"某某航信"）副总经理王某 1 进行协调，于 2013 年 6 月促成某某公司与航信公司的子公司某某航天金盾科技有限公司（以下简称"某某金盾"）、某某航信达成合作协议，由航信公司授权某某公司承建航信公司在某某省公安厅中标的印章信息子系统项目。

非法收受方某 1.8 万元的犯罪事实。被告人李某某在帮助某某公司总经理方某开展某某省印章信息子系统项目期间，分别于 2015 年度、2016 年度的春节、端午节、中秋节期间，非法收受方某以"节日红包"方式所送的现金共计 1.8 万元。

（二）二审抗诉要点

某某市某某区人民检察院以某某市某某区人民法院［2017］皖 1004 刑初××号刑事判决书认定被告人李某某有自首情节错误，认定被告人李某某受贿 22 万元事实不成立错误，导致对被告人李某某量刑畸轻为由，提出抗诉。

（三）再审抗诉要点

某某省人民检察院抗诉意见，原审裁定适用法律和认定事实错误，导致量刑明显不当,判决有错误,理由如下:①原审裁定认定李某某有自首情节错误。第一,李某某不属于"自动投案"。第二,李某某没有"如实供述"。②原审裁定认定李某某收受方某22万元事实不成立错误。

三、辩护律师观点

(一)一审辩护词要点

起诉指控非法收受方某17.211 165万元犯罪事实,被告人李某某及辩护人认为从银行卡流水账目分析有异地消费记录,而李某某未到过该地,故李某某供述持有的农行卡有他人消费事实,故不能认定李某某非法收受方某17.211 165万元。异地消费的数额从犯罪总额中扣除。

起诉指控非法收受方某66万元犯罪事实,被告人李某某及辩护人认为其中的22万元,从证据分析李某某没有非法收受。从2017年1月9日起李某某之前供述的方某所送22万元是记忆错误,该22万元从犯罪数额中扣除。

起诉指控非法收受方某44.815 072万元犯罪事实,被告人李某某及辩护人认为李某某没有受贿的故意,因李某某有多次退卡行为,向厅领导进行了汇报。李某某没有非法占有44.815 072万元的事实,该款从犯罪总额中扣除。

被告人李某某具有立功表现:检举揭发"10·16"案件侦破。被告人李某某具有自首情节。

证人颜某的证言第三次询问笔录(即2016年12月24日笔录,李某某交给颜某20万元)是受到威胁所作的证言,属于非法证据,要求法庭予以排除。申请颜某出庭作证。被告人李某某的供述和辩解有部分是受到诱骗的情况下所作,属于非法证据,要求法庭予以排除。

本案不能适用银行卡内转入数额一般认为是受贿数额的情形,因方某给被告人李某某银行卡时未告诉李某某卡内数额。

(二)二审辩护词要点

李某某的部分供述和辩解是在引供、诱供、疲劳审讯的手段下作出,应当予以排除,同时公诉机关未将全部录音录像移送法庭。

证人颜某的证言属非法的证人证言,颜某陈述是侦查人员给其观看了一段视频,并在说了就可以回家过年等情况下作出证人证言,是典型的指供,属于非法证据,应当予以排除。

收受的农行卡有异地消费情况,他人消费农行卡上的数额应当从犯罪数额中扣除；收受邮储卡后，方某从邮储卡中取现给李某某 2 次现金，不是 3 次，其中的 22 万元李某某未收到，应从犯罪数额中予以扣除；收受兴业卡，方某未告知李某某卡内数额，李某某没有受贿故意，应从犯罪数额中扣除。

（三）再审辩护词要点

原审判决认定李某某自首是正确的，李某某符合自动投案情形。本案中，李某某受贿行贿人兴业银行 44 万元、农业银行 17 万元以及现金 2 万元，红包 1.8 万元的犯罪事实，司法机关并没有发觉，其到相关办案机关投案，将自己置于办案机关的合法控制下，接受审查与裁判，属于自动投案。自动投案不要求基于特定的动机与目的。对行为性质的辩解，不是翻供，不能否认自首。本案中，李某某一直就没有收受兴业银行 44 万元的故意。抗诉书的理由实际上是李某某是否如实供述的问题，并不是自动投案问题。另外李某某并没有编造一些事实。

原判认定李某某未收受行贿人邮储卡中的 22 万元，认定正确。

李某某具有立功的量刑情节，依法应当从轻、减轻处罚。认罪悔罪，可以适用认罪认罚从宽制度，不应该再改判加重刑期。已经服刑结束，并且改造成功，不应当改判再加重刑期。如果加重被告人的刑期，将不利于被告人回归社会。

四、法院判决

一审法院判决如下：①被告人李某某犯受贿罪，判处有期徒刑 3 年，并处罚金人民币 37 万元。②扣押在案的违法所得人民币 86.885 632 万元，由扣押机关某某市人民检察院依法上缴国库；追缴违法所得人民币 22.940 605 万元。

二审法院裁定：驳回抗诉、上诉，维持原判。

再审法院判决如下：①维持本院［2018］皖 10 刑终××号刑事裁定和某某市某某区人民法院［2017］皖 1004 刑初××号刑事判决中"被告人李某某犯受贿罪，判处有期徒刑 3 年；扣押在案的违法所得人民币 86.885 632 万元，由扣押机关某某市人民检察院依法上缴国库；追缴违法所得人民币 22.940 605 万元"。②撤销本院［2018］皖 10 刑终××号刑事裁定和某某市某某区人民法院［2017］皖 1004 刑初××号刑事判决中"并处罚金人民币三十七万元"。③原审被告人李某某犯受贿罪，判处有期徒刑 3 年，并处罚金人民币 42 万元。

五、理论延伸

（一）以银行卡受贿的金额认定问题

银行卡不同于一般的财物，收受银行卡但没有支取或部分支取卡内金额的行为是认定犯罪既遂还是未遂、如何认定受贿数额在实践中还是存在不少难题。关于行为人收受请托人银行卡的行为，《最高人民法院、最高人民检察院关于办理商业贿赂刑事案件适用法律若干问题的意见》第 8 条规定："收受银行卡的，不论受贿人是否实际取出或者消费，卡内的存款数额一般应全额认定为受贿数额。使用银行卡透支的，如果由给予银行卡的一方承担还款责任，透支数额也应当认定为受贿数额。"

从司法实践来看，收受银行卡的情况比较复杂，可以大致分为如下情形：第一种情形，行贿人、受贿人对以送卡的方式行贿、受贿的意思明确（包括明示或暗示）、真实，而且行贿人提供了完全充分的信息足以保证受贿人完全取出或者消费。第二种情形，行贿人提供了完全充分的信息，由于银行方面的原因导致受贿人暂时不能全额取出存款或者消费的，或者由于受贿人自身操作技术问题或者认识发生错误而没有完全取出或者消费的。第三种情形，行贿人送卡后抽回存款或者以挂失等方式阻碍受贿人取款或者消费的。有学者认为，第一种情况，卡内的数额应全额认定受贿数额，且应认定犯罪既遂。第三种情况，如果行贿人抽回了所有的卡内存款或者挂失，致使受贿人根本无法得到卡内款项，则以认定受贿未遂为宜，这种情况属于行为人因为意志以外的原因，无法达到既遂。如果行贿人只抽回了部分款项，受贿人可以取出来其余的金额，则卡内所有金额均应认定受贿，受贿人实际得到的金额认定既遂，未得到的部分认定未遂。第二种情况，与第三种情况类似，也属于由于行为人意志以外的因素，导致其不能获得所有的卡内受贿金额，处断方法应与第三种情况类似。[1]

总之，通过银行卡受贿，是变通了行受贿的方式和路径，如果卡内的金额可以全额提取，受贿人未提取，不影响对受贿既遂的认定；如果各方面原因导致银行卡金额事实上根本无法提取，或者行贿人先存后取致卡内无钱可取，则应认定为受贿未遂。在这种情况下，如果提取部分金额，提取的部分

---

[1] 郭竹梅：《受贿罪司法适用研究》，法律出版社 2018 年版，第 188 页。

认定为既遂，无法实际提取的部分应被认定为未遂。

（二）民间借贷与受贿的区别

借用型受贿是权钱交易的双方为了逃避法律制裁，假借借用财物等合法形式掩盖行受贿本质的一种新型受贿犯罪。受贿方通过倚仗民事法律关系中的借用，为其受贿行为披上合法的外衣，表面上是从请托人处借用财物，实际上是"以借用之名，行受贿之实"。在司法实践中，以借用为名的受贿具有较强的迷惑性，如何准确认定此类犯罪，笔者认为，可以从以下几个方面认定。

第一，从犯罪构成分析。借用型受贿虽然是一种新型的受贿形式，但它并未突破受贿罪的犯罪构成要件。我们仍然可以在受贿罪原有的构成要件框架内对之加以分析判断，从而区分是借款行为还是受贿行为。可以通过分析双方的关系是否存在权钱交易的客观可能性，考察双方客观上是否已经实施或者实际实施权钱交易行为，最后通过客观行为捕捉双方之间真实的主观意思。

第二，运用刑事推定原则。鉴于贿赂案件证据的特殊性，在认定借用型受贿案件中，刑事推定原则的意义重大。2003年11月13日最高人民法院颁布的《全国法院审理经济犯罪案件工作座谈会纪要》也明确规定了在对以借用为名收受贿赂的行为进行认定过程中，可以用刑事推定的方法进行认定。即在具体认定时，不能仅凭双方当事人的说辞，或是仅看有无书面借款手续，还要结合有无正当合理的借款事由、双方关系、有无归还的意思和行为等多个方面对行为的主客观要素进行综合考量。

第三，考量多方因素，形成证据锁链。实践中，刑事推定原则的运用主要基于案件的基础事实。《全国法院审理经济犯罪案件工作座谈会纪要》对认定基础事实多方因素作出了规定。具体包括：①有无正当、合理的借款事由；②款项的去向；③双方平时关系如何、有无经济往来；④出借方是否要求国家工作人员利用职务上的便利为其谋取利益；⑤借款后是否有归还的意思表示及行为；⑥是否有归还的能力；⑦未归还的原因；等等。因而，在对借用型受贿犯罪的认定中，我们可以结合上述多方因素以获取基本实时信息，进而在遵循基础事实与推定事实之间内在联系的基础上，推断出高度盖然性的推定事实。由于在借用型受贿犯罪案件中，行受贿双方的口供是核心证据，但是外围证据也至关重要。这些可以用于推定基础事实的证据主要包括：①可以作为书证的借据；②双方之间关于借款理由的供述及辩解；③钱款去向印证借款事由；④双方日常关系和是否经常往来的相关情况，主要是相关证人证言、经济往来的书证材料等；⑤借款方的个人和家庭收入、存款、不动产等经济状况，确定借款方是否具备还款的经济实力；⑥借款人在借款后有无归还的意思表示或行为，贷款方有无催款的意思等。[1]

（三）自首中如实供述"主要犯罪事实"的认定

1. 主要犯罪事实的内涵

如实供述主要犯罪事实的表述来自我国司法解释关于自首构成要件的规定——根据《刑法》第67条的规定："犯罪以后自动投案，如实供述自己的罪行的，是自首。……"即我国自首制度的法定构成要件有两个：自动投案和如实供述自己的罪行。2010年12月22日《关于处理自首和立功若干具体问题的意见》（以下简称《自首和立功意见》）第2条对如何具体认定"如实供述自己的罪行"作了规定，然而该规定较为模糊。例如《自首和立功意见》规定的"犯罪嫌疑人多次实施同种罪行的，应当综合考虑已交代的犯罪事实与未交代的犯罪事实的危害程度，以此决定是否认定为如实交代主要犯罪事实"。然而，如何比较"犯罪事实的危害程度"却并不可知。可以预见，当该规定经过"再解释"后再适用于现实案例时，其判决和法律效果可能大相径庭。

2. 主要犯罪事实认定的观点判定

当前，学界关于"主要犯罪事实"的观点主要如下几种：第一种观点认为，"主要犯罪事实"也就是足以证明犯罪人的行为构成犯罪的基本事实。第二种观点认为，"主要犯罪事实"就是足以使司法人员凭以查明该犯罪真相的事实。第三种观点主张"构成要件齐备说"，即认为犯罪人供述罪行的范围应当以齐备犯罪构成要件包含的全部要素为标准。第四种观点认为，"主要犯罪事实一般认定为对行为性质有决定性意义的事实、情节（即定罪事实），以及对量刑具有重大影响的事实、情节（即重大量刑事实）"。[2] 上述观点之间的差异主要是由对"主要犯罪事实"概念及其自首制度的量刑定位理解不同所致。

---

[1] 孙应征主编：《新型贿赂犯罪疑难问题研究与司法适用》，中国检察出版社2013年版，第49~50页。

[2] 许芊芊：《自首中如实交代"主要犯罪事实"的认定——基于402份裁判文书的分析》，华东政法大学2021年硕士学位论文，第24页。

就第一种观点分析,"主要犯罪事实"并不直接等同于"基本犯罪事实","基本"从文义上理解不仅包含"主体"的概念,也可理解为"根本的"或是"大体上的"。可以说"基本犯罪事实"的概念本身就有再解释的空间,故而一般认为"基本犯罪事实"的涵摄范围大于"主要犯罪事实"。

第二种观点则是基于自首的制度价值"便于侦破案件、节约司法成本"的角度去理解"主要犯罪事实"。然而,能"凭以查明犯罪真相的事实"并不只有"主要犯罪事实"一种,达到一定标准的犯罪线索亦可以成为司法人员勘破案件的凭据。且认定自首成立与否贯穿于司法程序全过程,而"侦破案件"则更多地集中在侦查阶段,一般而言自案件移送审查起诉起案情就已经相对清楚明了,故而就该种观点认定"主要犯罪事实"可能会导致司法实践中限缩犯罪人成立自首的时间,损害犯罪人的权益。

而第三种观点则主张立足于犯罪构成要件的理论基础,这虽然十分贴合我国犯罪论的主张,但无论是基于传统的"四要件体系"还是近年流行的"三阶层体系",其对案件事实的涵盖范围一般都大于"主要犯罪事实",[1]例如"四要件体系"中所要求的"犯罪客体"就不属于犯罪人为成立自首必须供述的内容,因为犯罪人并非一定要认识到自己所侵犯的是何种社会关系才能成立自首。此外,犯罪构成要件的内容在刑法分则中并不都是明确具体的,实务中诸多犯罪构成要件内容仍需进行解释,而解释结论的不同又会导致法律效果的不同。更遑论针对当前法定犯大量出现的情况,犯罪构成要件齐备说的观点有可能还受刑事政策的影响。

相比之下,第四种观点无论是从规范分析还是司法适用性都更合理些,从行为定性上说,"主要犯罪事实"对案件的性质起到决定性作用,从量刑方面来说,"主要犯罪事实"对量刑的决定意义尤其是对法定刑升格与否的影响都是至关重要的。

对于一般一罪案件中的"主要犯罪事实"认定,特别是像本案这样多次实施同种罪行的情形,《自首和立功意见》作出了规定,如果犯罪嫌疑人多次实施同种罪行,应当综合考虑已交代的犯罪事实与未交代的犯罪事实的危害程度,决定是否认定为如实供述主要犯罪事实。具体而言,其规定:虽然投

---

[1] 许芊芊:《自首中如实交代"主要犯罪事实"的认定——基于402份裁判文书的分析》,华东政法大学2021年硕士学位论文,第24~25页。

案后没有交代全部犯罪事实,但如实交代的犯罪情节重于未交代的犯罪情节,或者如实交代的犯罪数额多于未交代的犯罪数额,一般应认定为如实供述自己的主要犯罪事实。如果某犯罪嫌疑人,其受贿3万元却供述2万元,由于3万元、2万元均是在量刑档次之内,所以应该认定其对"主要犯罪事实"予以供述。如其受贿的金额为11万元但是却供述为9万元,受贿11万元的量刑起点为十年以上有期徒刑,而受贿9万元则是十年以下有期徒刑的量刑幅度,则对于这种情况不能认定为"主要犯罪事实"予以供述。同时,《自首和立功意见》还指出,如果已交代的犯罪情节和与未交代的犯罪情节的严重程度无法权衡,或者已交代的犯罪数额与未交代的犯罪数额相当,则一般不认定为如实供述自己的主要犯罪事实。

综上,笔者认为,对同种数罪属于连续作案的案件中,只要犯罪嫌疑人交代了多数犯罪,或者其中的严重犯罪,就应视为如实供述了自己的主要罪行,不必要求一件不漏。犯罪嫌疑人、被告人和正在服刑的罪犯自首后,受到些因素的影响,有时会出现反复和避重就轻进行辩解的情况,但只要不否定基本事实,也不涉及刑格的要求,就应认定为自首。在这个问题上,不宜掌握得过严。就本案而言,被告人李某某主动供述的17万元农业银行卡问题,以及2万元现金、1.8万红包问题合计共主动供认20.8万元左右,与判决书最终认定的金额处于同一量刑档次(《最高人民法院、最高人民检察院关于办理贪污贿赂刑事案件适用法律若干问题的解释》第2条规定,贪污或者受贿数额在20万元以上不满300万元的,应当认定为《刑法》第383条第1款规定的"数额巨大",依法判处三年以上十年以下有期徒刑,并处罚金或者没收财产。)因此辩护人认为李某某是成立自首的,也与一、二审法院的观点一致,但很遗憾的是,本案再审省高院对李某某成立自首持否认态度,最终认定其不成立自首。

自首从宽,是我国长期坚持的刑事政策,也是惩办与宽大相结合的刑事政策的具体化和法律化。自首之所以从宽,是由于它与那些被归案或被动归案后的坦白行为相比,其人身危险性减小。[1]自首从宽其中较为关键的条件之一便是如实供述主要犯罪事实。供述到何种程度才能认定为"如实供述"是理论界和实践中讨论的热点之一,本文对此进行了探讨,以期能够发挥到

---

[1] 汪文菁:《自首中"主要犯罪事实"认定问题研究》,载《法制与社会》2014年第9期。

抛砖引玉的作用。

（四）贿赂案件证人出庭的相关问题

1. 证人出庭的法理基础

众所周知，贿赂犯罪的最大特征就是权钱交易，而这种权钱交易行为在客观上主要表现为财物的"送"与"收"。从司法实践来看，贿赂犯罪中财物的"送"与"收"往往都是由行贿人与受贿人私下秘密进行的，不会有第三人在场，而且受贿人也不会出具任何票据，正所谓"三人不办事，两人不留条"，导致贿赂犯罪呈现出"只有天知地知，你知我知"的状态。也就是说，作为贿赂的赃款赃物，一般都是在行贿人与受贿人之间进行即时交付的，或者通过其他方式进行秘密交易，因而很少产生书证。[1]正是由于贿赂犯罪中"权钱交易"的极度隐秘性，若要查明贿赂犯罪事实，此时行贿人以及受贿人的证言无疑会成为重要证据。由此可见，证人证言显得至关重要。

其次，贿赂案件案发时间具有普遍的滞后性。从司法实践的情况来看，除了个别通过技术侦查手段现行发现的情况外，绝大多数贿赂案件通常是在犯罪发生若干年才案发，案发的原因多为行贿人或受贿人在侦查机关的敦促下主动或者被动承认犯罪事实。其中，对于重大贿赂案件往往还存在着贿赂次数多、时间跨度大的特点，而发现以及证实这些连续的贿赂事实，往往只能依靠行贿人或者受贿人的供述和陈述。所以，这也决定了证人证言在发现和证实犯罪中的关键性。

贿赂案件对言词证据的高度依赖性也十分明显。由于贿赂案件的发现一般是在犯罪行为发生相当一段时间以后，使得在证明行受贿事实的问题上，难以取得除言词证据以外的其他证据，这就决定了侦查人员往往只能寄希望于通过行贿人和受贿人的有罪供述来判断是否存在贿赂犯罪。不仅如此，在具体事实认定中，犯罪的数额、次数、时间、地点等一系列关键要素也必须通过证人证言来展示和证实。所以，证人证言不仅是判定贿赂犯罪定罪与否的关键，甚至也是决定罪刑轻重的关键。

2. 贿赂犯罪证人出庭困境

从贿赂犯罪的现状来看，每个行贿人的证言都对犯罪事实的认定有着重

---

[1] 龚义年：《贿赂犯罪出庭作证若干问题探究》，载《河南科技大学学报（社会科学版）》2016年第5期。

大影响，部分涉及犯罪数额较大的证言更是影响着定罪量刑，在犯罪嫌疑人翻供情况下，辩护人提出对证人证言有异议而要求证人出庭也是符合法律规定的。但是，从司法实际来看，在贿赂犯罪案件的审理过程中，相关行贿人出庭的比例并不高。其主要原因在于：

第一，法官倾向于书面证言的形式审查。在对全案卷宗材料进行审查后，认识事实清楚、证据确实充分，无须再采用证人出庭作证的方式来拖延审理过程。《刑事诉讼法》第195条规定："公诉人、辩护人应当向法庭出示物证，让当事人辨认，对未到庭的证人笔录、鉴定人的鉴定意见、勘验笔录和其他作为证据的文书，应当当庭宣读。……"立法也认可当庭宣读证人证言的法律效力，法官从提高诉讼效率的角度，对书面证据或许更为钟情。

第二，出于当庭翻供的困扰。对于控方而言，主要担心一旦证人出庭作证，当庭"翻证"的几率显著增大。究其原因：一是因为证人出庭必然会受到辩方的质证，证人一旦对质证的问题无法澄清，便有可能对之前的证言予以反悔。毕竟，在贿赂案件中，作为证人的行贿人或者受贿人翻证，也有可能推翻针对自己的指控。二是基于与被告人之间所形成的关系，证人出庭作证往往会存在巨大的心理压力，其翻证的内心倾向也会大大增强。三是证人在侦查程序中接受侦查机关单方事实的调查，这种调查具有一定程度的内在心理强制和外在人身强制，而在法庭上，侦查方面难以继续其心理强制，作证条件和氛围发生变化，证言变化可能性加大。[1]因此，对于控方而言，出示书面证言比证人出庭作证对于案件的顺利审判要"保险"得多。

第三，证人出庭不如实作证的情况不容忽视。贿赂犯罪中的证人多为行贿人，与犯罪嫌疑人、被告人较为熟悉，往往通过贿赂行为已经谋取了自己所需要的利益，对犯罪嫌疑人、被告人心存感恩、感谢之情。贿赂犯罪中的证人往往同时又会涉及行贿犯罪事实，除了情面上无法当庭面对被告人、旁听人员之外，还有自身的利益涉及其中，辩护人在质证时也往往容易抓住行贿犯罪的问题询问证人，因此如果强行要求证人出庭，往往会造成不如实作证的情形。[2]基于对自身利益的考量，贿赂案件的证人往往也会对出庭产生

---

[1] 龙宗智：《证据法的理念、制度与方法》，法律出版社2008年版，第161~162页。
[2] 龚义年：《贿赂犯罪出庭作证若干问题探究》，载《河南科技大学学报（社会科学版）》2016年第5期。

强烈的心理抵制。

3. 困境的破解——贿赂相对人出庭作证豁免制度

虽然我国修改后《刑事诉讼法》确立了证人强制出庭作证的制度，但这并不能解决贿赂犯罪案件中证人在侦查、起诉阶段拒绝作证或不如实作证的难题。如何让贿赂相对人放下各种心理包袱，"知无不言，言无不尽"，以达到有力打击腐败行为的目的。有学者认为，我国应构建完善的贿赂相对人出庭作证豁免制度。

贿赂相对人出庭作证豁免制度是指司法机关在追诉贿赂犯罪过程中，为取得用于定罪的贿赂相对人的关键证言，基于保护贿赂相对人的目的而准许其免予出庭作证、质证，或者为了追诉更为严重的犯罪，对本应被追究刑事责任的贿赂相对人作出承诺，在他们如实作证后，将免除其刑事责任的一种制度。[1]

设立贿赂相对人出庭作证豁免制度，可以充分考虑到贿赂案件的特点，消除贿赂相对人作证的各种顾虑，以内部作为突破口来攻破行受贿双方的坚强堡垒，不但有利于贿赂案件的查处，同时还对受贿人起到威慑作用，有利于对贿赂犯罪的预防。同时，贿赂相对人出庭作证豁免制度可以填补我国制度上的缺陷，将会有效破解贿赂案件的侦查难题，还能够规范贿赂案件侦查的方法和措施，有效防止当前贿赂案件办理过程中存在的违规、违法的侦查措施。

(五) 刑事既判事实的预决力

既判事实，也称既决事实、预决事实，指人民法院已生效裁判所确认的事实。既判事实包括两个部分：一是判决主文中的事实；二是判决理由中的事实。预决力是既判事实的效力，具体指前案判决认定的事实对后案待证事实的证明力，即如果前案确定的事实与某一当前的诉讼案件的待证事实有关联，则当然为有效证据，当事人无须举证证明其真实性和合法性，有学者将其称为一种免证效力。[2]

预决力的强弱与证明标准紧密联系，简言之，证明标准越高，既判事实与客观真实的距离越近，对后案的预决力就越强。刑事诉讼中实行案件事实清楚、证据确实充分的证明标准，一般可被概括为"排除合理怀疑"。民事诉

---

[1] 杜国强、龙碧霞：《贿赂相对人出庭作证豁免制度探讨》，载《中国检察官》2013年第21期。
[2] 洪浩：《民事诉讼中预决事实的免证效力范围研究》，载《江汉论坛》2005年第5期。

讼和行政诉讼中的证明标准相对较低。[1]因此,刑事既判事实就比民事、行政既判事实更接近客观真实,其预决力就比较强。《人民检察院刑事诉讼规则》第 401 条第 2 项规定,人民法院生效裁判所确认并且未依审判监督程序重新审理的事实在法庭审理中不必提出证据进行证明。该条文只是简单地说明刑事既判事实具有免证效力,但是对其效力范围、效力程度等缺乏详细的规定,导致在具体的适用中存在一些争议。

关于预决力的效力程度有两种观点:"绝对效力说"和"相对效力说"。"绝对效力说"认为,预决的含义是指后案事实已被前案预先决定。在此,当事人只要提出记载某一事实的前案判决文件,即完成对所主张事实的举证,并且该种举证不可被推翻。[2]"相对效力说"认为,前案认定的事实对后案待证事实只有表见证明的效力,即对前案事实在后案中应作一致认定,但允许另一方当事人举证反驳,并在反驳证据达到证明标准的情况下对事实作出不相一致的认定。这里的"预决"含义是指(后案事实被前案)预备确定。[3]

笔者认为,任何一个刑事判决均包括判决事实和判决理由两大部分。判决结果往往是诸多事实综合评价的结果。因此,除有罪、无罪判决结果可能被作为后案的证据外,其中的某一事实认定也可能成为认定后案主要或部分事实的依据。其预决力需要单独考察,且后案的反驳依据达到证明标准的情况下可以对事实作出不相一致的认定。就本案而言,行贿人方某被另案处理,在其案件判决书中认定的行贿金额不宜被直接认定为本案被辩护人的受贿金额,而是要结合在案证据具体判定。

在本案的辩护过程中,辩护人也一直采取此观点。基于刑事判决较高的证明标准,其既判事实预决力有特殊的效力范围和效力程度,但我国证据立法的相关规定非常薄弱,相关立法可以在借鉴其他国家规定的基础上,对刑事既判事实预决力的效力范围和程度作出更加细致的规定。

---

[1] 樊崇义:《证据法治与证据理论的新发展》,中国人民公安大学出版社 2020 年版。
[2] 江伟、肖建国主编:《民事诉讼法》(第 8 版),中国人民大学出版社 2018 年版,第 174~178 页。
[3] 叶自强:《司法认知论》,载《法学研究》1996 年第 4 期。

> 近世文化日进，刑法之目的，亦因而递嬗。昔日揭威吓报复为帜志者，今日则异，……刑罚之目的，在维持国权，保护公安。
>
> ——孙中山

第二节　龚某某挪用公款案

一、案情简介

被告人龚某某，男，1981年4月21日出生于安徽省某某市，汉族，大学本科，1999年8月至案发前任某某市东区房地产管理所房管员，住某某市。2009年12月24日因挪用公款被某某市某某区人民检察院不起诉。因涉嫌挪用公款罪，于2018年3月7日被某某市某某区监察委员会留置，同年4月18日被某某市某某区人民检察院决定逮捕，当日被依法执行逮捕，后羁押于某某市看守所。

二、控方指控

某某市某某区人民检察院指控：

2015年3月13日至2017年5月23日，被告人龚某某在担任某某市东区房地产管理所房管员期间，累计收取某某服务公司等多家单位及个人的房屋租金共计3 062 073.7元，并如数上交财政。在收取租金后上缴财政前，被告人龚某某利用职务之便，将部分公房租金私自存入以其个人名义在中国工商银行开设的三个账户中，其中存入尾号为4084的账户2 546 461.4元，尾号为3255的账户155 799.8元，尾号为8570的账户99 597元，共计2 801 858.20元，后将其中部分公房租金通过电信翼支付、支付宝购买基金理财产品，共计1 095 910.92元，收益1565.51元。

被告人龚某某身为国家工作人员，利用职务上的便利，挪用公款共计1 095 910.92元进行营利性活动，数额较大，其行为触犯了《刑法》第384条第1款之规定，应当以挪用公款罪追究其刑事责任。根据《刑事诉讼法》第172条的规定，提请本院依法判处。

三、辩护律师观点

（一）挪用公款罪要求利用职务上的便利，本案中被告人龚某某利用职务上的便利不明显

首先，"利用职务上的便利"是指利用职务上主管、管理、经手公共财物的权力及方便条件。在本案中，被告人龚某某并没有利用"经手公共财物的权力及方便条件"或者说其并不明显。其次，被告人龚某某所在单位财务制度不符合实践实况，现实中并没有被执行，其所谓的利用职务上的便利，是非常不明显的。

（二）被告人挪用公款营利的行为不明显

《刑法》第91条、第384条的规定，"公款"系指公共财产中呈现货币或有价证券形态的部分，包括受国家机关委托由单位或个人管理公共财产中的货币资金。"挪用"系指未经合法批准，或者违反财经纪律，擅自使公款脱离单位的行为。在经单位默许下以个人银行账户管理公款即公款私户的情况下，允许以个人银行账户管理公款的人即为受托人，其是根据单位授权从事管理活动。如果个人银行账户中除公款外，另外尚有受托人个人所有资金，因账户资金属于种类物，很难判断是公款还是私款。同时，余额宝是国内第三方支付平台支付宝开发的余额增值服务，具备存款功能和理财功能，当用户需要时可以自动回赎为余额宝存款状态，与存款并无差别，据此无法直接认定被告人进行营利行为。

（三）被告人龚某某非法营利的主观故意轻微、不明显，获益非常小

如若构成挪用公款罪需要行为人有挪用公款非法获益的主观罪过，本案中被告人并没有违法性意识。本案被告人的收益仅为1565元，根据常理推断，在一般的挪用公款案件中，如果行为人意图挪用公款100万元进行营利活动，其收益绝对不仅仅只有1000余元。这从另一方面证明了被告人龚某某没有挪用的故意，或者挪用故意不明显。

（四）被告人龚某某具有坦白法定减轻情节，具有诸多的酌定从轻情节

被告人具有法定坦白的情节、偶犯、认罪悔罪、平日表现良好、多次获得先进称号、2001年获得"文明标兵"、2002年获得某某市房地产管理局颁发的"先进生产者"、于2006年获得"优秀房管员"等、案发后退还了所有的违法所得。

（五）对被告人龚某某免除处罚既有法律依据，也有众多的案例可以支持

（1）1998 年《最高人民法院关于审理挪用公款案件具体应用法律若干问题的解释》第 2 条第 2 项规定："挪用公款数额较大，归个人进行营利活动的，构成挪用公款罪，不受挪用时间和是否归还的限制。在案发前部分或者全部归还本息的，可以从轻处罚；情节轻微的，可以免除处罚。"

（2）司法判决，相类似的案例有免刑的。

案号	被告人职务	指控挪用形式	辩护意见	认定数额	量刑情节	刑事责任
安徽省桐城市[2017]皖0881刑初193号	桐城市双港镇双铺村党总支书记	在协助人民政府从事土地征用补偿费用的管理过程中，利用职务便利，擅自挪用土地补偿款100万元，进行营利活动，营利1000元	应当定性为挪用资金罪；自首；没有造成资金流失，没有造成危害社会的结果，在案发前部分或者全部归还本息的，可以从轻处罚；情节轻微的，可以免除处罚	100万元	自首；营利活动时间较短，在案发前全部归还，可以从轻处罚，情节轻微的，可以免除处罚；没有造成损失	免予刑事处罚
安徽省砀山县[2017]皖1321刑初28号	程庄镇卫生院合管站人员	王某某擅自挪用其收取的2016年度新农合资金110万元，购买邮政储蓄银行"财富鑫鑫向荣B款"理财产品，进行营利性活动，2015年12月23日终止理财，收益1316.99元被其用于个人生活开支	无	110万元	帮助他人完成理财任务，挪用公款一次且时间短，并于案发前已将公款全部归还，没有给公款造成损失，犯罪情节较轻，且具有自首情节	免予刑事处罚

续表

案号	被告人职务	指控挪用形式	辩护意见	认定数额	量刑情节	刑事责任
安徽省砀山县[2017]皖1321刑初59号	砀山县程庄镇卫生院工作	擅自挪用个人账户资金110万元，购买了邮政储蓄银行"财富鑫鑫向荣B款"理财产品，2015年12月23日终止理财，收益1316.99元被其个人占有	不构成挪用公款罪；被告人案发前主动归还本金，未给国家造成损失，且具有自首情节，案发后退缴违法所得，犯罪情节较轻，建议对其免予刑事处罚	110万元	为帮助他人完成理财任务，挪用公款一次且时间短，并于案发前已将公款全部归还，没有给公款造成损失，犯罪情节较轻，且具有自首情节	免予刑事处罚
安徽省太和县[2017]皖1222刑初474号	太和县五星镇政府财政所副所长，兼任财政所预算会计、结算员职务	2014年11月28日利用职务之便，挪用其经手管理的新农合资金180万元用于购买中国农业银行"安心快线天天利"理财产品，2014年12月2日赎回，并获利481.50元	具有自首情节，认罪悔罪态度极好，在案发前已归还全部公款，犯罪情节轻微，建议对刘某免予刑事处罚	180万元	自首；案发前将挪用的公款全部归还，犯罪情节轻微	免予刑事处罚

（六）被告人已得到了应有的惩罚

被告人的妻子、儿子患病，父母年迈，均需要照顾，被告人已被关押4个月，已经受到了一定的惩罚，对其也起到了警示作用。

四、法院判决

一审判决：被告人龚某某犯挪用公款罪，判处有期徒刑9个月。（刑期从判决执行之日起计算，判决以前先行留置、羁押的，留置、羁押1日折抵刑期1日，即自2018年3月7日起至2018年12月6日止。）

扣押在案的被告人龚某某违法所得人民币1565元5角1分，依法予以没收，上缴国库。

五、理论延伸

挪用公款罪：指国家工作人员利用职务上的便利，实施挪用公款归个人使用，进行非法活动，或者挪用公款数额较大、进行营利活动，或者挪用公款数额较大、超过3个月未还，从而构成的犯罪。

（一）免予刑事处罚的判决书统计

1998年《最高人民法院关于审理挪用公款案件具体应用法律若干问题的解释》第2条第2项规定："挪用公款数额较大，归个人进行营利活动的，构成挪用公款罪，不受挪用时间和是否归还的限制。在案发前部分或者全部归还本息的，可以从轻处罚；情节轻微的，可以免除处罚。"

2012年至2022年免予刑事处罚判决书统计：

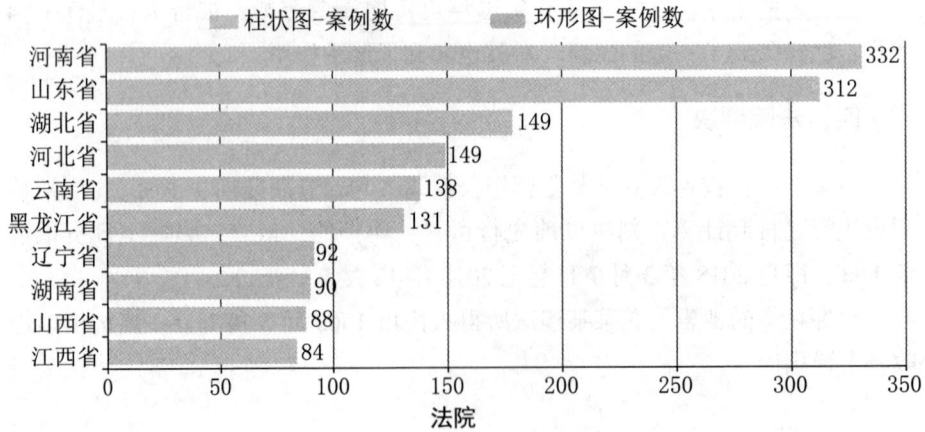

通过如上图表所示，被告人犯挪用公款并免予刑事处罚主要集中在河南省与山东省，并且在 2017 年适用免罚居多。

其次，笔者对与本案案情较为相似的案例进行整理，如下表格所示。

案号	被告人职务	指控挪用形式	辩护意见	认定数额（元）	量刑情节	刑事责任
［2000］海南刑终字第123号	文昌市食品总公司××公司经理	利用职务之便挪用公款15 000元借给他人进行营利活动	事实上没有重复报销领取现金，公司与符瑞典达成借贷协议，不是挪用公款	1.5万	挪用公款人民币15 000元是与原会计李某共同商量的，且案发前全部退还，情节轻微	免予刑事处罚
［2017］皖0311刑初238号	蚌埠市××区市场监督管理局原副局长	利用职务之便，挪用公款5万存于支付宝理财项目余额宝，进行营利活动	对挪用公款的行为无异议，但对挪用公款的具体数额有异议；自首；挪用公款数额刚刚达到法定追诉标准，且案发前已经全部归还；认罪态度较好；主观故意不明显；初犯、偶犯	5万	归案后能够如实供述自己的罪行，真诚悔罪，且在案发前就已经将涉案款项全部归还单位，审理期间又主动退出违法所得，犯罪情节轻微	免予刑事处罚
［2016］皖0322刑初115号	无	利用职务之便，挪用公款5万元借给水产养殖户陈某乙经营使用，以获取高额利息	被告人挪用公款的数额刚达到犯罪的起点，挪用时间仅为一天，被告人认罪、悔罪，无前科，被告人的犯罪情节轻微	5万	归案后，如实供述自己的犯罪事实，属坦白，且挪用的公款及时归还，没有造成损失	免予刑事处罚
［2017］皖1602刑初200号	亳州市××区××镇卫生院会计	利用职务便利，从其管理的医院账户挪用公款共72 463.10	犯罪情节较轻，并有自首情节	7.2万	案发前全部归还被挪用的款项，案发后又将盈利款上缴，情节轻微	免予刑事处罚

续表

案号	被告人职务	指控挪用形式	辩护意见	认定数额（元）	量刑情节	刑事责任
		元用于购买银行理财产品				
[2017]皖1122刑初179号	××县来城粮油供应公司经理	私自决定从来城粮油供应公司借款8.2万元，借给周某使用，并安排公司会计从公司账上支付8.2万元直接支付了周某架设变压器费用	无	8.2万	自动投案，并如实供述了自己的罪行，属自首，且犯罪情节较轻	免予刑事处罚
[2016]皖0824刑初84号	××县××镇××村书记兼任龙关村扶贫互助社出纳	利用保管扶贫互助金的职务便利，与被告人储某甲商议，共同挪用9万元扶贫互助资金给储某甲进行营利活动	挪用的资金具有村集体所有和入社村民个人所有双重性质，不具备挪用公款罪的客体要件；挪用行为利用的身份是互助社的出纳员，不属于"其他依照法律从事公务的人员"，不具备挪用公款罪的主体要件，其行为不构成挪用公款罪，应属挪用资金行为，但未达到挪用资金数额较大起点十万元，尚不能构成挪用资金犯罪	9万	挪用的系扶贫互助资金属扶贫款，应从重处罚；如实供述了犯罪事实，系坦白，可以从轻处罚；在案发前已全部归还所挪用的公款，可以从轻处罚；情节轻微的，可以免除处罚	免予刑事处罚

· 266 ·

续表

案号	被告人职务	指控挪用形式	辩护意见	认定数额(元)	量刑情节	刑事责任
[2017]皖1881刑初277号	××市科学技术局党组书记、局长	利用其职务上的便利，伙同他人挪用公款人民币10万元归个人使用，超过3个月未还，数额较大	被告人的初衷是为了及时为村民争取到补偿款；主观恶意较小，社会危害性不大，犯罪情节轻微；初犯、偶犯；自愿认罪；全部归还挪用款项	10万	自首；当庭自愿认罪，具有一定的悔罪表现，且案发前已归还挪用的全部公款，又系初犯、偶犯，可酌情从轻处罚	免予刑事处罚
[2017]皖1821刑初146号	××县××定点屠宰场场长	2010年7月至2015年2月，利用担任郎溪县新城定点屠宰场场长的职务便利，先后三次挪用公款共计12万元从事营利活动	挪用公款情节较轻，起诉书指控张某某挪用第三笔公款前，张明华垫付了2万余元的出差费用未报销，其本质上没有侵犯公款的使用权；自首	12万	主动投案，如实供述犯罪事实，系自首，可以从轻、减轻或者免除处罚	免予刑事处罚
[2017]皖0521刑初274号	xx县实验学校报账员	2014年1月至2016年9月，被告人严向光在担任该校报账员期间，利用负责该校现金收支、财务报账等的职务便利，挪用该校门面房租金、代收水电费等收入126297.6元，	自首；挪用公款的数额不大，案发后已经全部归还，没有给单位造成损失；认罪态度较好，真诚悔罪；初犯，无犯罪前科；挪用是因为家庭困难	12.6万	自首，且挪用公款案发后已全部归还，认罪悔罪，系初犯，犯罪较轻	免予刑事处罚

· 267 ·

续表

案号	被告人职务	指控挪用形式	辩护意见	认定数额(元)	量刑情节	刑事责任
		归个人使用，超过三个月未归还				
[2017]皖0722刑初172号	××县公安局治安大队户籍管理室科员	2015年8月7日、2016年12月2日鲍某先后两次私自从该专用账户挪用二代证工本费资金共计20.1万元用于个人购买股票	单位将公款置于鲍某个人控制之下，且长期没有监管措施，是导致鲍某挪用公款行为发生的根源，让鲍某一人承担所有罪责有失公平；专用账户与个人账户混同，且鲍某挪用公款的时间不长，案发前已全部归还，没有影响二代证工本费的正常上缴；自首，且平时一贯表现良好，案发后认罪悔罪真诚，同时，其家庭有两个孩子需要照顾	16万	自首；在庭审中认罪悔罪，且于案发前已归还挪用的公款，未给国家造成损失，可认定为犯罪情节轻微	免予刑事处罚
[2017]皖0822刑初22号	××县××镇中心学校教师	利用职务上的便利，挪用学校公款20万元给其连襟李某投资房地产工程，进行营利活动	碍于亲情挪用公款，没有给所在单位造成经济损失，案发后主动交代自己的犯罪事实，认罪悔罪态度好	20万	自首；挪用公款虽然数额较大，但情节较轻；挪用公款犯罪时间跨度较长，其个人未从中谋利，也未给所在单位造成经济损失，可酌定从轻处罚	免予刑事处罚

· 268 ·

续表

案号	被告人职务	指控挪用形式	辩护意见	认定数额(元)	量刑情节	刑事责任
[2016]皖1225刑初332号	××县地税局段郢分局税管员	利用职务上的便利，挪用公款295 700元归个人使用和进行营利性活动，数额较大，超过3个月未还	税收管理体制存在一定问题使被告人的行为与一般挪用公款有区别；自首；认罪态度好，主观恶性较小，犯罪情节相对较轻，案发前挪用的税款全部归还	24.8万	自首；当庭自愿认罪，确有悔罪表现，可酌情从轻处罚；主动归还挪用的全部税款	免予刑事处罚
[2018]皖0422刑初56号	×县房地产管理局房管股工作，负责收取住房维修资金	利用职务便利将300 000元住房维修资金分三笔以个人定期存款形式存入银行	自首；被告人没有将滞留的住房维修资金用于非法活动或营利活动；退缴了全部赃款；被告人无犯罪前科	30万	在纪检机关对其调查前已将全部挪用款项归还，其在纪检机关调查期间如实交代了挪用公款的事实；自首	免予刑事处罚
[2016]皖0103刑初439号	安徽省××研究院中小学音乐教研员	利用职务上的便利，挪用公款35万元，陆续用于购买理财产品获利	没有利用任何职务便利，而是时任院长阚某决定并通知会计汇款给余某个人使用并保管，被告人余某只有用的行为，没有挪的行为；涉案的35万元资金，系教科院克扣作者稿酬的违法所得，不属于公款；人民币属于种类物，具有可替代性，案发前，余某从家里拿出现金35万元交给	35万	自愿认罪，积极退缴非法所得；挪用该笔款项用于理财仅50余天，获利600余元，时间短，获利小。同时，案发前已归还全部挪用款项，未给国家造成损失，可认定其犯罪情节轻微	免予刑事处罚

· 269 ·

续表

案号	被告人职务	指控挪用形式	辩护意见	认定数额（元）	量刑情节	刑事责任
			会计,不能证明余某用于购买理财产品的款项即是单位的公款			
[2017]皖1522刑初169号	××县××镇人民政府副镇长	被告人赵××伙同他人挪用公款54万元,归个人进行营利活动	建议宣告无罪	54万	挪用公款50万元仅十几天就已归还,且系在特定背景下挪用,归案后能够认罪悔罪,在本案中没有谋取个人利益,情节轻微	免予刑事处罚
[2016]皖0225刑初226号	××县××镇计划生育办公室副主任	在协助镇政府进行征地拆迁过程中,利用领取、发放土地补偿款存折的职务便利,将村集体土地征地补偿款存款金额计610 668元的存折,由其个人保管和使用	无	61万	挪用公款是为了解决泥汊镇政府发包工程的资金急需,案发前被告人胡已归还全部被挪用的公款本金,主动退缴利息,且具有自首情节	免予刑事处罚
[2017]皖1321刑初237号	××县卫生监督所会计	被告人夏××在保管这笔资金期间,利用职务之便,先后四次将其中759 048.96元	犯罪是由于单位财政制度不健全,公款私存;主观恶性较小;自首;且案发前全部归还本息,未给国家造成损失	75.9万	自首;案发前已全部归还借款本息,没有给国家造成损失;主动全部退缴违法所得,犯罪情节较轻	免予刑事处罚

续表

案号	被告人职务	指控挪用形式	辩护意见	认定数额（元）	量刑情节	刑事责任
		用于购买银行理财产品、基金、股票等营利性活动，获取收益10 352.94元被其个人占有	积极退缴违法所得，犯罪情节较轻			
[2017]皖1702刑初335号	××市××民生融资担保公司业务经理	2009年至2013年期间，利用职务之便，先后挪用公款78.5万元	被告人不是国家工作人员，其身份不属于挪用公款主体；被告人借给胡某购房款134.1万元，是被告人代公司管理的民间资本，被告人及胡某只是起受委托和中介作用；给胡某垫付购房款50万元，系在胡某的指使下所为，其在过程中起次要作用，系从犯；自首	78.5万	案发前已归还全部挪用款项，系从犯，且能坦白认罪，属情节轻微	免予刑事处罚
[2017]皖0881刑初193号	××市××镇双铺村党总支书记	在协助人民政府从事土地征用补偿费用的管理过程中，利用职务便利，擅自挪用土地补偿款100万元，进行营利活动，营利1000元	应当定性为挪用资金罪；自首；没有造成资金流失，没有造成危害社会的结果，在案发前部分或者全部归还本息的，可以从轻处罚；情节轻微的，可以免除处罚	100万	自首；营利活动时间较短，在案发前全部归还，可以从轻处罚，情节轻微的，可以免除处罚；没有造成损失	免予刑事处罚

· 271 ·

续表

案号	被告人职务	指控挪用形式	辩护意见	认定数额（元）	量刑情节	刑事责任
[2017]皖1321刑初28号	××镇卫生院合管站人员	王某某擅自挪用其收取的2016年度新农合资金110万元，购买邮政储蓄银行"财富鑫鑫向荣B款"理财产品，进行营利性活动，2015年12月23日终止理财，收益1316.99元被其用于个人生活开支	无	110万	帮助他人完成理财任务，挪用公款一次且时间短，并于案发前已将公款全部归还，没有给公款造成损失，犯罪情节较轻，且具有自首情节	免予刑事处罚
[2017]皖1321刑初59号	××县××镇卫生院工作	擅自挪用个人账户资金110万元，购买了邮政储蓄银行"财富鑫鑫向荣B款"理财产品，2015年12月23日终止理财，收益1316.99元被其个人占有	不构成挪用公款罪；被告人案发前主动归还本金，未给国家造成损失，且具有自首情节，案发后退缴违法所得，犯罪情节较轻，建议对其免予刑事处罚	110万	为帮助他人完成理财任务，挪用公款一次且时间短，并于案发前已将公款全部归还，没有给公款造成损失，犯罪情节较轻，且具有自首情节	免予刑事处罚
[2017]皖1222刑初474号	××县××镇政府财政所副所长，兼任财政所预	2014年11月28日利用职务之便，挪用其经手管理的新农合	具有自首情节，认罪悔罪态度极好，在案发前已归还全部公款，犯罪情节轻微，	180万	自首；案发前将挪用的公款全部归还，犯罪情节轻微	免予刑事处罚

· 272 ·

续表

案号	被告人职务	指控挪用形式	辩护意见	认定数额(元)	量刑情节	刑事责任
	算会计、结算员职务	资金180万元用于购买中国农业银行"安心快线天天利"理财产品,2014年12月2日赎回,并获利481.50元	建议对刘某免予刑事处罚			

（二）结合本案，可将挪用公款罪拆分三个关键点：

第一，"利用职务上的便利"。一般认为，挪用公款罪中的利用职务上的便利是指利用了主管、管理、经手公款的便利条件。也就是说，这里的"职务上的便利"应当是对公款具有挪用可能性的职务行为。虽然"挪用"的具体方式并不限于盗用、骗用、指令。但需要求行为人在从事公务活动中具有对公款的支配可能或依职权具有的支配公款的可能性。

尽管对于"利用职务上的便利"各界人士都有了一个较为清晰、准确的解释，但随着社会的不断发展，各类挪用行为层出不穷，而正是这种新型的挪用方式容易引起罪与非罪的争议。若要准确地划分罪与非罪的界限确实困难，但我们需要抓住"利用职务上的便利"的共性。通过梳理挪用公款人利用职务上的便利的常见情形，来分析其共有特征。

首先，"主管"是指行为人对该财产具有调动、指挥的权利，尽管其并不经受或管理该财产，但拥有这种权利往往更容易挪用财产。就好比在生活中，我们常见的上级领导对下级的指挥、公司领导对普通职工的指挥。下级员工一般都会按照领导的指挥行事。其次，"管理"是指行为人对该财产具有实际掌控的权力，并且时刻处于自己的控制范围，可以随时动用。比如，国家机关、国有公司、企业、事业单位、人民团体的会计、出纳具有管理本单位财务、直接掌管资金的权力。最后，"经手"是指行为人尽管不具备调动、指挥控制的权力，也不具有管理、随时调用的权力，但因为工作需要，公共财物一度由其经手，行为人对公共财物具有实际控制权在管理公款和经手公款的职务便利中，公款都在行为人直接控制下。据此，我们可以理解为利用职务上的便利的共性为主管、管理、经手，也就是符合"利用职务上的便利"首先要具备主管、管理、经手该财产的条件。[1]

第二，"进行营利活动"。从客观方面分析，挪用公款罪实际上是挪用人侵害了公款单位对公款的所有权。这里的所有权指：占有、使用、收益、处分等各项权利，以及长期挪用公款为己谋利，从而导致公共财产利益遭受损害。从主观方面分析，若认定行为人属于进行营利活动，行为人主观上必须具有营利的故意，在主观上无营利的故意，同时在客观上也没有得利的，不能认定为挪用公款进行营利活动，只有那些主观上为了获取金钱上的利益，或者其他个人利益的才能视为进行营利活动。

第三，"归个人使用"。《刑法》第384条第1款规定："国家工作人员利用职务上的便利，挪用公款归个人使用，进行非法活动的，或者挪用公款数额较大、进行营利活动的，或者挪用公款数额较大、超过三个月未还的构成挪用公款罪，……"

据此，挪用公款罪包括以下三种行为类型：①国家工作人员利用职务上的便利，挪用公款归个人使用，进行非法活动；②国家工作人员利用职务上的便利，挪用公款归个人使用，数额较大、进行营利活动；③国家工作人员利用职务上的便利，挪用公款归个人使用，数额较大、超过3个月未还。不难发现，无论何种类型都要求归个人使用，若不归个人使用则不应适用本罪。根据相关司法解释的规定，归个人使用的定义也在不断扩大，其中包括本人、本人亲友、其他自然人、单位等等。

（三）挪用公款罪的犯罪形态

关于挪用公款罪的犯罪形态并没有统一观点，若主张挪用公款罪是继续犯，就应认为该罪追诉时效从归还公款之日起计算。反之，会主张挪用公款罪的追诉期限从犯罪成立之日而非归还之日起计算。司法解释关于挪用公款罪的犯罪形态，似乎持即成犯或者状态犯而非继续犯的立场。2003年9月22日《最高人民法院关于挪用公款犯罪如何计算追诉期限问题的批复》指出："根据刑法第八十九条、第三百八十四条的规定，挪用公款归个人使用，进行

---

[1] 肖中华：《也论贪污罪的"利用职务上的便利"》，载《法学》2006年第7期。

非法活动的，或者挪用公款数额较大、进行营利活动的，犯罪的追诉期限从挪用行为实施完毕之日起计算；挪用公款数额较大、超过三个月未还的，犯罪的追诉期限从挪用公款罪成立之日起计算。挪用公款行为有连续状态的，犯罪的追诉期限应当从最后一次挪用行为实施完毕之日或者犯罪成立之日起计算。"为与贪污罪追诉期限的起算相平衡，将挪用公款罪看作状态犯，追诉期限从挪用行为完成或者挪用公款罪犯罪成立之日起计算较为合适。相反，若将挪用公款罪看作继续犯，则会导致挪用公款行为人比贪污公款的行为人承受更严厉的刑罚后果。所以，笔者部分赞成司法解释的立场。司法解释的疑问是，本来其他活动型挪用公款罪比非法活动型及营利活动型违法性轻，但若不认为从犯罪成立之日，即挪用公款超过3个月才开始起算追诉期限，反而会导致被告人将承受与非法活动型及营利活动型相比更为不利的刑罚后果。故而，关于《刑法》第89条追诉期限计算规定中的"犯罪之日"，"应是指犯罪成立之日，即行为符合犯罪构成之日"。

（四）挪而未用

明确了"归个人使用"在挪用公款罪构成要件中的地位和含义，是对"挪而未用"行为进行正确定罪的前提。如前所述，由于"归个人使用"是本罪的主观要件，而非客观要件。所以，挪用公款罪的成立并不要求行为人一定要有实际的"使用"行为。因而，"未用"并不影响犯罪的成立，换句话说，"挪而未用"照样可以构成挪用公款罪。[1]

据此，该罪可以被分为三种类型：

第一，挪用公款从事非法活动。挪用公款给他人使用，不知道使用人用公款进行营利活动或者用于非法活动，数额较大、超过3个月未还的，构成挪用公款罪；明知使用人用于营利活动或者非法活动的，应当认定为挪用人挪用公款从事营利活动或者非法活动。

对于这种类型的犯罪，刑法没有规定挪用公款的数额和时间条件，体现了对挪用公款从事违法犯罪活动从严打击的精神。

第二，挪用公款数额较大、从事营利活动。所谓挪用公款进行营利活动，是指挪用公款用于营利活动，如购买股票、国债等合法的经营性活动。如果

---

[1] 李金明：《论"挪而未用"的定性》，载《中国人民公安大学学报（社会科学版）》2009年第3期。

营利活动本身是非法的，则应按"非法活动"处理。对于此种类型的犯罪，刑法规定了数额条件（数额较大），但没有规定时间条件。根据司法解释的相关规定，"数额较大"以挪用公款1万元至3万元为定罪的数额起点。同样，由于笔者认为"归个人使用"是本罪的主观要件，所以，"营利活动"挪用公款罪的成立只要具备两个条件即可：其一，国家工作人员利用职务上的便利，挪用了1万元~3万元的公款。其二，行为人主观上意图将此公款用于营利活动。

第三，用公款进行营利活动、非法活动以外的活动，数额较大，挪用时间超过了3个月。所谓"超过三个月未还"，是指挪用公款后被司法机关、主管部门或者有关单位发现前超过3个月尚未归还。对于此种类型的犯罪，刑法只规定了挪用公款的数额条件即数额较大和时间条件即超过3个月未还，而没有规定用途条件。也就是说，不管国家工作人员把公款挪出后用于何种用途，只要符合了挪用数额较大和超过3个月未还两个条件，就构成挪用公款罪。

此种类型挪用公款既不是用于非法活动，也不是用于营利活动，而是用于非法活动、营利活动之外的其他用途。例如，挪用公款用于购买个人物品，购置生活用品，为子女支付学习、生活费用、支付医疗费等个人消费。

以上三种类型的"挪而未用"均构成挪用公款罪，只不过各自成立犯罪的条件有所不同罢了。因此，不符合上述三种类型之一的"挪而未用"均不构成挪用公款罪。

（五）挪用公款罪与贪污罪

挪用公款罪在犯罪手段、犯罪故意、犯罪主体、对象等方面都与贪污罪都极为接近，司法实践中对两罪的区分一直是复杂难点，主观上非法占有目的的有无是实践中两罪最纠缠不清之处，众多难以判明的疑难案件大多缘于此。其典型表现是，以挪用公款的手段进行贪污与挪用公款不退还的挪用公款罪之间的界限难以区分。

从主观上来看，"非法占有目的"是行为人的一种主观心态，认定的最直接依据是行为人的供述，但行为人受审时的心态未必代表行为时的心态。实践中，行为人在受审时大多表示"我是准备归还的"，而其真实想法往往是如果我被发现了才归还。因此，供述在犯罪构成要件中最具不稳定性和不可靠性，仅据此确定犯罪性质难免有主观归罪之嫌。随着职务犯罪手段更加隐蔽和智能化，此种认定方法也在无形中为行为人规避法律提供了出路。[1]

在客观证据方面，是否"平账"是区分贪污犯罪与挪用公款犯罪的一个重要显性表现，它直接证明行为人对于公共财物是持占有还是暂时使用后归还的主观目的。因此，是否虚假"平账"成了司法机关认定案件性质的重要依据。区分被告人的行为到底是贪污还是挪用，必须按犯罪构成要件，既要看犯罪的主观方面，即犯罪的目的和动机，又要看犯罪的客观方面，即作案手段、犯罪对象的性质、赃款去向以及退赃情况等。[2]犯罪的目的和动机是认定贪污与挪用的最重要方面，主观上想据为己有就是贪污，如果仅仅是想暂时占用就是挪用。当然，被告人的主观心态不能光听被告人事后的供述和辩解，而是要结合案件的具体情况，从被告人所作所为去揭示其内心世界。犯罪手段是认定贪污与挪用的一个很重要的方面，犯罪的手段有多种多样，一般说来，贪污行为人是通过某些隐匿、销毁账证等手段，而挪用行为人则一般不采用做假账的手段。但在有的情况下，挪用公款同样存在弄虚作假的情况，这就要结合被告人的主观心态及其他因素加以分析，而不能一见假账就认为是贪污。因此，对于两罪的区分还需要司法实践中不断总结新的经验，深入分析被告人对犯本罪的心理特征，主客观相一致才可做到此罪与彼罪的区分。

（六）挪用公款存在多用途数额的计算

《最高人民法院、最高人民检察院关于办理贪污贿赂刑事案件适用法律若干问题的解释》第5条规定，挪用公款归个人使用，进行非法活动，数额在3万元以上的，应当以挪用公款罪论处；数额在300万元以上的，应当认定为"数额巨大"；数额在100万元以上的，属于"情节严重"。第6条规定，挪用公款归个人使用，进行营利活动或者超过3个月未还，数额在5万元以上的，属于"数额较大"；数额在500万元以上的，应当认定为"数额巨大"；数额在200万元以上的，属于"情节严重"。显然，因为挪用公款分为三种不同用途，不同用途下的犯罪的数额标准、成立犯罪的时间要求是不同的。所以，当行为人挪用公款存在多种用途时，如何计算挪用数额就直接关系到行为是否成立犯罪，以及能否适用加重法定刑的问题。

---

[1] 何家弘、黄健：《贪污罪非法占有目的之推定规则初探》，载《法学杂志》2016年第10期。

[2] 贾志民、汪蕾：《界分贪污罪和挪用公款罪中事实推定的运用》，载《人民检察》2011年第17期。

1. 挪用公款存在多种用途，且分别都达到各种用途的定罪数额标准

例：行为人 A，先后挪用公款 3 次，分别为挪用公款 5 万元进行赌博，7 万元进行炒股，8 万元进行其他活动。

例：行为人 B，一次性挪用公款 20 万元，其中 5 万元进行赌博，7 万元进行炒股，8 万元进行其他活动。

例：行为人 C，一次性挪用公款 20 万元，其将全部款项用于赌博，后并未亏损又用于炒股。

上列举 A、B、C 三种不同情况，从表象上看，A 分三次挪用了 20 万元，B 一次挪用了 20 万元，但本罪的法益侵害性表现在使公款脱离单位控制，导致公款不能归还的风险中。因此，A、B 无论是挪用几次，其所造成的法益侵害都是相当的，最终都导致 20 万元的公款处于流失的危险当中，也应当以 20 万认定行为人挪用公款的数额。

C 一次挪用公款 20 万元，将公款全部用来赌博，虽然未输未赢，并且继续将该公款用于炒股。显然，C 不仅将公款用于非法活动也用于营利活动，但是其最终所侵害的法益为 20 万元公款，导致公款处于不能归还风险中。因此，应认定挪用公款 20 万元用于非法活动，不能认定该行为属于想象竞合，也不能将 C 挪用公款的数额认定为 40 万。

由此得出，本罪的法益侵害性表现在使公款脱离单位控制，导致公款不能归还的风险。因此，实际侵害的是 20 万元公款，应当以脱离单位控制的数额为标准计算数额。而用途只是说明危险程度不同，也不能以用途为标准计算数额。

其次，就数额犯而言，分则中所提及的有关"累计"的相关条文不是特别规定或者法律拟制，而是注意规定。在大多数情况下，数额犯都存在徐行犯的情形，倘若按照计算其最高数额，则可能会导致行为人逃避刑法的规制。例如，如果国家工作人员多次且每次仅挪用公款 2 万元，倘若不累计计算，就意味着行为人无论挪用多少次，都不构成挪用公款罪，这无疑为行为人开辟了一条避免刑罚处罚的通道。另一方面，如果不累计计算，就会导致部分不法行为没有得到评价，违反全面评价的原则。在上述例子中，如果仅按用途最多的数额计算，就没有在定罪时完整评价构成犯罪的挪用数额；即使从重处罚，也可能导致应当适用升格法定刑时却不能适用，从而违反罪刑相适应原则。

2. 挪用公款存在多种用途，但分别来看都没有达到各种用途的定罪数额标准

例：行为人 A，挪用公款 2 万元进行赌博，挪用 3 万元进行炒股，挪用 4 万元进行其他活动，且均超过 3 个月未归还。

首先，挪用公款进行非法活动、营利活动与其他活动，均属于"挪用公款归个人使用"。根据如上条款规定，可以看出该罪的几种情形具有共性，并非完全的对立关系。若从侵害法益上来看，这三种情形的法益侵害也具有一定共性。其次，从实质上看，这三种情形使公款存在一定风险，使公款处于一种可能流失的风险当中，根据举轻以明重的原则，可以将严重危险评价为低危险。最后，由于对事实的归纳与评价必须以刑法规定为标准，因此只有当挪用行为能够被我国《刑法》第 384 条规定的构成要件所涵摄时，才能计算为挪用公款罪的数额。[1]

根据上述要求，该例中 A 的行为构成挪用公款罪，挪用公款的数额为 9 万元。这是因为，挪用 2 万元赌博与挪用 3 万元购买股票，均可以评价为挪用公款进行其他活动，且均超过 3 个月未还。即使 D 将全部公款用于其他活动，也因为超过 3 个月不还而构成挪用公款罪，既然如此，当 D 将部分公款用于非活动与营利活动时，就不可能反而不以挪用公款罪论处。

3. 倘若每次挪用行为本身并没有达到数额标准，但挪用公款用于非法活动或营利活动的数额在 3 个月内归还，应当如何处理？

例：A 挪用公款 1 万元进行赌博并在次月归还，挪用公款 3 万元炒股并在次月归还，挪用公款 4 万进行其他活动但未在 3 个月内归还。

笔者认为，对该种情形则不能认定为挪用公款罪。首先，不应将挪用公款进行营利活动与进行其他活动的数额计入挪用公款进行非法活动的数额。换言之，不能将低风险的数额计入高风险的数额。因此，不能认定为挪用公款从事非法活动。其次，虽然可以将挪用公款进行非法活动的数额计入挪用公款进行营利活动的数额，但两者的总和并未达到定罪标准，故不成立挪用公款进行营利活动。最后，虽然可以将挪用公款进行非法活动与进行营利活动计入挪用公款从事其他活动，但挪用公款进行其他活动必须超过 3 个月未还；如果挪用公款从事非法活动与进行营利活动，但在 3 个月内归还公款，

---

[1] 张明楷：《挪用公款罪的数额计算》，载《政治与法律》2021 年第 1 期。

则不符合挪用公款从事其他活动的时间要件。[1]最后,对 A 的行为不能以挪用公款罪论处。

(七)挪用公款以后次挪用的公款归还前次挪用的公款的数额计算

1998年4月29日公布的《最高人民法院关于审理挪用公款案件具体应用法律若干问题的解释》(以下简称1998年《解释》)第4条规定:"多次挪用公款不还,挪用公款数额累计计算;多次挪用公款,并以后次挪用的公款归还前次挪用的公款,挪用公款数额以案发时未还的实际数额认定。"该解释前半段的规定基本上没有适用上的疑问,因为只要行为人多次挪用公款未归还,不管用途是什么,都会符合挪用公款进行其他活动超过3个月未还的规定,故应当进行累计计算。可是,疑问在于该解释的后半段,若单从字面意思进行理解,不管行为人挪用公款用途是什么,也不管其挪用金额大小,只要在案发时,行为人挪用公款尚未归还的金额未达到定罪标准,就应当宣告无罪。

因此,该解释不能仅从字面含义适用,也无法广泛适用,应当对1998年《解释》第4条的规定进行合理的实质性限制解释。

首先,1998年《解释》第4条的规定排除了挪用公款用于非法活动和营利活动的可能性,只限于挪用公款的其他行为。一方面,1998年《解释》第4条前一段规定"多次挪用公款未归还的,挪用公款金额应当累加计算"。因挪用公款从事非法活动和营利活动,甚至返还构成犯罪。因此,如果多次挪用公款多次返还,只要符合司法解释所确定的金额,即构成挪用公款罪且挪用金额应累加计算。挪用公款从事其他活动,仅有3个月未退还者,构成挪用公款罪。如果超过这个标准,则构成挪用公款罪中的"数额较大"。[2]这样,在司法实践中,对多次挪用公款是否可以计处罚金刑,以及如何计处罚金刑等问题存在不同看法。所以,第4条前一段中的内容显然不应包括挪用公款从事非法活动和营利活动,否则显然是违背了我国《刑法》第384条的规定。另一方面,第4条后一段中,说明返还则不计金额之意,显然亦只是指挪用公款从事其他行为,不能包括挪用公款从事非法活动和营利行为。

其次,挪用公款行为是行为人利用职务上的便利而将公款以个人名义用于非公务用途或者为他人谋取利益的一种行为。因此,第4条后款规定应当

---

[1] 张明楷:《挪用公款罪的数额计算》,载《政治与法律》2021年第1期。
[2] 张明楷:《挪用公款罪的数额计算》,载《政治与法律》2021年第1期。

只限于前一次挪用公款从事其他活动不超过 3 个月。若前一次挪用时间在 3 个月以上，因其已达到法定构成要件而被挪用的数额无理由不计。

再次，是对第 4 条后一段关于"挪用公款金额按案发时尚未偿还的实际金额确定"条款的适用问题，同样要考虑尚未偿还时间问题，不能只考虑金额问题。

最后，是对第 4 条后一段"未还"不应仅仅作形式判断，还须对有多大公款有多大损失时间作实质性判断。

总之，1998 年《解释》第 4 条之规定应以我国《刑法》第 384 条针对挪用公款罪构成要件及保护法益的规定为依据，对其作出本质上的限定解释，不应按照字面含义来理解及适用。另外，1999 年《解释》第 5 条也有值得商榷之处。因为该条文并未明确将挪用公款罪定位于以非法占有为目的，因而在司法实践中容易出现错误。[1]实践中，1998 年《解释》第 4 条仅对其中一部分情况作了规定，并未对全部情况作规定，故对司法解释未作规定者，司法机关应直接依据我国《刑法》第 384 条之规定来确定挪用金额，不得牵强附会套用第 4 条之规定。

---

[1] 魏昌东：《"挪-还序接型"多次挪用公款犯罪数额的计算标准——兼与张明楷教授商榷》，载《政治与法律》2021 年第 7 期。

> 所谓实质的犯罪，应当是指违反社会伦理规范并对法益造成了侵害或危害的行为。
>
> ——【日本】大谷实

第三节 梁某受贿案

一、案情简介

被告人梁某于 2005 年 5 月至 2018 年 12 月担任淮南市某某区教育局副局长，分管基教科、计财科、教研室、项目办等；2018 年 12 月至 2019 年 3 月担任某某区教育局党委副书记，分管基教科、教研室、成教、电教馆等；2019 年至案发前任某某区教育体育局党委副书记，分管基教科、项目办等。2019 年 6 月淮南市某某区教育体育局成立招生工作领导小组，梁某任组长，全面负责中小学幼儿园招生监督管理工作。

被告人梁某在任职期间，利用职务便利，收受他人钱款共计人民币 67.9 万元，为他人谋利益。

二、控方指控

淮南市某某区人民检察院指控：被告人梁某于 2005 年 5 月至 2018 年 12 月担任淮南市某某区教育局副局长，分管基教科、计财科、教研室、项目办等；2018 年 12 月至 2019 年 3 月担任某某区教育局党委副书记，分管基教科、教研室、成教、电教馆等；2019 年至案发前任某某区教育体育局党委副书记，分管基教科、项目办等。2019 年 6 月淮南市某某区教育体育局成立招生工作领导小组，梁某任组长，全面负责中小学幼儿园招生监督管理工作。

被告人梁某在任职期间，利用职务便利，收受他人钱款共计人民币 67.9 万元，为他人谋利益。具体犯罪事实如下：

第一，收受杨某 1 贿赂共计人民币 17.6 万元现金及 3000 元购物卡。

为实现"免试就近入学""阳光招生""统一、规范、公平"的原则，某某区教育体育局规定公办学校就读需按照"两个一致"即"入学儿童少年的户籍与其法定监护人一致，户籍地址与房产证登记地址一致"。

2018年期间，被告人梁某利用职务便利，通过向某某区学校领导"打招呼"，为杨某1介绍的学生违规办理入学手续，事成之后，2次收受杨某1贿赂共计人民币4万元和价值3000元购物卡。

2019年，杨某1又陆续提出让被告人梁某帮助解决学生入学问题。之后，杨某1伙同他人通过办理假证的方式陆续为多名学生办理入学手续。报名结束后，杨某1按自己的标准3次送给梁某人民币10.6万元、1.5万元和1.5万元。

第二，收受刘某贿赂共计人民币50万元。

2015年、2016年和2018年，被告人梁某利用职务便利多次为刘某中标某某区教育局"一师一优"录播室、"班班通"项目提供便利。事成之后，被告人梁某于2015年、2016年分别收受刘某贿赂人民币20万元；2018年收受刘某贿赂人民币10万元，3次共收受贿赂人民币共计50万元。

2019年7月17日杨某1因为他人制作假证违规办理入学手续，被公安机关查处。杨某1妻子张某将情况告知梁某，梁某于2019年7月18日退给张某人民币14万元。

2019年8月5日，某某区监察委员会从张某处扣押梁某退回的14万元。

2019年9月2日梁某妻子赵某某退缴60.4万元。

三、辩护律师观点

经过开庭之前的会见、阅卷，以及法庭调查，举证、质证，辩护人认为梁某受贿情节较轻，犯罪数额接近巨大，具有多种法定从轻情节，建议对其适用缓刑。

（一）被告人梁某利用职权并不是很明显

2003年11月13日《全国法院审理经济犯罪案件工作座谈会纪要》规定，《刑法》第385条第1款规定的"利用职务上的便利"，既包括利用本人职务上主管、负责、承办某项公共事务的职权，也包括利用职务上有隶属、制约关系的其他国家工作人员的职权。担任单位领导职务的国家工作人员通过不属自己主管的下级部门的国家工作人员的职务为他人谋取利益的，应当认定为"利用职务上的便利"为他人谋取利益。

被告人梁某与行贿人杨某、刘某之间并不完全存在所谓的管理与被管理的关系，制约与被制约的关系。

（二）行贿人谋取的利益与被告人的利用职权之间的因果关系不明显

受贿罪与行贿罪是对向犯，受贿行为人的利用职务，与行贿人谋取的利益之间必须存在刑法上的因果关系，否则不存在受贿或者是未遂。

本案中被告人收受杨某的贿赂，被告人的利用职权很不明显，而杨某获得利益，更多是利用的假证进行的。

被告人给刘某只是提供了信息，并且刘某谋取的利益是通过合法的投标进行的。

（三）被告人是被动受贿，数额不大，没有从轻情节的，也只能判有期徒刑4年

被告人梁某不属于索贿，属于受贿犯罪中收受型受贿中较轻类型。一般的受贿案件中，行为人都会知道行贿人的利润，也会提出受贿的比例和数额，主观受贿的故意很强。但是梁某案件中，被告人梁某是被动地受贿，从来就没有主动地去收受贿赂，属于类型较轻的受贿。

（四）被告人梁某有自首情节，按照相关规定，即是从轻，也可以判处有期徒刑3年，从而可以适用缓刑

安徽省高级人民法院发布的《关于常见犯罪的量刑指导意见》实施细则规定："对于自首情节，综合考虑自首的动机、时间、方式、罪行轻重、如实供述罪行的程度以及悔罪表现等情况，确定从宽的幅度。""犯罪事实或犯罪嫌疑人未被办案机关发觉，主动直接投案构成自首的，可以减少基准刑的40%以下，一般不应超过四年。"

（五）被告人梁某一贯表现良好，并且认罪认罚，应当从宽处罚

序号	案号	认定数额	从犯/自首/立功	坦白	退赃	刑罚
1	宁国市人民法院［2016］皖1881刑初3号	60万元	自首	否	是	有期徒刑2年，罚金15万元
2	滁州市南谯区人民法院［2015］南刑初字第00220号	62万元	否	是	是	有期徒刑3年，罚金30万元

续表

序号	案号	认定数额	从犯/自首/立功	坦白	退赃	刑罚
3	芜湖市中级人民法院［2015］芜中刑终字第00302号	65.78万元	否	是	是	有期徒刑3年，罚金25万元
4	阜南县人民法院［2016］皖1225刑初201号	67万元	是	否	否	有期徒刑2年6月，罚金30万元
5	淮南市潘集区法院［2016］皖0406刑初200号	91万元	是	否	是	有期徒刑2年6月，罚金35万元
6	歙县人民法院［2019］皖1021刑初47号	70.5万元	自首	否	是	有期徒刑2年，并处罚金人民币25万元
7	合肥市蜀山区人民法院［2018］皖0104刑初686号	699 334元和1部苹果牌手机	自首	否	是	有期徒刑3年，缓刑4年，并处罚金人民币30万元
8	淮南市某某区人民法院［2018］皖0403刑初595号	693 000元	否	是	是	有期徒刑3年，缓刑3年，并处罚金人民币22万元
9	淮南市谢家集区人民法院［2017］皖0404刑初10号	115万元	自首	否	是	有期徒刑3年，并处罚金人民币30万元

综上所述，被告人梁某受贿情节较轻，受贿金额不大，犯罪后自首，一贯表现良好，犯罪后退赃，当庭认罪认罚，强烈建议对其适用缓刑。

四、法院判决

被告人梁某案发后能够自动投案，如实供述自己的犯罪事实，是自首；在监委调查期间已追缴部分违法所得，其余大部分违法所得已由近亲属退缴，该案涉案赃款已全部追缴到位，并且其当庭认罪、真诚悔罪，根据其犯罪情节、认罪态度，可对其减轻处罚，判处其有期徒刑2年，并处罚金人民币29万元。

> 我们需要国家，我们需要强制。苏维埃法院应该成为无产阶级国家实行这种强制的机关。法院还应当担负起教育居民遵守劳动纪律的巨大任务。……只有这样的法院，才能在最广大的被剥削劳动群众的参加下，使遵守纪律和自我纪律的愿望不致成为空洞的愿望。
>
> ——【苏联】列宁

第四节 张某某数罪并罚缓刑案

一、案情简介

（一）挪用公款事实

2010年至2019年期间，被告人张某某在某某县某某水产良种场、某某县某某水务发展有限公司及借调到某某县水产局工作期间，利用职务便利，挪用公款132.7万元用于炒股，进行营利活动，其中有20万元出借给他人使用获取利息2000元，后该20万元继续被张某某用于炒股。案发前，被告人张某某挪用的公款132.7万元已归还公款账户。

（二）诈骗事实

2017年2月份，时任某某县某某良种场副场长的邵某某在某某县政务网看到科技局发布的关于某某县农业科技研发新品种及推广示范区的相关奖励文件后，让张某某帮忙介绍认识张某某的姑父刘某某，通过刘某某的农业合作社申报这个项目骗取资金，并跟张某某商议，报来钱后，给刘某某1万元好处费。随后，张某某联系刘某某，并将此事跟刘某某说明，刘某某同意将自己的营业执照、公章、土地流转经营许可证、合作社支票等一套手续提供给邵某某。后张某某编造水稻项目申请书，由邵某某将水稻项目书报到某某县科技局进行水稻项目奖励金申报。2017年12月份，某某县科技局的工作人员和专家组到刘某某的合作社进行验收，仅看了租地合同以及邵某某交给刘某某的相关材料，在没有实地查看的情况下，让刘某某在验收材料上盖了公章，验收予以通过。

2018年2月13日，该5万元项目资金到账，邵某某用合作社的现金支票在某某县某某乡信用社支取了4万元，账户内剩下的1万元由刘某某取出使用。

二、控方指控

（一）挪用公款罪

2010年至2019年期间，被告人张某某在某某县某某水产良种场、某某县某某水务发展有限公司工作期间，利用职务便利，挪用公款132.7万元用于炒股，从事营利活动。

（二）诈骗罪

2017年2月份，时任某某县某某良种场副场长的邵某某在某某县政务网看到科技局发布的关于某某县农业科技研发新品种及推广示范区的相关奖励文件，就想搞点钱花，因被告人张某某的姑父刘某某名下有一个农业合作社，便找到张某某，让张某某帮忙介绍，通过刘某某的农业合作社申报这个项目骗取资金，并跟张某某商议，报来钱后，给刘某某1万元好处费。随后，张某某联系刘某某，并将此事跟刘某某说明，刘某某同意将自己的营业执照、公章、土地流转经营许可证、合作社支票等一套手续提供给邵某某。

后张某某编造水稻项目申请书，由邵某某将水稻项目书报到某某县科技局进行水稻项目奖励金申报。2017年12月份，某某县科技局的工作人员和专家组到刘某某的合作社进行验收，仅看了租地合同以及邵某某交给刘某某的相关材料在没有实地查看的情况下，让刘某某在验收材料上盖了公章，验收予以通过。2018年2月13日，该5万元项目资金到账，邵某某用合作社的现金支票在某某县某某乡信用社取了4万元，账户内剩下的1万元由刘某某取出使用。

三、辩护律师观点

（一）法律并没有禁止对数罪并罚的犯罪分子适用缓刑，刑罚之"刑"是罪责刑相适应的"刑"

第一，禁止"数罪缓刑"的规定随着我国法律制度的不断完善已被废止，而对犯罪分子适用"数罪缓刑"的程序却在2012年"两高"颁布的司法解释中得以固定。

第二，是否对犯罪分子适用缓刑需按照具体案情来判断，唯一标准即为罪责刑相适应。刑法并未禁止对数罪并罚的犯罪分子适用缓刑，因此从法律层面上看，数罪并罚与缓刑之间并不冲突，给被告人张某某适用缓刑，并不违法违规。

(二) 被告人张某某有诸多法律规定的从轻、减轻处罚情节，对张某某适用缓刑并无不当

1. 对张某某犯挪用公款罪应予认定自首

张某某在法庭上供述自己系经纪委主任李某某电话通知到案，那么电话通知到案能否算自动投案？电话通知到案很明显不具有强制性，犯罪嫌疑人可以选择逃跑或者不理，但犯罪嫌疑人接到电话通知愿意去办案机关交代情况，已经说明了其没有选择逃避法律追究，已经体现了其主动性。自动投案的认定核心是犯罪嫌疑人是否具有到案"主动性"，如果认为在办案机关掌握一定线索后被告人立刻失去了到案主动性，便是明显缩小了被告人自动投案的机会，判断标准从犯罪嫌疑人的"主动性"变成了办案机关的"办案效率"违反了立法原意。另外，如果认为办案机关掌握一定线索后电话传唤，被告人便立刻失去了到案主动性，但是在办案实际中，如果什么线索都没有，办案人员又怎么会电话传唤犯罪嫌疑人到案呢？本案中，张某某早在被留置前就经常收到纪委要求提供材料的电话，张某某从未躲避法律追究，因此张某某具有到案主动性。

2. 对张某某应予认定如实供述

公诉人当庭出示了某某县监察委员会出具的张某某到案经过载明："张某某如实供述了组织已掌握的其挪用公款61万元的犯罪事实，又主动供述了组织未掌握的其挪用公款的犯罪事实和其他违纪违法事实。"

本案中，张某某共有6起挪用公款犯罪事实，在组织仅掌握了李某某这起时，张某某主动、如实、详细地交代了其他5起。公诉机关指控的挪用公款总数额为132.7万元，张某某主动交代了剩余71.7万元的事实。无论是起数，还是数额，根据《关于处理自首和立功若干具体问题的意见》第二部分关于"如实供述自己的罪行"的具体认定："犯罪嫌疑人自动投案时虽然没有交代自己的主要犯罪事实，但在司法机关掌握其主要犯罪事实之前主动交代的，应认定为如实供述自己的罪行。"据此，应对张某某认定坦白。

综上，被告人张某某犯挪用公款罪自动投案，如实供述了自己的主要罪

行，应予认定自首，减轻处罚。

（三）被告人张某某挪用公款可以判处免除处罚

1998年《解释》第2条第1款第2项规定："挪用公款数额较大，归个人进行营利活动的，构成挪用公款罪，不受挪用时间和是否归还的限制。在案发前部分或者全部归还本息的，可以从轻处罚；情节轻微的，可以免除处罚。"

本案中，被告人挪用公司资金的时间都非常短，很快就归还给单位。以李某某案举例，张某某银行卡收到卖鱼款的时间和其足额将钱款转回给某某水务公司的时间前后不超过1周，可以说不会给单位的资金造成较大风险。

款项来源	时间	数额（万元）	时间	数额	转回公司时间	数额（万元）
李某某的购鱼款	2019年1月27日	27.49			2019年2月1日	50
	2019年1月28日	27	2019年1月28日	27	2019年2月2日	30
	2019年1月29日	6.8	2019年1月29日	27	2019年2月18日	0.285
	2019年1月30日	2.4	2019年1月30日	7		
	合计	63.69	合计	61	合计	80.285

（四）张某某犯诈骗罪系自首、从犯且并无从中获利

与起诉书认定的一致，且张某某认罪悔罪，建议比照主犯，对张某某犯诈骗罪适用缓刑。

（五）张某某系初犯，积极退赃、预缴纳罚金、认罪态度良好

张某某无前科，庭审前已积极退赃、预缴纳罚金，建议对张某某减轻处罚。

（六）先例是可以创造的，否则永远没有先例

英国丹宁讲到："法官不要按照语言的字面意思或句子的语法结构去理解和执行法律，他们应该本着法律语言词句背后的立法者的构思和意图去行事。当他们碰到一种在他们看来符合立法精神而不是法律名词的情况时，他们就要靠寻求立法机构所要取得的效果的方法来解决这个问题，然后他们再解释法规，以便产生这种预期的效果。这意味着他们要填补空白，要理直气壮地、毫不踌躇地去填补空白。"

四、法院判决

被告人张某某犯挪用公款罪,判处有期徒刑 2 年 6 个月;犯诈骗罪,判处有期徒刑 1 年 4 个月,并处罚金人民币 1 万元;决定执行有期徒刑 3 年,宣告缓刑 5 年,并处罚金人民币 1 万元。

五、理论延伸

(一)类案检索

司法实践中,存在相类似的免刑判决,如下表所示:

案号	被告人职务	指控挪用形式	辩护意见	认定数额	量刑情节	刑事责任
安徽省桐城市[2017]皖0881刑初193号	桐城市双港镇双铺村党总支书记	在协助人民政府从事土地征用补偿费用的管理过程中,利用职务便利,擅自挪用土地补偿款100万元,进行营利活动,营利1000元	应当定性为挪用资金罪;自首;没有造成资金流失,没有造成危害社会的结果,在案发前部分或者全部归还本息的,可以从轻处罚;情节轻微的,可以免除处罚	100万元	自首;营利活动时间较短,在案发前全部归还,可以从轻处罚,情节轻微的,可以免除处罚;没有造成损失	免予刑事处罚
安徽省砀山县[2017]皖1321刑初28号	程庄镇卫生院合管站人员	王某某擅自挪用其收取的2016年度新农合资金110万元,购买邮政储蓄银行"财富鑫鑫向荣B款"理财产品,进行营利性活动,2015年12月23日终止理财,收益1316.99元被其用于个人生活开支	无	110万元	帮助他人完成理财任务,挪用公款一次且时间短,并于案发前已将公款全部归还,没有给公款造成损失,犯罪情节较轻,且具有自首情节	免予刑事处罚

续表

案号	被告人职务	指控挪用形式	辩护意见	认定数额	量刑情节	刑事责任
安徽省砀山县[2017]皖1321刑初59号	砀山县程庄镇卫生院工作	擅自挪用个人账户资金110万元，购买了邮政储蓄银行"财富鑫鑫向荣B款"理财产品，2015年12月23日终止理财，收益1316.99元被其个人占有	不构成挪用公款罪；被告人案发前主动归还本金，未给国家造成损失，且具有自首情节，案发后退缴违法所得，犯罪情节较轻，建议对其免予刑事处罚	110万元	为帮助他人完成理财任务，挪用公款一次且时间短，并于案发前已将公款全部归还，没有给公款造成损失，犯罪情节较轻，且具有自首情节	免予刑事处罚
安徽省太和县[2017]皖1222刑初474号	太和县五星镇政府财政所副所长，兼任财政所预算会计、结算员职务	2014年11月28日利用职务之便，挪用其经手管理的新农合资金180万元用于购买中国农业银行"安心快线天天利"理财产品，2014年12月2日赎回，并获利481.50元	具有自首情节，认罪悔罪态度极好，在案发前已归还全部公款，犯罪情节轻微，建议对刘某免予刑事处罚	180万元	自首；案发前将挪用的公款全部归还，犯罪情节轻微	免予刑事处罚

安徽省2019—2020年数罪并罚判处缓刑情况统计（来源：裁判文书网）					
序号	标题	案号	案由	审判法院	裁判日期	判决结果
1	谢某苏、谢某、张某文非法制造、买卖、运输、邮寄、储存枪支、弹药、爆炸物罪—审刑事判决书	[2019]皖1125刑初95号	非法制造、买卖弹药罪&非法持有枪支罪	定远县人民法院	2019年7月11日	被告人谢某苏犯非法制造、买卖弹药罪，判处有期徒刑3年，宣告缓刑5年；犯非法持有枪支罪，判处拘役4个月，宣告缓刑6个月。决定合并执行有期徒刑3年，宣告缓刑5年（缓刑考验期限，从判决确定之日起计算）

续表

序号	标题	案号	案由	审判法院	裁判日期	判决结果
2	华某贵、赵某杰、王某诚等职务侵占罪一审刑事判决书	[2019]皖0881刑初30号	挪用公款罪、职务侵占罪（2名被告均数罪并罚，判处缓刑）	桐城市人民法院	2019年3月11日	被告人华某贵犯职务侵占罪，判处有期徒刑1年；犯挪用公款罪，判处有期徒刑1年3个月，合并执行有期徒刑2年，缓刑3年（缓刑考验期限，从判决确定之日计算）。被告人赵某杰犯职务侵占罪，判处有期徒刑1年；犯挪用公款罪，判处有期徒刑1年3个月，合并执行有期徒刑2年，缓刑3年（缓刑考验期限，从判决确定之日计算）
3	江某、张某燕、马某里等诈骗罪一审刑事判决书	[2020]皖0822刑初59号	危险驾驶罪、诈骗罪	怀宁县人民法院	2020年9月17日	被告人江某犯诈骗罪，判处有期徒刑3年，并处罚金人民币18 000元；犯危险驾驶罪，判处拘役2个月，并处罚金人民币2000元，合并执行有期徒刑3年，缓刑4年（缓刑考验期限，从判决确定之日起计算），并处罚金人民币20 000元（已缴纳）
4	周某、袁某、郑某开设赌场罪一审刑事判决书	[2019]皖1723刑初250号	开设赌场罪、危险驾驶罪	青阳县人民法院	2020年4月24日	被告人周某犯开设赌场罪，判处有期徒刑3年，缓刑5年，并处罚金人民币80万元；犯危险驾驶罪判处拘役2个月，缓刑4个月，处罚金4000元，合并执行有期徒刑3年，缓刑5年，并处罚金人民币80.4万元（缓刑考验期限，从判决确定之日起计算；罚金已缴纳）

续表

序号	标题	案号	案由	审判法院	裁判日期	判决结果
5	朱某1拒不执行判决、裁定、合同诈骗一审刑事判决书	[2019]皖1723刑初224号	拒不执行判决、裁定罪&合同诈骗罪	青阳县人民法院	2019年12月13日	被告人朱某1犯拒不执行判决、裁定罪，判处拘役6个月；犯合同诈骗罪，判处有期徒刑3年，并处罚金人民币10万元；决定合并执行有期徒刑3年，缓刑5年，并处罚金人民币10万元（缓刑考验期限，从判决确定之日起计算，罚金于判决生效之日起5日内缴纳）
6	李某新交通肇事一审刑事判决书	[2019]皖0422刑初264号	交通肇事罪、危险驾驶罪	寿县人民法院	2019年9月3日	被告人李某新犯交通肇事罪，判处有期徒刑3年，缓刑4年；与上项判决所处的刑罚合并执行，决定执行有期徒刑3年，缓刑4年（缓刑考验期限，从判决确定之日起计算），并处罚金人民币3000元（已缴纳）
7	张某、张某强伪造公司、企业、事业单位、人民团体印章罪一审刑事判决书	[2020]皖1723刑初130号	伪造公司、企业、事业单位、人民团体印章罪&重大劳动安全事故罪	青阳县人民法院	2020年12月11日	被告人张某犯伪造公司印章罪，判处有期徒刑1年6个月，并处罚金人民币8000元；犯重大劳动安全事故罪，判处有期徒刑2年；决定合并执行有期徒刑2年6个月，缓刑4年，并处罚金人民币8000元（缓刑考验期限，从判决确定之日起计算，罚金已缴纳）
8	郑某兵、魏某飞、郑某超等诈骗罪一审刑事判决书	[2019]皖0121刑初169号	敲诈勒索罪、诈骗罪	长丰县人民法院	2019年7月9日	被告人葛某犯诈骗罪，判处有期徒刑1年，并处罚金人民币1万元；犯敲诈勒索罪，判处有期徒刑1年10个月，并处罚金1万元；数罪并罚，决定合并

续表

序号	标题	案号	案由	审判法院	裁判日期	判决结果
						执行有期徒刑2年6个月，缓刑3年，并处罚金人民币2万元（缓刑考验期限，从判决确定之日起计算）
9	汪某生开设赌场罪一审刑事判决书	［2020］皖0223刑初186号	开设赌场罪、非法采矿罪	南陵县人民法院	2020年12月15日	被告人汪某生犯开设赌场罪，判处有期徒刑8个月，并处罚金人民币2000元；犯非法采矿罪，判处有期徒刑8个月。决定合并执行有期徒刑1年2个月，宣告缓刑2年，并处罚金人民币2000元（缓刑考验期限从判决确定之日起计算；罚金已缴纳）
10	杨某、李某组织、领导、参加黑社会性质组织、诈骗、非法拘禁、敲诈勒索一审刑事判决书	［2019］皖0223刑初83号	参加黑社会性质组织罪、诈骗罪	南陵县人民法院	2020年8月31日	被告人胡某犯参加黑社会性质组织罪，判处有期徒刑1年，并处罚金人民币10 000元；犯诈骗罪，判处有期徒刑1年6个月，并处罚金人民币10 000元。决定合并执行有期徒刑1年8个月，宣告缓刑2年，并处罚金人民币20 000元（缓刑考验期限从判决确定之日起计算；罚金于本判决生效后10日内缴清）
11	陶某白非国家工作人员受贿；挪用资金一审刑事判决书	［2020］皖1723刑初114号	受贿罪、挪用资金罪	青阳县人民法院	2020年8月31日	被告人陶某白犯非国家工作人员受贿罪，判处有期徒刑1年6个月；犯挪用资金罪，判处有期徒刑1年；合并执行有期徒刑2年，缓刑3年（缓刑考验期限，从判决确定之日起计算）

续表

序号	标题	案号	案由	审判法院	裁判日期	判决结果
12	王某平、胡某寻衅滋事、聚众斗殴、非法采矿、开设赌场一审刑事判决书	[2019]皖0223刑初200号	开设赌场罪、非法采矿罪	南陵县人民法院	2020年7月31日	被告人方某犯非法采矿罪，判处有期徒刑1年，并处罚金4000元；犯开设赌场罪，判处有期徒刑1年6个月，并处罚金4000元。决定合并执行有期徒刑2年，宣告缓刑3年，并处罚金8000元（缓刑考验期自判决确定之日起计算；罚金于本判决生效后10日内缴清）
13	王某生、胡某峰、毕某超故意伤害罪一审刑事判决书	[2020]皖0822刑初58号	故意伤害罪、敲诈勒索罪	怀宁县人民法院	2020年6月18日	被告人胡某峰犯故意伤害罪，判处拘役4个月；犯敲诈勒索罪，判处拘役3个月，并处罚金人民币1500元，决定合并执行拘役5个月，缓刑8个月（缓刑考验期限，从判决确定之日起计算），并处罚金人民币1500元（已缴纳）。被告人毕某超犯故意伤害罪，判处拘役3个月；撤销安庆市迎江区人民法院[2018]皖0802刑初14号刑事判决中的被告人毕某超犯故意伤害罪，判处有期徒刑1年9个月，缓刑2年的缓刑部分，决定合并执行有期徒刑1年9个月，缓刑2年6个月（缓刑考验期限，从判决确定之日起计算。判决执行以前已经执行的缓刑考验期，应当计算在新决定的缓刑考验期限内）

· 295 ·

续表

序号	标题	案号	案由	审判法院	裁判日期	判决结果
14	魏某帅危险驾驶罪、寻衅滋事罪一审刑事判决书	[2020]皖1221刑初437号	寻衅滋事罪、危险驾驶罪	临泉县人民法院	2020年6月10日	被告人魏某帅犯寻衅滋事罪，判处有期徒刑1年2个月；犯危险驾驶罪判处拘役2个月，并处罚金人民币5000元；决定合并执行有期徒刑1年2个月，缓刑2年（缓刑考验期从判决确定之日起计算），并处罚金人民币5000元（已缴纳）
15	被告人廖某销售假冒注册商标的商品罪一审刑事判决书	[2020]皖0291刑初42号	使用虚假身份证件、盗用身份证件罪&销售假冒注册商标的商品罪	芜湖经济技术开发区人民法院	2020年6月1日	被告人廖某犯销售假冒注册商标的商品罪，判处有期徒刑1年2个月，并处罚金人民币6.5万元；犯盗用身份证件罪，判处拘役5个月，并处罚金人民币1.5万元。合并执行有期徒刑1年2个月，宣告缓刑2年，并处罚金人民币8万元（缓刑考验期限，从判决确定之日起计算；罚金已预交）
16	陈某化、怀远县赵集医院、陈某行贿罪一审刑事判决书	[2019]皖0321刑初189号	单位行贿罪、行贿罪	怀远县人民法院	2019年8月9日	被告人陈某化犯行贿罪，判处拘役6个月，缓刑1年；犯单位行贿罪，免予刑事处罚，合并执行拘役6个月，缓刑1年（缓刑考验期限，从判决确定之日起计算）
17	安徽贝尔润滑油有限责任公司、朱某怀、朱某前等销售假冒注册商标	[2019]皖0191刑初92号	假冒注册商标罪&销售假冒注册商标的商品罪	合肥高新技术产业开发区人民法院	2019年4月30日	被告人俞某来犯假冒注册商标罪，判处有期徒刑6个月，并处罚金人民币3万元；犯销售假冒注册商标的商品罪，判处有期徒刑6个月，并处罚金人民币

续表

序号	标题	案号	案由	审判法院	裁判日期	判决结果
	的商品罪一审刑事判决书					3万元，决定合并执行有期徒刑10个月，宣告缓刑1年，并处罚金人民币6万元（缓刑考验期从判决确定之日起计算；罚金于判决生效后10日内交纳）
18	李某放火、危险驾驶一审刑事判决书	[2019]皖1723刑初17号	放火罪、危险驾驶罪	青阳县人民法院	2019年1月30日	被告人李某犯放火罪，判处有期徒刑2年；犯危险驾驶罪，判处拘役2个月，并处罚金人民币3000元；决定合并执行有期徒刑2年，缓刑3年，并处罚金人民币3000元（缓刑考验期限，从判决确定之日起计算；罚金于本判决生效之日起5日内缴纳）

结合本案案情，笔者拟从"挪用公款的三种类型""电话传唤型到案"以及"等待型自首"的认定问题展开研究。

（二）挪用公款的三种活动类型

1. 从事非法活动的认定

在认定非法活动时，可参照1998年《解释》第2条第2款的规定，[1]挪用公款归个人使用，从事赌博、走私等非法活动，即成立挪用公款罪。但司法解释仅列举赌博和走私两大违法违规行为，由此引发学术界和司法实践中对违法违规行为认定的诸多争论。在该司法解释出台之前，有学者认为，挪用公款的非法活动应当仅仅是犯罪活动。但也有学者认为，非法活动是指可能触犯刑法的违法活动。另有学者认为，非法活动除了犯罪活动之外，也应当包括一般性的违法活动。笔者以为第三种意见较为恰当，前者把违法活动

---

[1] 1998年《解释》第2条第2款："挪用公款给他人使用，不知道使用人用公款进行营利活动或者用于非法活动，数额较大，超过三个月未还的，构成挪用公款罪；明知使用人用于营利活动或者非法活动的，应当认定为挪用人挪用公款进行营利活动或者非法活动。"

认定为犯罪活动无疑造成了对本罪刑罚范围不适当的缩小，这对于立法原意而言是不利的，也就是不利于对挪用公款犯罪行为进行有效的打击。

首先，按照我国刑法规定，任何行为未经审批机关的依法审批都不可认定为犯罪。因此，如若采取第一种观点，对于挪用公款的犯罪行为必须要等待审判机关对该行为进行审判，只有在审判机关认定行为人是否构成犯罪时才可以进行认定，这样无疑严重降低了司法机关办案效率，也不利于充分实现刑法的功能。

其次，如果采用前面两种意见，行为人从事非营利性非法活动，这时这种行为既不是非法活动又不是营利活动，那么根据罪刑法定原则，不能以挪用公款罪进行定罪处罚或者只能按照一般的活动进行定罪处罚。但是，挪用公款后进行非法活动所带来的后果及风险远比一般活动要更加严重。

最后，需要明确的是，1998年《解释》所列赌博行为不一定是犯罪行为。《刑法》第303条规定，聚众赌博牟利、赌博为业以及其他行为成立赌博罪的，一般赌博行为仅是违法行为。而《刑法》第384条规定的违法行为，应包括犯罪活动和违法活动两个方面。在司法实践中，对于违反国家法律规定或者社会公共利益，情节严重的非法活动应如何界定呢？这就涉及一个"是否构成犯罪"问题了。如果是犯罪的话，那么行为人必须承担刑事责任。故笔者认为，非法活动的范围应包括一般违法行为与犯罪行为。

2. 从事营利活动的认定

现行《刑法》第384条规定，挪用公款从事营利活动且数额较大者，方可成立挪用公款罪。但是由于法律对这种情形缺乏具体明确的界定，在实践中出现了许多关于此类犯罪定罪量刑问题的争论。对挪用公款从事营利活动来说，这种情况比非法活动多了一个"数额较大"约束，比一般活动少了3个月时限这一条件。司法实践中有些挪用公款从事非法营利活动，被告人和辩护人往往以自己的行为是营利活动但不是非法活动来抗辩，或有些被告人主张其挪用公款牟利活动仅是一般活动，没有超过3个月的，应以无罪论处。所以，关于对"营利活动"的确认，是挪用公款罪一案司法确认过程中非常关键的问题。

据《新华词典》解释，"以营利为目的"，其含义应是追求效益和取得盈利，即行为人挪用公款以谋取个人利益。但是，学术界对这一问题仍然众说纷纭，一些学者认为，这一营利活动并不意味着一切谋利行为，它只意味着利用过程中会有潜在损失风险。也有学者认为，这种营利活动不等于一切有风险的盈利，它是用公款投资工商业之后取得收益。在作者看来，把营利活动局限于有风险的行为是不切实际的，并不能对"从事营利行为"等行为类型作出清晰的区分。这些观点虽然从理论上为人们对"营利"作出了明确的界定，但却忽视了其背后所隐藏着的更深层次的含义——风险防范问题。在通常情况下，人的一切社会活动都要面临着一定的危险，而适时挪用公款犯罪人在挪用公款后置于保险箱内保存，并不能够百分之百地确保公款不面临被盗，火灾或其他灭失危险。关于第二种意见，笔者认为，把"营利活动"局限于"商业投资"这一范围也不现实。我国处在社会转型阶段，社会经济体制不断改革和创新，各种实体经济、虚拟经济和金融模式得到了相应的迅猛发展，市民对社会经济参与方式已不再是限于投资工商业的单一方式。这些都没有从一个全新角度揭示出"营利"这一概念的本质内涵和外延，从而使得人们对它产生了一定程度的误解。实际上，这与刑法所规定的目的不一致。因此，要切实确保公共财产被安全利用，我们再也不能把眼光局限于传统经济模式角度，应以创新思维来阐释和识别"营利活动"。笔者认为，挪用公款罪保护的直接法益是公款的安全使用，"营利"一词本身就意指"谋求利益"。所以，挪用公款罪中的"营利活动"就应该被解释为让公共财产进入流通领域谋求个人利益而给公款的安全使用带来威胁的行为。[1]

3. 从事一般活动的认定

《刑法》第384条规定，挪用公款进行一般活动构成挪用公款罪的行为需要满足两个条件：一是挪用的公款数额较大；二是超过3个月未归还。对于第一个条件，我国相关司法解释已经明确规定，挪用公款数额在5万元以上的，构成"数额较大"，对此司法实践中争议不大。对于"超过3个月未还"这一构成要件，理论界和实务界尚未达成共识。有观点主张，"超过三个月未还"应当是指行为人挪用公款超过3个月并且直至案发时还未归还，"超过三个月"与"归还"这两者之间属于并列关系，在对行为人挪用公款进行一般活动是否构成挪用公款罪进行认定时，需要同时考虑这两个因素，如果行为人没有在3个月内归还公款但是在案发之前已经归还的，不应当被认定为犯罪。另一种观点则认为，《刑法》规定的"超过三个月未还"应按照其字面

---

[1] 姚诗：《挪用公款罪的法益重构与挪用行为的再诠释》，载《政治与法律》2021年第7期。

意思进行解释，即只要是3个月之内没有归还的，就已经构成了挪用公款犯罪既遂。对于行为人在3个月之后案发之前归还所挪用的公款的行为，只能当作量刑情节进行认定，不影响定罪。笔者认为，对于"超过三个月未还"这一构成要件的理解不应当过于机械，应当结合立法目的和相关司法解释的规定进行解释。

（三）对"电话传唤型到案"的理解与适用

1. 对"电话传唤型到案"的理解

"电话传唤型"到案，从文义上理解，指侦查机关以电话形式联系嫌疑人，通知行为人到达公安机关进行调查、了解情况，而并非采取强制措施的一种传唤方式。嫌疑人接到电话通知后，主动前往侦查机关通知的场所配合调查，并在接受调查询问时如实交代所实施的罪行。

电话传唤型到案的方式主要分为两种情况：一是需要经过鉴定的结果犯，结果犯是指犯罪结果达到一定程度，才构成相应的刑事犯罪。有些案件需要鉴定或审计等相对专业的部门对一部分关键事实进行界定，故而往往无法在案件发现之初就确定该案是否达到刑事案件的立案标准。二是考虑到我国幅员辽阔、人口分布不均匀，部分地区地广人稀导致警力资源相对紧张。当公安机关初步接到举报或者侦查到有犯罪发生时，不能够保证立马出警实施抓捕行动。另外，公安干警在对犯罪嫌疑人实施抓捕行动时需要经过周密部署，并且对财力、人力的消耗都非常大，而且经常发生抓捕行动失败一无所获，甚至出现公安干警在抓捕行动中受伤的情况。对此，通过电话传唤到案既能够节约警力资源，也能够提高办案效率，符合我国当下警力资源紧张的现状。因此，基于如上警力资源的情况，个别情况下不宜直接实施抓捕行动。所以，公安机关会根据事态发展情况、犯罪严重情况以及罪犯是否可能逃脱等情况通过电话方式要求犯罪嫌疑人到达办案场所进行调查询问，从而节约警力资源。[1]

2. 对"电话传唤型到案"的司法认定

若须准确认定"电话传唤型自首"，除了具备如实供述的特征外，还应具备几个特征：[2]首先，对于需要鉴定意见确定是否构成犯罪的案件，当在犯

---

[1] 杨立新：《基层司法资源不足的困境及完善路径》，载《人民论坛》2020年第5期。
[2] 张明楷：《刑法学》（第6版·下册），法律出版社2021年版，第734~738页。

罪事实发生后,公安机关尚未立案前,犯罪嫌疑人接到公安机关电话就主动投案。针对这种情况,当在嫌疑人实施完犯罪时,在通常情况下不能直接认定行为人构成犯罪,例如故意伤害罪需要鉴定伤情,交通肇事也需等待交通事故责任认定书等鉴定意见。所以,公安机关在受理该起刑事案件时,也无法做到直接立刑事案件,也不能直接对行为人采取强制措施。此时,行为人在实施犯罪行为后,在接到公安机关电话传唤的通知后主动到达指定地点,配合公安机关的调查并如实供述其所实施罪行,才能够体现出主动投案的主动性。

其次,在无须等待鉴定意见的案件中,公安机关进行刑事立案后,行为人接到公安机关电话传唤,主动到指定地点。因行为人的行为已经被司法机关发现,当行为人尚未受到讯问,亦未被采取刑事强制措施,接到公安机关的电话,主动配合到指定地点接受调查,符合自动投案的要求,并且如数供述所实施犯罪事实的,应当认定成立自首。

3. 对"电话传唤型到案"的延伸思考

"电话传唤型到案"若认定行为人自首,前提须公安机关经过电话传唤到案,如若公安机关没有电话传唤到案,也不存在成立电话传唤型自首的可能。但是,也并非所有公安机关都会对犯罪嫌疑人先通过电话进行传唤,并且是否给予电话传唤并没有统一的标准,可能会出现因公安机关的侦查行为不同而影响自首的成立,从而可能导致认定上的不平等。目前,在我国之所以存在大量电话传唤型案件,在通常情况下是由公安机关警力不足所致。在某些可能判处死刑的案件中,由于公安机关通过电话传唤犯罪嫌疑人到案,犯罪嫌疑人接到电话传唤后主动前来,并且主动如实供述犯罪事实,故符合自首的相关规定。但是,也因自首,该犯罪嫌疑人最终未能被判处死刑,而是获得减轻处罚的判决结果。被害人认为,案发后被告人一直未前去投案,是在接到公安机关电话后才来投案的,倘若公安机关前去抓捕,该行为人则不可能成立自首,因此认为该自首是由公安机关失职造成的。因此,被害人多次上访表示不认可该判决结果,认为如若犯罪嫌疑人不存在自首情节,则不会减轻处罚,就应当判处死刑,而不是无期徒刑的结果,认为这样的结果有失公平。笔者认为,这种案例虽然在司法实务中确实存在一定数量,但是大部分案件刑期并不算高,更不会涉及死刑的问题。因此,对于有期徒刑来说,具有自首的量刑情节确实会减轻一定的刑期,但被害人并不会因此而产生不满的情绪，也不会表现得如此激烈。相反，这种电话传唤到案的做法，对于各个办案机关来说，处理刑事案件的效率会大大提高。与此同时，办案机关也应当保障司法公正，确保犯罪分子得到应有的处罚，做到罪刑相一致。

当然，我们所提倡的节约司法资源是不是就一定等同于将自首送给犯罪嫌疑人，使犯罪嫌疑人逃避更严格的法律制裁呢？侦查人员对此有不同的理解，认为有些犯罪嫌疑人即便接到公安机关的电话传唤也并非会积极配合，此时公安机关再去周密部署抓捕计划才能让有限的警力资源发挥更大的作用。

笔者认为，法律具有滞后性，立法空白是在所难免的，因此我们有必要针对办案机关出台相关的办案细则，明确哪些案件或哪些类型的行为人可以使用电话传唤，哪些不可以使用电话传唤而只能采用抓捕的手段。以此来规范办案机关的行为：一方面，可以避免同样类型的案件在自首问题的适用上出现不同的结果；另一方面，避免部分嫌疑人明知自己无路可逃，正好接到电话传唤而白白捡到一个自首的量刑情节，从而规避了应有的法律制裁。但是，这种电话传唤的方式也具有一定弊端，若提前通过电话通知嫌疑人，可能会在一定程度上打草惊蛇，有些犯罪嫌疑人当时对自己的犯罪事实是否暴露并不知情，当自己接到公安机关的电话传唤时，发现自己罪行暴露随即潜逃，反倒错失了抓捕的良机。而且，有些案件是多人共同实施的团伙犯罪案件，当有一个嫌疑人接到电话传唤后，其他同案犯会持观望态度，发现苗头不好就立即潜逃，贻误抓捕时机，导致案件无法审结，嫌疑人得不到应有的惩罚，这不利于打击犯罪和保护社会良好秩序。因此，还应不断提高办案能力、完善工作细则，还要求办案机关在处理类似的案件时要对每个环节都严格把控，这样才能做到处罚得当，也能给被害人及其社会一个合理交代。

（四）"等待型"自首

分析等待型自首，需要牢牢把握住行为人在"现场等待"的时间性、场合性以及对"无拒捕行为"的认识。

1. 如何把握"现场等待"的时间与现场

首先，"时间"是指行为人在时间上应当从何时开始，从何时结束自己的自动投案行为，从文义上看，等待型自首要求自动投案的时间从行为人"犯罪以后"开始，直至被"抓捕时"结束，这一时间段是法律规范上对行为人自动投案时间性的规定。在现实的客观表现中，自动投案的时间性判断较为复杂。

关于时间的起始点，我们一般认为"犯罪以后"是指行为人实施完毕犯罪行为以后，也就是说行为人完整地实施完毕自己认为的所有犯罪行为后，无论犯罪结果是否发生，即可以视为行为人已经处于等待型自首发生的起始点。然而，实践中，判断等待型自首发生的起始时间是应当延伸的，延伸至行为人开始着手实施犯罪行为之时。例如，在犯罪中止的场合，判断等待型自首，行为人甲对被害人乙着手实施了自己的犯罪行为，后因意志以内的原因中止了自己的行为，但先前的犯罪过程被路人丙看到后并报警，此时甲明知丙报警并选择在原地等待，后被公安机关在现场抓获，甲无拒捕行为且供认自己的犯罪事实，此时行为人甲虽然成立犯罪中止，但并不影响我们对其等待型自首方面进行评价。在判断此例中自动投案的时间性时，我们就可以把"犯罪以后"的时间点延伸至行为人甲开始着手实施犯罪之时，此种解读在贴合等待型自首中原本的法律规范上，还能更好地还原行为人认罪悔罪的自愿性与自动性。

因此，笔者认为，将行为人自动投案的时间起始点理解为行为人着手实施犯罪行为之时更为贴切。另外，关于自动投案的时间性的终结点，一般认定为行为人客观上被有关机关控制后，在警察的询问下如实供认完毕自己的犯罪事实时，换句话说，等待型自首要求行为人在受到询问或被控制前实施自动投案的行为，若行为人的犯罪行为在此之前已经被公安机关掌握，或司法机关已经掌握了充分的证据，而行为人是基于这种压力下选择如实供述罪行，那么行为人此时的自动投案行为就已经超出了所要求的时间段，并且行为人自身也丧失了其自动投案的自动性和自愿性，因此无法认定为等待型自首。[1]

值得注意的是，在判断等待型自首中自动投案的时间性时，自动投案的起始点至终结点这一时间段应当是紧密联系、不可中断的，若行为人在这一时间段中实施了打断自动投案行为的其他事实行为，那么就会破坏等待型自首的完整性。例如，在"方某强故意杀人案"中，被告人方某强酒后与被害人赵某在商店内发生争执，持刀将被害人赵某刺伤、江某刺死后离开现场，被告人方某强在一百货商店内丢弃凶器时听说现场来了许多警察后又回到作案现场，在群众的指认下被民警抓获，抓获时没有拒捕行为，被抓获后如实

---

[1] 付想兵、张耀军：《现场等待型自首的认定》，载《人民司法》2018年第28期。

供述了自己的罪行。此案中,被告人方某强在着手实施且实施完毕自己的犯罪行为后,为了丢弃作案的凶器离开现场,虽然在明知他人报案,且现场有警察的情况下返回到了犯罪现场,但因其先前离开现场的行为中断了自动投案的时间性,客观上破坏了自动投案的完整性,主观上无法体现其自身认罪悔罪的自动性,所以最终法院认定被告人方某强不能构成等待型自首。

此外,"现场"可以被理解为"在现场等待"的空间性,即行为人自动投案应当发生在何种客观的空间状态下。法律规范表述的自动投案现场就是"在现场等待"中的"现场",但对于"现场"一词理论上也存在多种解读,有的学者认为此"现场"所指为案发现场,还有的学者认为此"现场"指的是报案现场。笔者认为,法律规范所表述的"现场"即应当包括案发现场和报案现场,还应当包括救助现场,并在下文阐述以上三种场合的界分。

案发现场一般指行为人的犯罪发生地,既包括犯罪行为发生地,也包括犯罪结果发生地。认定等待型自首成立标准,应当是行为人在实行完毕犯罪行为以后,明知他人报警,而在犯罪的案发现场原地等待,抓捕时无拒捕行为,供认犯罪事实,且如实供述自己的罪行。在案发现场等待是实践中最常发生的情况,但是因为我们的现实生活是复杂多样的,所以经常会出现对案发现场的具体空间范围判断模糊不清的情形。值得注意的是,案发现场并非指案发的原地,要求行为人在犯罪行为或犯罪结果的发生原地、寸步不离地等待是不切实际的。行为人所处的现场是否属于案发现场,应当结合个案的具体案情,重点分析案中客观现实的证据,判断行为人在现场所述的真实的空间状态,以及警方、证人等提供的证据,还原行为人在客观犯罪场地中所处的位置,再结合行为人主观认识,根据主客观相统一的标准,进行综合且全面的判断。

报案现场一般指他人在明知行为人犯罪后进行报警的场地。行为人在他人进行报案的场地等待,也应当认定为属于"在现场等待",因为行为人无论是在案发现场等待,还是在报案现场等待,行为人所持的主观态度和产生的客观效果都是相同的。此外,在实践中,也较常出现案发现场与报案现场重叠即案发现场就是报案现场的情形。

救助现场一般指在行为人犯罪以后,将被害人送往卫生所、医院等地的救助场所。行为人在实施犯罪行为以后,采取一定的措施对被害人进行救助,或将被害人送往卫生所、医院等救助场所,此时虽然在客观上,行为人已经离开了犯罪现场,在空间上大大超出了"现场"的范围,但是笔者认为,行为人为了救助被害人采取救助措施而离开犯罪现场,或者将被害人送往医院等救助场所,其行为体现了主观上行为人不希望犯罪结果发生,为了阻止犯罪行为扩大化、犯罪结果严重化的意识,这一点更能体现行为人自身的认罪悔罪态度。因此,行为人在救助现场明知他人报警而等待,虽然在空间上延伸了"现场"的定义,但是也应当认定行为人属于"在现场等待",从而再进行等待型自首其他方面的判断。

2. 对"无拒捕行为"的认定

司法解释明确规定等待型自首的行为人应当在"抓捕时无拒捕行为"。

(1) 对"抓捕时"的认识。法条中所规定的"抓捕时",即行为人明知他人报案后,[1]在现场等待公安机关到达现场的时间。该时间段开始于行为人明知他人报案而在现场等待,结束于司法或公安机关到达报案现场,此段时间属于连续的时间段,具有不可中断性。也就是说,只有在这一时间段内,行为人采取了"无拒捕行为",没有逃跑等动作而中断这一时间段,才可以认为行为人属于等待型自首中"抓捕时无拒捕行为"的完整性评价。

(2) 对"无拒捕行为"的认识。等待型自首中的法条所述"无拒捕行为",就是说行为人在客观行为上没有实施抗拒公安或司法机关逮捕的行为,"无拒捕行为"不仅包括行为人没有主动、积极地实施抗拒抓捕的行为,即与公安、司法机关对抗的行为,也包括行为人在"抓捕时"没有实施消极的逃跑行为,行为人应当出于自愿的心态,配合司法、公安机关实施的抓捕行为,不能在肢体行动上有对抗司法、公安机关的行为,例如辱骂或推搡工作人员等抵抗动作。

---

[1] 张明楷:《刑法学》(第6版·下册),法律出版社2021年版,第734~738页。

> 如果有人主张说，刑法的目的只是改造那些实施犯罪的人，那么刑法只能预防再犯，而不能预防初犯。
>
> ——【美国】迈克尔·D. 贝勒斯

第五节 赵某受贿案

一、案情简介

自 2004 年至 2018 年期间，被告人赵某利用担任某某省公安厅办公室主任、交警总队总队长、副厅长职务上的便利，非法收受他人财物，为相关单位和个人谋取利益；利用职权或地位形成的便利条件，通过其他国家工作人员职务上的行为，为请托人谋取不正当利益，收受请托人财物，以上共计折合人民币（以下所涉货币除注明外，币种均指人民币）499.5858 万元。

二、控方指控

自 2004 年至 2018 年期间，赵某在担任某某省公安厅办公室主任、交警总队总队长、副厅长职务期间，利用职务便利，非法收受他人财物，并为他人谋取了利益；利用职权或地位形成的便利条件，通过其他国家工作人员职务上的行为，为请托人谋取了不正当利益，收受请托人财物，以上财物共计折合人民币 500.8227 万元。具体犯罪事实如下：

（1）自 2006 年至 2018 年期间，被告人赵某利用某某省公安厅交警总队总队长、副厅长的职务便利，收受北京方正某某计算机系统有限公司副总裁、合肥某某信息科技有限公司副总经理＊＊＊自 2006 年至 2017 年期间多次所送购物卡 32.5 万元、一枚价值 12.7 万元白金钻戒，收受＊＊＊2008 年通过支付培训费所送 1.368 万元，2009 年通过支付旅游费所送 21.2369 万元（19 660 英镑），2012 年通过支付机票费所送 4.5525 万元，2012 年通过退还利息所送 35 万元，2014 至 2017 年期间通过支付房租费所送 18.12 万元，2015 年至 2018 年通过"挂名领薪"所送 96.9613 万元（13 万欧元），收受合肥合和信息科技有限公司总经理陈某 1 于 2011 年所送购物卡 2 万元，以上财物折合人民币 224.4387 万元，并为二人在设备、维保服务等项目采购上谋取了利益。

（2）自 2004 年至 2017 年期间，被告人赵某利用某某省公安厅办公室主任、交警总队总队长的职务便利，收受安徽某某信息产业有限责任公司董事长＊＊＊多次所送购物卡 46 万元、油卡 5 万元、价值 0.22 万元蛇年金银纪念币、价值 0.225 万元马年金银纪念币，以上财物折合人民币 51.445 万元，为其在项目采购、科研与培训基地共建、公安部重点实验室申报等方面谋取了利益。

（3）自 2004 年至 2008 年期间，被告人赵某利用某某省公安厅办公室主任、交警总队总队长职务便利，收受合肥某某某经济发展有限公司实际控制人＊＊＊所送现金人民币 50 万元，为其在车牌号办理等方面谋取了利益。

（4）自 2005 年至 2014 年期间，被告人赵某利用某某省公安厅交警总队总队长的职务便利，收受合肥某某交通标牌厂法定代表人＊＊＊多次所送购物卡和提货券共计折合人民币 11.1 万元，为其在货款催要、保持汽车牌照唯一定点生产企业等方面谋取了利益。

（5）自 2008 年至 2010 年期间，被告人赵某利用某某省公安厅交警总队总队长的职务便利，收受合肥某某珠宝有限公司总经理＊＊＊所送价值 0.98 万元金条 50 克（中国国宝生肖）、价值 1.205 万元金条 50 克（2010 年 2 月黄金平均价格 214 元）、价值 4.667 万元翡翠挂件（WXL01）、价值 8.667 万元翡翠挂件（WXL02）、2 万元购物卡，共计折合人民币 17.519 万元，为其在车牌号办理方面谋取了利益。

（6）自 2008 年至 2013 年期间，被告人赵某利用某某省公安厅交警总队总队长的职务便利，收受安徽某某光电子股份有限公司法定代表人＊＊多次所送价值 1.07 万元金条 50 克（2008 年 2 月黄金平均价格 214 元）、价值 0.93 万元金条 50 克、价值 1.52 万元金条 50 克（工商银行吉祥如意）、价值 2.96 万元金条 100 克（周大福庚寅）、价值 3.46 万元金条 100 克（工商银行如意）、价值 3.38 万元金条 100 克（中国银行），共计折合人民币 13.32 万元，为其在"证眼雷达"采购方面谋取了利益。

（7）自 2005 年至 2013 年期间，被告人赵某利用某某省公安厅交警总队总队长的职务便利，收受安徽某某汽车有限责任公司董事长＊＊多次所送购物卡共计折合人民币 5.1 万元，为其在车辆销售方面谋取了利益。

（8）自 2007 年至 2017 年期间，被告人赵某利用某某省公安厅交警总队总队长的职务便利，收受安徽某某机动车辆检测股份有限公司法定代表人＊＊＊多次所送购物卡共计折合人民币3.3万元，为其在检测系统联网车辆管理核心软件、车牌号办理方面谋取了利益。

（9）自2007年至2009年期间，被告人赵某利用某某省公安厅交警总队总队长的职务便利，收受安徽某某汽车销售有限公司总经理＊＊＊多次所送购物卡共计折合人民币0.6万元，为其在车辆销售方面谋取了利益。

（10）自2007年至2013年期间，被告人赵某利用某某省公安厅交警总队总队长职权和地位形成的便利条件，通过其他国家工作人员职务上的行为，为合肥某某生物科技有限公司实际控制人＊＊＊、＊＊在医疗产品、设备采购及科研项目合作等方面谋取了不正当利益。自2010年至2014年期间，＊＊＊、＊＊通过代为出资福建某某药业有限公司2%股份送给赵某24万元，即出资款24万元，2016年＊＊＊、＊＊通过溢价收购合肥某某医疗科技有限公司10%股份送给赵某100万元，以上共计人民币124万元。2014年，赵某妻子张某1将原价值270万元（实际出资246万元和2%干股24万元）所占福建某某药业有限公司15%股份以1490万元转让，该24万元2%干股的孳息为108万元。

三、辩护律师观点

经过会见与被告人沟通，多次反复阅卷，加之庭审环节，辩护人认为被告人赵某构成受贿罪，但起诉书指控的部分犯罪事实不清、证据不足，不足以认定指控的所有数额。同时，被告人具有多种法定、酌定从宽处罚情节，同时。被告人具有多种法定、酌定从宽处罚情节，建议在有期徒刑5年至7年有期徒刑7年之间判处刑罚，并按照最少的数额进行罚金。

（一）定罪辩护

起诉书指控被告人赵某受贿10起，共计500.88227万元。在庭前会议之中，被告人及辩护人、公诉方及合议庭达成一致意见，对于没有争议的，庭上简化举证，辩护人不发表质证意见。现辩护人只对有争议的受贿金额，按照起诉书所列的顺序发表辩护意见。

第一笔：收受方正某某公司、某某公司人民币224.4387万元

辩护人认为，赵某的行为不属于2007年7月8日《最高人民法院、最高人民检察院关于办理受贿刑事案件适用法律若干问题的意见》规定的"挂名"

领取薪水情形。主要理由如下：

第一，是林某某、黄某某主动找到赵某1，恳求赵某1帮忙，因为赵某1本科是英语专业，硕士在英国获得，还是北京大学博士生，英语很好，并能够娴熟掌握法律，又是比较熟悉的人，不会泄露商业秘密。因此不存在所谓的赵某请求黄某某帮忙赵某1挂职领薪。

第二，赵某1为法国公司完成了大量的工作，包括翻译文件（含林某某口述整理的文件）共有1180页，法务文件共779页，招聘相关文件的制作167页，订单的追踪，还包括私人秘书的一些活动。赵某1翻译了这么多的文件，不能因为林某某、黄某某的一句话，即说自己请人翻译的，之后把翻译好的传给赵某1为了应付法国公司老板的检查，而被否定。如果林某某、黄某某所言属实，辩护人认为，林某某、黄某某应该提交请他人翻译的证据。现在没有此方面的证据，说明其陈述不真实。

第三，赵某1与林某某法国公司有合法的合同，双方严格按照合同从事商业活动。林某某在卷2第112页中也讲道是"按照新入职硕士研究生平均薪酬"给予赵某1的，也能证明赵某1的薪水并不高。赵某2014年就已经是博士研究生，按照硕士研究生的标准给予薪酬并不高。

第四，即使认为赵某1的薪水有些高，也不属于2007年7月8日《最高人民法院、最高人民检察院关于办理受贿刑事案件适用法律若干问题的意见》规定的"挂名"领取薪水。最高人民法院刑二庭法官刘为波在《〈关于办理受贿刑事案件适用法律若干问题的意见〉的理解与适用》一文中讲道，对于"特定关系人虽然参与工作但领取的薪酬明显高于该职位正常薪酬水平的"，是否按照受贿犯罪处理，在《最高人民法院、最高人民检察院关于办理受贿刑事案件适用法律若干问题的意见》的研究起草过程中意见争议较大。经研究，特定关系人虽然参与工作但领取的薪酬明显高于该职位正常薪酬水平的，属于变相受贿，但考虑到当前一些企业尤其是私营企业薪酬发放不规范，认定薪酬是否明显不成比例，实践中存在一定的难度。另外，实际从事工作的，也应当有一部分合理薪酬，认定具体的受贿数额也将是一个问题。故《最高人民法院、最高人民检察院关于办理受贿刑事案件适用法律若干问题的意见》第6条仅明确："国家工作人员利用职务上的便利为请托人谋取利益，要求或者接受请托人以给特定关系人安排工作为名，使特定关系人不实际工作却获取所谓薪酬的，以受贿论处。"在本案中，赵某1从事了工作，并不属于"不实际工作却获取所谓薪酬的"。并且，刘为波法官讲道："特定关系人不实际从事工作领取薪酬，须以基于国家工作人员的意思或者国际工作人有主观明知为条件。"在本案中，被告人赵某以及其妻子并没有让赵某1不实际工作，相反是赵某1从事了大量的工作。

第三笔：收受刘某某现金50万元

第一，被告人赵某没有受贿的故意，陪标费虽然是违规的，但是不构成犯罪。被告人赵某的供述、张某1的陈述，以及刘某某的陈述，都表明当时赵某确实认为不是犯罪，也不违规，行业内都是如此。表明其没有受贿的故意。

第二，被告人赵某为刘某某办理牌照，按照当时的规定，并不违反规定。正如当时的交警总队总队长尤某某于2018年5月15日（卷十四P98）所讲到的："我考虑到同事之间的关系，这件事本身也不是违纪违法的，就同意了，并让交警总队同意审批，在系统中授权合肥市车管所办理。"现在有多份证据都显示，在2013年之前，公安部门的很多人都可以批吉祥车牌号，这种现象非常普遍，是不违纪违法的。也就是说，赵某并没有利用担任公安厅办公室主任、交警总队总队长的特殊职权为他人谋取不正当利益。

第三，即是赵某为刘某某谋取了利益，但是事后也没有约定收受贿赂。现有的证据，没有任何证据被告人与刘某某、王某和之间有约定。起诉书、起诉意见书指控2004年被告人给刘某某取得皖A6××××的车牌登记号；2006年又给其办理皖AA××××、皖AA××××的车牌照。但是，2004年、2006年两次的办理车牌照，现有指控证据，没有一份证据可以证明事后有约定。

第四，刘某某、王某和并没有直接给付被告人赵某财物，刘、王两人只是为被告人间接创造了某种获利的机会。按照2016年《最高人民法院、最高人民检察院关于办理贪污贿赂刑事案件适用法律若干问题的解释》第12条的规定："贿赂犯罪中的'财物'，包括货币、物品和财产性利益。财产性利益包括可以折算为货币的物质利益如房屋装修、债务免除等，以及需要支付货币的其他利益如会员服务、旅游等。……"然而，通过"陪标"获利的机会并没有被包括在以上关于"财物"的定义范围之中。通过"陪标"获利的机会并不属于货币、物品，也不同于诸如房屋装修、债务免除、会员服务、旅游这样的财产性利益。

第五，被告人赵某获取的投标费，并不是贿赂。被告人张某的妻子一开始就有从事工程的意愿。王某和于2018年5月18日（卷十四P47~52）陈述到："我说，要是我公司中标，我就分点活给他们干；要是刘某某和张某1公司中标，他们分点活给我们公司干，但以刘某某公司为主。刘某某同意了。"此后，张某1的弟弟张某2曾经到徐州某某水泥厂考察过水泥，此事实刘某某、张某1、张某2的证人证言都可以证明。并且，张某1也缴纳了保证金，履行后投标的义务，按照业内惯例，是应该得到陪标费的。

第六，被告人赵某从王某和处获取的陪标费，并不是从刘某某处获取的。所谓的王某和为了感谢刘某某的帮忙，所有的陪标费都是刘某某的，都是由刘某某分配的，是没有任何事实根据的。王某和讲到："我公司通过刘某某引荐，认识了许多交通建设领域的公司。"但是其又记不清楚了，这是不符合常理的。并且所谓的刘某某帮助王某和很多的情况，只有王某和一个人的证言，刘某某并没有讲到。因此，其属于孤证，并不能被认定。因此辩护人认为，王某和给的陪标费，就是张某的陪标费。辩护人同时认为，既然控诉机关在起诉书中认为，被告人赵某对无为县医院的院长、铜陵市医院的院长等卫生系统的人员有影响力，难道对与交通建设有关的公司就没有影响力，就没有可能利用职权吗？难道不能说王某和为了讨好被告人给了陪标费吗？辩护人认为，刘某某和张某1各出了50万的保证金，之后两人按照合同约定各取得50万元的陪标费。这是符合行业规定的。正如刘某某5月3日的陈述中讲到的："王某和说，某某公司能中两个标的话，每个给人民币100万多元。"也就是说，只要陪标了，刘某某、张某1都会有陪标费。为什么之后每人只有50万元，那是因为王某和只中了一个标。

被告人赵某若符合《刑法》第388条的规定，即国家工作人员利用本人职权或者地位形成的便利条件，通过其他国家工作人员职务上的行为，为请托人谋取不正当利益，索取请托人财物或者收受请托财物的，以受贿论处。这就是理论上一般所称的"斡旋受贿"。如此这般，那么"请托人"就是远望某某公司。那么，我们分析请托人远望某某公司实际控制人王某飞、李某是否有请托行为。被告人赵某并不构成斡旋受贿犯罪。首先，在本起案件中，并没有足够的证明请托人是远望公司，被告人赵某一直是为自己的妻子张某1的公司帮忙，联系业务，跟自己的职权没有任何的关系。其次，被告人赵某没有利用自己的职权或者地位形成的便利条件。2007年至2013年，被告人赵某是交警总队总队长，其不可能与五家医院有直接的隶属关系，也不能有地位形成的便利条件，因为也不可能利用上述五家医院的院长为自己爱人的公司或者其他公司谋取不正当利益。

总结：被告人赵某，公诉方指控的犯罪数额中，某某公司的黄某某旅游费 21.2369 万、利息 35 万元、房租 18.12 万元，所谓的挂名领薪 96.9613 万元；刘某某的 50 万元；远望某某公司王某飞的 124 万元，共计 345.3182 万元，不是受贿金额，因此最终受贿金额是 155.5045 万元。对于不是受贿的 345.3182 万元，辩护人建议，对于其中的利息 35 万元，房租 18.12 万元，陪标费 50 万元，可以按照违纪，违反党纪予以没收。

（二）量刑辩护

辩护人认为，被告人赵某有多种法定、酌定的量刑情节，应当减轻处罚。

（1）立功。被告人赵某在留置期间，检举他人犯罪，辩护人希望司法机关在查明案件线索后，依法认定他人构成犯罪，从而认定被告人赵某构成立功。即使因为各种原因被举报的人不追究刑事责任、不起诉、终止审理，按照 2010 年《关于处理自首和立功若干具体问题的意见》关于立功线索的查证程序和具体认定"被告人检举揭发或者协助抓获的人的行为构成犯罪，但因法定事由不追究刑事责任、不起诉、终止审理的，不影响对被告人立功表现的认定；被告人检举揭发或者协助抓获的人的行为应判处无期徒刑以上刑罚，但因具有法定、酌定从宽情节，宣告刑为有期徒刑或者更轻刑罚的，不影响对被告人重大立功表现的认定"。

（2）自首。从被告人的自述来看，其供述在本案其他行贿人之前，因此辩护人认为其在司法机关未掌握其犯罪线索之前，主动交代，如实供述自己的罪行，属于自首，应当认定为自首。

（3）和其他受贿犯罪相比，利用职务便利不明显。被告人赵某自 1982 年从大学毕业分配至公安厅后，至 2017 年退休，整整为公安厅工作了 35 年，从来就没有离开过公安厅。公安厅工作期间，勤勤恳恳、兢兢业业、为人低调，在工作中取得了一定的成绩。在担任交警总队、副厅长期间，从来就不贪权，都是按照程序办事。在起诉书指控的多笔受贿犯罪中，被告人赵某从未单独为某人或者某公司批过条子，或者特事特办。如在起诉书指控的第二受贿中，公安厅与安徽某某公司的合作由来已久，从 20 世纪 90 年代就开始。在被告人赵某担任总队长期间，没有为王某捷批过任何条子，打过任何的招呼。公安部重点实验室申报，都由总队上面的领导负责，并且此实验室由公安部、合工大、科力公司合作，总队并没有多大的权利。如起诉书指控的第四起，朱某栋的"某某交通标牌厂"是1986年就成立的，并且是安徽省唯一一家生产标牌的厂家，不存在赵某为其保持的问题。如第七起，被告人赵某在到总队之前就采购复兴某某公司的车辆；如第九起，采购瑞虎汽车，当时按照政府的要求，送礼与谋利之间并没有因果关系。

根据上述的论述，辩护人认为，被告人赵某与其他受贿犯罪相比，其利用职权并不是很明显，或者说利用职权与收受贿赂不明显。并且，其受贿的很多都是购买卡，如王某平、王某捷、朱某栋、何某等人的购物卡。并且，这些人很多都是与公安厅业务有长久往来，被告人赵某不可避免地没有把持住自己收受了他人的购物卡。

（4）认罪、悔罪。被告人赵某自被纪委、监察委留置期间，直至今天的审判，一直认罪悔罪。

（5）已经完全退赃，并且愿意罚金。被告人赵某走上今天的道路，其触犯了国法。但是，其犯罪的很多情形可以被理解，为自己的妻子介绍业务，为自己的儿子介绍业余锻炼，这些都是合情合理的；在职权范围中，为他人办理一些事务，

在中国这样的人情社会中，收受他人购物卡，似乎也是符合人情、国情的。当前，我国严厉打击腐败犯罪，取得了一定的成效。腐败犯罪得到了一定的遏制。这是值得肯定的。但是，我们也应该在高压反腐下，综合考虑国法、人情、国情，给予被告人赵某公正的审判。正如习近平总书记所言："努力让人民在每一个司法案件中都能感受到公平正义！"

四、法院判决

××市中级人民法院认为：被告人赵某身为国家工作人员，利用职务上的便利，收受黄某某等人给予的财物，为相关单位和个人谋取利益；利用省交警总队总队长的职权或地位形成的便利条件，通过其他国家工作人员职务上的行为，为请托人谋取不正当利益，收受黄某某、李某给予的财物，其行为已构成受贿罪，受贿数额特别巨大。据此，依照《刑法》第385条第1款、第388条、第386条、第383条第1款第3项、第61条、第52条、第53条、第64条，《最高人民法院、最高人民检察院关于办理贪污贿赂刑事案件适用法律若干问题的解释》第3条第1款、第15条第1款、第19条第1款、第

18条之规定,判决如下:

(1) 被告人赵某犯受贿罪,判处有期徒刑10年,并处罚金60万元;

(2) 被告人赵某违法所得折合499.5858万元及孳息108万元依法予以追缴,上缴国库。

一审判决后,被告人赵某不服,向某某省高级人民法院提出上诉。某某省高级人民法院认为,上诉人赵某作为国家工作人员,利用职务上的便利,为相关单位和个人谋取利益;利用职权或地位形成的便利条件,通过其他国家工作人员职务上的行为,为请托人谋取不正当利益,共收受黄某某、刘某某、王某某等人给予的价值499.5858万元的财物,其行为已构成受贿罪,且受贿数额特别巨大。一审判决认定事实清楚,证据确实、充分,定罪准确量刑适当,审判程序合法。赵某及其辩护人的相关辩解、辩护意见均不能成立。据此,依照《刑事诉讼法》第236条第1款第1项之规定,裁定驳回上诉,维持原判。

某某省高级人民法院对本案中几个有争议的问题进行了详解。[1]

(一) 如何计算以免费旅游、减免房租、借款利息等方式受贿时的犯罪数额?

在我国刑事立法及司法中,财物作为受贿犯罪对象的范围呈现逐步扩张的过程。新中国成立初,《惩治贪污条例》明确指出贿赂即为财物。1979年《刑法》虽然未明确贿赂为财物,但司法实践中仍秉持其为财物的意见,1988年《全国人民代表大会常务委员会关于惩治贪污罪贿赂罪的补充规定》作为对1979年《刑法》的补充,明确规定贿赂为财物,债务的免除、免费旅游等财产性利益则被排除在外。但随着经济的发展,这种仅限于财物的规定,既严重影响对现实中日趋猖獗、形形色色的受贿行为的惩处,也与国际反腐败公约、世界各国立法例相悖。鉴于此,2008年《最高人民法院、最高人民检察院关于办理商业贿赂刑事案件适用法律若干问题的意见》第7条明确指出:"商业贿赂中的财物,既包括金钱和实物,也包括可以用金钱计算数额的财产性利益,……"2016年《最高人民法院、最高人民检察院关于办理贪污贿赂刑事案件适用法律若干问题的解释》第12条规定:"贿赂犯罪中的'财物',

---

[1] 中华人民共和国最高人民法院刑事审判第一、二、三、四、五庭主办:《刑事审判参考》(总第125辑),人民法院出版社2020年版,第104~110页。

包括货币、物品和财产性利益。财产性利益包括可以折算为货币的物质利益如房屋装修、债务免除等，以及需要支付货币的其他利益如会员服务、旅游等。后者的犯罪数额，以实际支付或者应当支付的数额计算。"本案中，主要表现为以下三个问题：

1. 对张某某赴英国旅游花费的受贿数额的计算

被告人赵某对其接受请托人黄某某安排其妻张某某赴英国旅游没有异议，但提出黄某某支付的旅游费过高，一审判决以此计算受贿数额不当。法院认为，旅游作为一种商品服务，因服务档次、行程安排、食宿条件等因素，价格悬殊，实践中也很难予以评估，通常按照实际支付或者应当支付的数额认定。相关发票业已证明旅游费用为1.966万英镑，虽然张某某对该起旅游花费一直颇有微词，但就旅游服务来看，专人陪同、高档用车、食宿、机票升舱，消费档次远非普通的出境旅游可比，相应花费远高于普通旅游消费符合常理。故依据黄某某实际支付的20万元而非旅游发票1.966万英镑折算的21.2369万元，作为赵某此次受贿的数额，既符合司法惯例，也贯彻了有利于被告人的原则。

2. 对接受黄某某豁免部分房租的受贿数额的计算

被告人赵某在赵某某欲在北京大学附近租房时，求助于曾长期在北京市的公司就职、人地熟稔的黄某某符合常情，并无借此收受财物的故意，但在黄某某通过吴某某转告房租已由他处理，其家庭无须支付，而赵某没有提出异议时，即具有由他人代为支付房租，赵某某无偿使用他人住房的故意，之后从吴某某处获悉房租的具体数额后，也没有自行支付后期房租并偿还先期房租的意思表示及行为，仅是后来慑于日趋高压的反腐败态势试图掩饰犯罪，以及对黄某某长期支付高额房租心存些许歉疚，才安排张某某支付了部分房租，并制作虚假房屋租赁协议以应对将来可能的组织调查。黄某某与赵某之间存在长期权钱交易，黄某某借帮助赵某某租房之机，共代为支付房租27万元，而张某某仅通过吴某某间接向黄某某支付房租8.88万元，余款不再支付，也就是说黄某某实际免除赵某家房租18.12万元，赵某对此予以接受，故以此认定、计算赵某受贿的数额是正确的。

3. 对接受黄某某退还的借款利息的计算

在资本市场上，贷款和借款是行为主体在约定时间内对资金的排他性使用，借款方获取巨额资金的使用权多以支付出借方利息作为对价。对于正常民间借贷行为，究竟有偿还是无偿，实行意思自治原则，这也与借贷双方之间的关系密切关联，无偿提供借款的，多基于亲情、友情，或因互利互惠等因素。在司法实践中，对国家工作人员与请托人之间具有真实借贷关系并归还借款数额的，一般不能认定为受贿犯罪，但若有充分证据证明国家工作人员利用职务便利为请托人谋利旨在获取巨额无息借款，请托人同意提供也是借此获取国家工作人员职务上的支持，此时免息借款的对价就是国家工作人员实施具有倾向性的职务行为，权钱交易关系非常明显，应将相关期限内的借款利息认定为受贿。就本案而言，赵某的妻子张某某因商业逐利而非生活需要向黄某某借用巨额资金，实际支付年利率不足9%的利息既符合情理，也符合借款协议的约定。黄某某基于赵某的职权地位及双方之间长期的权钱交易关系，无论是最初提出免收利息还是之后退还利息，均为借此向赵某输送财产性利益，与直接给予赵某财物并无本质不同，仅是采取了手段更为隐秘、情感更易于被接受、实际效果通常更好的方式。赵某对上述情况完全知情，但并没有安排张某某退还，本质上属于接受他人免除债务的行为，对其以受贿论处适当。

（二）如何认定以在合作投资时代为出资、"溢价"转让股份等方式受贿时的犯罪数额？

1. 代为出资问题

在现代企业经营中，股权激励多是企业为了激励和留住核心人才而推行的一种长期激励机制，目的是通过附条件给予员工部分股权权益，使之与企业具有共同利益，促进企业与员工的稳定发展。被告人赵某提出王某某送给张某某24万元干股，是考虑收购某某公司的商业风险和感激张某某没有催要数年前的股份转让款，给予张某某的股权激励，不能计入其受贿数额。假若确如赵某所言，张某某系涉案企业亟需的核心人才，相关人员借此给予她股权激励符合常理，自然也不能被视为赵强借此受贿。但就本案而言，张某某系山河公司的股东之一而非员工；在共同收购山河公司的过程中，远望公司主投并实际牵头，三方约定在股权转让完毕、艾克佳药品文号落户后，另两名投资者始按照股份比例向远望公司缴纳投资款，故收购风险实际多由远望公司而非张某某、董某某承担；张某某在实际出资2年后，即将所持股份悉数转让给董某某，实际获取了极为丰厚的利润，且现无任何证据证明远望公司在共同收购过程中，具有单独给予张某某而非董某某股权激励的必要；远望公司对数年前收购张某某持有的安徽三立公司股权时延迟给付的部分款项均计算并支付了相应利息,故不存在王某某出于收购山河公司的商业风险以及对张某某没有催要之前股份转让款的感激而给予张某某股权激励。与赵某辩解相反的是,王某某、李某、张某某均证明在共同收购山河公司股份时,远望公司在第一期投资1200万元内代张某某出2%股份资金,即24万元,是为了感谢和继续取得赵某对远望公司和相关项目的关照和帮助,赵某对此也做了相应供述。远望公司在与张某某、董某某共同出资收购其他公司股份时,在第一期投资限额内为张某某代出部分资金,与张某某的自出资金共同对应15%股份,并非将其自有的2%股份作为"干股"无偿转让给张某某,赵某对此知情,应视为《最高人民法院、最高人民检察院关于办理受贿刑事案件适用法律若干问题的意见》第3条规定的"以开办公司等合作投资名义收受贿赂"的行为,受贿数额即为远望公司代为出资的24万元。

2. "溢价"转让问题

如何理解和适用《最高人民法院、最高人民检察院关于办理受贿刑事案件适用法律若干问题的意见》第1条规定的"以交易形式收受贿赂",是当前困扰司法实践部门的突出问题之一。实践中,这种"交易型"受贿多以买卖房屋、汽车等物品为对象,但也出现了其他交易形式,如转让公司股份、名人字画、古玩等,情况更为复杂。以转让股份为例,转让价款多由转让各方自行磋商,通常以净资产为基准,既可直接按照股权比例计算,也可在衡量商业品牌价值、行业前景、个体资金需求等因素后作出相应调整,溢价或低价转让,有的甚至与净资产数额相去甚远。由此,被告人赵某的辩护人提出,"张某某基于自己对合肥三立公司经营现状、发展前景及未来若干年现实存在的预期可得的利润",主张高于400万元的股权转让价格符合情理。但就本案情况看,张某某作为安徽三立公司、合肥三立公司的股东、主要实际经营者之一,虽然对两公司的经营作出相应贡献,但也借此获取了较为可观的薪酬和分红,后基于投资管理理念与其他股东意见日趋分歧等因素,谨慎决策后自愿退股,在双方确定以公司净资产取整为基数,对照相应股权比例计算转让价时,既没有提出异议,也没有提及公司品牌价值、行业前景等无形资产价值问题,且与之前远望公司受让其安徽三立公司85%的股份、邢某某10%的股份时确定转让价格的方法相同。王某某、李某、张某某均证明转让合肥三立公司股份时,双方在以公司净资产为基数,确认转让价格为400万元后,张某某提出鉴于赵某数年来给予安徽三立公司、合肥三立公司及远望公司的帮助，转让价应不低于 500 万元，王某某、李某经商议后同意，并向张某某说明了"溢价"100 万元的缘由，赵某事后对此知情。综上，远望公司在受让张某某在合肥三立公司的股权时"溢价"100 万元并非基于公司品牌、市场前景等商业因素所作出的经营决策，而是以此感谢并希望继续得到赵某的帮助和支持。

（三）如何区分就业领薪和以特定关系人"挂名"领薪方式受贿？

实践中，一些人为了感谢或者请托国家工作人员为自己谋利，采取给后者的特定关系人安排工作。从实际情况看，大致可分为三种情形：一是特定关系人没有实际工作，仅是"挂名"领取薪酬；二是特定关系人实际参与工作，但所领取的薪酬明显高于该职位正常的薪酬水平或与其业务能力、业绩明显不相符；三是特定关系人正常工作并领取相应薪酬。对此种行为如何定性，学界、司法实务部门分歧较大。司法实践中对第一、三种情况的处理基本一致，即对第一种情况认定国家工作人员受贿，第三种情况不认定为受贿，但对于第二种情况如何认定，争议较大。当前薪酬体系标准不一，较为混乱，尤其是一些私营企业，部分岗位薪酬差别较大且不透明，此种情况下如何认定所领取的薪酬与正常薪酬明显不成比例，进而确定受贿数额存在困难。如赵某及其辩护人即提出赵某之子赵某某兼职法国公司后实际从事相应工作，所领取的薪酬不应被认定为赵某受贿。但就一审判决查明的事实来看，赵某在黄某某准备推荐赵某某到法国某公司兼职事宜征求其意见时，即对赵某某无须真正承担翻译任务，黄某某只是借此资助赵某某在北京购房具有明知。林某某原本不愿意聘用不符合条件的赵某某，但在黄某某明确告知他与赵某之间关系，务必设法录用，所支出的费用他会予以补偿后，聘用了赵某某，并为了防止赵某某没有实际工作的真相被法国某公司总部发现，通过收转电子邮件的方式，将以他人的翻译业务充作赵某某的业绩。在 2 年的聘用期内，赵某某从未到法国某公司在中国的分公司工作，仅在北京与林某某见面寥寥，既没有陪同法国某公司代表出席商务活动、完成口译任务，也没有按照协议约定开展相应的信息搜集、整理及翻译工作，仅为应付法国某公司总部检查，配合林某某完成邮件接收、转发等毫无实际意义的工作，所从事的少量辅助性工作也与获取的高额薪酬严重失衡。而在此期间，黄某某另行出资为法国某公司聘请翻译、接待法国某公司高层管理人员及商业伙伴等，前后花费约

130万元。赵某某所获取的薪酬表面看源自法国某公司，但究其实质源自黄某某，即黄某某通过林某某，假借法国某公司"聘用"赵某某兼职，以较为隐蔽的方式，兑现其之前作出的资助赵某家在北京购房的承诺，与直接送与赵某财物并无本质区别。赵某某被提前解聘时，黄某某专门向赵某作解释，案发前赵某家人与黄某某就此实施两次串供、串证活动，也为例证。因此，一审判决认定黄某某安排赵某某挂名领薪，相应"薪酬"全额计入受贿数额是准确的。

（四）以"合作"投标名义获取"陪标费"，是劳务收入还是受贿？

招标投标行为作为市场交易的一种重要方式，旨在促进市场主体自主竞争，保护国家、集体、公民的合法权益免受损害，在招标投标过程中，投标者串通投标，抬高或者压低标价，投标者和招标者相互勾结排斥其他竞争对手，均为违法犯罪行为，任何单位或者个人借此所获取的投标报酬均为非法利益，情节严重的，构成犯罪。因此，即便张某某实际参与串通投标行为并获取投标费，也不可能存在所谓的"劳务收入"。在刘某玖支付张某某"陪标费"50万元的这起事实中，张某某在王某和碍于刘某玖的情面，答应与她合作水泥供应业务后，虽然曾邀请胞弟张某东共同参与，张某东为此赴外地做了前期考察，虑及业务风险因素难以把控后作罢，但在市场经济条件下，商业经营的风险由市场主体自行承担，张某某的考察行为显然是为了自身利益而非环宇公司或刘某玖的利益，环某公司或刘某玖对此无需承担任何费用。王某和借助刘某玖在交通建设领域的"能量"，帮助环某公司拓展业务，并通过投标实际承接泗县至宿州高速公路路基工程水泥采购项目。在此过程中，王某和为感谢刘某玖的帮助并在征求他的意见后，将之前分包部分工程给刘某玖、张某某的承诺，变更为按照水泥的实际供应量，支付刘某玖一笔"信息咨询费"，由刘某玖自行处理。赵某曾多次利用职权帮助刘某玖办理特殊车牌，并要求他帮助张某某从事道路工程项目，而刘某玖凭借赵某的职权显摆"能量"，联络、疏通社会关系，故在没有安排张某某承接部分水泥供应业务后，以安排张某某参与投标为由，将自己从环某公司获取的"信息咨询费"中的50万元送给了张某某。在涉案投标活动中，张某某既无具有投标资质的公司，又无制作标书、参与投标的具体行为，仅是按照刘某玖要求如期缴纳、接受返还投标保证金，其他参与投标行为均由刘某玖操纵完成。从保证金的缴纳至返还，前后不足3月，张某某由此"获利"50万元，周期短、利润大。从表面上看,张某某的获利源自环某公司,但究其实质源自刘某玖,即刘某玖为了感谢和继续获得赵某的帮助,将环某公司本应支付自己的部分资金转送给了张某某。因此,赵某及其辩护人辩称刘某玖、王某和没有直接给付其夫妇财物,只是间接创造了某种获利机会,所获取的陪标费并非贿赂,而是劳务收入的意见,是没有事实和法律依据的。

> 要防止滥用权力，就必须以权力约束权力。我们可以有一种政制，不强迫任何人去做法律所不强制他做的事，也不禁止任何人去做法律所许可的事。
>
> ——【法国】孟德斯鸠

第六节 余某某受贿案

一、案情简介

2022年3月至9月，在某某市纪委监委办理王某某，即某某城市管理职业学院（以下简称"城管学院"）原党委委员、副院长，严重违纪违法案期间，发现余某某涉嫌受贿罪，多次找余某某谈话，余某某均能积极配合调查，如实交代其与王某某等人的不正当经济往来问题，并主动退缴全部违法款项。2023年2月6日，根据某某县监委调查人员电话通知，余某某到某某市党风廉政教育中心接受谈话。同日，某某县监委对其采取留置措施。

经某某市监委指定管辖，2022年7月18日，某某县监委对安徽某益环保新型装饰材料有限公司法定代表人余某某涉嫌受贿问题立案调查；经市监委批准，2023年2月6日对其采取留置措施。2023年2月15日，某某县监察委员会作出绩监移字［2023］1号对余某某作出起诉意见书。

2023年2月15日某某市人民检察院决定对余某某刑事拘留，3月1日决定逮捕。2023年3月31日某某市人民检察院作出广检刑诉［2023］××号起诉书，以余某某涉嫌受贿罪向某某市人民法院提起诉讼。

二、控方指控

2016年至2019年期间，被告人余某某与某某城市管理职业学院原副院长王某某（另案处理）共谋，由王某某利用职务上的便利，在某某城市管理职业学院二期、三期项目招投标过程中为杜某某（另案处理）、孙某某提供帮助，并与杜某某、孙某某约定按照项目中标价的1%收受好处费。根据约定，杜某某应按项目中标总价人民币15 361.158 837万元的1%送给王某某、余某某好处费人民币153.611 588万元，孙某某应按项目中标价人民币1552.114 528

万元的 1% 送给余某某、王某某好处费人民币 15.521 145 万元,2017 年至 2021 年 2 月期间,杜某某陆续送给余某某、王某某好处费共计人民币 107.999 35 万元。截至案发,杜某某尚未兑现承诺的好处费人民币 45.612 238 万元,孙某某尚未兑现承诺的好处费人民币 15.521 145 万元。

本院认为,被告人余某某与某某城市管理职业学院原副院长王某某共谋,利用王某某职务上的便利,非法收受他人财物,为他人谋取利益,其行为触犯了《刑法》第 385 条第 1 款、第 386 条、第 383 条第 1 款第 2 项、第 25 条第 1 款,犯罪事实清楚,证据确实、充分,应当以受贿罪追究其刑事责任。

三、辩护律师观点

(一)被告人余某某不构成受贿罪,应认定为介绍贿赂罪

1. 被告人余某某存在从受贿罪犯意到介绍贿赂罪犯意转化的过程,犯意转化后,被告余某某主观上不具有受贿的故意,而是促成或撮合贿赂实现的故意

《最高人民检察院关于人民检察院直接受理立案侦查案件立案标准的规定(试行)》第一部分第 7 条规定"介绍贿赂罪"是指向国家工作人员介绍贿赂,情节严重的行为。"介绍贿赂"是指在行贿人与受贿人之间沟通关系、撮合条件,使贿赂行为得以实现的行为。从主观故意来看,受贿罪共犯认识到自己是在帮受贿的一方,仅有单纯帮助受贿的故意,而介绍贿赂罪的行为人认识到自己处于第三者的地位,有介绍贿赂的故意,即行为人明知自己是为行贿、受贿双方进行沟通、联系、撮合,并且希望通过自己的行为使贿赂得以形成。

2023 年 2 月 11 日余某某自书《悔过书》、2022 年 8 月 17 日王某某讯问笔录、杜某某 2022 年 6 月 9 日讯问笔录可以证实,行贿人杜某某本来就在学院承接工程,王某某也知道杜某某在学院做工程,杜某某也知道王某某是学院院长,能够帮上自己的忙,杜某某本来就想要认识王某某,正是因此,被告人余某某才从中介绍撮合,被告人余某某知道自己是基于第三者的地位介绍贿赂,其主观上不是为了行贿或受贿的目的,而是为了在杜某某和王某某之间建立联系,使双方达成贿赂的结果。此时,行贿人、受贿人双方意图已经形成,并不是余某某诱发了行贿、受贿的意图。余某某明知杜某某、王某某双方本就存在行贿、受贿的意图,而故意介绍杜某某认识王某某,为行贿

受贿双方进行沟通、联系、代为传递"好处费",符合介绍贿赂罪的主观方面的构成要件。

2. 被告人余某某在客观方面实施了在贿赂双方之间沟通关系、撮合条件的行为

从客观行为来看,介绍贿赂人实际上是行贿、受贿双方的中介桥梁,而不是仅为行贿或受贿一方服务。结合本案证据材料,余某某在明知王某某具有收受王某贿赂意图的情况下,明知杜某某想要王某某帮忙,在杜某某与王某某之间牵线搭桥,撮合双方达成行贿数额和行贿方式的合意,并帮助传递中标公司名单、传递好处费,从而促成了贿赂结果的实现,其行为本身具有一定的独立性,具有介绍贿赂罪的行为特征。

3. 从利益基础来看,被告人余某某有自己独立的利益追求

介绍贿赂人有自己独立的利益追求,其不是为了受贿,也不是为了行贿,而是为了通过促成受贿和行贿双方权钱交易的成功来谋取自身的物质或非物质利益。在本案中,被告人余某某存在犯意转化的过程,即从受贿罪向介绍贿赂罪犯意转化的过程,一开始被告人余某某与杜某某谈按照中标价1.5%给好处费的时候,确实存在收受好处费的故意,但后来双方按照中标价1%给好处费的时候,被告人余某某对这1%的好处费没有任何主观占有的故意。

详见余某某2022年6月1日自书、2022年6月10日王某某讯问笔录。虽然,在笔录中,余某某向杜某某提好处费时表述用了"给我和王某某好处费",但这仅仅是为了能够促成贿赂实现的口头表达用语,并非被告人余某某实际上想占有这1%好处费。事实上,被告人余某某之所以在行贿人和受贿人之间介绍,是为了贿赂实现的时候,杜某某在承接学院工程中能够将瓷砖按照中标价供应给被告人余某某,被告人余某某本身就是做瓷砖生意的人,这是被告人余某某介绍贿赂独立的利益追求,而不是附属于行贿或者受贿一方。因此,从利益基础角度来看,被告人余某某的行为更符合介绍贿赂罪的特点。

综上所述,本案被告人余某某介绍贿赂的过程为:得知在学院承接工程的杜某某想要认识王某某,杜某某希望王某某能够帮助其承接工程,因为被告人余某某与王某某是好朋友,被告人余某某便组织饭局,撮合杜某某和王某某认识,杜某某在饭局上向王某某表达希望王某某帮助其中标学院工程,王某某也答应了杜某某的请求。后被告人余某某在行贿人杜某某与受贿人王某某中间撮合行贿受贿数额、传递中标公司名单、传递好处费,促成贿赂结

果的实现。在二期工程中,杜某某将瓷砖和石材交给被告人余某某供应,这也是被告人余某某之所以介绍贿赂独立的利益追求。因此,被告人余某某的行为应被定性为介绍贿赂罪。

(二) 被告人余某某主动向监察机关交代犯罪事实,应认定为自首

从2022年6月1日开始,在某某监委尚未掌握被告人余某某的犯罪行为时,在监委对王某某调查过程中,被告人余某某多次主动配合监察机关的调查,如实供述犯罪事实。2022年7月18日,某某监委对被告人余某某涉嫌受贿罪立案调查后,余某某也多次往返某某市和某某监委,配合调查。2023年2月6日,余某某是被某某监委电话通知去谈话,其积极主动前往某某监委,后被留置。

余某某笔录时间(2022年6月1日、6月2日、6月8日、6月21日、8月7日、8月18日,2023年2月8日、2月9日、2月10日、2月11日、2月11日),王某某笔录时间(2022年6月10日、6月16日、8月14日、8月14日、8月17日),杜某某笔录时间(2022年6月9日、6月16日、6月19日、6月27日、8月8日、8月13日)。从本案余某某、王某某以及杜某某笔录时间的顺序来看,余某某2022年6月1日自书的《我和王某某不正当经济交往材料的交代材料》的时间最早,也是最早交代了犯罪事实。

根据《最高人民法院关于处理自首和立功具体应用法律若干问题的解释》第1条的规定,罪行尚未被司法机关发觉,仅因形迹可疑,被有关机关组织或者司法机关盘问、教育后,主动交代自己的罪行的,应当视为主动投案。自动投案后,如实供述自己的罪行的,是自首。被告人余某某在被监察机关发觉时,如实向监察机关交代犯罪行为,应认定为自首。根据《刑法》第67条第1款规定:"……对于自首的犯罪分子,可以从轻或者减轻处罚。其中,犯罪较轻的,可以免除处罚。"根据《刑法》第392条第2款的规定:"介绍贿赂人在被追诉前主动交代介绍贿赂行为的,可以减轻处罚或者免除处罚。"

(三) 如被告人余某某被认定为受贿罪共犯,其应被认定为从犯,应当从轻处罚

在本案共同犯罪中,王某某作为国家工作人员,利用职务便利为行贿人杜某某谋利,与杜某某进行权钱交易,起主要作用,是主犯。而被告人余某某仅是介绍撮合,虽然传递了共同受贿的全部款项,但仅是根据国家工作人员王某某的指示进行保管,被告人余某某不具有国家工作人员身份,余某某

收受财物的行为依附于王某某的身份和职权，请托人杜某某也是看中王某某的国家工作人员身份可为其谋利，余某某相较于王某某在共同受贿犯罪中起次要作用，是从犯。根据《刑法》第 27 条的规定："在共同犯罪中起次要或者辅助作用的，是从犯。对于从犯，应当从轻、减轻处罚或者免除处罚。"

（四）如被告人余某某被认定为受贿罪共犯，对于既遂的贿赂款 107.999 35 万元，余某某仅仅是替王某某保管，并没有实际所得，应当从轻处罚

根据余某某 2022 年 6 月 1 日自书的《我和王某某不正当经济交往材料的交代材料》（卷 2 第 148 页第 3 段）"2017 年下半年我和王某某聊天，……我问王某某要不要钱，如果要一百万没问题，王某某说暂时不用，需要用钱再说……"

2022 年 6 月 10 日王某某讯问笔录（卷 2 第 28 页第 3 段）"2017 年下半年的时候，……他（余某某）问我是不是需要用钱，如果要用钱 100 万以内都没有问题，我跟余某某讲暂时不需要，等我需要用钱的时候再说。……"（卷 2 第 28 页第 7 段）"……2019 年下半年的时候，我打算在某某市滨湖公园里小区买房，因为当时我买房钱不够，所以我就找到余某某，请他帮我筹款 100 万元，意思就是让他从之前收到的杜某某给我们俩的好处费中拿出部分给我……"

2022 年 8 月 14 日王某某讯问笔录（卷 2 第 7 页第 1 段）"……余某某跟我说杜某某这几年一共给了我们 100 多万元的好处费……这些好处费都是杜某某交给余某某的，也一直由余某某保管……"

综上证据，可以证实，对于案涉的 100 万左右的好处费，被告人余某某主观上没有占用的意思，虽然款项在余某某处，最终也确实是余某某用于项目中，但王某某也认可款项都是在余某某那里保管，根据余某某的陈述，他之所以挪用款项，是因为王某某和他约定，等王某某退休后再把案涉款项给王某某，因为王某某退休时间还早，项目上急用钱，余某某才将款项暂时用于工程。

（五）被告人余某某应当从轻、减轻处罚的其他表现

（1）被告人余某某认罪态度好，主动投案后，不仅如实供述全部犯罪事实，还主动退回全部赃款，某某监委在《起诉意见书》中也认为，被告人余某某认错悔错态度好。本案中，某某监委及检察院认定王某某与余某某共同受贿既遂金额 107.999 35 万元，余某某不仅将既遂的 107.999 35 万元全部退赃，而且多退了 30 万元，对于多退的 30 万元，应当冲抵罚金。

(2) 在审查起诉阶段，被告人余某某积极认罪认罚，详见《认罪认罚具结书》。

(3) 被告人余某某平时一贯表现良好，留置、拘留以及逮捕期间，在看守所表现也很好，可以减少基准刑的10%。

综上，请求法院综合本案全部证据，将被告人余某某的犯罪行为定性为介绍贿赂罪，综合余某某构成自首以及其他从轻减轻的情节，对被告人余某某从轻减轻处罚。

四、法院判决

(一) 王某某受贿罪的判决书

2022年12月29日，某某城市管理职业学院原党委委员、副院长王某某受贿罪一案在某某市人民法院依法审结，判处被告人王某某有期徒刑4年，并处罚金38万元。

(二) 余某某受贿案的判决书

某某市人民法院于2023年4月4日受理余某某受贿案，5月5日开庭审理。2023年6月25日作出安徽省某某市人民法院〔2023〕皖1882刑初×××号刑事判决书认为："余某某与王某某熟识多年，关系较为密切，二人在整个过程中多次共谋，对收受他人财物的非法性均有明知的主观心理，在利用公权力为他人谋取利益方面存在着意思联络和共同意志，形成受贿的共同故意。同时具有受贿的共同行为，不论其分工和参与程度如何，二人相互配合，接受财物，实施的行为是作为整体有机联系在一起的，在整个犯罪链条中具有共同性，和犯罪结果之间都具有因果关系，符合刑法总则对于共同犯罪的认定，被告人余某某积极创造条件促成行贿人请托事项的实现，与行贿人约定行贿数额和支付方式，在本案中积极作为，其行为也已超越了居间介绍、引见、沟通关系的范围，全部贿赂款均通过其收取，不符合介绍罪的构成要件。""关于被告人余某某对于既遂的贿赂款107.99935万元，仅仅是替王某某保管，并没有实际所得，应当采取轻处罚的辩护意见。经查，被告人余某某收取贿赂款后，除在2019年下半年因王某某准备购房，交给王某某30万元之外，其余款项均被余某某用于项目投资，已被其实际使用。其仅替王某某保管的理由无相应证据支撑，上述辩护意见不能成立。"被告人余某某判处有期徒刑3年，并处罚金人民币20万元。

> 如果判决不公正，社会就可能使某个社会成员蒙受一种道德上的伤害，因为这种判决会在某种程度或某个方面给他打上一个违法者的烙印。
>
> ——【美国】德沃金

第九章
被害人代理案

刑事诉讼法被称为"被告人权利的大宪章"。刑事诉讼法作为程序法，是为了保障刑法的惩罚犯罪和保障人权目的，两者要并重。我国刑事诉讼法对于被害人权利的规定比较多，但是仍然不能全面、充分。司法实践中，由于各式各样的原因，在执行中也存在诸多的司法难题。

第一节 罗某交通肇事案被害人代理

一、案情简介

2017年10月8日14时47分，行为人张某某驾驶皖S×××××号重型仓栅式货车，沿创新大道由北向南行驶至望江西路交叉路口右转弯时，与同向直行至此的罗某驾驶的无号牌二轮轻便电动车（后载乘丰某）相撞，致罗某、丰某当场死亡及两车损坏，造成道路交通事故。经某某市公安局交通警察支队高新技术开发区大队认定，张某某承担此次事故主要责任；被害人罗某承担此次事故次要责任；被害人丰某不承担事故责任。丰某与罗某系夫妻关系。

罗某驾驶的无号牌二轮轻便电动车经安徽天正司法鉴定中心鉴定，属于机动车类两轮轻便摩托车。张某某驾驶的皖S×××××号重型仓栅式货车系以挂靠形式从事运输经营，登记车主为某某县某某运输有限公司，实际车主为张某某。某某县某某运输有限公司为该车在平安财险某某支公司投保了交强险和机动车第三者责任保险（附加不计免赔率，责任限额100万元），本起事故发生在保险期间内。

二、刑事判决

张某某因犯交通肇事罪，于2018年2月2日被一审法院判处有期徒刑3年，缓刑3年6个月。该案审理期间，张某某亲属与罗某1、罗某2、邬某某以及罗某的母亲李某某达成刑事谅解协议，协议签订当日，张某某亲属代为支付罗某1等补偿款180 000元，罗某1、罗某2、邬某某、李某某共同出具了谅解书。

三、民事诉讼

（一）撤回刑事附带民事诉讼

受害人及其代理人可以在刑事一审宣告前提起刑事附带民事诉讼或者在刑事判决生效后，另行提起民事诉讼。本案中，考虑到保险责任承担的特殊性，原审原告在寻求代理人行某律师的专业分析建议后，基于慎重考量，撤回了刑事附带民事诉讼，选择了在一审刑事判决生效后，将中国平安财产保险股份有限公司某某中心支公司与张某某列为共同被告，另行提起民事诉讼。

一审法院在认定案件事实后，根据相关法律支持了原告的部分请求，判决如下：①平安财险某某支公司应于本判决生效之日起10日内在其承保的机动车交通事故责任强制保险限额内赔偿罗某1、罗某2、李某某 54 076元；②平安财险某某支公司应于本判决生效之日起10日内在其承保的机动车第三者责任保险限额内赔偿罗某1、罗某2、李某某 475 463.45元；③驳回罗某1、罗某2、李某某的其他诉讼请求。

（二）被告上诉

上诉人中国平安财产保险股份有限公司某某中心支公司（以下简称平安财险某某支公司）与被上诉人罗某1、罗某2、李某某、张某某、蒙城县某某运输有限公司机动车交通事故责任纠纷一案，不服合肥某某区人民法院[2018]皖0191民初××××号民事判决，向一审法院提起上诉。一审法院依法组成合议庭审理了本案，现已审理终结。

平安财险某某支公司上诉请求撤销合肥某某区人民法院[2018]皖0191民初××××号民事判决，改判平安财险某某支公司按照农村居民标准赔付死亡赔偿金 255 160 元、精神抚慰金为 40 000 元，不承担诉讼费用 428 元，并由罗某 1、罗某 2、李某某承担本案一审及二审诉讼费用。其主张的事实和理由为：①一审判决认定罗某死亡赔偿金按照城镇居民标准依据不足，应予改判按其户籍性质即农村居民标准赔偿。罗某 1 等向一审提交的证据为社区证明一份和罗某 1 的房产证及罗某房产证各一份。社区证明罗某在嘉某苑居住，而该证明上同时表述出具的依据为电瓶车管理人的证明。故该份证据实质上应为社区依据证人证言出具，而非社区依据对罗某的日常管理出具，该证明明显达不到证明目的。电瓶车管理人一审未出庭作证，且仅一人作证不符合法律规定。罗某 1 的房产证与本案不具有关联性，且房产证系事发后才办理，罗某并未在该房屋内实际居住满 1 年。罗某 1 向一审提交的工作证明，并没有劳动合同、工资发放流水、社保等印证，仅有的证据也是事发一年前，与本案没有关联性。②一审判决认定罗某精神抚慰金 60 000 元（按责后 42 000 元）过高。罗某在交通事故中承担事故次要责任，且平安财险某某支公司并非直接侵权人，直接判决精神抚慰金由平安财险某某支公司承担于法无据。③一审判决平安财险某某支公司承担案件诉讼费用无依据。事故的发生、诉讼的发生并非平安财险某某支公司过错，属于事故造成的间接损失，依据保险合同，不应当由平安财险某某支公司承担。

一审判决认定事实正确：①罗某、丰某应当按照城镇居民标准进行赔偿，罗某、丰某早期和罗某 1 居住，2014 年罗某自己购买了合肥市房产，且罗某在合肥市有固定的工作，一审提供了相应的证据，足以认定其是城镇居民，应当按照城镇居民标准进行赔偿；②一审判决认定精神抚慰金正确，侵权人张某某引发的一起交通事故造成罗某、丰某夫妻俩死亡，对其家庭造成了严重的精神伤害，罗某夫妻俩上有老下有小，一审认定的精神抚慰金合理；③一审判决认定诉讼费用由平安财险某某支公司承担正确，按照公平原则，平安财险某某支公司也应当承担诉讼费用。

与此同时，被上诉人向二审法院提交证据如下：

（1）嘉某苑社居委住户信息登记表复印件 1 份。证明罗某从 2011 年 8 月—2017 年 10 月在嘉某苑社区居住，2016 年罗某买房后便住到自己房子里，2017 年 11 月 16 日罗某自己的房产证办下来。

（2）文一某某绿洲入住通知书，物业管理费、建筑垃圾清运费发票复印件各 1 份；罗某微信工作聊天记录截屏复印件 1 组、罗某个人保险单复印件 1

份。证明罗某城镇工作、居住情况。

(三) 二审判决

二审法院查明事实与一审法院查明事实一致,认为:罗某1、罗某2、李某某二审提交的嘉某苑社居委住户信息登记表、文一某某绿洲入住通知书、物业管理费发票、建筑垃圾清运费发票、微信工作聊天记录及罗某个人保险单能够相互印证,足以证明罗某居住在城镇,且主要收入来源于城镇,一审判决按照城镇标准计算罗某的死亡赔偿金并无不当。

本案交通事故经公安机关认定张某某承担主要责任、罗某承担次要责任,一审判决结合侵权人的过错程度、侵权行为所造成的后果以及受害人所在地平均生活水平等,酌定精神损害抚慰金数额为60 000元较为合理,二审法院予以确认。

道路交通事故损害赔偿纠纷案件保险公司是否承担诉讼费应当适用以下规则,交强险赔偿部分适用《诉讼费用交纳办法》,商业三者险赔偿部分、一审案件以及保险公司未上诉的二审案件适用保险合同的约定,保险合同没有约定以及保险公司上诉的二审案件,适用《诉讼费用交纳办法》。一审判决依照上述规则确定平安财险某某支公司承担部分诉讼费用亦无不当。

综上所述,二审法院认为,平安财险某某支公司的上诉请求不能成立,应予驳回;一审判决认定事实清楚,适用法律正确,应予维持。根据《民事诉讼法》第170条第1款第1项的规定,判决驳回上诉,维持原判。二审案件受理费5482元,由平安财险某某支公司负担,此判决为终审判决。

四、理论延伸

(一) 关于刑事附带民事诉讼

1. 相关法律规定

本案中,涉及刑事案件中被害人及其近亲属的物质损害、精神损害如何寻求民事赔偿问题。

《刑事诉讼法》第101条第1款规定:"被害人由于被告人的犯罪行为而遭受物质损失的,在刑事诉讼过程中,有权提起附带民事诉讼。被害人死亡或者丧失行为能力的,被害人的法定代理人、近亲属有权提起附带民事诉讼。"

2012年12月20日《最高人民法院关于适用〈中华人民共和国刑事诉讼

法〉的解释》第 6 章附带民事诉讼第 138 条规定:"被害人因人身权利受到犯罪侵犯或者财物被犯罪分子毁坏而遭受物质损失的,有权在刑事诉讼过程中提起附带民事诉讼;被害人死亡或者丧失行为能力的,其法定代理人、近亲属有权提起附带民事诉讼。因受到犯罪侵犯,提起附带民事诉讼或者单独提起民事诉讼要求赔偿精神损失的,人民法院不予受理。"第 164 条规定:"被害人或者其法定代理人、近亲属在刑事诉讼过程中未提起附带民事诉讼,另行提起民事诉讼的,人民法院可以进行调解,或者根据物质损失情况作出判决。"

仔细研究可以发现,在 2021 年之前,《最高人民法院关于适用〈中华人民共和国刑事诉讼法〉的解释》严格规定了,因受到犯罪侵犯,提起附带民事诉讼或者单独提起民事诉讼要求赔偿精神损失的,人民法院不予受理。也就是说,附带民事诉讼和刑事诉讼结束后另行提起民事诉讼的赔偿范围都仅限于被害人的物质损失,例如被害人的误工费、交通费,被害人死亡时其被抚养人的抚养费、丧葬费等,并不包括被害人及其近亲属的精神损害赔偿。

然而,2012 年司法解释目前已废止,最新的 2021 年 1 月 26 日《最高人民法院关于适用〈中华人民共和国刑事诉讼法〉的解释(2021)》第 175 条第 2 款规定:"因受到犯罪侵犯,提起附带民事诉讼或者单独提起民事诉讼要求赔偿精神损失的,人民法院一般不予受理。"相比于较旧的司法解释,增加了"一般"二字。也就是说,附带民事诉讼和因犯罪行为而单独提起民事诉讼的赔偿范围并不是被严格限定在物质损失范围内,只是以赔偿物质损失为一般,以赔偿超过物质损失为例外,即使是例外,也为精神损害赔偿奠定了法律基础,确认了其正当合法性。

2. 争论焦点

本案中最具争议的便是刑事附带民事诉讼以及在刑事案件判决后另行提起民事诉讼能不能主张精神损害赔偿的问题。从两个不同时间段司法解释的规定可以看出,对于这个问题,存在着法益保护倾向的转变。

3. 法理分析

在 2021 年最新的司法解释出台前,全国各级法院均以 2012 年司法解释的规定作为案件裁判的依据。为什么要把附带民事诉讼或因犯罪行为提起的民事诉讼的赔偿范围严格限定在物质损害,而不包括精神损害呢?对此,主流的原因分析有三:第一,犯罪行为人已经被判处刑事处罚,对其而言,影响较大，由此来安抚被害人的精神创伤。第二，如果另行提起民事诉讼就可以主张赔偿精神损失，那么绝大部分被害人肯定会选择在刑事案件审结后，另行提起民事诉讼，要求同时赔偿物质损失和精神损失。这样的必然结果就是附带民事诉讼制度被架空，附带民事诉讼制度有利于切实维护被害方合法权益、有利于化解社会矛盾、有利于贯彻宽严相济刑事政策、有利于节约司法资源等重要功能无法发挥。第三，刑事案件审结后，特别是被告人被送监服刑或者执行死刑后，往往连有关赔偿被害方物质损失的附带民事判决都难以得到实际执行，也就更别提精神损害赔偿了。若判决了精神损害赔偿但是难以执行，被害人很可能会上访，增加法院的负担，与其如此，不如直接不判。

那么2021年司法解释为何要增加"一般"二字，给附带民事诉讼的精神损害赔偿增加空间呢？这当然是有其法理基础的。《刑事诉讼法》只规定刑事附带民事诉讼可以提起物质性损害赔偿，没有规定不得提起精神损害赔偿。而之所以如此规定，主要是从刑事附带民事诉讼的程序便利考虑的，其目的不是限制被害人一方请求损害赔偿的权利。同时，《民法典》第187条规定："民事主体因同一行为应当承担民事责任、行政责任和刑事责任的，承担行政责任或者刑事责任不影响承担民事责任；民事主体的财产不足以支付的，优先用于承担民事责任。"即犯罪行为人即使已经被判处刑事处罚，也并不影响其对民事责任的承担。相反，当行为人的财产不足以支付时，优先用于承担民事责任。对于精神损害，《民法典》第1183条第1款规定："侵害自然人人身权益造成严重精神损害的，被侵权人有权请求精神损害赔偿。"由此看来，司法解释不应当将附带民事诉讼的赔偿范围限定在物质损失之内，最新的司法解释较2012年虽具有一点进步，但是仍然具有进步空间。

本案中，相较于普通的刑事案件侵害被害人的人身权益而言，具有其特殊性，其特殊性在于交通肇事案件中保险公司作为第三人，根据保险合同的内容承担相应的保险责任。具体而言，由保险公司对被保险机动车发生道路交通事故造成受害人（不包括本车人员和被保险人）的人身伤亡、财产损失，在责任限额内予以赔偿。

4. 最新司法实践

在最新的司法解释出台后，全国首例附带民事诉讼支持精神损害赔偿案件轰动全国，亦作为典型案例入选最高人民检察院《未成年人检察工作白皮书（2020）》。该案是上海市第二中级人民法院判决维持了一起在刑事附带民事诉讼中支持精神损害赔偿请求的一审判决。

在该案中，牛某利用暴力手段，对智力残障的未成年人多次实施奸淫。受害人提起刑事附带民事诉讼，要求精神损害赔偿，公诉机关依据法律规定支持起诉，最终牛某被判处有期徒刑10年，并向被害人一次性赔偿精神抚慰金3万元。一审法官认为，在以往的案件中，受害未成年人提出精神损害赔偿后，往往是以和解的方式解决，而被告人会要求被害人出具谅解书，这个过程对受害人来说是二次伤害。笔者也认为这不是法律的初衷。与此同时，新的刑事诉讼法司法解释对刑事诉讼中精神抚慰金的赔偿问题，并未规定一概不予以受理。本案中，受害人提出精神损害的赔偿要求，公诉机关作为刑事附带民事诉讼的支持起诉人，完全有法律依据。二审法官认为，犯罪行为虽与民事侵权行为竞合，但其导致的刑事责任和民事责任依法可以包容并存。因此，牛某在承担刑事责任外，还应承担填补受害人精神损害的民事责任。而且，新的刑事诉讼法司法解释并未排除个别特殊情况，本案可以被认定为符合条件的特殊情形。

相信在新司法解释的指引下，更多合法又合情理的判决将络绎不绝地出现在公众的视野，代表着法律、代表着希望。

5. 总结

从某种程度上说，一个国家对于侵犯人身类犯罪的打击力度，彰显了这个国家的文明程度，也彰显了这个社会的公平正义。笔者相信，随着各级各地人民法院对刑事诉讼法进行更深刻的解读和理解，以及新司法解释的倾向性转变，附带民事诉讼支持被害人一方主张的精神损害赔偿将迎来新的天地。

当然，由于新司法解释留出的空间不大，对于在个案中是否支持精神损害赔偿，需要审判者在《民法典》第1183条规定之下，深入研究，仔细斟酌，对于行为人侵害的法益是否属于自然人人身权益以及危害结果是否属于严重精神损害予以认定，达到个案平衡。最后，不得不承认在此种情况下会出现裁判者自由裁量权扩大的问题，但是也恰恰彰显了法律的灵活性。时代在进步，国家在发展，期待在条件成熟时公布新的司法解释，达到此问题上权力行使和权力监督的有机统一。

（二）交通肇事中的量刑问题

1. 交通肇事罪的量刑规定

根据2000年《最高人民法院关于审理交通肇事刑事案件具体应用法律若

干问题的解释》第4条规定："交通肇事具有下列情形之一的，属于'有其他特别恶劣情节'，处三年以上七年以下有期徒刑：（一）死亡二人以上或者重伤五人以上，负事故全部或者主要责任的；（二）死亡六人以上，负事故同等责任的；（三）造成公共财产或者他人财产直接损失，负事故全部或者主要责任，无能力赔偿数额在六十万元以上的。"本案中，罗某交通肇事致使二人死亡，且经交通部门认定，负事故的主要责任，因此属于"有其他特别恶劣情节"，应当处三年以上七年以下有期徒刑。法律条文中的"以上"包括本数，因此，罗某交通肇事案的判决结果，在不考虑自首、重大立功等依法应当"减轻处罚"的情节时，必然只能在此量刑幅度内予以认定。

2. 被害人谅解

《刑事诉讼法》第288条规定："下列公诉案件，犯罪嫌疑人、被告人真诚悔罪，通过向被害人赔偿损失、赔礼道歉等方式获得被害人谅解，被害人自愿和解的，双方当事人可以和解：（一）因民间纠纷引起，涉嫌刑法分则第四章、第五章规定的犯罪案件，可能判处三年有期徒刑以下刑罚的；（二）除渎职犯罪以外的可能判处七年有期徒刑以下刑罚的过失犯罪案件。犯罪嫌疑人、被告人在五年以内曾经故意犯罪的，不适用本章规定的程序。"第290条规定："对于达成和解协议的案件，公安机关可以向人民检察院提出从宽处理的建议。人民检察院可以向人民法院提出从宽处罚的建议；对于犯罪情节轻微，不需要判处刑罚的，可以作出不起诉的决定。人民法院可以依法对被告人从宽处罚。"

本案中，罗某交通肇事造成二人死亡，属于"有其他特别恶劣情节"，处三年以上七年以下有期徒刑，满足《刑事诉讼法》第288条第1款第2项的规定，"除渎职犯罪以外的可能判处七年有期徒刑以下刑罚的过失犯罪案件"。同时，罗某不具有该条第2款的情节，因此，罗某交通肇事属于双方当事人可以和解的案件。

根据《刑事诉讼法》第290条的规定，公安和检察院都可以向相应的对象提出从宽处罚的建议，这对本案罗某的量刑而言，具有很大的作用，和下文所说的认罪认罚从宽制度一起，促使法院判处了罗某缓刑。

3. 认罪认罚制度

认罪认罚从宽是指犯罪嫌疑人、被告人自愿如实供述自己的犯罪，对于指控犯罪事实没有异议，同意检察机关的量刑意见并签署具结书的案件，可以依法从宽处理。

《刑事诉讼法》第176条第2款规定："犯罪嫌疑人认罪认罚的，人民检察院应当就主刑、附加刑、是否适用缓刑等提出量刑建议，并随案移送认罪认罚具结书等材料。"

《最高人民法院、最高人民检察院、公安部、国家安全部、司法部关于适用认罪认罚从宽制度的指导意见》明确指出，认罪认罚从宽制度中的"认罪"，是指犯罪嫌疑人、被告人自愿如实供述自己的罪行，对指控的犯罪事实没有异议。承认指控的主要犯罪事实，仅对个别事实情节提出异议，或者虽然对行为性质提出辩解但表示接受司法机关认定意见，不影响对"认罪"的认定。犯罪嫌疑人、被告人犯数罪，仅如实供述其中一罪或部分罪名事实的，全案不作"认罪"的认定，不适用认罪认罚从宽制度，但对如实供述的部分，人民检察院可以提出从宽处罚的建议，人民法院可以从宽处罚。

认罪认罚从宽制度中的"认罚"，是指犯罪嫌疑人、被告人真诚悔罪，愿意接受处罚。"认罚"，在侦查阶段表现为表示愿意接受处罚；在审查起诉阶段表现为接受人民检察院拟作出的起诉或不起诉决定，认可人民检察院的量刑建议，签署认罪认罚具结书；在审判阶段表现为当庭确认自愿签署具结书，愿意接受刑罚处罚。"认罚"考察的重点是犯罪嫌疑人、被告人的悔罪态度和悔罪表现，应当结合退赃退赔、赔偿损失、赔礼道歉等因素来考量。犯罪嫌疑人、被告人虽然表示"认罚"，但却暗中串供、干扰证人作证、毁灭、伪造证据或者隐匿、转移财产，有赔偿能力而不赔偿损失，则不能适用认罪认罚从宽制度。犯罪嫌疑人、被告人享有程序选择权，不同意适用速裁程序、简易程序的，不影响"认罚"的认定。

从宽处理既包括实体上从宽处罚，也包括程序上从简处理。"可以从宽"，是指一般应当体现法律规定和政策精神，予以从宽处理。但可以从宽不是一律从宽，对犯罪性质和危害后果特别严重、犯罪手段特别残忍、社会影响特别恶劣的犯罪嫌疑人、被告人，认罪认罚不足以从轻处罚的，依法不予从宽处罚。

办理认罪认罚案件，应当依照刑法、刑事诉讼法的基本原则，根据犯罪的事实、性质、情节和对社会的危害程度，结合法定、酌定的量刑情节，综合考虑认罪认罚的具体情况，依法决定是否从宽、如何从宽。对于减轻、免除处罚，应当于法有据；不具备减轻处罚情节的，应当在法定幅度以内提出从轻处罚的量刑建议和量刑；对其中犯罪情节轻微不需要判处刑罚的，可以依法作出不起诉决定或者判决免予刑事处罚。

办理认罪认罚案件，应当区别认罪认罚的不同诉讼阶段、对查明案件事实的价值和意义、是否确有悔罪表现，以及罪行严重程度等，综合考量确定从宽的限度和幅度。在刑罚评价上，主动认罪优于被动认罪，早认罪优于晚认罪，彻底认罪优于不彻底认罪，稳定认罪优于不稳定认罪。

认罪认罚的从宽幅度一般应当大于仅有坦白，或者虽认罪但不认罚的从宽幅度。对犯罪嫌疑人、被告人具有自首、坦白情节，同时认罪认罚的，应当在法定刑幅度内给予相对更大的从宽幅度。认罪认罚与自首、坦白不作重复评价。

对罪行较轻、人身危险性较小的，特别是初犯、偶犯，从宽幅度可以大一些；罪行较重、人身危险性较大的，以及累犯、再犯，从宽幅度应当从严把握。

与上文相呼应的是，办理认罪认罚案件，应当听取被害人及其诉讼代理人的意见，并将犯罪嫌疑人、被告人是否与被害方达成和解协议、调解协议或者赔偿被害方损失，取得被害方谅解，作为从宽处罚的重要考虑因素。人民检察院、公安机关听取意见情况应当记录在案并随案移送。

对符合当事人和解程序适用条件的公诉案件，犯罪嫌疑人、被告人认罪认罚的，人民法院、人民检察院、公安机关应当积极促进当事人自愿达成和解。对其他认罪认罚案件，人民法院、人民检察院、公安机关可以促进犯罪嫌疑人、被告人通过向被害方赔偿损失、赔礼道歉等方式获得谅解，被害方出具的谅解意见应当随案移送。

由于本案中罗某不仅符合和解的适用情况并且与被害人达成了和解协议，同时罗某属于认罪认罚从宽制度中的认罪认罚，因此可以从宽。最终，法院针对已有的事实情况和量刑情节，判处罗某有期徒刑3年，缓刑3年6个月。

（三）死亡赔偿金

1. 案件审理时的相关法律规定

此案件在2018年进行审理，适用2003年《最高人民法院关于审理人身损害赔偿案件适用法律若干问题的解释》。该解释第29条规定："死亡赔偿金按照受诉法院所在地上一年度城镇居民人均可支配收入或者农村居民人均纯收入标准，按二十年计算。但六十周岁以上的，年龄每增加一岁减少一年；

七十五周岁以上的,按五年计算。"如下表所示:

死亡赔偿金标准	
60周岁以下	城镇居民人均可支配收入或者农村居民人均纯收入×20
60周岁~75周岁	城镇居民人均可支配收入或者农村居民人均纯收入×[20-(死者年龄-60)]
75周岁以上	城镇居民人均可支配收入或者农村居民人均纯收入×5

第30条第1款规定:"赔偿权利人举证证明其住所地或者经常居住地城镇居民人均可支配收入或者农村居民人均纯收入高于受诉法院所在地标准的,残疾赔偿金或者死亡赔偿金可以按照其住所地或者经常居住地的相关标准计算。"

第35条第2款规定:"'上一年度',是指一审法庭辩论终结时的上一统计年度。"

2. 争议焦点

本案中的争议焦点在于,关于死亡赔偿金的计算,《最高人民法院关于审理人身损害赔偿案件适用法律若干问题的解释》并没有对城镇居民和农村居民的概念进行明确界定。那么,死者究竟属于城镇居民还是农村居民?是按照户籍标准还是住所地?如果按照住所地认定,那么所举证的材料达到什么样的程度方可证明待证事实?

3. 诉讼代理人意见

行江博士认为,司法解释仅仅规定了按照受诉法院所在地上一年度城镇居民人均可支配收入或者农村居民人均纯收入标准进行数字计算,但是对于城镇居民和农村居民的概念并没有进行界定。与此同时,实践中,城镇居民收入与农村居民收入差距较大,在全国全面推进城镇农村死亡赔偿统一标准前,某些案件的裁判关键落在了每一个案件中的法官手中,此时体现出了代理律师的专业性和法官对法律理解的高水平性。而死亡赔偿金的意义就在于侵权人赔偿因其行为致人死亡时,基于死者因生命延续时间减少而造成的收入损失。因此,死亡赔偿金的计算标准应当按照死者生前的实际工作、生活地的平均收入标准来计算,才是合情合理,符合立法原意的。

本案中,被侵权人罗某1、罗某2、李某某主张应当按照城镇居民人均可支配收入标准计算死亡赔偿金,并提交了死者的社居委住户信息登记表、城镇小区入住通知书、物业管理费发票、建筑垃圾清运费发票、微信工作聊天记录及死者的个人保险单等证据，这些证据能够相互印证，足以证明死者居住在城镇，且主要收入来源于城镇，因此一审、二审法院均支持了被侵权人提出按照城镇标准计算罗某的死亡赔偿金的主张。

可以看出，在主张按照死者实际生前实际居住、生活、收入来源地计算死亡赔偿金的时候，不仅要从事实出发，还要照顾程序法的要求，提供足够的证据，使之相互印证，达到证明目的，才能得到法院支持。

对于人身损害城镇农村统一赔偿标准制度，其深层次的价值观表现为生命是平等的，体现了国家对于生命平等的肯定，这对于广大人民群众而言，起到了生命宝贵，应当珍惜生命、关爱生命、乐观生活的积极引导作用。这种精神上的积极作用是无形的但力量却十分强大，对于丰富我国的精神文明内涵、增强文化自信都具有不可小视的影响。

4. 立法过渡

此案件审理时适用的2003年《最高人民法院关于审理人身损害赔偿案件适用法律若干问题的解释》是基于当时我国经济社会发展基本国情，在城乡户籍制度和城乡二元结构的背景下制定的。随着我国户籍制度改革的推进以及经济社会的不断发展，城乡差距逐渐缩小，人身损害赔偿标准问题面临着新情况、新形势。2019年4月，《中共中央、国务院关于建立健全城乡融合发展体制机制和政策体系的意见》，明确提出改革人身损害制度，统一城乡居民赔偿标准。同年，最高人民法院印发《最高人民法院关于授权开展人身损害赔偿标准城乡统一试点的通知》，授权各省、自治区、直辖市高级人民法院及新疆维吾尔自治区生产建设兵团分院根据各省具体情况在辖区内开展人身损害赔偿纠纷案件统一城乡居民赔偿标准试点工作。截至2022年，已有多个省份进行了已在交通事故人身损害赔偿的案件处理中实现了赔偿标准的统一，有的地方统一使用城镇居民标准，有的地区则统一使用全体居民标准，全体居民标准高于农村居民标准，低于城镇居民标准。但是，不管使用什么标准，这都是一种新的尝试，对我们国家逐步实现城乡人身损害赔偿标准统一化来说，是一个良好的开端。

可以看出，人们的意识发生着变化。从基于不同的生命创造出的劳动价值不同的角度出发，施行的"同命不同价"，不能说没有它的道理。然而，人们的观念逐渐倾向于维护生命本身的平等，对于侵害他人生命权所应当承担的责任，即死亡赔偿金的计算，不应当存在城镇和农村居民的差别，这当然也是可行的。诚然，秉持着谨慎的态度，新制度的全面更替需要进行试验，需要一个循序渐进的过程，对于广大的人民群众而言，全国统一实施是值得期待的。

5. 最新立法

在人民群众的期待中，最高人民法院深入贯彻落实《中共中央、国务院关于建立健全城乡融合发展体制机制和政策体系的意见》重大决策部署以及"改革人身损害赔偿制度，统一城乡居民赔偿标准"的要求，于 2022 年 2 月 15 日讨论通过了《最高人民法院关于修改〈最高人民法院关于审理人身损害赔偿案件适用法律若干问题的解释〉的决定》，并于 2022 年 5 月 1 日起施行。

修改共涉及《最高人民法院关于审理人身损害赔偿案件适用法律若干问题的解释》的 6 个条文，主要内容就是将残疾赔偿金、死亡赔偿金以及被扶养人生活费的计算标准，由原来的城乡区分的方式修改为统一采用城镇居民标准计算。由于城镇居民标准高于农村居民标准、全体居民标准，对于维护广大的人民群众的合法利益，努力做到群众利益最大化而言，统一使用城镇居民标准是最好的选择。与此同时，第七次全国人口普查结果显示，当前居住在城镇的人口比例达到了 63.89%。与 2010 年第六次全国人口普查相比，上升了 14.21%。随着我国城镇化的逐步推进，相信城镇人口占比将会越来越高，人身损害赔偿统一使用城镇居民标准，符合我国的城镇化发展趋势。

> （刑罚在这些领域的功能）是保护公共秩序和庄重，保护公民免受侵犯和伤害，并提供针对被奸被剥削和败坏他人的充分保障，特别是要保护那些因年轻、身体和心灵都虚弱，没有经验或处在特殊的身体、职务或经济依赖状态而尤其脆弱的人免受败坏。
>
> ——【爱尔兰】凯利

第二节　虚假诉讼案被害人代理

一、案情简介

本案属于某泰公司及其法定代表人孙某与张某某、唐某等职业放贷人之间的"恩怨情仇"，双方之间的瓜葛由张某某等人对某泰公司实施了"套路贷"行为而起。2008年，合肥某泰房地产开发有限公司（以下简称"某泰公司"）通过"招、拍、挂"依法取得合肥某某区某某路南S-2地块的开发经营权，建设"某某公寓"。受欧洲金融危机的影响和全国性"限购令"影响，项目刚刚启动不久"某某公寓"项目便陷入资金危机。

就在此时，张某某等人的"目光"聚集在了某泰公司及其法代孙某的身上。张某某等人设计了缜密的计划，企图利用司法手段，非法占有某泰公司的财产。最初，张某某的同伙假装好意施惠，介绍孙某认识了张某某，借款3000万元。后债权到期，2014年2月中下旬，张某某等人以帮助某泰公司找到低息贷款为由，将控告人孙某和法务蔡某诱骗至其在苏州的某腾国际控股集团有限公司，用武力强行将二人身份证抢走，使二人无法离开苏州，并于当晚，将孙某非法拘禁在酒店，安排童某某看守。

2014年2月19日，张某某等人迫使孙某签订以某泰公司、孙某作为借款人，吴某某、唐某、周某、董某四人作为出借人的四份"借款合同"。2014年2月20日8时至10时间，通过一系列"专业操作"，制造了2000万元的银行流水。事隔很久，张某某才把账单及转款凭证带来某泰公司。此时孙某才发现这2000万元根本没有还前期的3000万元借款，除394万元还张某某本金外，其余的全部作为中介服务费和高利息由张某某等人侵吞。通过这样的方式，张某某等人把前期3000万元借款本金、利息和中介服务费等放在一起形成"利滚利"合同。

最后,张某某等人陆续从2015年开始向某某省地级市人民法院、某某市中级人民法院提起针对控告人某泰公司、孙某的民间借贷诉讼,联手当时已被免去控告人法定代表人的陈某某达成调解协议、执行和解协议等文书,致使法院作出错误的民事调解书、执行裁定书,导致某泰公司某某公寓124套房产、控告人孙某位于合肥市某某区某某路价值6000多万元的5处门面房被控告人查封,最终实现了张某某等人以虚假的债权债务,借助诉讼等手段,非法占有控告人某泰公司、孙某名下财产的犯罪目的。

在这场"合同纠纷"中,张某某等人暗中与和某泰公司有业务往来的公司、前法定代理人陈某某等人勾结,栽赃陷害某泰公司及其法定代表人孙某,并私自出租被法院查封的房产。

二、虚假诉讼控告要点

请求某某市公安局办理或指定某某地级市以外的公安局办理被控告人涉嫌"套路贷"犯罪案件。

事实与理由:

2008年在某泰公司陷入资金危机时,被控告人张某某等人便将违法犯罪的黑手伸向了某泰公司。

被控告人张某某原是某某地级市公安刑警,因故被解职,辞职后主要从事高利贷、典当及拍卖行工作。在被控告人吴某某的"撮合"下,被控告人张某某同意借款5000万元给某泰公司,但前提条件是"某某公寓"销售代理必须给某拓公司做。

2011年9月11日被控告人张某某、徐某某、李某某三人与某泰公司签订了总计3000万元的"借款合同"。同日,某泰公司将"某某公寓"(时价)价值6500万元的124套房产以网上备案的形式分别备案在张某某等三人名下,作为对3000万元借款的"保证"。

2011年9月13日某泰公司与某拓公司在合肥签订了"合肥某泰某某公寓项目代理销售合同"。后得知,某拓公司是被控告人吴某某与张某某共同出资成立的一家公司。这是被控告人张某某团伙实施套路贷犯罪的第一步。

2011年9月14日某腾国际控股集团有限公司(以下简称"某腾公司")转款1000万元、9月15日被控告人李某某转款500万元、某腾公司转款500

万元、9月22日某腾公司转款1000万元到某泰公司账户，共计3000万元。

截至2013年10月11日，某泰公司实际还款1214万元，按合同约定基本结清了3000万元借款2年的利息。

2014年2月中下旬，被控告人张某某等人以帮助某泰公司找到低息贷款为由，将控告人孙某和法务蔡某诱骗至被控告人张某某在苏州的某腾国际控股集团有限公司，用武力强行将二人身份证抢走，使二人无法离开苏州，并于当晚将控告人孙某非法拘禁在酒店，安排童某某看守。

2014年2月19日，被控告人张某某等人迫使控告人孙某签订了以某泰公司、孙某作为借款人，吴某某、唐某、周某、董某四人作为出借人的4份《借款合同》。2014年2月20日8时至10时间，吴某某、唐某、周某、董某分别向孙某转账500万元，共计2000万元。当天，同一时段，又让控告人孙某分别向苏州金某达财务顾问有限公司（现名：苏州某某健康咨询有限公司，以下简称金某达公司）转账310万元，向被控告人张某某转账940万元，向被控告人李某某转账315万元；向时某某转账120万元，向被控告人徐某某转账315万元，共计2000万元。从金某达公司的工商变更记录可以看出，2016年2月25日之前，被控告人张某某、李某某、唐某均为金某达公司的股东。其中，被控告人唐某在2019年10月24日某某市中级人民法院制作的调查笔录里承认，其转给控告人孙某的500万元来源于张某某。被控告人张某某通过5次转账至该卡，很快又多次将款转走，制造了2000万元的银行流水。（至今某泰公司也没有拿到借款合同原件）事隔很久，被控告人张某某才把账单及转款凭证带来某泰公司。此时控告人才发现这2000万元根本没有还前期的3000万元借款，除394万元还被控告人张某某本金外，其余的全部作为中介服务费和高利息给张某某等人侵吞。被控告人张某某通过这样的方式，把前期3000万元借款本金、利息和中介服务费等放在一起形成"利滚利"合同。

其后，张某某等人陆续从2015年开始向某某省地级市人民法院、某某市中级人民法院提起针对控告人某泰公司、孙某的民间借贷诉讼，联手当时已被免去控告人法定代表人的陈某某达成调解协议、执行和解协议等文书，致使法院作出错误的民事调解书、执行裁定书，导致某泰公司某某公寓124套房产、控告人孙某位于合肥市某某区某某路价值6000多万元的5处门面房被控告人查封，最终实现了张某某等人以虚假的债权债务，借助诉讼等手段，非法占有控告人某泰公司、孙某名下财产的犯罪目的。

控告人与被控告人民间借贷纠纷系列案件，某某省高级人民法院经再审已作出［2020］苏民再×号、××号、×××号、××××号、×××××号、××××××号、×××××××号民事裁定书，认为被控告人疑似职业放贷人，其放贷及诉讼行为涉嫌"套路贷"违法犯罪，根据《最高人民法院关于在审理经济纠纷案件中涉及经济犯罪嫌疑若干问题的规定》第11条之规定，驳回了被控告人的起诉，依法将案件线索、材料移送公安机关。

被控告人张某某原在某市公安系统工作，导致控告人自2015年起在某地市公安机关的多次控告均未能予以刑事立案，控告人有理由相信被控告人涉嫌"套路贷"犯罪案件如由地市级公安机关侦查，阻力过大，影响本案的侦查进展和结果，且本案可能涉黑涉恶。因此，控告人向某市公安局申请，由某市公安局办理或指定某地市市以外的公安机关办理本案。

三、理论延伸

(一)"套路贷"行为可能涉及的相关罪名

从"套路贷"常见的犯罪手段、套路流程及司法实践中相关案件反映具体情况来看，"套路贷"犯罪行为人一般通过采取诈骗手段、签订虚假"借贷"合同和软硬兼施"索债"、实现非法占有两个阶段来达到其犯罪目的。在这整个过程当中，实施"套路贷"的人可能涉及的罪名包括但不限于诈骗罪、虚假诉讼罪、敲诈勒索罪、非法拘禁罪、抢劫罪、强迫交易罪等等。正如张明楷教授所说，"套路贷"并不是一个刑法概念，也不是一个犯罪构成或者某个犯罪的构成要件，更不是一个独立的罪名。因此，从刑法角度定义"套路贷"对认定犯罪并没有任何意义；"套路贷"的概念与定义不能成为判断某种行为是否构成犯罪的法律标准。[1]因此，在认定行为人到底构成何种或者哪几种犯罪的时候，需要严格区分不同罪名的犯罪构成，在实施"套路贷"的每个阶段，严格依照罪刑法定原则，立足行为人实施的具体行为，遵循刑事诉讼法关于刑事案件立案、侦查、起诉、审判的程序规定，来对其行为的性质进行认定并依法作出判决。

(二)"套路贷"中诈骗罪金额的认定

"套路贷"犯罪中往往采用先签订小额借款合同，再制造银行流水假装给

---

[1] 张明楷：《只要是"套路贷"就构成诈骗罪吗？》，载《民主与法制》2021年第30期。

予借款，后收取大额的手续费、中介费等费用，恶意制造违约等以增加"还款金额"。在这个过程中，被害人为借款人的借条上的借款金额，与其实际拿到手的金额相差很大，这些差额往往被出借人以手续费、管理费、中介费等名义扣除。

在实践中，法院往往将此部分的差额作为行为人的诈骗金额予以计算，可是，仔细分析其中的法理与情理，这部分差额能否作为诈骗金额是值得商榷的。"套路贷"之所以有"套路"，就是因为行为人一定会先抛出正常借贷的诱饵，与被害人签订合法有效的借款合同，至于利息的多少，一般超过规定值，但是不可否认的是，行为人与被害人（不考虑主体资格的情况下）所签订的借款合同是满足民间借贷合同要求的。因此，给予有效的借款合同而产生的手续费、中介费等与利息的实质性意义是一致的，即此借贷是有偿的。因此，在行为人收取的手续费、中介费中，即使超出了利息最高标准，未超过的部分也应当作为合法利息，得到法院的支持，不应该成为其后续诈骗金额的一部分。

（三）虚假诉讼罪

1. 理论基础

虚假诉讼罪是指，行为人以捏造的事实提起民事诉讼，妨害司法秩序或者严重损害他人合法权益的行为。在"套路贷"犯罪过程中，行为人往往假借民间借贷之名，诱使被骗者签订"借贷"或者变相"借贷"等有关协议，以"调查费""手续费""保证金"等名目收取费用，虚增贷款金额，使得被骗人签订远远高于实际借款数额的"借贷"合同。随后，行为人在相对人没有支付"借贷"协议约定款项时，往往会利用其制造的虚假给付痕迹、公证文书等证据，对相对方提起民事诉讼，要求法院判决相对方履行"借贷"协议，从而实现假借法院"之手"实现非法占有之目的。行为人实施的上述行为属于捏造法律关系，妨害司法秩序的行为，构成虚假诉讼罪。

虚假诉讼罪是一种妨害司法活动的犯罪，但行为人也可能利用虚假诉讼达到财产犯罪的目的。因而，我国《刑法》第307条之一第3款规定："有第一款行为，非法占有他人财产或者逃避合法债务，又构成其他犯罪的，依照处罚较重的规定定罪从重处罚。"这里的其他犯罪，包括诉讼诈骗，即以虚假诉讼手段，骗取他人财物。由于我国《刑法》并没有独立规定诉讼诈骗罪，因此对利用虚假诉讼骗取他人财物的行为，应以诈骗罪论处。在套路贷犯罪中，如果债权是虚假的，则设立虚假债权本身就已经构成诈骗罪，对于此后利用虚假诉讼实现虚假债权的行为，只能认定为虚假诉讼罪，并不能另外对诉讼诈骗行为以诈骗罪论处。

2."半真半假"是否构成本罪

"套路贷"行为中，行为人往往会通过实施虚假诉讼行为来达到侵占被害人财产的目的。这里所举证的债权存在的证据，往往是虚假的、提高了债权债务的流水证明，从实质意义上说，该证据的待证事实缺乏民事主体的真实的意思表示，且属于虚构了内容的借贷关系，缺乏真实性；从形式意义上来说，该证据具有文本形式，能够清楚反映一定的法律关系，似乎符合证据的证明标准，可以作为证据使用。从另一个角度来看，该证据整体上的确存在着基础的债权债务关系，但是具体而言，该法律关系的内容不全是真实的，而是虚构的，可谓是"半真半假"，在学理上称之为"部分篡改型"虚假诉讼，相较于"无中生有型"虚假诉讼，即完全不存在法律关系，不享有诉权，凭空捏造事实提起诉讼，"部分篡改型"虚假诉讼行为能否成立虚假诉讼罪，是一个值得仔细探讨的问题。

2018年9月，最高人民法院、最高人民检察院理论研究部门分别就"捏造的事实"作出回应，提出将"部分篡改型"行为排除在虚假诉讼罪的规制范畴之外。[1]遗憾的是，《最高人民法院、最高人民检察院关于办理虚假诉讼刑事案件适用法律若干问题的解释》并没有对何为"捏造的事实"作出解释，因此在实务和理论界仍对此争论不休。

认为"部分篡改型"虚假诉讼不构成虚假诉讼罪的理由主要包括以下几点：①从法条用词的语义出发，"捏造"一词是指凭空产生，是一个从无到有的过程。因此，只有"无中生有型"虚假诉讼才是虚假诉讼罪中所规范的犯罪行为。对于在已有法律关系的基础之上篡改部分债权内容的行为，可以通过《民事诉讼法》第115条进行规制，即一般可以通过承担败诉后果、给予司法处罚使其受到制裁。[2]②从立法原意来看，"虚假诉讼罪"的打击对象不包括"部分篡改型"的行为。揭示刑法法条的立法原意，是刑法学研究的

---

[1] 缐杰、吴峤滨：《〈关于办理虚假诉讼刑事案件适用法律若干问题的解释〉重点难点解读》，载《检察日报》2018年9月27日。

[2] 缐杰、吴峤滨：《〈关于办理虚假诉讼刑事案件适用法律若干问题的解释〉重点难点解读》，载《检察日报》2018年9月27日。

基本任务之一。当立法原意存在机械出罪（但有利于被告人人权保障）时，不得因为其立法原意不符合解释时的社会发展需要，将某种行为解释为犯罪。[1]从立法原意上看，增设虚假诉讼罪的目的，主要是依法惩治不具有合法诉权的行为人故意捏造事实，制造虚假诉权，获得胜诉裁判，非法获取他人财产的行为，以保护当事人的合法权益不受他人虚假诉讼行为的非法侵害，保护人民法院依法作出的公正裁判不受到虚假诉讼行为的欺骗、误导。[2]因此，"部分篡改"行为不是虚假诉讼罪的评价对象，不能构成本罪。

然而，"部分篡改型"虚假诉讼真的不构成虚假诉讼罪吗？笔者认为，尚不能下定论。笔者认为，"部分篡改型"虚假诉讼不符合"捏造"的行为方式的观点是一种严谨的但也几乎是僵硬的解释。虽然基础法律关系是客观存在的，但是如果将债权人虚增的部分债权与实际债权分离来看，虚增的部分债权又何尝不是"凭空捏造""凭空产生""毫无依据"呢？即使当事人之间不存在基础的法律关系，行为人直接以虚增的部分提起民事诉讼，捏造存在虚增部分的债权债务关系，同样能够引发诉讼的产生。但是，诡计多端的行为人采取了更为"保险"的方式，利用真实的法律关系，图谋不真实的财产权益，侵害了被害人的合法权益。

此外，关于部分学者认为"部分篡改型"虚假诉讼入罪不符合虚假诉讼罪的立法原意的看法。《刑法修正案（九）》新增"虚假诉讼罪"的立法原意具体是什么呢？从保护法益的角度出发，探讨本罪名主要规制什么行为，保护何种法益方可回答这个问题。《刑法》第307条之一规定，以捏造的事实提起民事诉讼，妨害司法秩序或者严重侵害他人合法权益的，处……可以看到，本条保护的法益为选择性法益，既可以是司法秩序，也可以是他人的合法权益，在不考虑行为人主体是否适格、主观方面等等其他要素，单从侵害的法益来看，只要侵害了其中一种法益就能够成立本罪。与此同时，纵观虚假诉讼罪在刑法分则中的体系，其在妨害社会管理秩序罪一章中的妨害司法秩序一节的位置。可以看出，虚假诉讼罪主要保护的法益是司法机关的正常工作秩序。正如张明楷教授所指出的："即使虚假诉讼行为侵害了他人的合法

---

[1] 魏东、田维：《立法原意对刑法解释的意义》，载《人民检察》2013年第13期。
[2] 周峰、汪斌、李加玺：《〈关于办理虚假诉讼刑事案件适用法律若干问题的解释〉的理解与适用》，载《人民司法》2019年第4期。

权益，也必然妨害了司法秩序。在此意义上也可以认为，司法秩序是虚假诉讼罪的主要保护客体。"[1]因此，"捏造"只是虚假诉讼罪的行为方式，或者说是成立本罪的前提条件，是否"妨害司法秩序或者严重侵害他人合法权益"，尤其是是否"妨害司法秩序"才是决定捏造全部事实或者部分事实并提起诉讼的行为能否达到犯罪标准的关键。

另外，《民事诉讼法》第115条第1款规定："当事人之间恶意串通，企图通过诉讼、调解等方式侵害国家利益、社会公共利益或者他人合法权益的，人民法院应当驳回其请求，并根据情节轻重予以罚款、拘留；构成犯罪的，依法追究刑事责任。"可以看到，民事层面的虚假诉讼侧重于双方当事人恶意串通，在损害了第三人的合法利益的情况下，可以根据情况进行相应的处罚。那么，对于原告单方面侵害型的虚假诉讼，民事法律似乎无"用武之地"。但是对于单方面的虚假诉讼行为，会侵害司法秩序和被告方的合法权益，在某些情况下，还会侵害无辜的被告方的债权人的利益。[2]因此，在民事措施打击力度不足的状况下，将性质严重的虚假诉讼行为纳入刑法的规范范围，实现保护公民合法权益与抑制诚信缺失现象，是顺应社会需要的最佳选择。[3]综上所述，对于单方面侵害型的"部分篡改型"虚假诉讼行为具备相当的社会危害性，不管是从法益保护角度还是法律规制完备的角度都理应入罪。

3. 刑民交叉问题研究

刑民交叉案件既涉及民法又涉及刑法，因而究竟是认定为民事不法，适用民法，还是认定为刑事犯罪，适用刑法，这是一个值得研究的问题。[4]

陈兴良教授认为，对于套路贷犯罪的本质特征，可以从客观与主观两个维度进行考察：一是债权设立的欺骗性；二是非法占有的目的性。其中，非法占有目的是无对价地取得他人财物，它是在行为人客观上实施欺骗行为的基础上的主观违法要素。更为重要的是，非法占有目的将套路贷犯罪与发生在民间借贷中的民事欺诈行为加以区分。[5]

---

[1] 张明楷：《虚假诉讼罪的基本问题》，载《法学》2017年第1期。
[2] 如原告胜诉后，强制执行阶段，原告的虚假债权会"分摊"掉部分被告的财产，使得被告的真正债权人的债权不能得到全部清偿。
[3] 储陈城、王晶晶：《虚假诉讼罪的法益关系与司法适用》，载《法治现代化研究》2020年第2期。
[4] 陈兴良：《刑民交叉案件的刑法适用》，载《法律科学（西北政法大学学报）》2019年第2期。
[5] 陈兴良：《套路贷犯罪研究》，载《法制与社会发展》2021年第5期。

在民事层面的借款欺诈行为中，行为人往往存在着恶意侵占他人财产的故意，但是这个故意的范围仅限于对借款金额的衍生利益而言的，即利息、手续费等等，并不涉及更多的借款人的财产。与此同时，在借款纠纷中，借款合同的设立是一次性的，即使后续双方当事人之间发生了纠纷，另行和解、调解，订立了其他的合同，但是在订立最初的借款合同时，行为人是没有后续侵占对方财产的故意的。"套路贷"犯罪则不同，行为人从第一次签订借款合同时，就已经为后续的一系列行为打好了"草稿"，如上种种为债权设立的欺骗性和具有非法占有对方财产的故意。

从刑事角度来看，刑民交叉问题主要是刑事犯罪与民事不法如何区分。行为人以虚假的银行流水等证据提起民事诉讼，看似是民事行为，实则是刑事诈骗犯罪的手段行为，行为人、被害人、法院之间的关系符合三角诈骗的特征。因此，要透过现象看本质，不能仅因为行为人的行为具有基础的借贷关系的假象而使其逃脱刑事法律的制裁。

从诉讼法角度来看，对于刑民交叉案件的审理顺序虽然没有法律的明确规定，但是从几个司法解释的立场可以看出，我国秉承着"先刑后民"的原则，即对基于同一事实的刑民交叉案件，坚持刑事审判优先。

(四)"套路贷"团伙和黑社会性质组织的区分

实践中，实施"套路贷"的犯罪分子往往不是一个人，而至少是一个小团伙，在涉及犯罪分子对被害人或者其家属实施了诸如非法拘禁、敲诈勒索等犯罪行为时，"套路贷"团伙似乎有一种恶势力的特征。但是，在司法实践中，恶势力犯罪与"套路贷"团伙实施"套路贷"的区别很大。不管是恶势力实施各种犯罪时"顺便"实施了套路贷犯罪，还是实施套路贷犯罪，而后逐渐发展成了恶势力，都要根据实际的情况，准确认定犯罪团伙的影响力、犯罪特征来严格掌握黑恶势力犯罪的标准，尤其是要正确区分黑社会性质组织犯罪和恶势力犯罪之间的界限。

我国《刑法》第294条是有关组织、领导、参加黑社会性质组织罪的规定，其中第5款明确规定了黑社会性质组织的认定标准，即四个特征，分别是组织特征、经济特征、行为特征、危害性特征。

组织特征是指黑社会组织具有明确的组织者、领导者，骨干成员基本固定。经济特征指黑社会性质组织具有一定的经济实力，但不是仅仅只获取经济利益。"套路贷"犯罪团伙往往会因为索取债务未果，而实施恐吓、非法拘禁，或者是虚假诉讼等行为。但是，其最终目的仍然是获得财产及财产性利益。因此，尚不能达到黑社会组织的"以黑护商""以商养黑"程度，不能仅根据其具有社会危害性就认定其为黑社会性质组织。行为特征是指违法犯罪活动具有暴力性、胁迫性和有组织性。危害性特征是指该组织称霸一方，在一定区域或者行业内，形成非法控制或者重大影响，严重破坏经济、社会生活秩序。

这四个特征是认定某组织团伙是否为黑社会性质组织的标准，也是区分黑社会与恶势力的重要标准。在"套路贷"案件中，行为人可能实施很多故意犯罪，获得了一定的经济利益，具有一定的社会危害性。但是，其行为的暴力性是否已达到黑社会性质组织的为非作恶、欺压残害群众、形成非法控制的程度，是需要进行个案细致分析的。

（五）在民事审判过程中认为构成刑事犯罪如何移送问题

对于刑民交叉案件，是"先刑后民"还是"刑民并行"，我国理论界和实务界都积累了一定的经验，也有相关的规范性文件。但是，对于法院认为构成犯罪后需要移送的，法院内部如何审批，以及应当多长时间内将案件移交给公安机关，并没有相关的规定。同时，对于此种情况下外部如何监督法院的移送期限，也没有相关的规定。

法院认为某案件应当移送给公安机关进行刑事立案，但是具体移送给哪一级的公安，也没有相关的规定。

《最高人民法院、最高人民检察院、公安部、司法部关于进一步加强虚假诉讼犯罪惩治工作的意见》第10条第3款规定："人民法院将涉嫌虚假诉讼犯罪案件移送公安机关的，同时将有关情况通报同级人民检察院。"此款规定明确了法院在将案件移送公安的同时，必须通报人民检察院。但是，如果人民法院不通报检察院，会受到怎样的不利后果？对此，目前并没有相关规定。

《最高人民法院、最高人民检察院、公安部、司法部关于进一步加强虚假诉讼犯罪惩治工作的意见》第13条规定："人民检察院依法对公安机关的刑事立案实行监督。人民法院对公安机关的不予立案决定有异议的，可以建议人民检察院进行立案监督。"根据上述规定，公安机关不立案的，法院可以建议检察院立案监督。但是，现实中存在的更多的问题是，法院移送公安时不通知检察院，检察院对案情一无所知，因此更不存在建议检察院立案监督的问题。

对于法院移送的，公安不立案的僵局如何处理？《最高人民法院、最高人民检察院、公安部、司法部关于进一步加强虚假诉讼犯罪惩治工作的意见》第12条第1款规定："人民法院、人民检察院将涉嫌虚假诉讼犯罪案件有关材料移送公安机关的，接受案件的公安机关应当出具接受案件的回执或者在案件移送函所附回执上签收。"第2款则规定了公安机关立案以及不立案应当履行的义务。

上述规定针对的是同级法院、检察院将案件移送同级公安的规定。那如果是不同级的移送该怎么处理呢？

可以看到，对于此种情况，法律没有明确的行为规范或者是违反规范时应当承担何种责任的规定。因此，笔者建议相关立法部门积极积累经验，对于法律空白的地方尽快制定相关规范，使得公安、检察院、法院能够更好地协调工作、相互监督、相互衔接，使得三部门更好地运作，共同维护司法公正。

> 一个人对规则的忠诚来自这些规则有能力表达他参与其中的共同目标，而不是来自于担心规则的实施所伴随的伤害威胁。
>
> ——【美国】昂格尔

第三节　龚某过失致人死亡案被害人代理

一、案情简介

自诉人：叶某，女，1986年3月6日出生，安徽省某某市人，汉族，研究生文化，公司员工，户籍地安徽省某某市，住合肥市某某区。被告人：龚某，女，1991年11月11日出生于安徽省某某县，汉族，大专文化，公司员工，户籍地安徽省某某县，住安徽省某某县。谢某2，男，1986年2月6日出生，安徽省合肥市某某区。2011年4月2日，自诉人叶某与谢某2登记结婚，2011年10月份生育女儿谢某1。2014年4月至5月，被告人龚某与谢某2因工作之余相识并发展为不正当男女关系。2016年9月份，被告人龚某因工作原因租住肥西县（单间公寓，一卧一厨一卫），与谢某2同居生活。2017年2月13日谢某2将一直在合肥市某某区上幼儿园的大女儿谢某1转到肥西上幼儿园，且入住被告人龚某的租住房，三人住在一起生活。因谢某2经常外出，谢某1的日常生活和上下学接送均由被告人龚某负责。2017年2月16日16点20分，被告人龚某从幼儿园接谢某1回出租房，因为快到下班打卡时间且多次带谢某1去公司打卡不便，被告人龚某想让谢某1一人在家，就谎称下楼扔垃圾很快就回来，谢某1遂哭闹着要跟着一道出去。被告人龚某不顾谢某1情绪波动，出了门，在关门时听到了谢某1哭闹，仍将谢某1一人锁在家中。龚某下楼后走到楼下非自动车停车处时，听到重物高坠的声响，随即发现是被害人谢某1坠楼。被告人龚某当即打了120并拨打110报警。经医生现场确认谢某1死亡。

二、自诉人控告

被告人龚某事实上已经与被害人生活在一起，具有看护幼儿的义务，客观上也具有履行义务的能力，但是没有履行；主观上在明知幼儿哭闹、情绪波动很大的情形下,放任幼儿一人待在陌生、非常危险的环境,造成了非常严重的后果,案件事实清楚,证据确实充分,足以认定其构成过失致人死亡罪。

三、代理词要点

不作为的过失犯罪的成立要件是:一是行为人具有预见可能性而没有预见到(疏忽大意),或者已经预见到而自信不会出现危险(过于自信);二是行为人有履行的能力,而没有履行必要的结果回避措施。本案中,被告人的行为已经满足过失的构成要件。

(一)被害人不具有行为能力,被告人龚某已经预见到了危险

被害人谢某1是幼儿,不具有行为能力,因此被告人龚某具有高度的看护义务。被告人龚某在2017年2月27日的供述中也讲道:"我觉得小孩独自在家的可能的危险是独自一个跑了、从窗户掉下去、玩家里电器被电打了等危险。"换而言之,被告人是知道被害人可能会发生危险的。我们知道,五六岁的幼儿是最好动的,并且不知道危险,随时都可能发生危险。作为被害人事实上的监护人,被告人是应该知悉的。

合肥市发生的一起典型案例。合肥市瑶海区人民法院刑事判决书[2015]瑶刑初字第×××××号。行为人也是第三者,没有看护好处于醉酒状态的情人,情人跳车身亡。最终行为人被认定为过失致人死亡罪。上述案件中,被害人还是未成年人,处于限制行为能力状态,行为人都被认定为犯罪。本起案件,被害人是一无行为能力人,行为人当然应该被认定为过失致人死亡罪。

(二)被告人龚某具有谨慎看护的作为义务

被告人龚某作为看管人是具有排除危险的义务的。虽然,龚某与被害人谢某1不具有血缘关系,与谢某1的父母也没有看护合同关系,但是并不能因此排除被告人的作为义务。

第一,被告人已经与被害人形成了事实上的看护关系。事实上案发时,被告人龚某已经是谢某1的看护人,具有看护未成年人的责任。当存在危险发生的可能时,具有排除危险的义务。这一义务比我们刑法理论上的"先行行为"所带来的义务更高。被告人龚某已经与谢某2处于重婚状态,2016年已经带着被害人谢某1一起生活。案发前的2016年10月,被害人谢某1也经常住到被告人龚某的租住房。2017年后,被害人谢某1就转学到肥西的幼儿

园,离开了自己的母亲和奶奶,其所有的生活、学习都是由被告人龚某、谢某2负责。换而言之,被告人龚某、谢某2已经过起了夫妻生活。谢某2给龚某买了车,两人也准备结婚。由于谢某2经常出差,因此监护的责任就由被告人龚某负责。被告人龚某在被害人谢某1在肥西生活期间,已经排除了其他人的监护,具有事实上的监护义务。因此,被告人龚某具有不作为犯罪的义务来源。

第二,被告人对发生危险的场所有排他性支配,须尽到更高的结果回避义务。由于本案发生在被告人临时租住的房屋中,被告人对于自己的房屋具有支配性,被告人为了防止被害人跟随自己,将房门锁住,对外人具有排除性力量,已经排除了其他人的救助可能性。因此,被告人就离开时房屋中危险的回避,需要尽到更高的义务。显然,本案被告人在离家时,并没有做出任何排除危险的行为。

(三)危险的发生具有紧迫性

现实中,会发生一些家人照顾不周发生幼儿身亡的案件。这些案件可能并不构成过失致人死亡犯罪。因为在这些案件中,家人对于幼儿身亡的事件是无法预见的,并且造成幼儿身亡的危险并不是紧迫的。如果危险比较紧迫,并且家人能够预见,此时就可能构成犯罪。

在本起案件中,恰恰相反。被告人在知道无行为能力人哭闹,不愿意待在房屋时,仍然强行反锁门离去。我们知道,五六岁幼儿是不知道行为的危险的。被告人明知危险具有紧迫性,仍然置若罔闻,完全不顾幼儿的安全,是一种严重的不负责的犯罪行为。

(四)被告人具有排除义务的可能性

本起案件中,被告人是完全有排除危险的可能性的,被告人完全可以采取其他方法避免危险的发生。被告人前后两次入住自诉人家中与自诉人丈夫和两个小孩生活,并被自诉人公婆及自诉人驱赶。自诉人认为被告人有一定的放任危险处境的主观心理态度。被告人具有防止危险的义务,也具有排除义务的可能,最终造成了严重的后果,已经构成过失致人死亡罪。并且,被告人明知他人有合法的婚姻关系,仍然与他人重婚,严重破坏他人婚姻关系。

被告人龚某行为已经触犯了《刑法》第233条的过失致人死亡罪,根据《刑事诉讼法》第204条规定,特此起诉,请人民法院依法追究被告人的刑事责任。

四、判决结果

被告人龚某与谢某2处于同居状态,被害人谢某1转学到肥西上幼儿园。期间,日常生活、学习均由谢某2和被告人龚某负责。由于谢某2经常出差,将被害人谢某1交由龚某照看,龚某对谢某1具有看护责任。案发时,出租房屋位于高层,窗户距地面较低,床放在窗户下面,窗户未安装防护栏且未上保险,具有高度危险性。被告人龚某明知被害人谢某1哭闹,不愿意待在房间时,不顾幼儿的安全,将门反锁离去。被告人龚某应当预见到危险的存在,因其疏忽大意,未采取其他措施避免危险的发生,最终导致了严重的后果。被告人龚某的行为已构成过失致人死亡罪。被告人龚某将被害人一人留在房间后及时向谢某1父亲谢某2电话告知情况,案发后又主动报警并拨打120抢救被害人,对被害人的死亡也很自责,主观恶性相对较小,属情节较轻。被告人龚某案发后主动报警,在接受公安机关讯问时,如实供述自己的罪行,系自首,依法可从轻处罚。综上,案经原审法院审判委员会讨论决定,根据被告人龚某的犯罪事实、性质、情节以及社会危害程度,依照《刑法》第233条、第67条第1款之规定,判决:被告人龚某犯过失致人死亡罪,判处有期徒刑1年。

五、理论延伸

(一)过失致人死亡罪中"过失"的认定

我国目前对主观心态为过失的犯罪主要分为"疏忽大意的过失"和"过于自信的过失"。前者是行为人应当遇见自己的行为可能造成危害社会的结果因为疏忽大意而没有遇见以致发生危害社会的结果;后者是行为人已经遇见自己的行为可能造成危害社会的结果,轻信能够避免但是实际发生了危害社会的行为。对于过失犯罪,关于预见义务的问题是我们讨论的重点。近年来对于预见可能性问题的研究主要包含以下两个方面:一方面是行为人的预见能力问题,主要包含了以行为人自身情况为标准的主观说,立足于一般人预见能力为标准的客观说,将社会一般人与被告人预见能力相结合的折中说;另一方面是预见程度的问题,这一部分主要包含了"预见对象仅是'对生命、健康造成某种危害'这样抽象化的事实就足够了"的抽象说和"行为人需要在法律规定的范围内理解危害结果"的具体说。因为上述两个问题无论在司法还是在实践中都争议不断，所以对于过失的认定始终没有清晰的标准。

在司法实践中，有种关于过失致人死亡罪的案例比较容易产生争议：行为人的行为危害性较为轻微，但是因为被害人具有特异体质而过失致人死亡：

1. 由被害人具有特异体质造成的过失致人死亡

案例一：叶某某故意伤害二审刑事裁定书。被告人叶某某与被害人叶某5（男，殁年20岁）等人在同村叶某3家吃饭喝酒结束后，叶某某、叶某5、叶某2、叶某1四人送叶某4回家。之后叶某某、叶某5二人一同先行离开，在回叶某3家行至叶某某家屋后的砖路上时，叶某某与叶某5互相搂住嬉闹摔跤，叶某某用身体扛叶某5一下，致叶某5倒地，之后叶某某从背后拖着叶某5到叶某3家门口，同他人一起将叶某5抬至叶某3家沙发上，叶某5于当夜经抢救无效死亡。太康县公安局法医学尸体检验鉴定意见及湖北同济法医学司法鉴定中心鉴定意见证实，叶某5因胸部闭合性损伤致左心室心尖部破裂，最终因急性心包压塞致急性循环功能衰竭而死亡；其心尖部发育不良及生前急性乙醇中毒在其死亡进程中起一定的辅助作用。证人侯某证实，案发当晚叶某某抱着叶某5到叶某3家，其和叶某某将叶某5抬到堂屋沙发上，后发现叶某5情况严重，打120急救电话抢救无效死亡。法院认为，被告人叶某某酒后与他人嬉闹，致叶某5倒地死亡，其行为已构成过失致人死亡罪。

本案是典型的因被害人特异体质而导致的过失致人死亡的案例，行为人与被害人在酒后因相互嬉戏打闹，用身体抗了一下被害人，导致被害人摔倒，加上被害人具有先天性的心脏病，造成了被害人死亡的结果。我国刑法理论通说认为，被害人的特异体质不切断行为人的行为与死亡结果之间的因果关系。所以在实务中法院对于此类案件的裁判大约有70%认定为构成过失致人死亡罪。这也引起了学者的讨论：为何朋友邻里之间因纠纷而产生的轻微伤害行为，甚至是相互推搡打闹的行为加上被害人的特异体质导致的死亡案件会被认定为有罪。

（1）实务中现存问题原因分析：

首先，过失致人死亡案件必定导致了被害人死亡的结果。既要符合法理，也要尊重民情，在这样的前提下，"死者为大"的人文意识形态就很容易以一种悄无声息的方式渗透入司法领域。[1]换句话说就是大多数刑事判决都要追求法律效果和社会效果的统一。在确定了被告人不存在造成轻伤以上伤害的故意后，基于"毕竟是被告人行为导致了被害者死亡"的心态，以判处过失致人死亡的方式来达成一个双方都能接受的结果，因此在类似案件的裁判中有罪率较高。

其次，此类案件大多数以最早产生于德国的条件说为是否存在刑法上因果关系的认定方式。条件说有其优点，也就是便于操作，在司法实践中运用起来非常便捷。但是，条件说也存在其弊端，也就是可能会拓宽行为与结果存在因果关系上的认定。尤其是在类似于上述案例这种情况下，司法实务中一贯是将被害人的特异体质作为一种既存的特殊条件，在此基础上去判断因果关系，认为被害人的死亡属于多因一果的情形。[2]客观来看被害人死因包含内因和外因，内因是被害人自身的生理疾病，外因是被害人因受外力作用而情绪激动。司法实践中认为如果没有行为人的外力行为就不会引发被害人病变，从而导致被害人死亡。也就认为行为人的行为与被害人死亡结果存在刑法上因果关系。

最后，在从归因到归责的路径上验证得过于随意，即在肯定了被告人的行为和被害人的死亡之间存在因果关系之后便以"行为人应当认识到自己的行为可能造成某种风险"这种较为抽象的方式，肯定了被告人对被害人死亡结果的预见可能性。[3]

（2）该类案件中过失认定的路径探寻：

首先，我们需要对行为人的实行行为进行合理的考量。具体来说就是，通过一般人的标准来看行为人的行为是属于刑法上的危害行为还是属于一般的社会生活行为。笔者认为如果一个行为不可能或者几乎不可能对刑法所保护的法益造成危害，那我们应当对该行为合理定性，将其排除在危害行为之外。张明楷教授曾指出，实行行为只能是具有侵害法益紧迫危险性的行为，并且其危险程度必须达到一定程度，[4]所以行为必须达到一定的危害程度，

---

[1] 余晓波：《轻微暴力致人死亡案件刑法分析——以特殊体质被害人为例》，安徽大学2019年硕士学位论文.

[2] 张明楷：《刑法学》（第6版），法律出版社2021年版，第223~228页.

[3] 马圣昆、徐久生：《过失致人死亡罪中过失的认定》，载《贵州警察学院学报》2020年第5期.

[4] 张明楷：《法益初论》，中国政法大学出版社2000年版，第360页.

但是对于何为"一定的危害程度"无法量化，由此而产生了一定的模糊性。正因为如此，对过失犯罪的认定显得稍有随意。笔者的观点是，在生活中明显不具有危害性的行为，如争吵、轻微推搡等行为排除在实行行为之外。

其次，采用客观归责原则，对行为做实质判断，对结果是否能够归因于行为做规范性评价。客观归责包含三层含义：一是可能创设了为刑法所禁止的风险；二是被刑法所禁止的风险的实现；三是行为所造成的后果为刑法规范所保护的。首先如果行为人的行为创设了刑法所禁止的风险，即满足了客观归责原则的第一个构成要件。其次是该风险的是否实际发生，也就是是否出现了现实的危害社会的结果。因为过失致人死亡罪是过失犯罪，那么如果没有发生现实的危害结果，那么必然不需要对行为负刑法上的责任。最后需要考虑的是，构成要件作用的范围包含在规范保护目的之中。在一般情况下，随着刑法所禁止风险的实现，对原因行为的归责就满足了，但存在以下几种可以阻隔行为人法律责任的情况：被害人承诺的行为、被害人自损行为。

2. 亲人之间过失致死是否构成犯罪

在前文的龚某过失致人死亡案中，被告人谢某2与被害人谢某1系父女关系，由此引发笔者对亲人之间过失致死是否构成犯罪的思考。通过对典型的司法判例的观察，得出结论：只要行为人"制造超过一般生活注意义务的危险"，将被害人置于"危险的境遇"，都可能构成过失致人死亡罪。

（二）公诉转自诉的理论延伸

1. 公诉转自诉制度的法律规定和意义

我国《刑事诉讼法》第210条第1款第3项规定："被害人有证据证明对被告人侵犯自己人身、财产权利的行为应当依法追究刑事责任，而公安机关或者人民检察院不予追究被告人刑事责任的案件。"这是我国对公诉转自诉这一制度的法律规定。通过该法律条文，我们可以总结一下公诉转自诉这一类案件的所要具备的条件：第一，被害人有证据证明自己的合法权益被侵犯，也就是确有犯罪行为发生，应当依法追究刑事责任；第二，被害人有证据证明公安机关或者检察机关对该犯罪行为不予追究。这两项条件缺一不可，若自诉人缺乏罪证，又提不出补充证据的，法院会视情况说服自诉人撤诉，或者裁定不予受理，或者驳回起诉。由此可以看出对此类自诉案件，被害人的举证门槛较高，不仅需要证明确有需要追究刑事责任的犯罪行为发生，还需要证明公安机关或者检察机关未立案侦查，或者撤销案件，或者不起诉。

对于这一制度存在的意义，笔者认为在我们国家刑事诉讼程序下，除了一般的自诉案件是由被害人直接向法院提起诉讼的以外，绝大多数刑事案件是由检察院作为公诉机关向法院提起诉讼的，也就是被害人的诉讼职能被公诉机关所吸收。如果公安机关和检察院与被害人对某一案件的立场不同，便产生了被害人的权益得不到保障的窘境。于是，我国《刑事诉讼法》便规定了公诉转自诉这一制度。具体而言：一是对于有被害人的案件，人民检察院决定不起诉的，应当将不起诉决定书送达被害人。被害人如果不服，可以自收到决定书后7日内申诉于上一级人民检察院，请求其依法提起公诉。对人民检察院维持不起诉决定的，被害人可以向人民法院起诉或不经申诉，直接向人民法院起诉。二是被害人有证据证明对被告人侵犯自己人身、财产权利的行为应当依法追究刑事责任，而公安机关或者人民检察院不予追究被告人刑事责任，其可以直接向人民法院提起自诉。这样也可以对公安机关和检察院予以监督，根据法院专属定罪权原则，判定一个人是否有罪只能由人民法院裁判，如果对于公诉案件，因为公安或者检察院不立案、撤销案件或者不起诉而没有其他途径将案件诉诸法院，由法院判决是否有罪，显然是刑事诉讼程序的漏洞。所以该制度有现实的司法意义。

2. 公诉转自诉制度的缺陷

笔者认为设定该制度想法是好的，希望借此来对公诉权起到监督和制约的作用，也可以多一种途径向法院提起诉讼。但是可能出于防止滥诉的情况出现，法律所规定的该制度的准入门槛确实较高。

首先，自诉需要被害人收集证据，相较于国家公权力机关，被害人作为自然人（大概率是比较弱势的一方）收集证据的能力要小很多，公安、检察院能取得的证据，被害人未必能够收集，并且从案件发生，到公安局做出销案决定或者检察院做出不起诉决定后，再到当事人提起自诉，时间往往过去了很久，许多证据已经灭失或者不可能重新采集。

其次，法律所规定的案件范围也有限，也就是必须是侵犯公民人身权利和财产权利的案件才会受理。

再次，被害人也没有调查取证权，这样不仅加大了被害人取证的难度，而且就算被害人取得相应的证据，该证据也有可能不被法庭采纳。

最后，根据我国《刑事诉讼法》第180条："对于有被害人的案件，决定不起诉的，人民检察院应当将不起诉决定书送达被害人。被害人如果不服，可以自收到决定书后七日以内向上一级人民检察院申诉,请求提起公诉。人民检察院应当将复查决定告知被害人。对人民检察院维持不起诉决定的,被害人可以向人民法院起诉。被害人也可以不经申诉,直接向人民法院起诉。人民法院受理案件后,人民检察院应当将有关案件材料移送人民法院。"被害人直接向法院起诉的,如果法院裁定不予受理,那么检察院相关的案件材料就无法移送到法院,这对被害人收集证据提起自诉明显不利。

3. 公诉转自诉制度的完善建议

对于公安的立案监督,我国法律已经有了较为详细的规定:公安机关经过审查如果决定不予立案,应将不立案的原因通知控告人。控告人如果不服,可以申请复议。对于复议不服的,还可以向上一级公安机关申请复核。控告人也可以申请检察院进行立案监督。当然控告人还可以向法院提起自诉。在审查起诉阶段,对于检察院不起诉决定不服的可以在收到不起诉决定书后7日内向上一级检察院申诉,也可以不经申诉直接向法院提起自诉。以上是法律明文规定的针对公安机关或者人民检察院不予追究被告人刑事责任救济途径。公诉转自诉的完善途径笔者认为主要有以下几点:

首先,被害人举证责任太重,恰巧被害人的举证能力天然不足,所以我认为可以让公安或者检察院辅助被害人取证。公安和检察院作为法定的侦查机关在取证过程中更具专业性:一来可以提高取证成功的可能性;二来也可能更符合取证的程序性要求,提高可信度,以便在法院审理过程中被采纳作为定案依据。对于前文所提到的《刑事诉讼法》第180条,检察院在法院审理自诉案件后将有关案件材料移送法院可以改成在检察院做出不起诉决定后,应该将不起诉的缘由告知被害人,以便被害人权衡自诉的风险利弊。并且在被害人决定向法院提起自诉后就应该将案卷材料移交法院,供法院更好地了解案件查清事实。

其次,由于公诉案件转入自诉案件,公安和检察院不再参与案件的侦查工作,因此调查取证的责任需要自诉人承担。当公诉转自诉程序启动后,因为自诉人需要承担调查取证的责任,通过立法规定赋予自诉人调查取证的权利是非常有必要,有了法定的调查取证权自诉人的调查取证过程会相对顺利。具体的授权可以参照刑事诉讼法对辩护人的调查取证授权,即授予自诉人调查取证权和申请调查取证权。

最后,为了防止被害人滥用权利,浪费司法资源,可以确立被害人提供担保制度。具体而言就是在诉前提供担保,既可以提供钱保也可以提供人保。保证金的金额不必要太高,只是象征性的,如果符合立案标准,就即时退还保证金。对于经济状况确实困难的被害人,可以人保的方式,保证人一般为其法定代理人或者近亲属,其他愿意承担保证责任的人也可以充当保证人。

后　记
十年回想

自踏上兼职律师之路，迄今已满十载春秋。回首往昔，兼职律师开始前，2007年博士毕业初进入高校，我已经在大学的象牙塔中潜心研读十年之久。进入高校工作，生活轨迹与求学时代相仿，无非是角色转变，由学生变为师长。生活的方式，还是上课、读书、写论文，日复一日、年复一年，如此般重复。过着既单纯又忙碌的工作，在理论的世界中遨游，倒也没有察觉虚度光阴，似乎真有"躲进小楼成一统，哪管春夏又秋冬"的宁静与自得。

十年的兼职律师生涯，彻底改变了我的生活面貌。原来很少与外面的打交道，自己甚至可以说有点社恐。但律师的身份要求我直面各类人群——从当事人到检察官、法官，处理错综复杂的关系网。为了维护当事人的合法权利，不得不处理棘手的问题。稍有不慎，不仅会损害当事人的权益，有时还要得罪执法机关。轻者受到行业处罚，重者可能身陷囹圄。虽不能至于"战战兢兢，如临深渊，如履薄冰"，但也不全是"轻舟已过万重山"和"柳暗花明又一村"。面对形形色色的人多了，打交道的人多了，社恐的我早已不在。同时，我的工作重心也从抽象的理论探讨转向了具体、生动的现实案例。

十年的兼职律师，也改变了之前的法律思维方式。往昔撰写论文、开展科研，我往往局限于理论框架内，追求逻辑的自洽与单线思维。我觉得这是很多法学理论研究的缺陷，或者说是我的思维缺陷。而今作为律师，我思考问题的角度更加多维、更加全面。在思考问题时，希望在探究理论层面的同时，也能关注到实践层面，从解决实际问题的角度思考问题。这也是理论研究与司法实践的不同所在，前者更多的是构建，后者需要解构；前者关注超前，后者在于当下。

十年的兼职律师，我时常在教授与律师的双重身份、不同职责之间徘徊、焦虑。有老师曾经告诉我：你的起点比较高，但你荒废了自己的才华，原本可以在学术上有更好的发展的。老师实在是谬赞了，我自知资质平庸，反应木讷，家人世代为农，能够读完博士进入高校工作，是上天的恩赐，幸运女神的眷顾。若一直在学术道路上耕耘，也许很快能评上教授、博导，但是自觉在理论道路上很难会有创新。

这十年来，做律师办理案件时，需要会见、阅卷、开庭做专业的事情，但是更多时候需要处理非专业的事情，荒废了很多的时间，自己的专业能力没有更大的提升。但是通过自己的努力，帮助了身边的许多人，很多被羁押的当事人，最终通过自己的努力取保成功，甚至不起诉、无罪释放，这都让我非常欣慰。我深知，每一个案件都是对刑事司法公正的维护，对刑事理论发展的推动。至于论文写作与办理案例，何者更能推动中国法治建设呢，我一时还真的回答不上来。当然了，两者都能兼顾，两手都要抓，就更好了。

十年的兼职律师，有所变化，但有一些东西仍然没有变。莎士比亚所言：尤其要紧的是，你必须对你自己忠实；正像有了白昼才有黑夜一样，对自己忠实，才不会对别人欺诈。内在的朴质本性，农家子弟的善良之心，对真、善、美追求之心，仍然没有变。本人自幼天资愚钝，不善言辞，唯有"抱朴守拙"以自勉，相信"唯天下之至诚能胜天下之至伪，唯天下之至拙能胜天下之至巧"。为人方面，始终以守拙为本，不事张扬，不走捷径，不善取巧，低调做人、踏实做事。做事方面，不管是作学问还是做案件，都是认认真真，兢兢业业，不偷奸耍滑、投机取巧，不急功近利，时刻抵抗与消解社会浮躁风气所带来的压力，让自己不至于沦为只追求金钱的无良律师，或只追求名气的油腻教授。我选择追求内心的平静，抛弃物质上更多的享受。

本书所有的案件，均源自我兼职律师期间的真实经历。我力求全面、真实地呈现控辩审三方的立场与意见，让读者能够深入了解案件背后的故事与司法实践的真谛。实际上每一裁判文书，背后都是一个鲜活的故事，都牵动着众多人的利益，正如周光权教授所言，"刑法是洞察苍生疾苦的眼"。

兼职律师期间，在学术、教学方面投入的时间肯定比之前有所减少，但自己也在努力地抽出更多的时间放在教学、科研和培养学生方面。原来我不是特别对教学感兴趣，也没有教学的天赋，但是每一次走上讲台看看学生单纯、真诚、好学的眼神，我都暗暗提醒自己，在教学上多花时间，将知识讲清楚、生动。对于自己带的研究生，也尽量抽出时间与他们进行交流及沟通。

后记 十年回想

感恩每一位遇到的学生。本书能够出版，需要特别感谢我的研究生陈雪、姚雪、王雯静、程静茹、杨仁杰、柯梦迪、陈国庆、丁星源、邹雨、廖天辰，他们的宝贵意见和认真校对使得本书尽早能呈现到读者面前。

感谢中国政法大学出版社的同志为本书的出版付出的努力。由于时间仓促，本书从内容到形式可能有不少错漏，敬请广大读者批评指正。

行江

2024年仲夏于庐州